동아시아 제국주의 질서와 역사인식

이 책은 동아시아역사연구소 총서 23권입니다.

동아시아 제국주의 질서와 역사인식

초판 1쇄 발행 2021년 5월 30일

편　 자 ㅣ 김지훈
발행인 ㅣ 윤관백
발행처 ㅣ 도서출판선인

등록 ㅣ 제5-77호(1998.11.4)
주소 ㅣ 서울시 마포구 마포대로 4다길 4(마포동 324-1) 곳마루빌딩 1층
전화 ㅣ 02)718-6252 / 6257
팩스 ㅣ 02)718-6253
E-mail ㅣ sunin72@chol.com
Homepage ㅣ www.suninbook.com

정가　30,000원
ISBN　979-11-6068-487-2　93900

* 이 책은 2016년 대한민국 교육부와 한국연구재단의 지원을 받아
　수행된 연구임(NRF-2016S1A5B8924764).

# 동아시아 제국주의 질서와 역사인식

김지훈 편

도서출판 선인

# 서문

『동아시아제국주의 질서와 역사인식』은 성균관대학교 동아시아역
사연구소에서 편찬하는 동아시아 지성의 계보와 역사인식 시리즈의
일곱 번째 결과물이다. 이 책은 성균관대학교 동아시아역사연구소에
서 2016년 정부(교육부)의 재원으로 한국연구재단의 지원을 받아 수행
되었다(NRF-2016S1A5B8924764).

제국주의시대에 지식인들이 동아시아 체제와 역사를 어떻게 인식하
고 있었는가는 현재에도 여전히 의미를 가지고 있다. 동아시아는 지금
까지도 여전히 과거 제국주의 시대에서 남겨진 부정적인 유산들과 역
사인식의 충돌 속에서 고민하고 있다.

제국주의시대의 역사 경험은 개별 국가를 뛰어넘어 여전히 동아시
아 각국에 영향을 미치고 있으며 동아시아의 현재와 미래의 평화와 협
력에 장애가 되고 있다. 이 시기 식민주의와 이에 반대하던 반식민주
의 역사인식이 어떻게 변화하였고, 전후에는 동아시아에 어떤 영향을

미치고 있는가를 성찰하는 것은 의미가 있는 작업이다.

　제국주의 시대에 자신의 침략과 지배를 정당화하는 논리와 이에 대항하여 역사학을 비판의 무기로 삼는 과정이 동시에 존재했다. 이 책은 제국주의 시대의 국제질서 속에서 동아시아라는 역사공간 속에서 제국과 식민지라는 내부의 상호 관련성에도 주목하였다.

　동아시아의 식민지시대의 역사적 경험과 영향을 살펴보기 위해서는 식민지 시대의 '역사 인식의 역사'에 대해서 검토할 필요가 있다. 동아시아 근대 역사학은 제국주의와 식민지 경험을 거치면서 형성되어 왔기 때문에 근대 식민지 '역사 인식의 역사'를 조망해 보는 것은 의미 있는 작업이 될 것이다. 이러한 작업을 통해서 현재 우리가 직면하고 있는 제국주의와 식민지 경험의 유산과 역사인식을 성찰하여 그 한계를 극복할 수 있을 것이다.

　이 책은 제1부에서 식민주의와 반식민주의 역사인식에서 식민주의와 식민주의에 반대하던 역사인식이 현재 우리에게 던져주는 문제의식에 대해서 탐색하고 있다. 제2부 동아시아 제국주의 질서와 학문에서는 식민지시기 제국주의 질서와 학문 사이의 상관성 속에서 동아시아 근대 역사학의 형성과 발전 과정을 고찰하고 있다.

　이 책의 1부는 식민주의와 반식민주의 역사인식 이라는 주제로 5편의 글을 수록하였다.

　도면회는 「일제강점기 일본인과 한국인의 '한국 근대사' 서술」에서 일제강점기 일본인과 한국인 역사학자들은 한국 정부는 외세 침탈을 허용한 무능한 행위자로, 한국 국민성은 당파적이며 의존적인 타율적 존재로 서술하였고, 청은 일본인에게는 동양 평화를 저해하는 존재, 한국인에게는 한국의 독립과 개혁을 저해하는 존재라고 비판하였다고 한다. 이렇게 만들어진 '한국 근대사'상은 해방 이후에도 크게 변화하지 않았다. 한국 역사학계는 서술 순서와 항목을 그대로 유지하되 일본의 침략과 한국인의 저항을 추가 서술하는 방식을 취해 왔다고 지적한다.

임경석은 「반식민주의 역사인식과 마르크스주의: 박진순의 『개벽』 기고문을 중심으로」에서 박진순의 『개벽』 기고문이 이른바 '민의의 창달'과 '불온' 사이의 경계선에서 식민지 통치체제가 허용하는 검열의 임계점을 보여주는 바로미터였지만 그의 글로 인하여 가장 영향력 있는 잡지 매체였던 『개벽』 폐간의 빌미가 되었다고 한다. 잡지 『개벽』을 무대로 이뤄진 박진순의 저술 활동은 상해파 공산그룹의 민족통일전선 정책과 관련된 것이었다. 박진순은 역사학자는 아니었지만 마르크스주의 역사학의 방법론을 소개하고 한국 역사를 그에 입각하여 연구해야 한다고 주장한 사회주의 운동가로 '군중'과 '과학화'라는 시각에서 조선혁명의 주객관적 조건을 탐구하였다고 한다.

최규진은 「공황기' 반식민진영의 '지식계급'론」에서 1920년대에 사회주의 보급과 함께 계급론이 모습을 드러내었다. 사회주의진영은 노동자·농민계급을 축으로 삼는 반(反)식민의 변혁론을 구성하는 과정에서 지식인의 역할과 임무를 새롭게 설정하려 했다. '공황기'에 들어서면서 지식인은 자신의 정체성을 다시 조정해야 했다. 그들은 '흰 손의 지식인'이 아닌 노동자주의적인 지식인이 되려고 했다. 그 과정에서 개량주의 소부르주아적 지식인에 대한 사상투쟁도 활발하게 일어났다고 한다.

송병권은 「근대 천황제 국가와 역사학」에서 근대 천황제 국가를 전근대 봉건사회 및 전후 천황제와의 관계 속에서의 양면성을 고찰했다. 천황제의 연속과 단절, 천황제 인식에서의 보편과 특수, 천황의 통치권

총람과 상징 문제, 민중에 대한 불신과 신뢰란 네 쌍의 분석틀을 사용
하여 분석했으며, 전근대 봉건사회와의 연속과 단절을 하부구조에서의
연속성과 단절성, 절대군주제와 부르주아 군주제론, 천황제 파시즘론,
입헌군주제론, 민중통치와의 관련성을 살펴보았다. 메이지 헌법과 전
후 헌법의 연속과 단절 문제, 대중천황제 문제, 민중의 천황제 인식 문
제를 다루었으며, 천황제 및 천황의 역사책임 문제를 전망하였다.

이신철은 「식민주의와 민족주의의 함정을 넘어서」에서 1990년대 중
후반 이래 격렬하게 전개되고 있는, 한국 근현대사를 둘러싼 역사(교
육) 논쟁의 본질이 무엇인가에 대해 접근하였다. 그 결과 역사논쟁의
본질을 규명하기 위해서는 역사와 국가(정치)와의 관계를 규명하는 것
과 정치 공방에 가려진 학술적 논쟁점과 과제를 파악하는 것에서 출발
할 것을 주장하였다. 즉, 근현대 100년을 관통하는 거시적 안목과 사관
을 재점검하고, 자유주의 사관에 입각한 자본주의 발달사가 아닌 민족
사, 국가사를 어떻게 재구성해야 하는지에 대한 고민이 필요하다고 지
적하였다. 더불어 민족사, 국가사의 한계를 어떻게 극복해야 할 것인가
라는 고민도 심화시킬 필요가 있으며, 그것은 결국 민족주의와 식민주
의가 해방 이후 민주화와 산업화 그리고 냉전문제와 어떻게 결합되고
있는지를 미래지향적 관점에서 해명하여 민족주의와 식민주의의 한계
를 극복해야 한다고 하였다.

2부는 동아시아 제국주의 질서와 학문이라는 주제로 5편의 글이 수
록되어 있다.

김지훈은 「중화민국시기 근대 역사학과 공문서 정리」에서 내각대고
당안이 중국 근대 역사학의 발전과 공문서 정리에 미친 영향을 탐색하
고 있다. 내각대고당안은 청대 내각에서 생산한 공문서로 명청시대 중

앙정부의 활동을 파악할 수 있는 중요한 자료이지만 제대로 보존되지 못하고 사라질 위기를 맞이하기도 하였지만 뤄전위(羅振玉)등의 노력으로 보존되었다. 내각대고당안은 많은 역사학자들의 주목을 받았고 명청시대 연구를 촉발시키는 계기가 되었으며, 방대한 내각대고당안을 수집하고 정리하는 과정을 통해서 중국 근대 역사학의 엄밀한 사료 수집과 정리 방법이 정립되어 갔다고 한다.

이규수의 「민본주의자, 요시노 사쿠조(吉野作造)의 조선인식」에 의하면 요시노 사쿠조가 주창한 민본주의는 일본 다이쇼시대에 민주주의사상의 기저를 이룬 사조로 민본주의의 현실적인 정치형태로서 보통선거제도를 통한 정당내각제도의 확립을 제창하고, 이를 저해하는 군부와 보수적 관료세력을 통렬히 비판하였다고 한다. 요시노는 조선인 유학생과의 접촉을 통해 조선 내셔널리즘의 존중과 동화정책에 대한 의혹을 표명하고 일본의 무단통치를 비판하였다. 그러나 총독부의 무단정치에 대한 비판은 조선의 식민지 지배를 보다 완벽하게 이끄는 것이 목적이었기 때문에 일본의 '문화정치'를 환영했고, 조선총독에 대해서는 어떠한 비판도 하지 않았다는 점을 지적하고 있다.

정현백은 「식민주의적 역사서술의 재역사화」에서 디옵(Cheikh Anta Diop)이 아프리카에서 처음으로 유럽중심주의적으로 쓰인 기존의 아프리카 역사서술에 대한 비판에서 출발하여, 새로운 아프리카 역사서술과 역사관 정립을 시도하였던 역사가라고 하였다. 디옵은 이집트문명은 사하라 이남의 '흑아프리카'에서 유래한 최초의 흑인문명이자 최초의 세계문명으로 고대 그리스문화에 영향을 끼쳤다고 보았다. 디옵은 거대 권력이 부재하였던 아프리카에서는 종족문화가 존재하였을 뿐이라는 서구적인 역사서술에 맞서 흑아프리카의 문화공동성(cultural unity)을 주장하면서 범아프리카주의에 토대를 둔 아프리카연방의 건설을 주장하였다고 한다.

이진일은 「전간기 유럽의 동아시아 인식과 서술」에서 지정학이 나치 독일이나 일본 군국주의가 만든 것도 아니고 그들에 국한된 현상도 아니라고 하였다. 랏젤은 지구를 대륙과 해양으로 구분하면서, 이들이 갖는 지리적 요소들의 중요성을 강조하였고, 지질학적 측면이 갖는 의미를 민족의 운명을 결정하는 명확한 자연법칙으로 보았다고 한다. 지정학을 공간이 정치에 미치는 영향력을 강조하는 학문으로 현실정치적 관계를 설명하는 학문적 분석도구로 사용되었고, 정치적 행위를 이끌어가는 공격적 도구로 이해되었다는 점을 지적하고 있다.

염송심은 「중국학계 항일전쟁시기 한간문제의 연구현황과 전망」에서 "한간"의 기원과 그 개념의 변화, 한간의 형성 원인, 한간의 구성과 규모, 국공 양당의 한간에 대한 처벌 문제 등 네 가지 측면으로 중국학계 한간 문제 관련 연구의 현황을 고찰하였다. 중국의 연구는 거시적인 연구가 많은 편이고 근거지의 숙청운동과 한간 처벌 등 특정 주제에 치우쳐 있으며 연구 방법론도 역사학 연구방법론에 머물고 있다고 비판한다. 이 때문에 중국의 '한간' 연구에서 새로운 사료를 이용하여 연구 범위를 확대하고 사회과학적 방법론을 도입하여야 하며, 해외 사례와의 비교 연구가 필요하다는 점을 지적하였다.

근대 전환기 동아시아 국가들은 제국주의 침략 전쟁과 식민지 경험을 하였다. 이러한 동아시아에서 제국주의와 식민지 경험은 제2차 세계대전 이후 무너졌지만, 국가 중심의 역사인식이 여전히 강한 영향력을 행사하고 있다. 전후 냉전을 통해서 동아시아 각국의 역사는 이데올로기화하였고, 과거의 역사 경험들과 역사인식이 갈등과 대립을 심화시키고 있다. 미국과 중국 사이의 갈등이 전면적으로 확대되면서 동아시아 국가들과 새로운 도전에 직면하고 있다. 이 글들이 현재에도 여전히 강한 영향력을 가지고 있는 동아시아 국가들의 국가중심적 역사인식과 식민주의를 극복하고, 평화롭게 상호 협력할 수 있는 방향을 모색하는 미래지향적 역사인식을 확산시키는 데 작은 보탬이 되길 바란다.

2021년 5월

김지훈

# 차례

# 제1부
# 식민주의와 반식민주의 역사인식

# 일제강점기 일본인과 한국인의 '한국 근대사' 서술

—

도면회

## 1. '식민(주의) 사학' 개념 재고

현행 한국사 개설서와 중고교 한국사 교과서에서 일제 강점 이전의 '한국 근대사' 부분을 보면 목차나 서술 내용, 관점이 천편일률적으로 유사한 점을 확인할 수 있다. 흥선대원군의 집권과 두 차례의 양요, 개항과 개화정책, 갑신정변, 러시아의 접근과 거문도사건, 동학농민전쟁, 갑오개혁, 아관파천, 독립협회, 대한제국의 수립, 러일전쟁과 일본의 군사 점령, 을사조약, 계몽운동과 의병투쟁 및 의열투쟁, 정미칠조약, 일본의 한국 병탄의 순서로 서술되어 있다. 일제의 침략과 이에 대응한 한국정부 또는 한국인의 대응이 얼마나 효과적이었는지 여부의 관점 하에 내용이 채워져 있다.

이러한 서술 방식은 대한민국 정부 수립 이후 성립되었다고 생각할 수 있지만, 그 원형은 일제강점기에 일본인과 한국인 역사학자들에 의해 만들어졌다. 이 경우 한국인 역사학자가 서술한 한국 근대사상을 받아들였다는 점에 대해서는 의문이 없겠지만, 일본인 역사학자가 만들어놓은 역사상을 받아들였다는 데 대해서는 의문을 제기할 수 있을 것이다. 그동안 우리는 일본인 역사학자들의 한국사 연구 성과를 식민사학, 식민주의 사학 등으로 지칭해 왔고 이들의 역사학을 인용하거나 수용하는 것은 일본 제국주의의 침략과 한국사 왜곡을 용인하는 '반민족적' '반역사적' 행위라 하여 기피해 왔기 때문이다.

그러나, '식민사학' '식민주의 사학'이라는 개념이 과연 적실한 개념인지는 재고할 필요가 있다. 이 개념이 사용되기 시작한 것이 4·19혁명으로 민족주의가 고양된 1960년 이후라 일종의 역사성 또는 정치성을 가지므로 과학적 개념이 아니라는 점, 이 개념의 실체가 모호하여 민족주의 역사학과 구별되는 경계가 모호하다는 점, 그리하여 자칫하면 역사학계 내에서의 편가르기 수단으로 사용될 수 있다는 점 등이 이미 지적된 바 있다.[1]

우선 식민(주의) 사학에 대해서는 "한국사의 올바른 인식에 장애가 되는 그릇된 모든 선입견과 이론"(이기백), "한국 침략과 지배를 정당화하고 합리화하는 이데올로기 기반을 확보하고, 항일 민족의식의 성장을 가로막는 식민정책의 일환으로 기능하며, 한국사를 왜곡하는 데 기여하는 역사학"(한국역사연구회), "일본제국주의가 식민통치의 목적을 달성하기 위해 개발한 한국사학의 이단으로 존재한 학술활동"(조동걸) 등으로 정의가 이루어 왔다. 그리고 식민(주의) 사학은 한국사가 반도

---

1) 이에 대해서는 김종준, 『식민사학과 민족사학의 관학아카데미즘』, 소명출판, 2013, 20~21쪽 및 176쪽, 윤해동·이성시 엮음, 『식민주의 역사학과 제국』, 책과함께, 2016, 49~54쪽. 필자에 따라서 식민사학, 식민주의 역사학 등으로 달리 부르고 있으나 본고에서는 잠정적으로 '식민(주의) 사학'으로 칭하고자 한다.

성, 사대주의성, 당파성, 비독창성, 정체성을 가지고 있다고 했으며, 일
선동조론, 임나일본부설 등을 주장하면서 한국사를 일본사의 일부로
포함시키려고 하였다.[2]

이러한 식민(주의)사학 개념과 특성론을 받아들일 경우 몇 가지 문
제점에 봉착한다. 첫째, 역사학 자체의 객관성이 문제시되고 있는 오늘
날, '한국사의 올바른 인식'을 보장하는 기준을 설정할 수 있을까라는
점이다. 최근에 일어난 박근혜 정권의 국정교과서 논란은 '올바른 역사'
는 존재할 수 없고 '다양한 역사' 속에서 통설 또는 정설이 있을 뿐임을
보여주었다.[3] '올바른 인식에 장애가 되는 모든 선입견과 이론'은 역사
에 오직 한 가지 올바른 해석만 존재할 수 있다는 전체주의적 역사관
에서만 규정 가능한 개념이라고 볼 수 있다.

둘째, 특정한 역사 서술이 '한국 침략과 지배를 정당화하고 합리화'
한다든지 '식민통치 목적을 달성하기 위해 개발'되었다는 것을 입증하
는 객관적 지표를 설정할 수 있을까라는 점이다. 예를 들어 다음 두 개
의 글을 보자.

> 이씨왕조 사회가 19세기 중엽 위기에 도달할 때까지의 제 조건은 그 사
> 회 자체가 근대적인 시민사회로 추진할 아무 준비도 이룩하지 못하였다.
> 그 결과에서 재래(齎來)한 것이 다름 아닌 일본에 의한 식민화이다. 오늘
> 날의 한국 현실의 봉건성은 이에서 연유하는 것이다.[4]

---

2) 조동걸, 『현대한국사학사』, 나남출판, 1998, 241쪽; 윤해동·이성시 엮음, 위의
  책, 24~28쪽.

3) 박찬승, 「'올바른 역사교과서' 운운은 역사에 대한 무지의 소치」, 『한겨레신문』,
  2015. 10. 13. http://www.hani.co.kr/arti/society/schooling/712582.html(검색일: 2017.
  4. 3).

4) 홍이섭, 「한국 현실의 봉건성: 봉건적 제 조건의 극복을 위하여」, 『화백』, 1965년
  4월호(『洪以燮全集』 4, 연세대학교 출판문화원, 1994, 319쪽).

폐하는 인자한 뜻이 많고 사교를 잘 하며 겸양하여 조금도 자만하는 태도가 없고 만사에 주의가 깊다. 대소 백관의 진퇴부터 사소한 출납에 이르기까지 오로지 마음 속에 기억하지 않음이 없고, 다소의 책략이 있어 능히 어려움 중에 활로를 열어나갈 대책도 마련하셨고, 선조에 효도하고, 각국 군주에 대한 우정이 두텁고 한국의 군주로서는 참으로 말할 수 없는 중흥의 영주(英主)로 높이 받들어야 한다. 특히 폐하는 생부 대원군의 만용적 과단은 굳이 부리시지 않았지만, 개명 진보 사상을 가진 것은 대원군과 비교할 수 없다.[5]

앞의 인용문은 전형적인 한국사 정체성론, 식민(주의) 사학의 논리로 볼 수 있지만, 이는 자타가 공인하는 민족주의 역사학자 홍이섭의 글이다. 뒤의 글은 대한제국 멸망의 주역 중 한 명인 고종 황제를 칭찬하는 글로서 민족주의적 분위기가 묻어나지만, 조동걸이 '침략3서' 중 하나로 지목한 책의 저자 일본인 외교관 시노부 준페이의 글이다. 즉, 앞뒤 문맥상으로 볼 때 민족주의적 역사서술이라 하더라도 식민(주의) 지배를 합리화하는 듯한 내용을 서술할 수 있고, 식민(주의)적 역사관에 의한 역사서술도 식민 지배 대상에 대한 찬양과 미화를 보일 수 있는 것이다. 따라서, 특정한 지표만 가지고 식민(주의) 사학 여부를 판정하는 것은 국가보안법과 같이 이분법적 편가르기를 조장하여 역사학을 불모의 상태로 몰아갈 수 있다.

셋째, 특정한 역사서술이 근거로 삼은 사료와 관점을 당대의 관점에서 바라보지 않고 현재의 사학사적 축적 위에서 재단한다는 점이다. 특정한 역사서술을 식민(주의) 사학이라고 지목할 때, 사료에 담긴 역사적 사실을 축소·확대·날조·은폐하거나 잘못된 관점에서 해석했기 때문이라고 비판하는 경우가 많다. 그러나 역사학자가 역사 서술을

---

5) 信夫淳平, 『韓半島』, 東京堂書店, 1901, 164쪽.

할 때의 관점과 방법론은 당대의 시대적 제약에 갇혀 특정 분야(예컨
대 19세기의 경우 정치사와 외교사가 대부분이다)에 갇혀 있을 수밖에
없다. 또 역사학자가 접할 수 있는 사료도 그의 정치·사회·경제적 위
치, 정치권력과의 친소 관계, 당대에 접근 가능한 사료의 양과 질에 따
라 후대에 비해 제한되어 있거나 훨씬 적을 수 있다. 그러므로 지금보
다 적은 사료 또는 지금과는 다른 관점에 의거하여 이루어진 과거의
역사 서술을 '역사 왜곡' 또는 '올바른 역사인식 저해'라고 쉽게 평가하
기 어렵다고 생각한다.

따라서 일제강점기 한국근대사에 대한 서술을 식민(주의) 사학과 민
족주의 사학으로 명백히 나누어 정리하기 쉽지 않다는 것이 나의 입장
이다.[6] 사실, 양자는 각자의 성과를 수용하는 독자를 국민(또는 민족)
으로 호출하고 동원하려는 근대 역사학으로서의 기본 성격을 벗어날
수 없다. 이 때문에 같은 사료를 동원하여 서로 경쟁 대립하고 상호 참
조하면서 각자의 설득력을 높여 나가려고 하며, 그러한 한에서 동일성
과 차별성을 아울러 지니게 마련이다. 게다가, 역사학자가 연구의 최초
단계부터 식민 지배 또는 민족 독립운동에 복무하겠다는 입장을 가지
고 연구에 임하더라도 학문적 객관성과 합리성을 추구하다 보면 그에
걸맞는 결과를 산출하지 못할 수도 있는 것이다.[7]

본고는 이러한 관점에서 일반적으로 한국 근대사의 전반기로 설정

---

[6] 물론 이 점은 한국근대사뿐만 아니라 고대사, 중세사, 근세사 등 모든 시대에 관
해서도 마찬가지이다.

[7] 이러한 점은 1915년에 구성된 반도사편찬위원회나 이를 계승한 조선사편수회가
식민주의 정책 결정자가 의도한 대로 성과를 내지 못한 사례를 보더라도 알 수
있다. 이 점에 대한 상세한 연구 성과는 장신, 「조선총독부의 조선반도사 편찬사
업 연구」, 『동북아역사논총』 23, 2011; 정상우, 「조선총독부의 『조선사』 편찬 사
업」, 서울대학교 국사학과 박사학위논문, 2011; 정준영, 「식민사관의 차질」, 『한
국사학사학보』 34, 2016 참조.

하는 고종 즉위 이후 일본의 한국 병탄에 이르는 시기를 일본인과 한국인이 어떻게 서술해 왔는지 검토함으로써 서두에서 언급한 한국근대사상의 원형이 형성되는 지점을 확인하고자 한다. 아울러 식민(주의)사학과 민족사학이 사실은 동일한 사유틀을 가지고 있음을 지적하고 그 극복·전망을 모색해 보고자 한다.

일제 강점 초기에는 고대사 또는 한일관계사가 한국사 서술의 주요한 분야였고, 당대와 직결된 본 시기에 대한 역사서술은 일종의 '현대사'였으므로 서술하기가 쉽지 않았다. 관련 인물이 생존해 있고 일제 통치권력 또는 독립운동 세력 등 정치권력의 대립이 서술 방향을 선험적으로 규정하고 있었던 데다가 사료 자체가 제한적일 수밖에 없었다. 그럼에도 불구하고 당대 일본인과 한국인들이 이 시기를 역사 서술의 대상으로 삼은 것은 각각 일제 통치의 정당성 또는 일제 통치에 대한 저항의 정당성을 입증해야 했기 때문이다.

한국 근대사에 대한 해석을 둘러싸고 일본인과 한국인 역사학자 사이에 일종의 학문적 경쟁 대립 관계가 설정된 것은 1915년 중국 상하이에서 박은식이 『한국통사』를 출간한 때부터였다고 할 수 있다. 이 책 출간 이후 식민 통치가 위협받는다고 의식한 조선총독부가 『조선반도사』 편찬 작업으로 자신들의 식민 통치를 합리화하려 했기 때문이다.[8]

일제가 각종 탄압과 검열 장치를 통해서 한국인들의 역사서술을 억압하고 그들이 원하는 한국 근대사상만 한국인에게 유포하려 했다고 할 수도 있다. 그러나 학문으로서의 역사를 표방하는 한 거기에는 최소한의 사료 비판 절차가 작동해야 했으며 선행 연구로서 국외에서 이루어진 박은식의 연구 성과를 무시할 수는 없었을 것이다.

---

8) 김성민, 「조선사편수회의 조직과 운동」, 『민족운동사연구』 3, 1989, 125~126쪽.

그 결과 일제강점기에 형성된 한국 근대사 서술은 총독부 권력의 압도 하에서 일본이 지향하는 일본 제국의 모습을 포함하면서도 이에 직간접으로 저항하는 한국인들의 한국 근대사 서술도 일정 부분 담을 수밖에 없었다. 그리고 식민 통치하의 한국인 대부분은 이렇게 형상화된 역사상을 통해 자기 위치를 인식하고 현실 인식과 사회적 실천을 해나갔다는 점에서 한국근대사 서술은 일제강점기에 중요한 의미를 갖는다.

본고의 주제인 일제강점기에 이루어진 '한국 근대사' 서술을 분석한 연구 성과는 다소 축적되어 있는 편이다. 우선 일본인의 역사서술을 분석한 조동걸과 김종준의 연구가 있다.[9] 조동걸의 연구는 "식민사학=악, 민족사학=선"이라는 대립 구도 속에서 일본인이 한국 근대사를 어떻게 왜곡했는지를 구체적으로 일일이 추적하였다. 특히, 그가 식민(주의) 사학의 바탕을 이룬다고 하여 '침략3서'라고 지목한 역사서 3종 및 본고에서 주로 분석한 『조선사대계 최근세편』과 다보하시 기요시의 연구 성과를 상세히 분석하였다. 그러나 조동걸은 지금은 잘 알려진 사실이지만 일제강점기에는 알려지지 않았던 사실을 바탕으로 하거나 또는 독립 이후의 역사관을 바탕으로 하여 1920년대 일본인의 역사 연구 성과를 비판하고 있다. 다시 말해서 일본인 역사학자가 처해 있던 연구 환경이나 사회적 환경은 무시한 채 현재의 민족주의 역사관을 강박적으로 적용하고 있는 것 아닌가라는 평가를 내릴 수 있겠다.

이에 비해 주로 다보하시 기요시의 한국 근대사 서술을 평가한 김종준의 연구는 다보하시의 저서 전체에 대한 평가보다는 그의 사학사적

---

9) 조동걸, 「식민사학의 성립과정과 근대사 서술」, 『역사교육논집』 13·14합집, 1990; 김종준, 「식민사학의 '한국 근대사' 서술과 '한국병합' 인식」, 『역사학보』 217, 2013.

위상과 이선근의 연구 성과와의 관계를 설명하고, 일본의 한국 병탄 전후를 서술한 그의 성과가 실증적·객관적임에도 불구하고 일본의 민족/국가적 입장에서 벗어나지 못했음을 보여주었다. 그리고 이러한 민족/국가적 입장은 해방후 민족주의 관점에서 방대한 한국근대사를 서술한 이선근에게서도 동일하게 보인다는 점을 확인함으로써 식민(주의)사학과 민족사학의 경계가 모호함을 밝혔다.

일제강점기에 '한국근대사'를 서술한 한국인 역사가로 박은식, 황의돈, 장도빈, 최남선 등이 있다. 그런데, 이들의 '한국근대사' 서술에 대한 사학사적 분석 작업은 주로 박은식의 『한국통사』와 『한국독립운동지혈사』에 집중되었고,[10] 나머지 역사가들에 대해서는 장도빈[11]을 제외하면 대체로 역사관이나 역사인식의 틀, 또는 고대사 서술에 대한 분석이 많이 이루어졌다.[12]

대부분의 연구는 박은식, 황의돈, 장도빈, 최남선 등의 역사서술을 민족주의 역사관에 입각한 것으로 분석하였으나, 윤병희는 박은식이

---

[10] 신용하, 「박은식의 역사관」(하), 『역사학보』 91, 1981; 윤병희, 「白巖 朴殷植의 歷史意識: 『韓國痛史』와 『韓國獨立運動之血史』를 중심으로」 수촌박영석교수화갑기념논총간행위원회, 『한국사학논총』 하, 서울, 탐구당, 1992; 신용하, 「朴殷植의 愛國啓蒙思想과 民族主義歷史觀」, 『한국민족운동사연구』 10, 1994; 노관범, 「『한국통사』의 시대사상: 자강, 인도, 혁명의 삼중주」, 『한국사상사학』 33, 2009; 노관범, 「『한국통사』의 한국근대사론」, 백암학보 3, 2010; 노관범, 「1910년대 한국 유교지식인의 중국 인식」, 『민족문화』 40, 한국고전번역원, 2012.

[11] 조병로, 「汕耘 張道斌의 近世史 認識」, 『汕耘史學』 3, 1989; 김창수, 「汕耘 張道斌의 東學農民革命 認識」, 『東學研究』 5, 1999.

[12] 황의돈의 역사 서술에 대해서는 박영석, 「海圓 黃義敦의 민족주의사학」, 『산운사학』 창간호, 1985; 박종린, 「'朝鮮史' 서술과 역사지식 대중화: 黃義敦의 中等朝鮮歷史를 중심으로」, 『역사문제연구』 31, 역사문제연구소 2014 참조. 최남선의 역사 서술에 대해서는 많은 성과가 있으나 본고에서는 주로 이영화, 『최남선의 역사학』, 서울, 경인문화사, 2003; 류시현, 『최남선연구』, 서울, 역사비평사, 2009 를 참조하였다.

『한국통사』에서는 자강주의,『한국독립운동지혈사』에서는 인도주의 관점에 입각했음을 밝혔다. 노관범은 더 나아가서 박은식의 한국근대사 서술에 자강주의, 인도주의, 혁명주의의 세 가지 사상이 관철되고 있다고 하였다. 뿐만 아니라 박은식의 저서는 중국인과 한국인이 일제의 침략 하에 있는 공동운명체라는 점, 흥선대원군의 정치가 혁명적 성격인 반면 고종·명성황후의 개화정책이나 대한제국 수립 이후의 정책은 모두 국망의 원인이 되었다는 점을 밝히고 있음을 최초로 분석하였다.

그러나, 이러한 연구 성과들은 각각 독립적으로 이루어졌을 뿐, 일본인과 한국인의 '한국 근대사' 서술을 비교 분석하지는 않았다. 본고에서는 일본인과 한국인의 역사 서술 중에서 학문적 전문성과 대중적 확산성을 지닌 저술 속에 한국 근대사가 어떻게 서술되어 있는지를 살펴보았다. 일본인의 저서로는 조선총독부가 직접 출간한『시정25년사』『시정30년사』『조선사의 길잡이』, 낭인 계열의『대원군전』『조선병합사』『일한합방비사』『근대조선사』, 그리고 조선사학회 소속 스키모토 쇼스케(杉本正介)·오다 쇼고(小田省吾)가 공동 저술한『조선사대계 최근세사』다보하시 기요시(田保橋潔)의『근대일선관계의 연구』『근대조선사연구』『조선통치사논고』등이 있다.[13] 본고에서는 이 중 가장 먼저 한국근대사상을 체계화하고 2년 만에 3판을 찍을 정도로 널리 보급된『조선사대계 최근세사』를 중심으로 분석할 것이다.

한국인의 역사서술 중에서는 조선총독부로 하여금 '객관적' 한국사 편찬에 나서지 않으면 안 되게 만들었다는 박은식의『한국통사』(1915)를 중심으로, 황의돈의『신편 조선역사』(1923)와『중등조선역사』(1926),

---

[13] 일본인의 한국근대사 서술 성과에 대해서는 김종준, 위의 논문, 255~263쪽 참조.

장도빈의 『갑오동학란과 전봉준』(1926)과 『임오군란과 갑신정변』(1927)
『조선역사대전(大全)』(1928), 최남선의 『조선역사강화』(1930), 이선근의
『조선최근세사』(1931) 등을 살펴보았다. 황의돈과 최남선의 책은 고대
부터 근대까지 다룬 통사이지만 대중적 영향력이 매우 크다고 보아 그
중 근대사 부분만 분석하였다.[14]


## 2. 서술 체계의 유사성과 한국(민)·청에 대한 비판적 서술

### 1) 시기 구분과 서술 항목의 유사성

일본의 한국 병탄 이전에 최초로 한국사 통사를 서술한 하야시 다이
스케는 『조선근세사』 하권의 목차를 '만주의 침략 및 강화'-'문화 및
당쟁'-'외척 및 왕족의 전횡'-'구미 및 일청과의 관계'로 구성하고, 조
선후기 이후의 한국사를 정치사와 국제관계 변동 중심으로 체계화하
였다.[15] 시노부 준페이는 『한반도』에서 청이 조선을 속국시하면서도

---

14) 황의돈 책이 대중적으로 널리 보급된 면모에 대해서는 박종린, 「朝鮮史」 서술과
역사지식 대중화: 黃義敦의 中等朝鮮歷史를 중심으로」, 『역사문제연구』 31, 역사
문제연구소, 2014를 참조. 최남선의 『조선역사강화』에 대한 평가는 이영화, 앞의
책, 165~166쪽 참조. 최남선은 『조선역사강화』를 1930년 1월부터 3월까지 『동아
일보』에 연재하고 나서 단행본으로 만들었으나 조선총독부의 검열로 인해 출간
하지 못하였다. 해방 직후 원래의 지형에 「독립운동의 경과」를 덧붙여 1946년에
『조선역사』라는 이름으로 출간하였다. 본고에서는 1946년판을 참조하였다. 그
밖에 정교의 『대한계년사』와 황현의 『매천야록』이 각종 사건과 인물에 관한 기
록이 풍부하고 생생하게 서술되어 있다. 그러나 둘 다 필사본으로서 일제강점기
에는 대중적으로 보급된 적이 없이 보관만 되어오다가 1950년대 이후에야 활자
본으로 영인되었기에 본고의 분석 대상에서는 제외하였다.

15) 林泰輔, 『朝鮮近世史』 卷下, 東京, 吉川印刷工場, 1901.

다른 열강에게 조선의 지위를 어떻게 설명했느냐에 따라 시기 구분을
했다. 즉, 명실공히 속국이었던 제1기(1636~1866년), 독립국으로 보게
한 제2기(1867~1876년), 중립국으로 보게 한 제3기(1876~1882년), 실질
적인 속국으로 대한 제4기(1882~1894년)로 구분하였다.16)

이 같은 앞 시기 저작들을 참조한 듯, 스키모토 쇼스케(杉本正介)·
오다 쇼고(小田省吾)는 『조선사대계 최근세사』(이하, 『최근세사』)에서
1863년부터 1910년까지의 한국 근대사17)를 주로 한국의 대외관계를 기
준으로 하여 ① 이전 시대의 연장인 청 복속시대(1863~1894), ② 국외로
부터의 자극에 의해 독립 자주를 갈망하여 시련을 거듭한 독립시대
(1894~1904), ③ 이전 시대의 시련에 혼이 나고 민심이 권태로워져 일본
의 보호에 의뢰하는 보호시대(1904~1910)의 세 시기로 설정하였다.

그리고 위의 세 시기, 즉 한국 근대사를 관통하는 정신은 "어떠한 이
전 시대에 비해서도 활기가 가득하였고, 변화가 빈번하고 극적이라 절
제가 없는 시대"라고도 할 수 있다고 하였다. 그리고 이러한 '동양 화란
(禍亂)의 근원'인 조선이 이제 일본의 개혁 정치 덕분에 진보하게 되었
다는 것이 『최근세사』의 결론이다.18)

이 책은 아래 〈표 1〉과 같이 전체 9개 장, 각 장 아래 소항목을 설
정하고 있는데, 대체로 정치사와 대외관계사를 중심으로 서술하고
있다.

---

16) 信夫淳平, 『韓半島』, 東京, 東京堂書店, 1901, 475~491쪽.
17) 이들이 사용한 '최근세사' 개념과 '근대사' 개념은 뉘앙스의 차이가 있기는 하지
만, 대체로 같은 시기를 지칭하는 것으로 사용되었다. 이에 대해서는 김종준, 앞
의 논문, 248~249쪽 참조.
18) 杉本正介·小田省吾, 『朝鮮史大系 最近世事』, 朝鮮史學會, 1927, 3~4쪽.

〈표 1〉『조선사대계 최근세사』의 목차 구성

| 장제목 | 세부 서술 항목 |
|---|---|
| 제1장 이태왕의 즉위와 대원군의 내정 | 국외로부터 危機侵迫, 외척 김씨 정권 좌우, 대왕대비 조씨의 활약, 권세 대원군으로 이동, 서북인·개성인 진로 개방, 경복궁 재건, 서원의 폐해, 의정부 부활, 재정 충실화 |
| 제2장 대원군의 대외분쟁 | 佛艦 來襲, 米艦 來攻, 일본의 수교 제의, 대원군의 은퇴 |
| 제3장 민씨의 專權과 내홍 | 왕비 민씨 책립, 민씨의 국정 장악과 一新, 외교의 一變과 강화도사건, 개화파와 수구파, 임오의 정변, 청국과 조선의 관계, 청국의 간섭, 독립당과 사대당, 갑신의 정변, 일본의 선후책, 정변 전후의 露清韓 관계, 방곡령사건, 동학당의 난, 일청의 개전, 갑오의 혁신, 馬關條約 후의 형세 |
| 제4장 대한 독립과 露國 | 왕후민씨 薨去 후의 개혁, 국왕 탈취 사건, 국왕 露國공사관 播遷 사건, 變後의 형세, 독립협회와 부보상, 日露협상과 로국세력 消長, 김홍륙사건, 대한국의 국호와 광무의 연호, 로국의 여순·대련 조차, 로국의 마산포 조차, 북청사변, 북청사변후의 극동문제, 일로 국교의 파열 |
| 제5장 일한관계의 진전 | 일로개전과 한국, 일한의정서, 한로조약의 파기, 第一 일한협약 체결, 일진회와 그 선언, 幣制의 확립, 戰勝 祝賀使, 통신기관의 합동, 第二 일한협약(보호조약) 체결 |
| 제6장 보호정치와 한국(1) | 통감부의 설치, 民論과 내각 경질, 海牙 밀사사건과 황제 양위 |
| 제7장 보호정치와 한국(2) | 신황제, 일한 양황실의 친선, 군대 해방과 그 결과, 시정 개선, 간도문제의 해결, 사법권 위임 및 군부 폐지 |
| 제8장 보호정치와 한국(3) | 통감 경질 및 한국 내각 小變, 폭도와 암살 |
| 제9장 한국의 병합 | 일진회의 합방 성명, 통감의 경질, 경찰권의 위임, 병합의 실시, 병합에 관한 예우 및 恩典, 총독부의 설치 |

    이 책을 이보다 먼저 출간된 박은식의 『한국통사』와 비교해 보자. 『한국통사』 역시 흥선대원군의 집권부터 일본의 한국 병탄까지 서술하고 있다. 다만 박은식은 전체를 3개 편으로 나누고 제1편에서 지리와 조선후기까지, 제2편에서 대원군의 섭정부터 아관파천 시기까지, 제3편에서 대한제국 수립부터 1911년 105인 사건까지 서술하였다. 물론, 『최근세사』와 정반대의 관점에서 러시아와 열강의 동향 및 일본의 침략과 탄압, 이에 저항하는 한국인의 의병, 의열투쟁 등을 민족주의적 관점으로 서술하였다. 번거롭지만 비교의 편의를 위해 박은식 책의 주

요 항목을 편별로 보면 다음 〈표 2〉와 같다. 단, 원문의 목차가 모두 한문 형식으로 되어 있어 현대어로 번역 축약하였다.

〈표 2〉『韓國痛史』목차

| 장제목 | 세부 서술 항목 |
|---|---|
| 제1편 | 지리의 대강, 역사의 대개 |
| 제2편 | 대원군 섭정, 경복궁 중건, 서원 철폐, 세정 釐革, 국방 注意, 서교 엄금, 불교 대파, 미함 격퇴, 일미의 교섭, 대원군 還政, 일본과의 조약, 청정의 我 자주국 인정, 일인의 통상과 조계지, 임오 군졸의 난, 갑신혁당의 난, 중일 천진조약, 대원군 환국, 黃豆 배상사건, 갑오동학의 난, 일병 犯闕, 중일 개전, 我國改革의 新政, 잠정합동 급 공수동맹, 中日의 馬關條約, 삼국 간섭, 열강의 중국 분할, 박영효 재차 망명, 日人의 我國母 시해, 지방 의병, 아관파천, 俄人 세력 증진, 각 鐵路의 外人 認許 |
| 제3편 | 국호대한 독립제국, 재정고문 문제, 일인의 광산·어업·포경·인삼 탈취, 제일은행권 勒行, 영일동맹, 한만문제와 일아 교섭, 일아 宣戰, 일인의 통신기관 강점, 일본선박의 자유항행, 일인의 황무지 개간 요구, 일헌병의 경찰 대리, 일헌병의 집회 금지, 일인의 최익현 구속, 각부 일인 고문, 군용지 광점, 일아 여순전투, 일아 해양전투, 개정 일영동맹, 일아 강화조약, 이등박문의 보호조약 勒締, 황성신문 사장 被囚, 매국성토 상소, 민영환·조병세 등 자살 순국, 최익현의 全國士民 檄告, 북간도문제, 日使의 玉塔 盜取, 동양척식회사, 海牙평화회의의 밀사, 七條勒約 성립, 군대해산과 박승환 순국, 민긍호 의거, 일인의 학대 상황, 한인 교육 탄압, 한인 산업 탈취, 장인환·전명운의 스티븐스 살해, 군부·법부 폐지, 안중근의 저격, 이재명의 이완용 刺擊, 일인의 한국 합병, 일인의 종교 속박, 120인의 黨獄 |

이상 두 책의 목차 편성을 비교해 보면 시기 구분은 각각 9개 시기, 2개 시기로 나누었다. 특히 한국 독립 계기를『최근세사』의 경우 시모노세키조약 체결에서 구하고 있는 반면,『한국통사』는 고종의 경운궁 환궁에서 구하고 있으며, 각 사건에 대한 평가 관점이 정반대임을 확인할 수 있다. 그러나 이러한 관점의 상반됨을 제외하고 서술 항목만 본다면 두 책 모두 정치사와 국제관계사 중심이고 사건과 인물도 거의 동일함을 확인할 수 있다.『최근세사』가『한국통사』의 위협에 대응한

다는 차원에서 기획된 것이니만큼 이러한 결과는 어찌 보면 당연할 수도 있다. 그러나, 두 책 모두 주요 사건과 항목이 어느 정도 상호 접근했다는 점은 매우 중요한 측면이라고 할 수 있다.

이 점은 〈표 3〉에서 보다시피 1920년대에 출간된 민족주의 계열 한국인 역사학자의 저서들에서도 확인된다. 지면상 일일이 열거하지는 않지만 대부분 시기 구분이 『최근세사』와 유사하고 정치사와 국제관계사 중심으로 목차를 설정하고 있다. 다만, 최남선의 저서만은 독립협회운동과 1905년 이후의 자강단체와 교육단체, 계몽운동, 국채보상운동, 조선시대의 학문과 예술 등이 꽤 상세하게 서술되었고, 조선인 저서로는 유일하게 간도 문제를 상세하게 다루었다.

〈표 3〉 일제강점기 조선인이 출간한 통사의 한국근대사 부분 목차

| 황의돈,<br>『신편 조선역사』(1923)<br>제5편 최근세사 | 황의돈,<br>『중등조선역사』(1926)<br>제5편 최근세사 | 장도빈,<br>『조선역사대전』(1928)<br>최근 | 최남선,<br>『조선역사』(1946)<br>제4편 최근 |
|---|---|---|---|
| 제1장 흥선대원군의 집정 | 제1장 흥선대원군의 집정 | 제1장 대원군집정 이후<br>1. 대원군집정, 폐정개혁<br>2. 쇄국양이, 대원군실권 | 제37장 대원군의 집정 |
| 제2장 민씨의 專權과 일본과의 통상 | 제2장 개화의 운동(상) | 3. 민씨집권 외국통상 | 제38장 일본과의 관계 |
| 제3장 임오의 군란 | | 4. 임오군란, 갑신정변 | 제39장 일청의 釁端 |
| 제4장 갑신의 개혁란 | 제3장 개화의 운동(하) | 5. 일청관계, 열국관계 | 제40장 갑신십월의 변 |
| 제5장 열국의 통상과 관계 | | | 제41장 세계정국의 파동 |
| 제6장 국정의 부패와 동학당의 혁명란 | 제4장 동학란과 일청전쟁 | 6. 國勢 大衰, 동학당란 | 제42장 갑오경장 |
| 제7장 일청전쟁과 조선관계 | | 제2장 日淸戰役 이후<br>1. 일청전쟁, 을미정변 | |
| 제8장 갑오이후의 변천 | 제5장 갑오이후의 변천 | | 제43장 俄國이 갓가워짐<br>제44장 독립협회의 개혁운동 |

| 제9장 갑진이후의 변천 | 제6장 갑진이후의 변천 | 2. 일로전쟁, 이후변천 | 제45장 日俄의 대항 |
| | | | 제46장 일본과의 관계 |
| | | | 제47장 민간의 신운동 |
| | | | 제48장 융희의 시대 |
| | | | 제49장 간도문제 |
| | 제7장 최근의 문화 | | 제50장 이씨조선의 學藝 |

이렇게 보았을 때 한국근대사 서술의 기본적 항목들은 하야시 다이스케, 시노부 준페이 등의 저술을 거치면서 박은식에 이르러 완성되었다고 할 수 있다. 『최근세사』는 박은식의 서술 항목들을 일본 국가의 관점에서 정리하고 주로 국제관계 면에서 일관성 있는 목차를 구성했다고 볼 수 있겠다. 그리고 이러한 목차 체계가 큰 변화 없이 대부분의 한국 근대사 서술에 적용되어 왔다고 할 수 있다.

## 2) 한국(민)의 문제점과 청의 간섭에 대한 비판

일본인과 한국인의 한국 근대사 서술이 상호 접근하는 또 다른 분야는 한국인의 병폐, 한국 사회의 부패·모순에 대한 비판과 아울러 청의 간섭에 대한 비판적 서술이다.

박은식은 한국인의 병폐를 여러 가지 지적하였다. 사대부들이 당쟁과 사권(私權)의 악폐를 만들어 망국의 원인이 되었고 이 습성이 평민 사회에도 물들어 멸종의 원인이 되었다고 하였다. 3백년간 태평성대를 누려오면서 편안한 안락에 젖어 국왕뿐만 아니라 공경대부까지 오만하고 놀고 즐겨 나태하여 나라가 망했다고 하였다. 또, 민족 전체가 문약해서 망하는 나라를 구하지 못했다고 평가하였다.[19]

장도빈 역시 문약 정치와 사색당쟁이 조선을 멸망하게 하였다고 했

---

[19] 박은식, 앞의 책, 854쪽, 999쪽, 1060쪽.

으며,[20] 이선근도 이를 그대로 받아서 문약과 아울러 사색당쟁이 조선의 쇠미를 촉진하였으며 여기에 순조 이후 합병 이전까지의 외척 발호가 여러 나라 망국사에서 볼 수 있는 극단적인 전횡이었다고 평가하였다.[21]

일본인도 역시 여러 가지 병폐를 지적하였다. 시노부 준페이는 "뇌물 청탁은 반도의 국수(國粹)로서, 사법관 역시 이 국수로부터 벗어날 수 없다"고 한국인의 국민성을 뇌물 청탁 등 부패정신이라고 지적하였다.[22] 또, 한국은 "1637년 이후 오로지 청 정부의 부용국(附庸國)으로 지내왔으며, 청일전쟁에 이르기까지 약 250년간 북경 정부에 대해 독립의 의지가 없이 자유의 행동이 없었다."[23]라고 지적하였다. 『최근세사』는 이 같은 관점을 이어받아 한국은 청일전쟁 결과 시모노세키 조약에 의해 청에 의해 독립국임을 인정받은 때부터 독립과 자주를 갈망하며 시련을 거듭한 타율적 존재라고 하였다.

이처럼 한국인 역사학자들이 문약과 당쟁, 외척 발호를 망국의 원인으로 지적한 것과 유사하게 일본인의 『최근세사』에서는 한국의 역사를 부정 부패와 타율적 역사로 서술했다. 양쪽의 원인 분석에 다소 차이가 나지만, 당쟁과 외척의 세도 정치는 타율적 역사의 사례로 거론되므로 한국 멸망의 원인을 한국 사회 내부에서 찾는 관점은 양국 역사학자가 유사하다고 할 수 있겠다.

흥선대원군의 집정 시기를 긍정·부정 양면적으로 평가하는 점, 조선후기 이래 양반과 권력층의 부패와 구폐, 민씨 척족의 전횡에 대해

---

20) 張道斌, 『甲午東學亂과 全琫準』, 京城, 德興書林, 1926, 1~8쪽.

21) 李宣根, 『朝鮮最近世史』, 京城, 漢城圖書株式會社, 1931, 22쪽, 25쪽.

22) 信夫淳平, 앞의 책, 259쪽.

23) 위의 책, 474쪽.

비판적인 점, 동학농민전쟁의 원인을 민씨 척족의 전횡에서 찾는 점도 동일하다.

우선 흥선대원군에 대한 평가를 보자. 『최근세사』는 "구폐를 타파하고 제도를 정비하며 풍속을 개량하고 재정을 충실화하는 등 그 시설한 바는 적지 않았으나, 그 방법이 모두 기괴하고 급격하여 인민을 두렵게 하였다. 특히 경복궁 중건을 위하여 취렴주구를 하고 만동묘 및 서원을 철폐하고 청전을 통용시키는 등 크게 민심을 잃고 특히 유림을 격앙시켰다."[24]라 하여 양면적 평가를 내렸다.

박은식 역시 양면적 평가를 내렸다. "군포를 혁파하고 호포를 징수하되, 귀천을 구분하지 않고 고루 국세를 부담지우니 이에 오래도록 쌓이고 잠겨있던 폐막이 일거에 확청"되었으나 쇄국정책은 시세에 밝지 못한 정책이었다고 평가하였다.[25] 이러한 양면적 평가는 황의돈과 장도빈에게서도 동일하게 나타났으며,[26] 최종적으로 흥선대원군을 집중적으로 연구한 이선근이 다음과 같이 정리하였다.

> 대원군 정치는 그 과감한 내정개혁으로 수세기 동안의 악폐를 일소하여 국민의 진보를 도운 그만치 그의 십년 간 쇄국양이적 대외정책은 새로운 세계로 향해갈 국민의 진보를 방해한 것이 사실이니 환언하면 대원군은 내정에 성공하고 외교에 실패하야 그 영향이 이해 상반한다고 볼 수 있는 것이다.[27]

명성황후와 그 일족의 정치행태에 대한 평가 역시 일본인이나 한국

---

24) 杉本正介·小田省吾, 앞의 책, 77쪽.

25) 박은식, 앞의 책, 754쪽, 764쪽.

26) 黃義敦, 『新編 朝鮮歷史』, 京城, 以文堂, 1923, 177~179쪽. 張道斌, 『朝鮮歷史大全』, 1928(汕耘紀念事業會 편, 『汕耘張道斌全集』 卷一 汕耘紀念事業會, 1982, 344쪽.

27) 이선근, 앞의 책, 206쪽.

인 모두 동일하게 나타났으며, 동학농민전쟁의 원인으로 이들의 사치
와 부정부패, 사리사욕을 들고 있는 점도 유사하다.

내정 부패가 극도에 치닫고 있었다. **외척은 세력을 믿고 다투어 방자한
짓을 서슴지 아니하고 탐욕과 사치를 일삼으며**, 환관은 왕의 고임을 절취
하여 마음대로 위복을 펼치려 들며, 시정 무뢰배가 관장에 간여하여 앞다
투어 장쾌(駔儈) 행세를 하고, 무당 점쟁이 등의 천한 부류들은 거만하게
은택을 믿고 음사(淫祀)를 널리 확장하며, 경사스러운 일을 칭찬하고 진찬
(進饌)을 거행하지 않는 해가 없으며 긴긴밤 연회를 열지 않는 날이 없었
다. …(중략)…이에 동학 무리들은 이러한 때를 노리고 선동하여 혁명의
풍조가 부풀어 올랐으며, 그것으로 인해 동아(東亞)의 대전국(大戰局)이
야기되었다.[28](이하, 강조는 필자)

당시 이조 정치는 부패의 극에 달하여 양민을 괴롭힘이 심하고 지방의
유사는 핑계를 동학 박멸에 가탁하여 박해를 가하고 재화를 침어(侵漁)하
는 것이 한층 격심해졌다. 이 교는 바야흐로 남선(南鮮) 지방 일대에 확산
되고 교도는 교조 수운(水雲)의 신원과 혹리(酷吏)의 박해에 대해 상소 탄
원을 하고 점차 그 결속을 굳혀 곳곳에서 소요를 일으키기에 이르렀다.[29]

정부 대관은 오직 民財를 박탈하여 肥己之慾을 充하고 지방관리는 정부
의 前驅가 되야 학정을 施하여 민재를 박탈하고 지방 奸民은 관리에게 아
부하여 민재 박탈을 함께 하니 이에 정치가 大亂하고 민중이 생활할 수 없
어 천하 인민이 오직 국가의 난망을 思하는지라.[30]

오늘날 역사학계에서 높이 평가하는 대한제국 수립에 대해서도 일
본인과 한국인 모두 형식에 불과한 것으로 치부하는 듯한 서술이 동일

---

28) 박은식, 앞의 책, 800~801쪽.
29) 杉本正介 · 小田省吾, 앞의 책, 120쪽.
30) 張道斌, 『甲午東學亂과 全琫準』, 京城, 德興書林, 1926, 16쪽.

하게 나타났다. 박은식은 "정유년에 경운궁에 환어하고 제위에 오르시고 국호를 고쳐 대한이라 하고 연호를 고쳐 광무라 하니 드디어 독립국이 되고 각국은 그것을 인준하였다. …(중략)… 이 해에 황자 영친왕이 출생했으니 궁인 엄씨 소생이다. 엄씨는 왕의 고임을 받아 친족들이 다수 현관직(顯官職)에 임용되어 정사에 참여하였으니 음사(淫祀)가 또한 펼쳐졌다."³¹⁾라고 대한제국에 대한 서술은 간단히 하고 엄비로 인해 그 친족이 정권에 참여함으로써 국정이 어지러워졌다고 비판적인 서술을 하였다.

『최근세사』에서는 "1897~8년경의 정세로서 실로 한국의 국운은 매우 위태롭다고 하지 않으면 안 된다. 그러나 형식상 독립국의 체면만큼은 이 무렵에 비로소 갖추어졌던 것이다."³²⁾라 하였다. 장도빈은 "광무제가 경운궁으로 환어하고 10월에 국호를 대한, 연호를 광무라 하고 8도를 13도로 하고 약간의 정치 면목을 개혁하였으나 로국(露國) 공사의 간섭이 심한 중에 조정이 탁란하여 국사는 더욱 쇠열(衰劣)하느니라."³³⁾라고 하여 대한제국 수립에 대해서 그 독립성만 긍정적으로 서술하였다.

대한제국에 대한 비판적 태도 또는 저평가는 그 반대로 독립협회운동에 대한 긍정적 서술로 나타났다. 박은식은 "윤치호 등이 (서재필: 인용자) 뒤를 이어 동지를 모아 죽음을 맹세하고 독립을 부지하려 하니 일시에 지사들이 화합하며 응해 와서 독립협회는 드디어 떠들썩하였다. 그러나 그 진행이 너무 조급히 정국을 번복하려 하면서 정치를 혁신하려 하여 성공을 서둘렀던 관계로 드디어 정부와 큰 알력이 일어나게 되었다."³⁴⁾라고 하였다.

---

31) 박은식, 앞의 책, 875쪽.
32) 杉本正介·小田省吾, 위의 책, 158~159쪽.
33) 장도빈, 『조선역사대전』, 351쪽.

『최근세사』는 독립협회의 독립문 건설, 열강에 대한 이권 반대 운동, 만민공동회와 헌의육조, 정부의 실정 비판 공격 등을 열거하면서 그 활동상에 대해 상당한 분량을 두고 긍정적으로 서술하였다.[35]

황의돈 역시 "민간에서는 서재필, 윤치호 등의 발기로 독립협회를 세우고 독립신문을 발행하여 국민에게 신사상을 불어넣어주려 하였으나 완고당이 의연히 정권을 잡았으므로 조금도 개선의 희망이 없었고"[36]라 하여 독립협회의 개혁성을 강조하였다. 최남선은 특히 독립협회에 많은 분량을 할애하였다. 그는 〈제44장 독립협회의 개혁운동〉으로 독립된 장을 설정하여 독립협회의 설립 단계부터 보부상과의 대립 투쟁, 종로 거리에서의 철야농성까지 상세히 서술하였다. 대한제국의 수립에 관한 서술은 단 8줄로 처리할 만큼 독립협회에 대한 평가를 높이 하였다.

청이나 외세에 대한 태도 또한 박은식을 제외하면 양측 모두에게서 비판적으로 나타나고 있다. 『최근세사』에서는 "청국은 조선이 자주국이라고 인정하면서도 종주국 지위를 확보하려고 하였다."라고 하면서 그 사례로 청의 원세개가 조선 외교에 간섭하여 주미한국공사관을 소환한 행위, 러시아와 친교하려는 고종을 제어하기 위하여 대원군과 결탁하여 고종을 폐위시키려고 한 행위 등을 열거하였다.[37]

황의돈은 갑신정변 이후 "김옥균 등 개혁당을 역률로 논단하여 그 세력을 전부 사형시키거나 귀양 보내니 이에 친일파 세력이 전멸하고 청국을 친근하고자 하는 완고당이 조정에 충만하였고 원세개가 완고

34) 박은식, 앞의 책, 876쪽.
35) 杉本正介·小田省吾, 앞의 책, 151~152쪽.
36) 黃義敦, 『中等 朝鮮歷史』, 鴻文園, 1926, 90쪽.
37) 杉本正介·小田省吾, 앞의 책, 114~115쪽.

당을 농락하여 내정을 간섭하니"38)라고 친청 세력과 원세개를 비판하
였다. 장도빈도 "민왕후 일파는 세력을 대확장하여 실로 갑신정변 전보
다 그들의 탐권전횡(貪權專橫)이 몇 배가 심하였다. 여러 민족(閔族)과
그 동당(同黨)이 정부에 틀어앉아 청국 세력을 의뢰하고 정권을 좌우
하여 그 국정을 탁란(濁亂)하고 민생을 해독함이 날로 더욱 혹심하였
다."39)라 하여 청의 내정 간섭은 언급하지 않았으나 민씨 척족이 청에
의존하여 국정을 전횡하였다고 비판적으로 서술하였다.

최남선도 "청병(淸兵)의 대장이던 원세개는 조선통상사무전권위원
이라는 명목으로 의연히 한성에 주재하야 내치와 외교에 간섭하기를
말지 아니하고 새로 위복(威福)을 마음대로 하는 여러 민씨와 더부러
표리(表裏)가 되야 횡사(橫肆)를 극도로 하여 국사가 망창하야갓다."40)
고 원세개와 민씨 척족을 모두 비판하였다.

이에 비해 박은식은 일본에 대해서는 매우 비판적이었으나 청에 대
해서는 노골적인 비판을 하지 않았다. 이는 그가 『한국통사』를 한국과
중국을 공동 운명체로 보는 한중 연대의식 속에서 '한국과 중국의 뼈아
픈 역사'로 저술했기 때문으로 보아야 할 것이다.41) 청에 대해 비판적인
부분은 동학농민전쟁에 관한 서술에서만 보인다. 즉, 조선 정부가 동학
농민전쟁을 진압하기 위해 청에 원병을 청한다고 할 때 "만약 청국에서
파병한다고 하면 일본도 어찌 가만히 있겠는가. 이 일로 연유해서 양국
의 군대를 불러들인다면 우리나라가 어찌 무사히 보존할 수 있겠는가"

---

38) 황의돈, 1923, 185~186쪽.
39) 장도빈, 『壬午軍亂과 甲申政變』, 德興書林, 1927, 88~89쪽.
40) 崔南善, 『朝鮮歷史』, 高陽, 東明社, 1946, 104쪽.
41) 이에 대해서는 노관범, 「1910년대 한국 유교지식인의 중국 인식」, 『민족문화』40,
    한국고전번역원, 2012 참조.

라고 개탄하는 대목에서만 다소 비판적인 태도를 보이고 있다.[42]

### 3. 한일 관계와 근대적 개혁에 대한 상반된 평가

#### 1) 한일 관계 서술의 대립

당연한 일이겠지만, 박은식의『한국통사』와 스키모토 쇼스케 · 오다 쇼고의『최근세사』의 한일관계 서술은 정면으로 대립한다.『한국통사』에서는 개항 이후의 한일 관계가 오로지 일본의 속임수의 연속이었다고 서술하였다. 갑신정변으로 표면상 일본이 패배했다고 하지만 친일파라는 정치세력을 얻어 훗날 활용할 수 있게 되었던 점, 한국 독립을 위한다는 명목으로 군대를 출동시켜 청일전쟁을 일으켰던 점, 주한일본공사 미우라 등으로 하여금 명성황후를 시해하여 일본을 배척하는 중심인물을 제거하게 한 점, 한국의 독립을 보존한다고 러일전쟁을 일으키고는 한국 병탄 야심을 드러낸 점, 고종 황제를 설득하여 의회를 설립하지 못하게 하고 정부의 소수 인원만 협박하여 을사늑약을 체결하게 한 점, 일진회를 속여서 합병을 한 후 모두 해산시킨 점 등 6가지 속임수를 나열하였다. 그리고 그 외에도 황실 존엄 유지를 빙자한 고종의 폐위, 화폐 개량을 빙자한 재산 탈취, 군사력 대체를 빙자한 군대 해산, 교육 지도를 빙자한 학교 철폐와 서적 소각 등 모든 것이 속임수라고 비판하면서 책임을 일본에 돌렸다.[43]

---

42) 박은식, 앞의 책, 809쪽.
43) 위의 책, 1056~1058쪽.

반면,『최근세사』에서는 한일 관계에서 중요한 사건의 책임을 모두 한국 측에 돌렸다. 이 책의 서두에서 "조선은 이 시기에 그동안의 모든 문제점을 드러냄은 물론 국외와의 자유로운 교통에 의해 아직 일찍이 경험하지 못한 새로운 사건도 경험했다"고 하였다. 그 새로운 사건이란 것은 "국외로부터의 자극에 의해 독립 자주를 갈망하며 시련을 거듭한 독립의 경험," "이전 시대의 시련에 혼이 나고 민심이 권태로워져 일본의 보호를 의뢰한 피보호의 경험"이라는 것이다. 그리고 이 시기에 조선 민족은 그 이전까지의 '은둔 국민(仙逸國民)'에서 벗어나 '활동적 국민'이 되려고 자극을 받았는데, 변화가 극심하여 극히 절제가 없는 시대를 겪었으며 이러한 역사는 '민족이 발전하려고 하는 시대에 공통적으로 나타나는 결함을 극단적으로 보여주는 것'이라고 정리하였다.[44] 여기서 조선은 서구 열강이나 일본 등 외부로부터 주어진 자극에 의해 변화하는 타율적 존재로 서술되고 있다.

이하에서 다소 장황하지만,『최근세사』에서 개항부터 병합에 이르는 한국근대사를 정리한 핵심 논리를 인용하면 다음과 같다.

　　한국은 그 지리적 위치로부터 말하든 그 국력이 미약한 점으로부터 말하든, 항상 외부에 둘러싼 세력이 좌우하는 바가 되어 자칫하면 화란(禍亂)이 이 곳에서 발생하였다. 그런데 반도의 안위는 즉시 우리나라(일본: 인용자)에 영향을 주기 때문에 우리나라는 근세에 한국의 보전과 동양 평화의 유지를 국시로 삼기에 이르렀다. 그런데 한국의 상하는 구래의 사대주의를 벗어나지 못하고 당파끼리의 싸움을 일삼고, 서민은 노탄에 괴로워하고 독립국다운 실상이 나타나지 않아 그 틈을 타고 외국이 침략 기회를 엿보게 하는 문제점이 있었다. 이 때문에 우리 제국은 어쩔 수 없이 국운을 걸고 일청 일로 두 전쟁을 감행하여 다행히 빛나는 승리를 거둘 수 있었다.

---

[44] 杉本正介 · 小田省吾, 앞의 책, 3~4쪽.

…(중략)…

한국에서 보호제도를 확립하고 통감부를 설치하고 한국을 지도 권유하여 제반 개선을 도모하여 점차 일치 결합의 실을 거두기에 노력했다. 그런데 …(중략)… 한국의 인심은 대세에 순응할 길을 알지 못하고 헛되이 초적(草賊)이 아직도 그 흔적을 끊지 않고 인민이 안도하지 못하며, 특히 내지인(일본인: 인용자) 관헌에게 위해를 가하려 하고 완미한 도배는 마침내 고문 스티븐스, 전 통감 이토 공을 암살하고 더 나아가 이완용을 부상 입혀 불온한 상태가 여전히 존속했다.

이처럼 한국 시정의 개선은 보호제도에 의해 도저히 충분히 소기의 효과를 거둘 수 없다. 따라서 한국 다년간의 묵은 폐단을 근본적으로 제거하고 장래 한국 황실의 번영을 영구히 보호하고, 또 한국민 일반의 복리를 증진하고 그 번영을 도모하며, 다시 내지인 및 제반 외국인의 생명재산의 안전을 도모하려면 …(중략)… 한국을 제국에 병합하여 전연 이를 제국정부의 직할 통치 하에 두지 않으면 통치의 책임은 도저히 이를 채울 수 없음이 명료해졌다.[45)]

일본이 동양 평화와 일본의 안전을 위해 한국을 보전해주려고 두 차례나 전쟁을 치르고 통감부를 설치하여 개선을 도모해 주었다. 그러나 한국인은 이에 감사할 줄 모르고 의병(초적)과 스티븐스·이토 암살, 이완용 공격 등으로 불온한 태도를 보이기만 했기 때문에 한국에 대한 통치 책임을 지기 위해 어쩔 수 없이 병합했다는 논리이다. 한국 정부와 한국인에 모든 책임을 돌린 것이다.

그런데 『최근세사』와 대립하는 서술은 조선총독부의 검열이 삼엄했음에도 불구하고 1920년대에 출간된 한국인들의 근대사 서술에서 직간접적으로 확인할 수 있다. 『최근세사』는 청일전쟁에서 일본이 승리하고 시모노세키 조약을 체결한 1895년부터 조선이 독립되었다고 하여 제4장 제목을 '대한 독립과 로국'으로 설정하였다.

---

45) 위의 책, 254~256쪽.

그러나 한국인들은 '독립'이라는 단어를 강조하지 않는 서술 방식을 선택하였다. 황의돈은 "일청전쟁 중 조선정부는 관제를 일본에 모방하여 전부 개혁하여 김홍집이 총리대신 되고 박영효 또한 내무대신이 됨에 개혁당이 전부 정권을 장악하고 … 마침내 마관조약을 인하야 사실상 완전이 청국의 관계가 단절되얏나니라."[46]라고 서술하였다. 장도빈은 "마관조약을 맺어 청국이 조선을 간섭치 못하게 되매 일본이 조선을 간섭하는지라."[47]라고 하여 한국의 독립보다 청국의 관계 단절 또는 일본의 간섭을 강조하였다. 최남선은 "청 조정이 화의(和議)를 내여서 이홍장으로 흠차두등전권대신(欽差頭等全權大臣)을 삼고 일본에 보내니 …(중략)… 일본이 이토 히로부미(伊藤博文), 무츠 무네미츠(陸奧宗光)를 전권판리대신으로 하야 마관에 모여 그 제1조에 조선의 독립국임을 확인하고"[48]라고 조약문안을 인용하는 데만 그치고 곧바로 일본이 삼국 간섭으로 인해 요동을 청국에 환부하였다고 서술하였다.

또 흥미롭게도, 『최근세사』는 을사조약 이후 민영환 등 관료들의 자살, 오적 암살 시도, 의병투쟁 등에 대해서 상당한 분량을 할애하여 서술하고 있다. 물론, 이러한 내용을 서술할 때는 대체로 '소요' '폭도' '난' '적도' 등의 표현을 써서 곧이어 이루어지는 일본의 한국 병탄을 뒷받침하는 논거로 삼으려는 의도를 보였다.

　이보다 앞서 한국에는 정치가 문란하고 백도가 이완되고 폐지된 결과 화적이라 칭하는 적도가 처처에 출몰하고 재화를 약탈하며 폭학(暴虐)을 일삼았는데 지방 경찰력이 충분치 않았기에 도저히 이를 진압할 수 없었

46) 황의돈, 『신편 조선역사』, 1923, 191쪽.
47) 장도빈, 『조선역사대전』, 1928, 100쪽.
48) 최남선, 앞의 책, 230~231쪽.

다. 특히 강원도 경상북도는 적도의 소굴로, 양민은 이로 인해 크게 괴로워
하고 인심이 안도하지 못했다. 그 위에 日露戰役부터 계속된 협약의 체결
등이 있어 일한 양국 관계가 구태를 바꿀 때마다 대세를 알지 못하는 자들
이 지방에서 소요를 키우는 바가 결코 적지 않았다. 민종식은 홍주에서 난
을 일으키고 최익현은 전북에서 난을 일으켰으며 나인영 등은 당국 대신
의 암살을 기도했다.[49]

경성 시위대의 반란 및 원주 진위대 병사들의 도주는 동 지방 일대에서
폭동의 발단을 이루었고, 기타 각지에서도 해산 병사의 다수는 은사금을
소비함과 동시에 적도로 변하여 거리낌 없이 폭행을 저지르는 데 이르렀
다. 이에 1907년 하반기 이후는 평북, 함북, 경남을 제외하고 폭동이 전 반
도로 확산하고 경기 강원 및 충북 3도가 가장 심했다.[50]

1907년 각지 봉기한 폭도는 동년 말 귀순자는 면죄한다는 조칙을 내려
극력 귀순을 장려하는 한편 토벌에 힘쓴 결과 차차 진정으로 기울었으나
이듬해 1908년 5월경부터 적세가 다시 증진하여 거의 전조선 각지를 횡행
하는 모습이었다. 특히 전라남북도에서 그 출몰이 가장 빈번해졌다. 이에
동년 가을 우리 군대는 헌병 및 경찰관과 협력하여 이 방면에 대토벌을 결
행하여 40여 명의 적괴를 체포 처형하고 이 방면은 거의 평정 상태로 돌아
갔으나 여전히 1910년에 이르러서도 국권 회복을 외치며 배일을 고취하고
시정 방해를 하는 자가 끊임없음은 실로 유감이었다. 이같이 폭도의 평정
이 용이하지 않은데다가 아래와 같이 암살이 빈출(頻出)함은 전혀 우리 보
호 정치를 오해한 데서 나온 것으로, 오히려 불쌍한 일이다.[51]

그런데, 이에 비해 한국인들의 역사서에는 의병에 관한 서술이 의외
로 적다. 박은식은 민영환 등의 자살 순국과 최익현의 상소와 의병 봉
기, 군대 해산 이후의 의병투쟁은 다루었으나[52] 민종식의 의병 봉기는

---

49) 杉本正介・小田省吾, 앞의 책, 196쪽.
50) 위의 책, 218쪽.
51) 위의 책, 250쪽.

서술하지 않았다. 황의돈과 장도빈은 헤이그 특사사건만 두어 줄로 서술했을 뿐이다. 그에 반해서 최남선은 오늘날의 역사서를 방불케 할 만큼 을사조약과 정미칠조약 이후의 민족적 투쟁에 대해 상세하게 서술을 하였다. 민영환 등의 자살 순국, 최익현·민종식·신돌석의 의병 봉기, 군대 해산 이후의 의병투쟁이 5년이나 지속되었다고 하면서 강원도, 경상북도, 경기도, 전라도, 함경남도, 황해도, 경상남도, 평안도, 함경북도 등의 의병 봉기 상황을 적시하였다.[53] 황의돈, 장도빈, 최남선의 저술이 비슷한 시기에 출간되었다는 사실에 비추어보면 매우 대조적인 상황이다. 물론, 최남선의 동 저서는 이 때문에 발매 금지가 되었을 수도 있지만, 그 이전 신문 기사로 연재될 때는 아무 제약 없이 대중에게 보급된 것이 의아스럽다.

## 2) 근대적 개혁과 문화에 대한 엇갈린 평가

일본은 한국을 근대적 개혁으로 이끈 것이 자신의 역할이라고 계속 주장해 왔다. 갑오개혁에 대해서도 『최근세사』는 〈갑오의 혁신〉이라는 항목을 설정하고 세부 항목으로 〈군국기무처 설치〉〈제도의 변개〉〈홍범14개조의 선고〉〈중앙 및 지방관제 및 기타〉 등 1894년 6월부터 1895년 4월까지 이루어진 개혁의 성과를 7쪽에 걸쳐 상세히 서술하였다. 여기서 주목할 점은 이 개혁의 주체는 개화파이며, 이 개혁이 조선의 사회·정치적 개선의 선구 역할을 하였다고 평가한 점이다.[54]

반면, 이보다 10년 전 김옥균 등이 주도한 갑신정변에 대해서는 국권

52) 박은식, 앞의 책, 978~996쪽, 1024~1029쪽.
53) 최남선, 앞의 책, 251~266쪽.
54) 杉本正介·小田省픔, 앞의 책, 129~136쪽.

의 신장 및 정계의 혁신을 언명하였으나 경솔하게 일을 일으켜 일패도
지할 수밖에 없었다고 평가하였다. 다만 일본 공사가 사전에 김옥균
등에게 군사적 협조를 약속한 일은 서술하지 않아 일본정부의 책임을
회피하였다.[55]

그러나 다시 러일전쟁 이후 일본이 재정고문과 통감부를 통해 한국
의 정치·사회·경제 부문에 대해 실시한 제반 정책은 모두 긍정적으
로 서술하였다. 1905년의 화폐정리사업 결과 1911년까지 6년을 거치는
동안 엽전과 백동화 등 구화폐가 전부 회수되고 한국정부 명의로 발행
한 신화폐가 원만하게 유통하게 되었다고 평가하였다.[56]

일본이 한국의 '시정 개선'을 제대로 한 것은 1907년 7월 정미칠조약
을 체결하고 다수 일본인을 한국 관리로 임명한 이후부터라고 서술한
점도 주목할 만하다. 그 결과 이루어진 개선을 자그마치 25쪽에 걸쳐
서술하였는데 황실과 정부 재정의 분리, 황실 재산의 정리, 지방제도의
개혁, 사법과 행정의 분리, 감옥제도 개선, 지방행정구역 개편, 지세·
호세·관세 등 조세제도 정리, 신삼세, 지방세, 농업.임업.수산업.광업.
상공업.교통.교육.위생 개혁, 호구·토지 조사, 간도 문제 처리 등에 이
르기까지 광범위하다.[57]

한편, 『최근세사』는 1906년부터 1907년까지 존재한 단체들 중 주요
한 것으로 대한자강회, 서우학회, 함북흥학회, 청년학회를 들고 신문으
로는 제국신문, 황성신문, 국민보, 만세보 등을 제시하고 이들 대부분
이 격렬하게 일본을 배척하는 여론을 조성하고 당시 한국 정부를 공격
했다고 서술하였다. 특히 영국인 베델이 대한매일신보를 발행하고 일

---

55) 위의 책, 105~107쪽.
56) 위의 책, 187~189쪽.
57) 위의 책, 218~242쪽.

본의 대한정책을 반대 중상하는 기사 논설을 실어 한국인들이 가장 많이 읽었다고 서술하였다. 미국인 헐버트도 Corea Review를 발간하여 일본을 비방하고 한일의 관계를 저지하는 데 힘썼다고 서술하였는데, 위의 2명 모두 고종 황제의 보조금을 끌어내기 위해 배일론을 전파했다고 서술한 점도 흥미롭다.[58]

이처럼 『최근세사』는 일본이 조력이나 주도에 의해 이루어진 제반 정책을 개혁이라고 하여 매우 긍정적으로 서술한 반면, 한국인들이 조직한 계몽운동 단체와 신문들, 그리고 영국인·미국인이 발간하는 신문과 잡지가 사리사욕을 위해 발간된 것이라고 비방하면서도 이들 매체가 당시 한국 정부에 큰 부담을 주었던 사실을 정확하게 지적하였다.

이에 반하여, 한국인 역사학자들은 개화파 또는 일본이 주도하는 근대적 개혁에 대해서 대체로 유보적이었다. 우선 갑신정변에 대해서 보자. 박은식은 갑신정변에 대해 "위로는 군부(君父)에서 얻지 못하고 가운데로는 관료에서 얻지 못하고 밑으로는 군민(軍民)에게서 환심을 얻지 못하여 사면에서 적을 맞는 꼴이니, 그 어찌 구제될 수 있었겠는가. 또한 대저 혁명가는 천하에 지극히 어려움을 무릅쓰고 천하의 지극히 험한 것을 밟아야 하며, 오로지 자기의 힘으로써 나와야 하는데 오히려 외국인이 우리나라의 내홍을 이용하여 간섭함에 있어서랴."[59]라고 하여 국내에서 협력 세력을 얻지 못한 점, 자기 군사력으로 혁명하지 않고 일본군을 끌어들이려 한 점을 비판하였다.

황의돈은 "조선의 독립을 주장하는 김옥균, 박영효 등이 청인(淸人)의 발호함을 통분하여 이를 배척하고 유신의 정치를 들고자 하나 만조

---

58) 위의 책, 202~203쪽.
59) 박은식, 앞의 책, 791쪽. 이러한 평가는 뒤에 저술하는 『한국독립운동지혈사』에도 그대로 반복되었다.

(滿朝)의 완고당이 일제히 반대함으로 착수하지 못하고"라고 갑신정변
의 대의명분은 인정하지만 완고당의 반대에 의해 착수하지 못하였다
고 하였다.[60]

장도빈은 갑신정변의 14개 정강까지 상세히 게재하고 이들이 "문벌
을 벽파하여 귀족정치를 파괴하기로 하였고 조세를 정리하여 소민(小
民)의 궁상(窮狀)을 구제케 하였고 청국에 대한 진공(進貢)의 허례를
폐지하여 독립국의 체면 손상을 방지하기로 하였고 군사와 경찰을 개
량하는 등 신정(新政)을 발포하였다"고 평가하면서 다만 "외국병을 끌
어들여 혁명을 하자는 것은 어리석은 방책이오. 그런 일이 될 리도 없
지만 혹 일시 된다고 해도 곧 더욱 큰 실패할 일이다"라고 하여 일본군
을 끌어들인 점에 대해 비판하였다.[61]

최남선은 정변에 대한 평가는 내리지 않았으나 "이번 변은 미리부터
일본으로 더불어 상의한 뒤에 거사한 것이로되 기대하던 일본의 호조
(護助)가 예정한 기한에 닿지 못함으로 이 이상을 진행하지 못하고 용
두사미격인 채로 20일에 일본 공사가 우리 격앙한 민중의 습격을 받으
면서 퇴거하는데 …(중략)… 청년 유신당의 계획이 꿈같이 사라지고
즉시 민영준, 민영익, 민영환, 민응식 등을 중추로 하는 보수파의 천지
가 도로 나왔다"[62]라고 하여 일본의 도움이 없이는 불가능한 정변이었
음을 암시하였다.

갑오개혁에 대한 평가도 다소 유보적이다. 박은식은 군국기무처 의
안과 홍범14조 내용은 상세히 기록하였으나, "김홍집·어윤중 등이 집
정한 지 얼마 안 되어 박영효가 이를 깨뜨리고, 박영효가 집권한 지 수

---

60) 황의돈, 『신편 조선역사』 1923, 183~184쪽.
61) 張道斌, 『壬午軍亂과 甲申政變』, 德興書林, 1927, 71~73, 91쪽.
62) 최남선, 219~220쪽.

개월에 유길준이 깨뜨리며, 김홍집·유길준 등의 내각이 이완용·이범진이 밀어 넘어뜨림에 엎어지니, 아! 권리의 사쟁(私爭)으로써 국사(國事)의 성패를 구휼하지 않는 것이 우리나라 사람들의 특성이요 익숙한 기술이다."라고 하여 갑오개혁을 주도한 세력 사이의 갈등을 당쟁의 연속으로 파악하고 이러한 당쟁이 오히려 망국의 원인이 되었다고까지 평가하였다.[63]

황의돈은 "7월 23일 일병이 …(중략)… 완고당 내각을 경질하며 김홍집 이하 개혁당으로 신내각을 조직하고 군국기무소를 창설하여 군국대사를 협의케 하고 8월 26일 공수동맹조약을 체결하얏나니라. …(중략)… 일청전쟁 중 조선정부는 관제를 일본에 모방하여 전부 개혁하여 김홍집이 총리대신 되고 박영효 또한 내무대신이 됨에 개혁당이 전부 정권을 장악하고 청국과 관계의 단절됨을 성명하더니 마침내 마관조약을 인하야 사실상 완전이 청국의 관계가 단절되얏나니라."[64]라고 하여 갑오개혁이 청과의 관계를 단절시킨 사건임을 지적하면서도 일본에 의존하여 일본을 모방한 것이라고 하여 역시 유보적인 평가를 내렸다.

이에 반해 장도빈은 "김홍집 등이 정부를 조직하여 정치를 개혁코자 하나 일본 공사의 간섭이 심하여 개혁을 실행치 못하고 민후(閔后)는 일본의 간섭을 심히 미워하여 로서아 공사를 친근히 하여 일본 세력을 구축하기로 하니"[65]라고 하여 오히려 갑오개혁이 일본 공사의 간섭으로

---

63) 박은식, 앞의 책, 822~855쪽. 갑오개혁을 당쟁의 연속으로 보는 관점 때문인지 박은식은 『한국독립운동지혈사』에는 아예 갑오개혁을 언급하지도 않았다.

64) 황의돈, 『신편 조선역사』, 1923, 190~191쪽.

65) 장도빈, 『朝鮮歷史大全』, 1928; 汕耘紀念事業會 編, 『汕耘張道斌全集』 卷一, 汕耘紀念事業會, 1982, 100쪽.

김홍집 등 개화파 내각의 의도대로 이루어지지 못했다고 서술하였다.

그런데 갑오개혁에 대해서 가장 적극적으로 평가한 것은 최남선이었다. 그는 군국기무처가 공표한 205건의 안건 중 가장 중요한 10개 정도를 나열하고 "비록 완전한 실행을 보지 못하였으나 그 성의를 알 만하다"고 다음과 같이 긍정적 평가를 하였다.

> 갑오의 경장은 적폐와 복잡한 정세 하에서 진행하는 만큼 장애가 속출하고 더욱 동학당이 이 틈을 타서 재발하여 형세가 자못 왕성하고 대원군이 안으로 동학당과 밖으로 청군에 연락을 취하여 국면 전환을 꾀하는 등 근심스러운 사태도 없지 아니하였으나 …(중략)… 이노우에 카오루(井上馨)이 오토리(大鳥)를 대신하여 공사로 래임(來任)하여 대원군과 민비로 하여금 다 정치에 간여하지 못하게 하고 혁신책 20조를 제출하고 …(중략)… 개혁의 강령으로 홍범이란 것 14조를 발표하였다.[66]

즉, 최남선은 갑오개혁이 복잡한 정세 속에서 수행되고 동학당과 대원군이라는 장애가 있었음에도 불구하고 일본의 도움을 받아 정치 개혁을 성취한 것으로 평가한 것이다.

마지막으로 1906년 이후 전개된 계몽운동에 대해서는 『최근세사』와 달리 모두 적극적으로 높이 평가하고 있다. 황의돈과 장도빈은 이에 대해 전혀 서술하지 않았으나 박은식과 최남선은 한국인의 교육, 언론, 문화, 경제 활동에 대해 많은 지면을 할애하여 긍정적으로 서술하였다.

박은식은 "국가의 연약함을 강대하게 만들고 인민의 몽매함을 깨우치는 길은 교육이 아니고서는 불가능한 것이다"라고 하면서 서북학회·기호학회 등 학회와 3천여 개의 학교가 설립된 점을 서술하였다. 그러한 추세가 수십 년 계속되면 문화가 발달하고 국민 의지가 통일될 수

---

[66] 최남선, 앞의 책, 229~230쪽.

있었을 것인데, 통감부의 강제 폐교와 학교에 대한 통제, 각종 교과서
금지, 신문과 서적 압수와 소각, 출판 조례를 통한 언론 탄압 등으로
한국인이 암흑 지옥 속에 갇힌 셈이었다고 비판하였다.[67]

최남선은 〈제47장 민간의 신운동〉이라는 독립적인 장을 설정하고
헌정연구회부터 대한협회에 이르기까지의 정치단체와 상업회의소 설
립, 배재학당 · 양정의숙 · 진명여학교 · 대성학교 등 중앙과 지방의 각
종 학교 설립 상황, 협성회, 황성기독교청년회 등의 청년회, 독립신문
이래 만세보, 국민신보, 대한매일신보 등의 신문과 잡지, 서유견문, 혈
의 누 등의 단행본 저작, 기독교, 대종교 등의 신종교에 이르기까지 계
몽운동의 제반 양상을 나열 서술하였다. 그의 저작에서 가장 특징적인
것은 1907년에 전개된 국채상환운동까지 별도의 항목으로 서술했다는
점이다.[68]

이처럼 한국인들은 근대적 개혁이라 하더라도 일본인이 주도했거
나 그들의 도움을 받은 개혁은 부정적으로 평가한 반면, 외세의 도움
없이 한국인들이 주도한 개혁에 대해서는 높이 평가하는 서술 태도를
보였다.


## 4. '한국 근대사' 서술의 전망

이상에서 검토한 바와 같이 일제강점기 한국인들에게 널리 보급되
었을 법한 한국인과 일본인의 '한국 근대사' 서술은 유사성과 상반성을

---

67) 박은식, 『한국통사』, 1034쪽.
68) 최남선, 앞의 책, 137~145쪽.

보인다. 이같은 유사성과 상반성은 모두 이들 역사서술이 국가 또는 국민을 중심으로 서술하는 근대 역사학의 본질적 특성으로부터 나온다. 근대 역사학은 19세기 후반 유럽으로부터 수입된 이래 지난 150년 간 일본·중국·한국 동아시아 3국의 운명을 관통하는 키워드였다. 동아시아 3국의 지식인들은 역사를 편찬하여 자국민을 구성하고, 자국민을 동원하여 침략 전쟁에 나서거나 이민족의 침략과 지배에 저항해 왔다.[69] 다시 말해서 근대의 역사 서술은 국가 또는 민족을 구성하는 수단이었으며, 그 중에서도 오늘날의 '현대사'에 해당하는 19세기 말 20세기 초의 역사서술은 역사학자가 당대 사회 구성원들의 현 상태를 규정하고 향후 삶의 방향을 지시하는 나침반 역할을 했다고 할 수 있다.

따라서 일본인은 일본이 한국을 식민지로 지배할 수 밖에 없었던 필연적 원인을 설명함으로써 한국민을 일본국민으로 동화시켜야 했다. 일본 국가의 존속에 한국이 어떤 존재였는지, 멸망 직전 한국을 둘러싼 국가들 사이의 역학 관계가 한국의 독립에 어떤 역할을 했는지, 한국 정부는 국가적 독립을 유지할 능력이 있었는지, 한국 민족은 근대적 국가를 수립하고 유지할 만한 정치적·문화적 능력이 있었는지 등이 핵심적인 서술 주제가 될 수밖에 없었다.

그런데, 이러한 주제들은 한국인 입장에서도 마찬가지였다. 즉, 조선 후기까지 일본에 문화를 전수해 주었다는 자부심을 가졌던 나라가 개항 이후 어떻게 역으로 일본으로부터 문화를 전수받음은 물론 침략까지 당하게 되었는지, 통치 권력을 장악했던 정부와 왕실은 무엇을 했는지, 한국인들은 어째서 그러한 외세의 침략과 무능한 정부의 통치를 받았는지 합리적 설명을 하지 않으면 안 되었다. 그런 관점에서 볼 때 한

---

[69] 도면회·윤해동 엮음, 『역사학의 세기: 20세기 한국과 일본의 역사학』, 휴머니스트, 2009, 4쪽

국인의 국민성과 청의 종주국 행세가 문제시되었다. 한국 정부가 실시
한 근대적 개혁일지라도 외세의 도움 없이 자력으로 행할 수 있어야
한다는 논리가 만들어졌다.

따라서 일본인과 한국인의 한국 근대사 서술에서 주요 항목은 국가
와 국민 또는 민족, 민족성, 국제 관계, 통치 집단의 성격과 민족의 저
항 등으로 유사하게 설정될 수밖에 없었다. 그리고 일본인과 한국인
역사학자 모두에게 한국 정부 또는 민씨 척족은 외세의 침탈을 허용한
무능한 행위자로, 한국인의 국민성은 문약하고 당파적이며 의존적인
타율적 존재로 규정당하였다. 아울러 청은 일본인에게는 동양 평화와
일본의 한국 침략을 저해하는 존재로서, 한국인에게는 한국의 독립과
개혁을 저해하는 존재로서 동일하게 비판의 대상이 되었다.

다른 한편, 일본의 존재는 일본인 역사학자에게 한국의 독립과 개혁
을 도와 동양 평화를 만들어간 행위자로 인식되는 반면, 한국인 역사학
자에게는 한국의 독립과 개혁을 침탈하고 왜곡한 행위자로 인식되는
것이 당연하였다. 또한 한국인 역사학자가 희망했던 근대적 개혁일지
라도 그것이 청이나 일본 등 외세의 도움을 받은 개혁일 경우에는 긍
정적으로 평가할 수 없었을 것이다.

이렇게 만들어진 '한국 근대사'상은 해방 이후에도 크게 변화했다고
보기 어렵다. 해방 이후 지금까지 대부분의 한국인 역사학자들은 한국
근대사의 서술 순서와 항목을 일제강점기에 구성된 체계 그대로 수용
하고 여기에 일본의 침략과 한국인의 저항을 강조하는 서술 방식을 고
착시켜 왔다.

그러나 그들은 일제강점기에 한국인 역사학자들이 서술하였던 청에
대한 분노와 비판,[70] 대한제국 멸망의 내적 원인은 의식적·무의식적
으로 서술하지 않았다. 그 원인을 설명하다 보면 자신이 식민(주의) 사

학자로 비난받고 학계에서 소외당할지 모른다는 공포심 때문에서였을
것이다. 따라서 한국 근대사를 국가와 민족 중심으로 서술하려는 한
한국인의 한국근대사 서술은 앞으로도 계속 이와 같은 프레임을 재생
산할 것이다.

　이 같은 '근대 역사학'의 주술적 속박을 벗어나려면 '한국인'과 '한반
도의 주민'을 별개의 역사 행위자로 구별하려는 노력부터 시작해야 할
것이다. 역사 행위자로 '한국인'을 설정할 경우 필연적으로 그 또는 그
들이 한국이 외세의 식민지가 되는 데 관여했는지, 자주 독립에 기여하
려 했는지 여부가 핵심적인 서술 기준이 되는 것이 일반적이다. 민족
과 반민족, 개혁과 보수 등이 서술의 일관성을 유지하는 키워드가 된
다. 반면, 역사 행위자로 '한반도의 주민' 또는 '만주의 주민' 또는 '평안
도의 상인' '미국에 귀화한 조선인' 등을 설정하면 위와 같은 서술 기준
이나 키워드보다 '자유'나 '평등', '인권' 등을 중심으로 더 풍부한 인간
상과 사회상을 포착하여 새로운 사회를 만들어 가는 데 도움을 얻을
수 있으리라고 생각한다.

---

70) 다만, 청의 조선 속방화 정책에 대한 비판적 서술은 1970년대 후반부터 나타나기
　　시작하였다. 김정기, 「조선정부의 청차관 도입(1882~1894)」, 『한국사론』 3, 1976;
　　김정기, 「병선장정의 강행(1888.2)에 대하여」, 『한국사연구』 24, 1979; 김정기,
　　「청의 조선 종주권 문제와 내정 간섭」, 『역사비평』 5, 1988; 연갑수, 「개항기 권
　　력집단의 정세인식과 정책」(한국역사연구회, 『1894년농민전쟁연구』 제3권, 서
　　울, 역사비평사, 1994); 구선희, 「갑신정변 직후 반청정책과 청의 원세개 파견」,
　　『사학연구』 51, 1996; 청일전쟁 직전 조선 '속방' 문제와 조·청 관계」, 『사학연
　　구』 54, 1997.

# 반식민주의 역사인식과 마르크스주의

## 박진순의 『개벽』 기고문을 중심으로

—

임경석

## 1. 머리말

이 글의 목적은 일제하 사회주의 운동 참가자 박진순이 잡지 『개벽』
에 게재한 기고문들을 연구하는 데에 있다. 그 글의 내용을 분석함으
로써 그의 역사관과 현실 인식이 어떤 특징을 갖고 있는지, 당대 한국
사회에서 어떠한 역할을 수행했는지를 해명하고자 한다.

박진순은 러시아 한인 사회에 기반을 둔 초창기 사회주의 세력의 일
원이자 모스크바의 국제당에서 대외 교섭에 종사한 유능한 외교 활동
가였다. 또 다작의 저술가이기도 했다. 활발한 문필 활동을 통해서 한
국어와 러시아어로 된 많은 글을 남겼다. 그는 1920년대 한국 지성사에
서 이채로운 존재였다. 3·1혁명 이후 새로운 사상과 학문이 봇물 터지
듯이 넘쳐 들어오던 당시에, 그의 저술은 모스크바 발(發) 신사상의 유
입 과정을 보여주는 한 전형이었다. 외래 사상의 유입이 주로 일본을

경유했고 미국과 유럽 유학생들을 통해서도 더러 이뤄졌음을 고려한다면, 그의 존재감은 두드러진다.

잡지『개벽』은 1920년대 여론을 선도하는 영향력 있는 매체였다. 지성사, 정치사, 문학사적 방면에서 전방위적 여론을 형성한 한국 역사상 최초의 정기 간행물이라고 평가받는 터였다.[1] 박진순이 이처럼 국내의 성가 높은 잡지 매체에 여러 편의 글을 기고했다는 사실은 뜻밖의 일이다. 해외에 체류하는 사회주의 운동의 중요 간부가 국내 잡지에 기고했으리라고는 예상하기 어렵기 때문이다.

실제로『개벽』잡지에 박진순의 글이 여러 편 실려 있다는 사실은 그다지 잘 알려지지 않았다. 그럴 수밖에 없었다. 잡지 지면 어디에도 그의 이름은 눈에 띄지 않기 때문이다. 박진순의 필명이나 아호에 관한 정보를 대입하지 않고서는 기고자 일람표 속에서 그를 발견하기란 불가능했다. 박진순은 투고 당시에 실명이 아니라 '춘우'(春宇)라는 필명을 사용했다. 그것은 아호였다.

춘우가 그의 또 다른 이름이라는 정보는 일찍이『한국사회주의운동인명사전』출간 당시에 밝혀진 바 있었다.[2] 하지만 박진순의『개벽』기고문은 여전히 연구자들의 주목을 받지 못한 채로 남아 있었다. 또 다른 난관이 가로막고 있었기 때문이다. 텍스트는 있으되 콘텍스트가 없었다. 기고문 집필에 이르는 구체적인 맥락을 알 수 없었던 것이다. 모스크바에 체류한다고 알려진 박진순이 어떻게 1925~1926년 시기에 머나먼 경성에서 발간되는 잡지 매체에 연이어 여러 편의 글을 투고할 수 있었을까? 그는 왜 천도교에서 발행하는 잡지 매체를 통해서 자

1) 임경석·차혜영 외,『'개벽'에 비친 식민지 조선의 얼굴』, 모시는사람들, 2007, 7쪽.
2) 강만길·성대경 엮음,『한국사회주의운동인명사전』, 창작과비평사, 1996, 209쪽.

신의 생각을 세상에 전달하려고 했을까? 이 의문들에 답할 수 있어야 했다.3)

박진순의 생애와 사상에 대해서는 세 사람의 연구자가 주목한 바 있다. 권희영은 사회주의운동사에 대한 편견 없는 연구에 종사하던 시기에 집필한 논문 속에서 박진순의 값어치를 처음으로 드러냈다. 그는 사회주의 세력이 일제하의 민족해방운동에 일정한 기여를 했다고 지적한 데 이어서, 박진순을 가리켜 '한국 사회주의 운동사상 최초의 이론가'라고 불러도 좋은 사람이라고 평가했다.4)

반병률은 박진순이 『공산주의 인터내셔널』, 『끄레스챤스끼 인쩨르나치오날(국제농민)』 등과 같은 국제 사회주의 단체의 기관지에 발표한 기고문들을 분석했다. 또 '춘우'라는 이름으로 국내 『개벽』 잡지에 글을 투고한 사실이 있음도 밝혔고, 그에 더하여 박진순과 천도교와의 관계, 조선농민사 대표로 활동한 사실 등을 소개했다.5)

전명혁은 박진순의 이론 활동의 내용을 천착했다. 그는 1919~1920년에 발표된 세 개의 기고문을 분석하여 박진순의 혁명이론이 변화하고 있음을 밝혔다. 애초에 박진순은 계급투쟁 강령에 입각하여 민족부르주아지와의 통일전선을 반대했었는데, 1920년 이후에는 인식의 변화를 겪었다고 한다. 한국과 같은 식민지적 조건에서는 부르주아 민족주의자들이 혁명적 의의를 지닌다는 점을 인정했다는 것이다.6)

---

3) 이 의문을 밝힐 수 있는 단서는 코민테른 문서보관소에서 찾을 수 있다. 조선공산당 폰드와 국제당 동방부 폰드 속에는 박진순의 언행에 관한 문서들이 산재되어 있다. 아마 수십 종은 되는 듯하다.

4) 권희영, 「고려공산당 이론가 박진순의 생애와 사상」, 『역사비평』 1989년 봄호, 1989, 285쪽.

5) 반병률, 「노령에서의 독립운동사연구」, 『한국독립운동의 이해와 평가: 광복 50주년기념 4개년 학술대회 논문집』, 독립기념관 한국독립운동사연구소, 1995, 459쪽.

이들 연구 성과는 박진순의 이론가적 풍모와 그 사상 내용을 밝혔다
는 점에서 지금도 여전히 설득력을 갖고 있다. 다만 1919~20년 국제당
외교에 종사하던 시기에만 분석의 초점이 놓여 있다는 점, 그의 사상을
한국 사회주의를 대표하는 보편적인 것으로 파악하는 경향이 내장되
어 있는 점 등에서 개선의 여지를 안고 있다. 이 글에서는 한 걸음 더
나아가고자 한다. 박진순의 생애와 사상에 관한 우리의 지식을 1920년
대 중엽까지 확장할 수 있기를 기대한다. 나아가 그의 현실인식과 역
사관이 당대 사회주의 사상사의 지평 속에서 어느 위치에 놓여 있었는
지를 가늠해 보고자 한다.


## 2. 1925~1926년의 『개벽』 기고문

박진순은 생전에 이미 높은 지명도를 누렸다. 그가 당대인들에게 어
떤 평가를 받았는지 궁금하다면, 1930년에 간행된 인기 있는 한 월간잡
지에 실린 인물 평에 주목할 필요가 있다.

> 朴鎭淳씨는 1918년 ×인사회당을 조직하여 활동하다가, 제2차 국제공산
> 당대회 때 참석하여 그의 유창한 노어의 열변은 각국 공산당 거두를 경탄
> 케 하였으며, 才氣橫溢하여 조선문에도 堪能하여 현재에도 조선 내의 잡지
> 신문에 變名으로 투고를 하며, 5~6년 전부터 莫斯科 대학과 농민대학의 교
> 수로 있어 변증법 기타 사회주의 철학에 관한 저서도 많다.[7]

---

6) 전명혁, 「1920년 코민테른 2차대회 시기 朴鎭淳의 민족·식민지문제 인식」, 『한
   국사연구』 134, 2006, 207~209쪽.
7) 金世鎔, 「2백만 재외동포 안위 장래: 西伯利亞의 朝鮮人 活動」, 『삼천리』
   1930.10, 9쪽.

사회주의 운동의 중진이자 이론가라는 이미지가 뚜렷하다. 한인사회당을 조직했고, 코민테른 제2차 대회에 참석한 경력을 갖고 있다. 개인적 재능도 출중하다. 러시아어를 유창하게 구사할 수 있을 뿐 아니라, 그 웅변을 통해서 '각국 공산당 거두를 경탄'시킨 사람이다. 그뿐인가. 조선어로 말하고 글쓰는 능력도 뛰어나다. 한 마디로 재기가 넘쳐나는 사람이다. 사회적 성취도 높다. 러시아의 대학 교수라는 직위를 갖고 있고 철학에 관한 많은 저서를 집필했다. 학식이 무척 풍부한 사람이라는 이미지를 준다.

위 인용문에 담긴 정보는 박진순의 한자 표기가 잘못된 것을 제외한다면 대체로 실제와 부합하다. 그의 한자명은 '朴鎭淳'으로 알려져 왔다. 일본 경찰의 정보문서에 그처럼 잘못 기재된 이후로 여러 매체에서 줄곧 그와 같이 되풀이되어 왔다. 그러나 그가 직접 작성한 문서에 의하면 그의 성명은 '朴鎭順'이다.[8] 1920년 8월 19일자로 모스크바에서 심신이 자유로운 상태에서 쓴 것이므로 믿을 만하다.

위 인용문에서 눈길을 끄는 정보가 있다. 그가 조선 내의 신문과 잡지에 '변명(變名)'으로 투고를 해왔다는 대목이다. 실명이 아니라 가명이나 필명으로 국내 기고 활동을 해 왔다는 말이다. 여기서 말하는 '변명'이란 곧 그의 아호 '춘우'(春宇)를 가리킨다.[9] '봄이 오는 세상'을 뜻했다. 이민족의 학정 밑에서 고통 받는 식민지 청년들은 만물이 소생하는 봄을 택하여 자신의 이상향을 암시하는 메타포로 삼기를 즐겼다. 춘원(春園), 춘파(春坡), 춘산(春山), 춘성(春城), 춘곡(春谷) 등을 자호로 삼았던 사람들과 같이,[10] 박진순도 아마 그러했을 것이다.

[8] 朴鎭順, 「동지 레닌씨에게 대한 나의 의견이라」, 1920.8.19., РГАСПИ. ф.495, оп.135, д.22, л.54.
[9] 강만길·성대경 엮음, 앞의 책, 209쪽.

박진순은 그 호를 국내 언론매체 투고용으로만 사용했던 것은 아니
다. 국제당 내에서 러시아어로 주고받는 문서 수발과정에서도 그 호를
쓰곤 했다. 보기를 들면 1930년 5월 12일에 국제당 동방비서부 앞으로
제출한 의견서는 'Чуну Пак-Диншун(춘우 박진순)'이라는 명의로 작
성되어 있다.[11] 그 아호에 대한 애착이 강렬했던 것으로 보인다.

위 인용문에서 조선 내의 언론 매체에 투고를 했다는 언급이 우리의
관심을 끈다. 틀림없는 사실이었다. 우리는 박진순이 『개벽』 잡지에
1925년 11월호부터 이듬해 8월호까지 5편의 글을 투고했음을 확인할
수 있다. 불과 1년도 채 되지 않은 시기에 다수의 글들이 집중되어 있
다. 기고문 제목과 투고 상황은 아래와 같다.

> 朴春宇, 「세계 농민운동의 과거와 현재」, 『개벽』 63, 1925.11.
> 春　宇, 「소위 '지식계급의 신운동'」, 『개벽』 64, 1925.12.
> 春　宇, 「일본제국의 현재 경제정책과 조선」, 『개벽』 65, 1926.1.
> 朴春宇, 「조선 사상운동자들의 계급적 組成을 推究하면서」, 『개벽』 71,
> 　　　　1926.7.
> 朴春宇, 「모스크바에 새로 열린 국제농촌학원」, 『開闢』 72, 1926.8.

이 글들이 다루는 주제는 당대의 가장 첨예한 문제들과 연관되어 있
다. 농민운동, 지식계급, 사상운동, 경제정책 등 비중 있는 대상을 다루
고 있었다. 어느 것이나 다 1920년대에 조선 사회에서 중시되던 문제들
이었다. 박진순은 조선 사회의 현안 문제에 개입한다는 뚜렷한 목적의
식을 갖고서 이 글들을 집필했던 것으로 판단된다.

---

10) 春谷을 아호로 사용한 사람은 元世勳과 高義東이고, 春園을 자호로 삼은 이로는
　　李光洙가 유명하다. 그 외에 春坡 朴達成, 春山 李裕弼, 春城 盧子泳 등이 있다.
11) Заявление Чуну Пак-Диншуна(춘우 박진순의 의견서), 1930.5.12, с.2, РГАСПИ,
　　ф.495, оп.135, д.171, л.76об.

그래서일까. 박진순은 공격적인 글쓰기를 택했다. 논쟁을 마다하지 않는 날카로운 필봉을 휘둘렀다. 그는 '무실역행'(務實力行)과 민족생활의 개조를 주장하는 개량주의적 경향에 대해서 명시적으로 반대의 뜻을 표명했다.[12] 이광수를 비롯한 수양동우회 계열의 민족주의자들을 염두에 둔 것이었다. 또 있었다. 미국에 체류하면서 국내 기고에 열의를 보이던 서재필의 견해도 예리한 비판의 대상이 되었다. 서재필이 잡지 『신민』에 기고한 글에서 조선 경제의 토대를 농업에 두어야 한다고 주장한 데 대해서, 박진순은 유감을 표시했다. 조선 경제의 미래는 기계제 대공업 위주의 급속한 생산력 발전의 토대 위에 구축해야 한다는 것이 그의 뜻이었다.[13]

민족주의자들만 비판했던 것은 아니다. 사회주의자도 그의 날카로운 비판의 칼날을 비껴가지 못했다. 이르쿠츠크파 공산당의 일원이자, 1925년 4월 조선공산당 대회를 후원했던 남만춘이 공격의 대상이 되었다. 박진순은 지식층에 관한 남만춘의 견해를 들어서 객관적 실제에 부합하지 않은 좌익 소아병이라고 혹평을 가했다.[14]

박진순의 글쓰기는 조선총독부 고등경찰의 검열의 임계점을 아슬아슬하게 넘나들었다. 사회주의의 불가피성을 논하고 소비에트 러시아를 높이 평가했으며, 민족해방과 계급투쟁의 필연성을 주장했다. 프랑스혁명과 러시아혁명사를 즐겨 거론하고, 카우츠키와 레닌의 혁명이론을 종횡으로 인용했다. 그 때문에 그의 글은 복자(伏字)투성이었다. '××××' 표시가 줄을 잇는 탓에 문맥이 끊기는 게 다반사였다.

박진순의 의도는 소기의 성과를 거뒀다. 그의 기고문들은 즉각적이

---

12) 春宇, 「소위 '지식계급의 신운동'」, 『개벽』 64, 1925.12, 45쪽.

13) 春宇, 「일본제국의 현재 경제정책과 조선」, 『개벽』 65, 1926.1, 58~59쪽.

14) 朴春宇, 「조선사상운동자들의 계급적 組成을 推究하면서」, 『開闢』 71, 1926.7, 11쪽.

고 강도 높은 반응을 이끌어냈다. 그중에서 가장 두드러진 반응은 식민지 통치 당국으로부터 나왔다. 바로 『개벽』 잡지의 발행금지 조치였다. 조선총독부는 1926년 8월 1일자로 『개벽』을 가리켜 '안녕 질서를 방해' 한다는 이유로 그 발행을 금지한다는 '지령'을 발했다.[15] 잡지에 대한 사형선고였다. 3·1혁명 이듬해에 창간된 이래 72호에 걸쳐서 꾸준히 발간되어 온 영향력 있는 언론 매체였는데도 소용없었다. 그동안 33회에 걸쳐서 발매금지와 발행정지 등의 탄압을 받아오면서도 버텨왔지만, 이번에는 폭압을 피할 수 없었다. 식민지 통치기구의 행정 판단만으로도 당대의 가장 주목받는 언론매체의 명맥이 단절되고 말았다. 당시 신문 보도의 표현에 따르자면, '언론계의 일대 참극'이 벌어졌던 것이다.[16]

검열 담당 기구인 경무국 도서과의 정보 문서에는 발행 금지의 이유가 솔직히 적혀 있다. 그 이유 중 가장 뚜렷한 것은 박진순의 기고문이 불온하다는 점이었다. 문제가 되는 것은 "해외거주 조선인 박춘우가 집필했다는 「모스크바에 신설된 국제농촌학원」"이라는 글이었다. 경찰은 그것을 가리켜 '조선혁명을 고취 선동하는 지극히 불온 과격한 기사'라고 판정했다. 구체적으로 말하면 "조선에서 혁명은 변증법적으로 반드시 도래할 것이라 하고, 혁명을 일으킬 사명을 갖는 자는 노농군중과 혁명적 인텔리겐챠임을 명언(明言)하며, 그 혁명의 방법은 국제농촌학원에서 연구하고 있는 과학적 방법에 의거해야 한다"고 주장했다는 것이다.[17]

---

15) 조선총독 자작 齋藤實, 「지령 제438호」, 大正15年 8月 1日; 『동아일보』 1926.8.3. 수록.

16) 「언론계 일대 참극, 開闢에 발행금지」, 『동아일보』 1926.8.3.

17) 警務局 圖書課, 「朝鮮內 發行 新聞紙 其他 出版物 取締 狀況」, 1926년, 7~8쪽, 국사편찬위원회 한국사데이타베이스, http://db.history.go.kr/item/imageViewer.do?levelId=had_001_0070(2016.1.15.).

박진순의 '불온한' 기고문이 유일한 원인이 됐던 것은 아니다. 검열 당국이 염려한 또 하나의 이유가 있었다. 당시 정세 때문이었다. 경찰의 판단에 의하면 "국장 직후 아직 조선 내의 인심이 완전히 진정되지 않은 때"였다. 순종 장례식에 즈음하여 6·10만세운동이 벌어졌고 그게 발단이 되어 대규모 조선공산당 검거사건이 진행 중인 때였다. 이러한 시기에 '고의로 이러한 불온 기사를 게재하는 것'을 용납할 수 없었다는 것이다. 일본 경찰이 노리는 바가 있었다. 본보기로 삼겠다는 의도였다. 즉 "조선 언론계에 일대 충격을" 가하겠다는 뜻이었다. "종래 무책임한 무문곡필(舞文曲筆)을 농(弄)하던 무리도 스스로 신중한 태도를 취하여 일반의 반성을 촉구"하는 계기로 삼고자 했던 것이다. 조선 언론 매체의 "필봉이 점차 온건하게 되는 경향을 유도"하려는 정책 목표가 숨어 있었다.[18]

## 3. 박진순의 『개벽』지 기고 경위

박진순의 국내 기고문은 몇 가지 의문을 불러일으킨다. 모스크바에 체류하고 있는 것으로 알려진 그가 어떻게 국내 매체에 글을 실을 수 있었을까? 한두 편 정도라면 우편이나 인편을 통해서라도 가능했겠지만, 연이어 5편의 글을 그와 같은 방식으로 기고하기란 생각키 어려운 일이었다.

이 의문을 풀기 위해서 박진순의 행적을 좀 더 밀착해서 관찰해 보자. 그의 기고문이 한창 국내 매체에 실리고 있던 시기에, 즉 1926년

18) 위의 글, 9쪽.

1월 11일에 박진순이 직접 작성한 한 문서가 있다. 거기에는 자신의 근황이 적혀 있다.

> 최근 3년 동안 나는 모스크바 고등교육기관들의 유물사관 담당 강사였습니다. 정치평론가나 '교수직'은 내 삶의 목적이 아니었습니다. 1925년 여름에 나는 뭔가 생생한 혁명 사업에 종사하기 위해서 내가 오랫동안 살았던 극동으로 갔습니다. 블라디보스토크에 도착한 뒤 나는 당준비회(고려공산당창립대표회준비위원회)로부터 제안을 받았습니다. 간도에 가서 신문을 편집하거나 당 학교를 지도해 달라고. 나는 이 제안을 수용했습니다. 당준비회 위원들과 함께 소비에트 정권의 허락을 얻어 간도로 갔습니다.[19]

'최근 3년'이란 1922년 4월 국제당의 조선 문제 결정서가 채택된 이후의 시기를 가리킨다. 그 결정서에서 박진순은 공산당내 양대 분파를 대표하는 다른 3인 활동가들과 더불어 "고려공산당이 통합될 때까지 당 사업에 직접 간여함을 금지한다"는 판정을 받았었다.[20] 상해파와 이르쿠츠크파로 나뉘어 상쟁하는 공산당의 내분에 책임을 지라는 책벌의 의미였다. 시한부 활동금지 조치였다. 다만 예정기간이 있었다. 위 결정서 제3항에는 "고려공산당 중앙위원회에게 양당의 통합을 실현하는 데에 3개월의 기간을 준다"는 조항이 명시되어 있었다.[21] 두 공산

---

19) Пак Диншунь(박진순), Докладная записка в Президиум Крестинтерна(국제농민회 간부회 앞 보고서), 1926.1.11, с.4-5, РГАСПИ, ф.495, оп.135, д.133 лл.2-6.

20) Постановление комиссии президиума ИККИ по Корейким делам(국제당 간부회 조선문제위원회의 결정), 1922. 4. 22, с.1, РГАСПИ, ф.495, оп.135, д.55, л.1. 이 결정서에서 시한부 활동 금지를 명령받은 사람은 넷이었다. 상해파 공산당을 대표하는 박진순과 박애, 이르쿠츠크파 공산당을 대표하는 최고려와 김규식이 그들이다.

21) 위와 같음.

당의 통합에 필요한 기간을 그렇게 상정했던 것이다.

그러나 박진순의 근신은 3개월보다 훨씬 더 늘어나야만 했다. 공산
당 통합 사업이 자꾸 지체된 것이 한 원인이었다. 공산당 통합대회는
예정 시한인 1922년 7월을 훨씬 넘긴 그해 10월에 가서야 베르흐네우딘
스크에서 열렸다. 하지만 그 대회는 결렬되고 말았으며, 그 뒤에도 양
당 통합은 끝내 실현되지 못했다.

근신 기간이 길어진 또 하나의 원인이 있었다. 1922~1925년 시기에
사파로프(Г.Сафаров) ─ 보이틴스키(Г.Войтинский) ─ 바실리에프(Б.
Васильев) ─ 페트로프(Ф.Петров)로 이어지는 국제당 동방부 혹은 극
동부 책임자들이 약속이나 한 듯이 박진순과 정치적 반목 상태에 놓여
있었던 것이다. 이게 더 결정적이었다. 그들은 박진순이 조선 사회주
의 운동의 일선에 복귀하는 것을 바라지 않았다. 그뿐 아니라 국제당
이나 러시아공산당의 영향력 있는 직위에 나아가려는 시도도 시종일
관 저지했다.

박진순에게는 오직 학업으로 나아가는 길만 열려 있었다. 그는 이
기회를 이용하여 대학에 진학하기로 마음먹었다. 1916년에 중등 수준
의 사범학교 교육을 이수한지 6년만의 일이었다. 그는 1922년에 25세의
나이로 모스크바 대학 철학과에 진학했던 것으로 보인다. 진학 경위는
정확히 알려져 있지 않는데, 1925년 6월에 졸업한 점으로 미뤄보면 아
마도 2학년 과정에 편입했던 것 같다.

위 인용문에서 '고등교육기관들의 유물사관 담당 강사' 역할을 했다는
말은 모스크바 대학 재학 중에 병행했던 부차적인 업무에 관한 언급이다.
그는 동방노력자공산대학(КУТВ)이나 국제사관학교(Интернатитональная
Командная Школа) 등과 같은, 조선인 유학생들이 포함되어 있는 러
시아의 고등교육기관에서 강사로 출강하곤 했던 것이다. 담당 과목이

유물사관이었다고 술회한 데서 짐작할 수 있듯이 그는 당대 최상급의 마르크스주의 철학자라고 해도 과언이 아니었다. 그의 개인적 이론 능력이 출중했던 데다가 소비에트 러시아의 최고학부에서 정식으로 마르크스주의 철학을 전공했던 터였다. 게다가 두터운 혁명운동 경험과 국제 외교무대 경력까지 갖고 있었다. 대학에 재학 중임에도 불구하고 혁명가들을 위한 철학 강의에 나아갈 수 있었던 것은 바로 그 때문이었다.

박진순은 '1925년 여름'에 블라디보스토크로 향했다고 한다. 당시 러시아의 대학교가 9월에 개강하여 이듬해 6월에 종강하는 제도를 시행하고 있었음을 감안하면, 모스크바 대학을 졸업함과 동시에 극동으로 출발했던 것으로 보인다. 그 행위는 조선 혁명운동의 현장에 다시 가세했음을 뜻했다. 다시 말해서 대학을 졸업하자마자 국제당 동방부 조선담당관들의 견제를 뿌리치고 일선으로 나아갔던 것이다. 그가 '당준비회'(고려공산당창립대표회준비위원회)와 연계했다는 언급에 유의할 만하다. 당준비회란 1924년 4월 15일에 블라디보스토크에서 결성된 단체로서, 당대회 개최에 이르기까지 조선 사회주의 운동을 지휘하는 최상급 집행기구라는 성격을 갖고 있었다. 그것은 연해주 조선인 사회에 형성되어 있는 상해파와 순이시파 공산그룹의 연합 진영에 기반을 두고 있었다.[22]

그의 최종 행선지는 북간도였다. 연해주에 접경해 있을 뿐 아니라 조선 국경과도 잇닿아 있는 곳, 수십만 동포 사회가 형성되어 있는 덕분에 해외 독립운동의 근거지가 된 곳이었다. 그곳에서 그는 당 학교를 지도하고 신문을 편집하는 일에 종사했다고 말한다. 사회주의 이념

---

[22] 임경석, 「고려공산당 창립대표회 준비위원회의 성립」, 『역사학보』 225, 역사학회, 2015, 188~189쪽.

교육과 선전, 그리고 문필 업무였다. 어느 것이나 다 이론적 능력이 출중해야만 수행할 수 있는 분야였다. 이론가적 면모가 뚜렷이 드러난다.

박진순은 간도에서 당준비회 위원들과 함께 활동했다고 썼다. 그런데 그즈음 당준비회는 활력과 권위가 실추된 상태였다. 주된 이유는 국내 파트너로 상정했던 내지 공산주의 연합그룹이 자신을 따돌리고 독자적인 창당 행동에 나섰기 때문이었다. 그뿐 아니라 당준비회 내부 사정도 악화됐다. 양대 세력 가운데 하나인 순이시파의 리더 남만춘(南萬春)이 국제당 동방부의 조선담당관들과 은밀히 연결을 맺고서 내지 공산주의 연합그룹의 독자 창당 작업을 지원했던 것이다. 그 때문에 박진순이 도착할 즈음에 당준비회는 사실상 와해되어 있었다. 게다가 머지않아 당준비회의 몰락은 공식화됐다. 1925년 9월 국제당의 조선 문제 결정서는 그동안 조선 사회주의운동의 최고 기관으로 인정해오던 당준비회를 해산한다고 결정했다. 당준비회가 지녔던 지위와 사명을 그해 4월 경성에서 비밀리에 결성된 조선공산당에게 넘긴다는 뜻이었다.[23]

그러므로 박진순의 북간도 활동을 함께한 사람들이란 사실상 상해파 공산그룹의 성원들을 뜻했다. 뒷날 작성된 한 기록에 의하면, "박동무는 간도에 체류하면서 지방 공산당 조직에서 사업"했다고 한다.[24] 여기서 말하는 지방 공산당 조직이란 곧 상해파 공산그룹 구성원들이 설립했던 '중령 고려공산단체'라는 명칭의 비밀결사였다.

북간도 체류 시 박진순의 활동 양상은 다채로웠다. 그 편린이 여기저기서 발견된다. 예컨대 그가 적기단 간부회의에 참석했다는 기록이

---

23) 임경석, 「조봉암의 모스크바 외교」, 『역사비평』 95, 역사문제연구소, 2011, 115쪽.

24) Делегат ЦК ККП в Коминтерне Ким-Черсу(국제당 주재 조선공산당 대표 김철수), Справка(확인서), 1927.5.10, с.1, РГАСПИ ф.495 оп.45 д.24 л.406.

있다.[25] 적기단이란 상해파 공산당의 지지자들로 구성된 재만주 반일
단체였다. 그 간부회의에서 박진순은 두 가지를 강조했다고 한다. 조
선 내지에 기반을 둔 공산당 결성을 위해서 노력해야 한다는 점, 종래
역점을 뒀던 테러 전술을 될 수 있는 대로 삼가야 한다는 점이 그것이
다. 그의 견해는 영향력이 컸다. 다른 구성원들이 그의 의견을 존중했
기 때문이다. 심지어 적기단은 실행 예정에 있던 친일파 처단 계획조
차 유보했다고 한다. 박진순은 적기단의 성격을 바꾸고자 했던 것으
로 보인다. 반일을 위해서라면 테러 전술도 불사하던 적기단을 공산
당 주도하에 대중노선을 실행하는 단체로 변화시키고자 노력했던 것
이다.

　그의 북간도 행적 중에 가장 이채로운 것은 천도교에 관련된 점이
다. 단지 우호적인 관계를 맺거나, 연락을 주고받는 수준이 아니었다.
한 걸음 더 나아가 박진순은 그 단체의 일원이 되었다. 그는 천도교의
진로에 영향을 미치고 싶었던 것 같다. 천도교에 가입한 그는 교단 지
도부에게 모스크바의 국제혁명기구와 연계를 맺어야 한다고 권유했다.
염두에 둔 기구는 국제농민회였다. 국제농민회는 코민테른을 지지하
는 혁명적 농민단체들의 국제조직으로서 '농민 인터내셔널'이라고도 불
렸다. 러시아어로는 크레스틴테른(Крестинтерн)이라고 지칭됐다.

　놀랍게도 천도교 지도부는 박진순의 계획에 적극적으로 호응했다고
한다. 그리하여 천도교 산하에 조선농민사(朝鮮農民社)를 조직하기로
결정했다. 신문 보도에 따르면, 조선농민사는 1925년 9월 29일에 서울
에서 결성되었다. 결성대회에 참여한 사람들은 농민 대중을 계몽하기
위해 『조선농민』이라는 잡지를 발간하기로 결의하고, 집행 기구로서

---

25) 김세일, 『홍범도』 5, 제3문학사, 1990, 124쪽.

15인의 이사진을 선출했다.[26] 하지만 조선농민사를 설립한 내밀한 이유가 따로 있었다. 천도교 명의로는 모스크바와 직접 연계를 수립하는 것이 쉽지 않았기 때문이다. 만약 비밀이 노출되면 조선총독부는 천도교의 합법적 활동 가능성을 박탈할 우려가 있었다. 그래서 천도교는 조선농민사 명의로 국제농민회와 연계를 맺기로 결정했던 것이다. 일이 잘못되어 조선농민사가 해산되는 경우에도 천도교는 남아있을 가능성이 있기 때문이었다.[27]

박진순은 조선농민사의 해외 파견 대표자로 선임되었다. 조선농민사가 국제농민회에 파견하는 3인 대표단 가운데 한 사람으로 뽑힌 것이다. 1925년 10월의 일이었다. 단장 '이해산'(Ли Хайсан)을 비롯해 '박성학'(Пак-Шенхак) 등이 그 멤버였다. 전자는 조기간(趙基栞)의 가명이고, 후자는 박진순의 가명이었다. 또 한 사람이 더 있었는데, 그는 모스크바로 오는 도중에 체포됐다고 한다.[28]

조선농민사 대표단이 모스크바에 도착한 것은 1926년 초였던 것 같다. 그해 1월 11일자로 국제농민회 앞으로 첫 서면 보고서를 제출한 것을 보면 말이다. 박진순을 곱지 않게 보는 사람들은 그의 행동을 비난했다. 어제까지만 해도 공산당원이던 사람이 오늘 갑자기 천도교라는 종교단체의 대표를 자임하는 것은 무원칙한 일이었다. 뭔가 협잡을 꾸미는 것이 아닌가. 이렇게 의심했다.[29]

---

26) 「농촌계몽을 목적으로 조선농민사 조직」, 『동아일보』 1925.10.2.

27) Доклад в Крестинтерн от Корейской делегации 'Чен-До-Гио' и 'Нон-Мин-Са'(천도교와 농민사의 대표단이 국제농민회 앞으로 제출한 보고), 1926.1.11, с.13-14, РГАСПИ, ф.495, оп.135, д.133, лл.7-23.

28) 위의 글, 14쪽. 조규태의 연구에 의하면, 대표단에 선발됐다가 국경을 넘는데 실패한 이는 평양교인 김용인, 북청교인 설린, 상해에서 활동하던 이홍설 가운데 하나이다.(조규태, 「천도교 신파의 자치운동과 조선농민사의 크레스틴테른 가입」, 『한국민족운동사연구』 48, 2006, 137쪽).

　　그러나 박진순의 생각은 달랐다. "나는 맑스·레닌주의자인데 왜 공식적 종교단체인 천도교에서 사업하는가?" 박진순은 국제농민회 앞으로 제출한 보고서에서 이렇게 스스로 묻고 답했다. 그는 먼저 공산주의자들이 영향력을 확산하기 위해서는 모든 대중단체 속에 들어갈 필요가 있다고 한 레닌의 말을 인용했다. 이어서 천도교는 300만 명의 구성원을 갖고 있는, 종교적 색채를 띤 혁명적 농민단체라는 점을 환기했다. 그는 "가까운 장래에 농민이 조선혁명의 중심인물이 될 것"이라고 예상했다.[30] 혁명의 주력군인 농민을 조직화하기 위해서는 천도교를 사회주의 운동의 우군으로 획득할 필요가 있다는 게 그의 판단이었다.

　　이유는 또 있었다. 천도교는 민족통일전선의 견지에서도 중요했다. 박진순의 견해에 의하면 조선은 식민지적 압박에 놓여 있기 때문에 국내에서 합법적인 민족통일전선 기관을 신설하는 것이 불가능했다. 경성에 대중적인 민족혁명당을 건립하는 것은 바라기 어렵다는 판단이었다. 따라서 이미 존재하는 민족혁명단체를 활용할 필요가 있었다.[31] 수백만의 대중을 거느리고 있는 천도교가 바로 그러한 값어치를 지니고 있었다. 천도교는 30년 전에 동학농민전쟁을 지도했고, 불과 6년 전에는 3·1혁명을 이끌었던 민족혁명단체임을 인정해야 한다는 말이었다.

29) Линамду(이남두), Доклад по вопросу с создании единой корейской компартии в Исполнительный Комитет Коминтерна(국제당 본부 앞, 통일 조선공산당 창립 문제에 관한 보고), 1926.2, с.5-6, РГАСПИ, ф.495, оп.164, д.232, лл.9-27.

30) Пак Диншунь(박진순), Докладная записка в Президиум Крестинтерна(국제농민회 간부회 앞 보고서), 1926.1.11, с.4-5, РГАСПИ, ф.495, оп.135, д.133, лл.2-6.

31) Заявление о тов.Пак-Диншунь представителя ЦК ККП Ким-Черсу, В Корейскую Комиссию ИККИ(조선공산당 대표 김철수가 국제당 조선위원회 앞으로 제출한 박진순에 관한 의견서), 1927.3.5, с.1, РГАСПИ, ф.495, оп.45, д.21 л.48об.

1925~1926년 시기에 경성에서 발간되는 『개벽』잡지에 박진순의 글이 다수 게재된 까닭이 분명하게 드러났다. 그것들은 박진순과 천도교 사이의 긴밀한 상호작용의 소산이었다. 『개벽』 1925년 11월호에 실린 「국제농민운동의 과거와 현재」라는 기고문은 그 좋은 보기다. 그 글은 박진순이 천도교와 나눈 은밀한 논의의 성과였다. 그는 천도교 내부에 설립된 '국제농민운동연구위원회'에서 「정치적 목적: 농민단체로서의 천도교」라는 보고서를 발표했다고 한다. 그 글의 내용은 천도교 상층부에 의해 승인됐으며, 『개벽』에 게재하기로 결정됐다.[32] 요컨대 박진순의 개인 견해일 뿐 아니라 국제농민회 가맹을 꾀하는 조선농민사의 집단적 승인을 받은 문서였던 것이다.

## 4. 역사관

박진순의 『개벽』 기고문의 내용을 살펴보기로 하자. 5편의 글들은 내용을 기준으로 구분하면 역사관과 현실 인식으로 나누어 볼 수 있다. 그의 역사관을 잘 드러내고 있는 다음 문장에 주의를 기울여 보자.

> 대저 우리가 배우던 역사는 보통은 군중의 역사가 아니오, 다만 어느 황제나 각종 영웅들의 전기에서 불과하였다. 여차(如此)한 역사는 연구를 심오히 하는 자에게 물론 만족을 주지 못할 것이다. 속히 유물사관적 견지에서 역사를 과학화하는 것이 조선 맑스주의자인 사가(史家)들의 사명이겠다.[33]

---

[32] Пак Диншунь(박진순), Докладная записка в Президиум Крестинтерна (국제농민회 간부회 앞 보고서), 1926.1.11, c.5, РГАСПИ, ф.495, оп.135, д.133, лл.2-6.

박진순은 조선 맑스주의 역사학자들의 사명에 관해서 말하고 있다. 맑스주의의 철학적 관점에 입각해서 역사를 연구할 것을 주문했다. 다른 말로 하자면 유물사관적 견지에서 조선사를 재구성하는 것이 마르크스주의 역사학자들의 사명이었다. 현상의 외면적인 연관을 파악하는 데에 만족하지 않고 그에 깊숙이 내재하는 본질을 포착하기를 희망하는 사람들에게 만족을 주기 위해서는 유물사관에 의거해야 한다는 것이었다.

구체적으로 두 가지 과제를 제시하고 있다. 첫째, 역사 발전의 주체에 관한 것이었다. 박진순에 의하면 과거의 대다수 역사는 의식적이건 무의식적이건 황제나 영웅을 주인공으로 내세웠다. 군주와 영웅들의 전기에 지나지 않았다는 것이다. 그는 역사의 주체를 달리 설정해야 한다고 주장했다. 바로 '군중'이었다. 그는 역사학자들에게 군중의 역사에 주목할 것을 권유했다. '군중'이 역사의 주체임을 밝히는 것이 역사학자의 한 임무였다.

군중이란 어떤 사람들인가. 박진순은 '노동 군중, 농촌 군중, 노농 군중, 노력 군중' 등과 같이 노동자와 농민 대중을 지칭하는 맥락 속에서 그 용어를 사용하고 있다.[34] 그 말은 직접 노동에 종사하는 다수 사람들을 가리키는 말이었다. 박진순은 군중과 민중이라는 용어를 혼용했다. 그의 용법에 따르면 둘은 동의어였다. 여러 곳에서 군중 해방과 민중 해방, 군중 단체와 민중 단체, 노농 군중과 노농 민중이라는 용어를 구분 없이 사용하고 있음을 본다.

박진순은 군중이 역사 발전의 원동력임을 보여주는 사례로 조선 역

---

33) 朴春宇, 「세계 농민운동의 과거와 현재」, 『개벽』 63, 1925.11, 15쪽.
34) 위의 글, 15쪽, 19쪽; 春宇, 「소위 '지식계급의 신운동'」, 『개벽』 64, 1925.12, 48쪽, 50쪽.

사의 역대 왕조교체를 들었다. 왕조 교체의 운동자들이 성공할 수 있었던 것은 그들이 영웅이었기 때문이 아니었다. 바로 '농촌 군중의 불평심'이 근본적인 원인이었다. 기존 왕조에 대하여 농촌 군중이 광범하게 이반했기 때문에 왕조 교체가 성공할 수 있었다는 진단이었다. "신라가 고려로, 고려가 이조로, 이같이 대대 왕조가 출현될 시(時)에 마다 항상 현조(現朝)에 대한 농촌의 불평심을 이용하여 혁조(革朝) 운동자들이 성공"할 수 있었던 것이라고 이해했다.35)

단지 조선사만 그렇게 파악한 게 아니었다. 세계사의 모든 나라가 그러하다고 보았다. 로마의 멸망 원인은 군중의 이반 때문이었다. "고대 로마 대제국이 멸망되던 원인도 다수한 로마 본토 농민이 「고대적 무산화」한 까닭"이었다. 그뿐 아니라 "애급(埃及), 근동, 중동, 지나(支那)의 빈빈(頻頻)한 왕조 변경도 객관적으로 농촌의 반감을 유(由)한 것"이었다.36)

둘째 '과학화'의 임무를 제시했다. 박진순은 조선 역사를 과학화하는 것이 역사학자들의 사명이라고 주장했다. 특히 맑스주의 역사학자들의 경우에 그러하다고 썼다. 과학화라는 것은 구체적으로 무엇을 뜻하는가?

그것은 구체적인 역사 전개의 내면에서 계급과 계급투쟁을 발견하는 일이었다. 박진순은 인류 역사란 곧 계급투쟁의 역사라는 명제를 환기했다. 한 사회 구성원이 계급으로 분열하게 된 것은 사회적 분업과 사적 소유의 발생에 기인한 것이었다. 그로부터 필연적으로 계급투쟁이 발전하게 되었다. 한 쪽에는 "기식(寄食) 생활하기 위하여 국권을

35) 朴春宇, 「세계 농민운동의 과거와 현재」, 『개벽』 63, 1925.11, 14쪽.
36) 위와 같음.

장악하려고 투쟁"하는 계급이 섰고, 다른 쪽에는 "착취와 압제 하에서 해방하려고 쟁(爭)"하는 계급이 섰다는 것이다.[37]

과학화란 생산력 발전의 인과관계를 파악하는 것이기도 했다. 박진순은 역사 발전의 원동력을 생산력의 발전에서 구했다. "사회기술이 점점 발전됨을 인하여 생산력이 증대되며, 자연과 대립할 인류의 투력(鬪力)이 확장"된다고 썼다. 오늘날까지 민중의 해방운동이 성공하지 못한 까닭이 있었다. 바로 생산력의 저위성 탓이었다. "자연에게 대립하는 인류의 투력(鬪力)이 약한 까닭에 성공치 못하"였다. 그러나 오늘날 생산력 발달의 수준은 상황을 변화시켰다. "자본 제도가 사회의 생산력을 막대한 한도까지 발전시켜서, 사회조직의 모순을 박멸할 만한 실력을 인류에게 주었다"는 것이다.[38] 그리하여 인류는 사회 문제의 해결을 위한 방책을 찾았다. '신사회의 밑그림'이 마련된 것이다. 그 그림은 인류의 정신 속에 파노라마처럼 화려하게 펼쳐졌다. 박진순의 견해에 의하면, 그것은 바로 "마르크스, 레닌 같은 이들의 이상인 과학적 ××(사회: 인용자)주의"였다.[39]

요컨대 역사의 과학화란 유물사관의 기본 명제를 역사 연구의 실제에 구체적으로 적용하는 것을 의미했다. 박진순에 따르면 유물사관의 명제들은 역사의 심층에 내재하는 일반적 합법칙성을 반영하고 있는 추상적인 방법론이었다. 그러므로 그것을 구체적인 조선 역사에 올바로 적용하기만 한다면 역사의 과학화는 달성할 수 있는 것이었다.

'군중'과 '과학화'는 박진순 역사관의 핵심 키워드였다. 역사에 대한 그의 구체적인 관심은 이 두개 키워드의 조합 속에서 형성되었다. 그

---

37) 春宇, 「소위 '지식계급의 신운동」, 『개벽』 64, 1925.12, 49쪽.

38) 위와 같음.

39) 위의 글, 50쪽.

는 군중 해방의 과학적 조건을 해명하는 일에 주의를 쏟았다. 그의 관심사는 군중의 해방을 향한 역사적 도정이 어떻게 전개되어 왔는지, 종국적인 해방을 달성할 수 있는 구체적 조건이 무엇인지를 탐색하는 데에 있었다. 달리 말하면 군중 해방의 주객관적 조건을 과학적으로 해명하는 것이 역사를 바라보는 그의 문제의식이었다.

그리하여 박진순의 역사관은 또 하나의 특징을 갖게 되었다. 바로 실천적 성격을 띤다는 점이었다. 식민지 조선 현실로부터 벗어나는 길을 전망할 수 있는 역사관을 지향했다. 하지만 『개벽』 기고문 속에서 식민지 해방에 관한 언급은 쉬이 찾기 어렵다. 검열을 염두에 둬야하기 때문에 분명한 언어로 자신의 뜻을 표현할 수 없었을 것이다. 그럼에도 불구하고 그는 암시적인 문장을 구사하는 방법을 통해서 자기 의사를 드러냈다.

박진순은 역사 속의 농민전쟁에 구체적인 관심을 기울였다. 농민전쟁에 참가한 군중이 '자기 계급의 선진자들의 뜨거운 피'로 '참담한 역사'를 써 왔음에 주목했다. 그 생생한 사례로는 프랑스 자크리(Jacquerie)의 난, 독일의 농민전쟁, 러시아의 스텐까라진 봉기와 뿌가쵸프의 난, 중국의 태평천국운동, 조선의 '동학난' 등을 거론했다. 도대체 왜 이 농민전쟁들이 실패로 돌아갔는가?

그는 역사 속 농민전쟁들이 실패하게 된 데에는 두 가지 공통된 원인이 있다고 진단했다. 하나는 "운동이 농민의 본성으로 말미암아 보통 무조직적"이었기 때문이었다. 다른 하나는 "농민이 단독으로 전 사회와 대립케 되었음에 사회에 동맹할 계급이 무(無)하였"기 때문이었다.[40] 다시 말해서 농민 대중의 무조직성이 극복되고 농민과 동맹하는 계급

---

40) 朴春宇, 「세계 농민운동의 과거와 현재」, 『개벽』 63, 1925.11, 15쪽.

이 출현한다면, 군중의 해방은 성공할 가능성을 갖는다고 인식했던 것
이다.

박진순에 의하면 그 가능성은 부르주아 혁명기에 현실화되었다. 부
르주아 혁명기에 농민과 부르주아지의 동맹이 구체화되었던 것이다.
그것이 실현된 배후에는 대지주 계급에 맞서는 두 계급 이해관계의 공
통성이 가로놓여 있었다. 박진순은 세계사의 진행과정에서 부르주아
지가 항상 보수적 역할을 했던 것은 아님을 상기시켰다. 서구 여러 나
라의 부르주아지는 제3 신분의 지도자로서 귀족과 승려 계급을 전복하
는 투쟁의 지휘자 역할을 했음을 지적했다. 이처럼 농민이 다른 계급
과 동맹한 사실은 역사상 처음 있는 일로서, 부르주아 혁명의 고전이라
고 지칭되는 프랑스 대혁명 과정에서 전형적으로 나타났다.[41)]

그러면 군중의 해방은 부르주아혁명을 통해서 성취됐는가? 박진순
은 절반만 성취됐다고 보았다. 부르주아지는 농촌 군중에게 약도 주고
병도 주었던 것이다. 부르주아혁명을 통해서 봉건적 토지소유가 폐지
된 점에서는 농민 해방의 한 조건이 충족된 셈이었다. 그것은 약이었
다. 그렇다면 무엇이 병인가? 봉건적 토지소유가 폐지된 자리에는 세
가지 형태의 새로운 토지소유가 들어섰는데 농민적 토지소유, 부르주
아지의 토지소유, 국가적 토지소유가 그것이다. 이중에서 농민적 토지
소유가 가장 취약했다. 소생산자인 농민 경영이 부르주아지의 대 경영
에 의해 끊임없이 구축되기 시작했던 것이다. 박진순의 표현에 따르면,
"소규모 산업자인 농민은 점차로 대산가(大産家)에게 병탄한 바"가 되
었다.[42)]

---

41) 위의 글, 17쪽.
42) 위와 같음.

박진순은 부르주아지가 더욱 반동화한다고 보았다. 자본주의 발전이 역사적으로 최고의 단계에 접어드는 제국주의 시대에는 부르주아지는 노동계급과 맞서기 위해서 지배계급의 동맹을 꾀한다. 그리하여 대지주와 도시 부르주아지 사이에는 차별이 없어진다. 양자는 단일한 착취계급을 구성한다는 것이다.[43)]

그렇다면 식민지 조선의 부르주아지는 군중 해방과 어떤 관계를 갖는가. 박진순은 이 문제에 깊은 관심을 기울였다. 그는 "조선 부르주아에게도 아름다운 봄철이 오겠는가?"라고 물음을 던졌다. 조선 부르주아지의 혁명적 역할을 기대할 수 있는지 여부를 질문한 것이었다. 박진순은 아니라고 답했다. 그는 두 가지 이유를 들었다. 첫째, 외래 자본이 조선 부르주아지가 감당해야 할 역사적 사명의 70~80%를 대행했기 때문이다. 봉건제도의 신분사회를 파괴하고 토지를 자본화한 것은 조선에 침입해 들어온 일본 자본이었다. 둘째, 자본주의적 관계의 미발달로 인해 토착 부르주아지의 역할은 훨씬 제한적일 수밖에 없기 때문이었다. 그런 의미에서 "동쪽으로 갈수록 부르주아지가 더 비열하고 더 비겁하다"는, 러시아사회민주당 제1차 대회에서 행한 레닌의 비유는 옳다고 지적했다.[44)]

박진순에 의하면 이제 군중 해방의 동맹자는 부르주아지가 아니라 프롤레타리아트였다. 과거 부르주아 혁명기에 부르주아지가 농민의 동맹군이며 지도자였던 것과 같이, 오늘날에는 노동자가 농민의 동맹군이며 지도자가 될 수 있다고 보았다. 노동자와 농민의 동맹이 노동운동과 군중 해방의 조건이 된다고 주장했다.[45)]

---

[43)] 春宇, 「소위 '지식계급의 신운동'」, 『개벽』 64, 1925.12, 46쪽.
[44)] 위와 같음.
[45)] 朴春宇, 「세계 농민운동의 과거와 현재」, 『개벽』 63, 1925.11, 18쪽.

## 5. 현실 인식

박진순의 현실 인식은 하나의 초점을 둘러싸고 구성되어 있었다. 바로 조선 혁명이었다. 조선의 부활은 오직 혁명을 통해서만 가능하다. 박진순은 이렇게 얘기하고 싶어 했다. 그는 현재의 식민지 상황을 가리켜 '조선의 일시적인 역사적 공황'이라고 불렀다. 항구적인 것이 아니라 머지않아 극복할 수 있는 일시적인 현실이라고 표현했던 것이다. 그것은 '타승'(打勝)할 수 있는 대상이었다.

어떠한 사람들이 혁명을 이끌고 가는가. 이것이 현실을 바라보는 박진순의 핵심 관심사였다. 그는 조선혁명의 사명이 노동자, 농민, 혁명적 지식인층에게 부과되어 있다고 이해했다. 그의 표현을 빌리자면 "조선의 일시적인 역사적 공황을 타승할 사명이 노농군중 급 ××(혁명: 인용자)적 인텔리겐챠들에게 있다"는 것이었다.[46] 세 집단의 상태와 역할 문제는 박진순의 변함없는 탐구 대상이었다. 『개벽』 기고문 속에는 그중에서도 농민과 지식인층을 다루는 비중이 높았다.

박진순은 농민을 중시했다. 5편의 글 가운데 세 편이 농업과 농촌 경제를 다룬 것이었다. 그는 농민 문제가 '역사상에 아주 오래된 문제'일 뿐 아니라 지금도 '사회문제의 중심'이라고 말했다. 노예제 사회 말엽부터 지금에 이르기까지 그러하다고 강조했다.[47]

그는 농업 문제를 중시했지만 중농론자는 아니었다. 경제구조 속에서 농업의 비중을 과다하게 유지하려는 사람들에게 반대의 뜻을 명백히 표했다. 농업 중시론자들에 대한 신랄한 비판을 읽어보자.

---

[46] 朴春宇, 「모스크바에 새로 열린 국제농촌학원」, 『개벽』 1926.8, 28쪽.
[47] 朴春宇, 「세계 농민운동의 과거와 현재」, 『개벽』 63, 1925.11, 14쪽.

오방(吾邦) 어떤 신문 잡지를 보면 호호마다 「농(農)은 확실히 입국(立國)의 대본(大本)」이니 무엇이니 하는 헛소리를 부르짖으면서 농업이 천하지대본이라는 구태를 금일 우리 조선 사회 사조의 공리(公理)로 변혁하려고 힘쓴다. 하지만 그자들의 이익과 오방(吾邦) 다수 민중의 부활과 행복과 영광과는 대립적인 고로 더 번론(煩論)할 여지가 없다.[48]

박진순의 견해에 따르면 '동양 민족'이 식민지로 전락한 까닭이 바로 농산국에 머물러 있었기 때문이었다. 겉으로 표현은 하지 않았지만 조선의 경우도 물론 말할 나위도 없었다. 그러므로 농업이 천하의 큰 근본이라고 보는 견해는 망상이라고 지탄했다. 박진순은 농업 입국론이 조선의 신문과 잡지에 되풀이 강조되고 있는 현상에 대해 깊은 우려를 표명했다. 그러한 견해는 민중의 이익과 배치되는 것이었다. 민중의 부활과 행복, 영광에 대립되는 구태(舊態)였다. 조선으로 하여금 영원히 식민지 처지에 머물도록 하는 낡은 견해였다. 박진순은 심지어 '미신'이라고까지 표현했다. 우리나라 미신 중에서도 제일 악독한 것이라고 단언했다.[49]

그처럼 구태를 되풀이하는 사람들 중에는 뜻밖에도 재미동포이자 일찍이 개화파 지도자로 입신했던 서재필(徐載弼)도 포함되어 있었다. 박진순은 월간잡지 『신민(新民)』에 게재된 서재필의 글에 주목했다. 거기에는 "우리 조선은 장래 어떠한 문화를 건설하게 된다더라도 우리 대중의 토대는 항상 농업에 있을 줄 믿는다"고 쓰여 있었다. 다시 말하면 "우리는 농(農)으로써 나라의 대본(大本)을 써야 할 것이다"라는 취지의 글이 실렸다.[50] 박진순은 이처럼 낡은 견해를 하필이면 새로운

48) 春宇, 「일본제국의 현재 경제정책과 조선」, 『개벽』 65, 1926.1, 58쪽.
49) 위와 같음.
50) 『신민』 1926년 10월호, 4쪽

민중을 뜻하는 '신민'이라는 제호의 매체에서 내뱉느냐고 비꼬았다. 매우 놀랍고 유감스럽다고 논평했다.[51]

　박진순은 조선의 '생존 계책'이 농산국에 머물러 있는데 있는 것이 아니라고 힘주어 말했다. 그는 '도시 산업이 농업보다 우월한 까닭'을 스스로 묻고 답했다. 그것은 "기술 발전이 평균하게 되지 못한" 때문이었다. 그에 더하여 기계가 더 발달되었고 "대규모 산업제도가 실제화"되어 있으며, "자본의 발전이 집중적 경향을 갖고" 있기 때문이었다. 그래서 '소규모 산업들'이 '대유산가'에게 지배를 받거나 병탄될 수밖에 없으며, 대산업의 토대 위에 조성된 도시가 소규모 산업가들로 이뤄진 농촌보다 우월한 지위를 점한다고 보았다. '도시적 강국'이 '농촌적 소약국'을 압박하고 침략하는 까닭도 이와 다르지 않았다.[52] 일본 제국주의가 식민지 조선을 압박하고 침략할 수 있는 근거가 바로 여기에 있다고 설명했다.

　박진순은 검열을 받는 매체에 글을 씀에도 불구하고 과감한 표현을 구사했다. '조선 해방'을 거론하면서 그 조건이 무엇인지를 논했다. 그는 조선 경제 상태를 조사한 뒤에 다음과 같은 결론을 얻었다고 썼다. "조선 해방은 조선을 기계화하는 데 있는 것이다"는 확신이었다. 그는 조선이 일본으로부터 매년 2억 원의 공산품을 수입하고 있는데, 그 제품의 원료가 대다수 조선에서 생산된 것임을 상기했다. 조선은 공산국의 조건을 갖고 있다. 농업과 공업의 비율이 적절하게 연관되는 국가 경리를 조선에 조성할 수 있다고 판단했다. 요컨대 공업이 우월하게 발전하기 전에는 무엇을 꾀하던지 몽상일 뿐이라고 말했다. '「농업, 농

---

51) 春宇, 「일본제국의 현재 경제정책과 조선」, 『개벽』 65, 1926.1, 58쪽.
52) 위의 글, 57쪽.

업」하고 부르짖는 자들'은 '우리 해방 운동'에 부적합한 사람들이라고
역설했다.[53]

박진순은 농민이 단일한 계급이 아님을 지적했다. 자본주의 사회에
서는 농민은 더 이상 단일한 이해관계를 유지하지 못한다고 말했다. 농
업생산이 시장경제 속에서 이뤄지기 때문에 농민 가운데 부유한 부분은
부르주아지와 동일한 보조를 취하게 되고, 가난한 부분은 노동자와 함
께 나아간다고 이해했다.[54] 그런 의미에서 농민은 중간계급에 속했다.

독립적인 계급이 되지 못하고 '중간계급'이 되는 사회적 존재는 농민
만이 아니었다. 지식인층도 그러했다. 박진순은 조선의 지식인층의 변
천과 속성을 파악하는 데에 관심을 기울였다. 그는 조선의 지식인층이
3개의 단계적 변천을 거쳐서 발전해 왔다고 보았다. 서구의 발전 과정
과 본질적으로 동일한 것이었다. 그의 주장을 들여다보자.

> 조선 지식계급의 계보학 상으로 구학(究學)할 것 같으면 그의 발전이 기
> 본적으로는 서양과 일치하였다. 1884~1900년간은 아방(我邦) 지식계급 역
> 사의 제1기였으며, 1901~1920년은 제2기오, 1920년 이후는 제3기이다.[55]

박진순에 의하면 서구 지식계급 역사의 제1기란 초기 자본주의에 해
당하는 시기였다. 이 시기의 지식인층은 정치와 경제 방면에서 지배계
급에게 대립했으며, 당대의 기존 사회제도를 적극적으로 반대하고, 새
로운 세상에 관한 이론을 만들어냈다. 제2기란 소수의 급진적 지식계
급이 아무런 동맹군도 없이 단독으로 구체제와 맞서는 낭만주의적 혁

---

53) 위의 글, 58~59쪽.
54) 春宇, 「소위 '지식계급의 신운동'」, 『개벽』 64, 1925.12, 46쪽.
55) 朴春宇, 「조선사상운동자들의 계급적 組成을 推究하면서」, 『開闢』 71, 1926.7, 6~7쪽.

명시대였다. 제3기는 자본주의 발전이 고도화함으로써 지식인층의 계급적 구성이 변화하고 양대 흐름으로 분열되는 때였다. "부르주아화된 지식계급의 우경분자들은 자본계급 진영"으로 넘어가서 그들의 '역졸'이 되고, 반대편의 좌경분자들은 '무산계급의 투사'가 되었다고 본다.[56]

조선 지식계급의 발전도 기본적으로 서구의 경우와 같다고 한다. 다만 그는 3단계의 구체적인 내용에 대해서는 상세한 언급을 남겨놓지 않았다. 각 단계에 해당한다고 지목한 시기로부터 유추하건대, 제1기(1884~1900년)의 조선인 지식계급이란 곧 개화파 지식인층을 가리키는 것으로 보인다. 또 제2기(1901~1920년)의 지식계급이란 곧 국내외 신교육 기관에서 근대교육을 이수한 신지식층을 지칭할 것이다.

박진순은 신지식층의 형성 과정에 관한 인상깊은 묘사를 남겼다. "유럽 문화의 여명을 보려 하며, 자유스러운 활동무대를 얻어 보려고" 길을 떠나는 청년들. "조그마한 행리를 등에 걸머지고 몽상이 가득 들어찬 뜨거운 마음을 가슴에 품고, 또한 동전 한 푼 없는 주머니를 허리에 차고서" 숱한 청년들이 도시로, 해외로 길을 떠났다고 썼다. 그는 이 시기 청년 지식인층의 형상과 내면 심리를 이광수의 장편소설『무정』과 이상협의 단편 소설「무궁화」가 잘 형상화했노라고 평했다.[57]

박진순은 제3기의 조선 지식인층도 어김없이 좌우로 분열되었다고 보았다. 그는 우경파 인텔리겐챠의 대표자로 이광수를 꼽았다. "우리나라 우경파 지식계급의 심리를 제일 잘 반영하는 이론가"라고 지목했다.[58] 그러나 3·1혁명 이후에 이 그룹의 지식인층은 이론적 공황에 빠져들었다. "순전한 문화사업으로「민족개조론」을 주창"하거나, 자치운

---

56) 위의 글, 4~6쪽.
57) 위의 글, 7쪽.
58) 위의 글, 8쪽.

동을 지향하거나, 순전한 민족운동을 표방하는 등의 경우가 그에 해당
했다.59)

박진순은 조선에서는 '좌경파'가 지식인층의 다수를 점하고 있다고
진단했다. 그 이유로는 교육에 소요되는 비용이 과대함에도 불구하고
지식인층의 생활 정도가 곤란한 점을 들었다. 지식인층의 생존 경쟁은
나날이 더 심해져 가고 있다. "사회적 존재가 각 사람의 이상을 결정하
는 바"이라서, 조선의 가난한 지식인층이 혁신 사상에 커다란 동정을
느끼게 되었다는 것이다. 그로 인해 좌경파가 다수가 되었다고 한다.60)

프롤레타리아트에 이념적으로 경도되어 있는 조선 청년층의 성격에
관해서 박진순은 논쟁을 제기했다. 그가 염두에 둔 상대방은 남만춘이
었다.

> 마르크스주의자로 부르짖는 南萬春君은 莫斯科에서 발행되는 『국제농
> 민』이라는 잡지에다가 조선사정을 略論하여 소개하면서, 현재 조선에 '무
> 산계급의 혁명적 인텔리겐챠'가 있다 하였으며, 또 그들이 조선 사회운동
> 을 인도한다 하였다. 나는 조선 사상운동선상에 나선 현재 인텔리겐챠가
> '무산계급적 인텔리겐챠'라고 하는 남군의 단언이 과학상으로든지 實現上
> 으로든지 不可타 생각한다.61)

모스크바에서 발행되는 잡지에 게재한 남만춘의 글이란 어떤 것인
가? 그것은 국제농민회 기관지인 『국제농민』 1925년 8·9월 합병호에
실린 「1918~1925년 조선의 농민상황과 농민운동」이라는 글을 가리키는
것이었다.62) 남만춘이 사회운동에 나선 조선 지식인층을 '무산계급적

---

59) 위와 같음.
60) 위의 글, 7~8쪽.
61) 위의 글, 2쪽.

인텔리겐챠'라고 규정한 데 대하여, 박진순은 반대 의견을 뚜렷이 제기
했다. 조선의 지식계급이 좌경화된 것은 사실이지만 그들이 '무산계급
적 인텔리겐챠'라고 규정할 수는 없다는 견해였다.

남만춘의 견해가 틀린 이유는 조선의 실정과 맞지 않기 때문이었다.
조선에는 발달된 자본주의 제도가 부재한 탓이었다. 이러한 조건에서
는 프롤레타리아트적 지식계급이 산출하기를 바라는 것은 주관적인
갈망이며 몽상일 뿐이지 구체적인 현실이자 진실일 수는 없다는 판단
이었다. 갈망과 현실의 차이를 구별하지 못하는 데에 남만춘의 착오가
있었다.

이 시기 남만춘과 박진순의 이론적 갈등은 개인적인 성격을 띠는 게
아니었다. 그것은 조선공산당 창립의 이니셔티브를 둘러싸고 경쟁하
던 두 그룹 간의 갈등을 반영했다. 1924년 10월~1926년 초 시기에 사회
주의 운동 내부에 존재했던, '보이틴스키, 화요파, 4월당대회' 그룹과
'이동휘, 상해파, 당준비회' 그룹 사이의 대립을 표현하는 것이었다. 박
진순은 이중에서 후자에 속했다. 당준비회 그룹의 정세관과 정책론을
대표했다. 요컨대 좌경 지식인층의 성격을 둘러싼 두 사람의 논란은
사회주의 운동 내부의 모순과 관련된 것이었던 것이다.

## 6. 맺음말

박진순의 『개벽』 기고문은 식민지 조선 사회에서 큰 파장을 불러 일

---

62) Нам-Манчун(남만춘), Положение крестьянства и его движение в Корее: 1918-1925 гг.(조선의 농민 상황과 농민운동), 『Крестьян. Интернационал(국제농민)』, М., 1925, No.8-9, с.72-88.

으켰다. 그의 글은 식민지 통치체제가 허용하는 검열의 임계점을 보여
주었다. 이른바 '민의의 창달'과 '불온' 사이의 경계선이 어디에 그어져
있는지를 보여주는 바로미터였다. 그의 문필 활동은 그 경계선을 극한
까지 밀어붙이는 역할을 하였다. 그 때문에 박진순의 기고문은 가장
영향력 있는 잡지 매체였던 『개벽』 폐간의 빌미가 되었다.

잡지 『개벽』을 무대로 이뤄진 박진순의 저술 활동은 상해파 공산그
룹의 민족통일전선 정책과 관련된 것이었다. 박진순과 대립하던 1925
년 4월당대회 그룹은 민족통일전선 정책에 냉담하거나, 혹은 연대 대
상이 되는 비타협 민족주의 그룹을 엄격하게 제한하는 정책을 갖고 있
었다. 천도교의 최대 다수인 신파 집단은 타협적 민족주의로 간주됐다.
따라서 그들은 민족통일전선의 파트너로 대접받지 못했다. 그러나 박
진순은 달랐다. 천도교 신파야 말로 민족통일전선 구축을 위한 중심
기관이라고 보았다. 천도교 내부에서 가장 대중적인 데다가 농민전쟁
과 3·1혁명 전통의 계승자이기 때문이었다.

박진순은 마르크스주의 역사학의 방법론을 소개하고 한국 역사를
그에 입각하여 연구해야 한다고 주장한 초창기의 인물이다. 『개벽』에
기고한 그의 다섯 논문은 그를 잘 보여준다. 그의 존재는 사학사의 전
개과정에서 이채를 발한다. 그는 전문 역사학자가 아니었다. 혁명운동
의 일선에서 직접 행동하는 사람이자 마르크스주의 이론가였다. 마르
크스주의 역사학이 사학사에 정착하는 첫 계기가 전문 역사연구자가
아니라 사회주의 운동가에 의해서 주어졌음이 주목할 만하다. 연구자
들이 학문 영역에서 마르크스주의 역사학을 일으킨 것은 1930년대의
일이었다. 박진순은 전문적인 연구자 집단의 역사 연구가 등장하기에
앞서 마르크스주의적 연구의 이론과 방법을 제시한 선구적인 역할을
수행했다. 역사학자들의 본대가 도래하기에 앞서 그들이 올 길을 개척

한 척후병이었다.

박진순의 마르크스주의적 역사인식은 '군중'과 '과학화'라는 두 개의 키워드로 이뤄졌다. 군중이란 직접 노동에 종사하는 다수 사람들을 가리키는 용어였다. 그에게는 군중과 민중이라는 용어는 동의어였다. 오직 군중만이 역사발전의 동력이었다. 박진순이 말하는 역사의 과학화란 유물사관의 기본 명제를 역사 연구의 실제에 구체적으로 적용하는 것을 의미했다. 그는 유물사관의 명제들이 역사의 심층에 내재하는 일반적 합법칙성을 반영하는 추상적인 방법론이라고 보았다. 그러므로 그것을 구체적인 조선 역사에 올바로 적용하기만 한다면 역사의 과학화는 달성할 수 있는 것이었다.

박진순의 역사인식은 실천적 성격을 띠고 있다. 그의 역사와 현실에 대한 탐구는 조선혁명의 주객관적 조건을 탐구하는 데에 놓여 있었다. 그는 조선혁명의 사명이 노동자, 농민, 혁명적 지식인층에게 부과되어 있다고 이해했다. 이중에서 농민과 지식인층이 그의 현실 탐구의 주제가 되었다.

그러나 박진순의 사상은 한국 사회주의 운동을 대표하는 보편적 지위를 갖는 것은 아니었다. 사회주의 운동이 다양한 복수의 연원을 갖고 있기 때문이었다. 게다가 그 다양한 흐름들의 통합 과정도 단일하게 전개되지 않았다. 그러므로 박진순뿐만 아니라 다른 어느 누구도 그러한 지위를 가질 수는 없었다. 박진순의 현실인식은 4월당 그룹의 그것과 대립되는 위치에 놓여 있었다. 그는 특히 남만춘에 대해서 비판적 태도를 명백히 했다. 논점은 사회주의 이념에 공명하는 신지식층의 성격과 역할에 관한 것이었다. 또 민족통일전선 정책의 실행과정에서 천도교를 어떻게 대해야 하는지가 큰 쟁점이 되었다. 박진순은 천도교야 말로 1894년 농민전쟁 이후 아래로부터의 농민적 혁명전통을

계승하는 단체라고 높이 평가했다. 그 때문에 천도교를 기반으로 성립
한 농민단체 조선농민사를 국제농민회에 가입시키는 정책을 입안했고,
조선농민사의 모스크바 외교를 앞장서 이끌었다.

# '공황기' 반식민진영의 '지식계급'론

최규진

## 1. 머리말

제1차 세계대전은 서구 근대문명에 대한 사람들의 인식을 바꾸어 놓는 계기가 되었다. 3·1운동을 앞뒤로 나타난 개조론은 제1차 세계대전에서 드러난 근대문명의 폐해를 응시하면서 해결책을 모색한 논의였다. 사회진화론의 영향이 상대적으로 줄어들고 개조론의 여러 사조, 특히 문화주의, 데모크라시, 사회주의에 관한 관심이 커졌다.[1] 반식민진영의 저항이념을 주도했던 것은 사회주의였다. 민족주의적 신념을 가진 사람들의 내면세계가 사회주의로 기울게 된 심리적 계기가 1910년대에 형성되었지만,[2] 3·1운동을 지난 뒤에 "선진 여러 나라가 6, 70년

---

[1] 허수, 「제1차 세계대전 종전 후 개조론의 확산과 한국 지식인」, 『한국근현대사연구』 50, 2009, 40쪽.

[2] 임경석, 「20세기 초 국제질서의 재편과 한국 신지식층의 대응: 사회주의 지식인의 형성과정을 중심으로」, 대동문화연구원, 『대동문화연구』 43, 2003, 22쪽.

동안 이룩한 것을 5, 6년 만에 압축하는"[3] 발전을 이루었다. 사회주의가 큰 영향력을 발휘하기 시작했던 1920년대는 사상사 차원에서도 커다란 전환점이었다.

1920년대 초 잡지에서 "모든 역사는 계급투쟁의 역사다."는『공산당선언』구절을 곳곳에서 인용했다. 사회주의 지식인은 계급 프레임으로 식민지 현실을 바라보기 시작했으며, 계급이라는 용어를 두루 응용해서 여러 담론을 생산했다. 민족주의 진영에서 생산한 민족 담론도 어떻게든 사회주의 계급론에 영향받지 않을 수 없었다.

이 글은 계급 개념이 구성되는 인식론적 과정을 추적하면서 '지식계급'론이 형성되는 과정을 살핀다. 계급론에 미친 정세관의 효과, 계급구조와 계급의식 사이의 긴장, 비합법운동가와 학술문화운동진영의 인식 차이를 고려해야 한다. 특히 계급론과 변혁론의 상관관계를 염두에 두어야 한다. 계급 분석은 불평등한 현상을 묘사하는 것이 아니라, 그 현상을 작동하는 방식과 관련된 것이다. 계급 구분의 기준을 설정하는 작업 자체가 이미 변혁론을 내포한다.

식민지시대 계급론을 점검한다는 것은 사회주의 사상과 운동의 지형을 한꺼번에 보는 작업이기도 하다. 이 글은 1920~1935년까지의 계급론 전개과정을 시야에 넣되, '공황기'를 중심에 놓고 앞뒤 시기를 비교할 것이다. 공황기는 또 다른 운동의 전환점이었다. 1920년대 말에서 1930년대 초에 이르기까지 세계사에서 그 영향을 미처 헤아리기 힘든 일이 한꺼번에 일어났다. 1929년 세계 대공황은 제1차 세계대전 뒤 서구에서 확립되었던 정치·경제 질서를 뒤흔들었다. '사회주의 조국' 소련은 일국사회주의로 나가는 가운데 엄청난 변화를 겪고 있었다. 또

---

3) 「主義의 싸움이냐 勢力의 싸움이냐, 根本으로 問題되는 主義者의 試練不足」, 『개벽』 58호, 1925, 2쪽.

세계 사회주의운동은 1928년 코민테른 6차 대회를 계기로 새로운 단계
로 들어갔다. 식민지 조선도 세계정세에 직접 영향받았다.

이 글은 공황기에 반식민진영, 특히 사회주의 지식인이 자기 자신을
어떻게 정의했으며 민족해방운동에서 인텔리겐치아의 지위를 어떻게
규정하려 했는지를 다룰 것이다. 1920년대 지식인과 공황기 지식인은
존재와 의식에 어떤 차이가 있을까. 지식인이 자기를 정의하는 두 글
을 서로 견주어보자. 먼저 1920년대 중반을 회고한 글이다.

> 그때 우리 뜻은 장하였소. 조석을 굶다시피 하면서도 다 헤어진 우리
> 양복 속에서는 금박될 만한 사회변혁의 논문이 나오고 혁명가가 나오고
> 무슨 비장한 결의문이 나왔소. 그리고 우리 동지가 셋이나 다섯이나 몇
> 사람 모아 앉으면 천하를 논하는 그 대세, 참말 그때 우리 회관은 제3 인
> 터내셔널 회장이었고 그리고 그것이 혁명위원도 되고 국회도 되고 무슨
> 군단(軍團)도 되고 병참부도 되고 곱베다짐 상포(商鋪)인 공동소비조합도
> 되었소.[4]

이 회고 글에 따르면, 혁명적 지식인은 변혁운동에서 큰 역할을 했
다. 그러나 다음 글은 지식인 스스로 자기 존재 방식을 벗어나야 할 그
어떤 자리에 있음을 보여준다.

> 계급운동자를 향하여 책사라는 칭호를 봉정하는 것은 결코 명예적의 그
> 것이 아니라 치욕적의 그것임을 알아야 한다. 다시 말하랴? 현대의 "모든
> 인류는 노동으로 돌아가자!"는 계급운동의 적은 먼저 손이 하얀 책사배를
> 매장코자 함이다.[5]

---

4) 李亮, 「時代手筆」, 『비판』 제1권 제1호, 145쪽.
5) 김약수, 「사회운동자의 이 모양, 저 모양을 駁함」, 『비판』 제2권 제7호, 1931,
　 82~84쪽.

"손이 하얀 책사가 아닌 계급운동자가 되어 노동으로 돌아가야 한다."라는 이 주장에서 1920년대 지식인의 존재 양태를 거부하는 모습을 본다. 이것은 어디까지나 '계급운동자'가 되려는 혁명적 지식인의 태도이다. 지식인 일반의 모습은 어떠했고, 민족해방운동에서 그들은 어떤 역할을 했던가. 이 문제에 답하기 위해서 지식인의 계급적 자아인식을 점검하고 '지식계급'론의 전개과정을 살필 것이다.


## 2. 계급과 지식인

계급이라는 단어를 언제 처음 썼는지는 분명하지 않다. 다만 여러 잡지에 신술어(新術語)로 계급을 설정하고 그 개념을 설명하는 것을 참고할 수 있을 따름이다. 그 내용을 보면, "계급이란 경제적·정치적 이해의 공통에 의하여 결합하는 집단"이라는 규정이 많다.[6] 신분과 계급은 어떻게 다른가. "계급이란 생산과정에 대한 역할에 의하여 생산수단의 소유관계에 의하여 분류되는 인간의 범주이다. 신분이란 법제적 법률적 사회 질서에 대한 공통의 지위에 의해 결합된 인간이다."[7] 그렇다면 빈부격차와 계급은 어떻게 다른가. 계급 개념을 해설하는 다음 글을 보자.

> 옛날 신분적 계급과 구별하기 위하여 사회계급이라는 말을 많이 쓰는데 표면상 나타나는 수입 분배의 차(差)를 따라 계급이 생긴 것이 아니라, 사회적 생산관계가 역사적으로 발전하는 과정에서 필연적으로 발생한 착취

---

6) 편집실, 「술어해설: 착취, 계급」, 농민』 제3권 제4호, 1932, 18~19쪽; 김문준, 「익숙한 말 섯투른 말(3)」, 『勞働運動』 1권 5호, 1927, 11~12쪽; 圖現, 「常識辭典」, 『新人間』 16호, 1927, 22쪽.

7) 권생, 「계급론」, 『조선지광』 80호, 1928, 33쪽.

와 피착취 관계를 말한 것이다.[8]

이처럼 수입이 많고 적은 것에 따라 계급이 생긴 것이 아니라, 생산
관계 속에서 계급을 보아야 한다는 주장이 많았다.[9] 계급이란 "생산관
계에서 이해의 동일성을 기초로 하고 결합된 사회적 집단"[10]이라는 설
명이 또 다른 보기이다. 그러나 천도교 잡지인 『조선농민』에서는 "돈
많은 사람을 유산계급(有産階級)이라 하고, 돈 없이 노동하는 사람을
무산(無産)계급이라 하고, 글자 아는 사람을 지식(智識)계급이라고 한
다."[11]고 규정하여 사회주의진영과는 다른 계급론을 보여준다. 이런
'이단의 계급론'에 대해서 『조선지광』에서는 레닌의 계급론을 인용하
여 빈부의 차별로 계급을 분류하는 것은 오류라고 지적했다. 잡지에서
인용한 레닌의 정의는 다음과 같다.

> 계급은 사회적 생산조직 중에 그 사람들이 점유해있는 지위에 의하여,
> 또는 생산수단에 대한 그 사람들의 관계, 이들이 사회적으로 생산된 부를
> 향유하는 방법과 분량에 의하여 서로 구별되는 인간의 큰 집단이다(레닌,
> 저작집 제5권 1권 「위대한 창의」).[12]

또 『조선지광』에서는 계급이 발생하는 원인을 엥겔스가 쓴 『공상에
서 과학으로』를 인용하면서 "어떤 사람은 정복자 – 피정복자, 지배자 –
피지배자의 관계에서 구한다. 그러나 계급발생의 원인은 사회적 생산

---

8) 東方學人, 「社會科學用語問答」, 『東方評論』 1, 東方評論社, 1932, 60쪽.
9) 編輯室, 「術語解說」, 『農民』 제3권 제4호, 1932, 19쪽.
10) 靑年朝鮮社, 『新語辭典』, 1934, 5쪽.
11) 編輯部, 「術語辭典」, 『朝鮮農民』 2권 2호, 1926, 29쪽.
12) 권생, 「계급론」, 『조선지광』 80호, 1928, 31쪽.

력 때문이다."고 했다. 이처럼 사회주의자들이 계급 개념을 명확히 하고 계급 분석에 힘을 쏟았던 까닭은 "계급투쟁이 역사발전의 동력"이기 때문이었다. 그들에게 계급투쟁의 주체가 성립하려면, 노동자가 즉자적 계급에서 대자적 계급으로 나아가야 했다. 즉자적 계급과 대자적 계급에 대해서 『조선지광』에서는 다음과 같이 정의했다.

> 계급이익의 대립이 있다고 곧장 계급투쟁이 전개되는 것은 아니다. 계급이 대립하여 존재하는 것, 그 계급이 의식을 가졌다는 것, 계급투쟁을 행한다는 것을 혼합해서 생각하지 않으면 안 된다. 마르크스는 다만 객관적 존재로서 계급과 다시 말하면 아직 자신을 계급으로 의식하지 못한 계급과 이미 자기의 사회적 역할을 의식한 계급을 구분하여 전자는 '계급 그 자체'라고 하고 후자는 '그 자체 때문의 계급'이라 했다.[13)]

이제 '지식계급' 문제를 짚어보자. 지식인은 하나의 계급을 구성할 수 있는가. 마르크스는 지식인을 어떻게 범주화하고 있을까. 마르크스가 활동하던 시대에 프롤레타리아 운동의 진행노선과 조건, 그리고 전반적 결과에 대해 프롤레타리아 대중보다 더 명확히 이해할 수 있는 이점을 가진 사람들, 즉 지식인들의 결정적 역할이 드러나기 시작했다. 그러나 마르크스는 지식인에 관해 연구를 거의 하지 않았다. 마르크스가 말한 것은 "부르주아지의 일부분, 특히 역사적 운동 전체를 이론적으로 파악할 수 있는 수준에 도달한 부르주아 이론가들의 일부분이 프롤레타리아 편으로 넘어온다."라는 것뿐이다. 마르크스는 프롤레타리아가 잠에서 깨어나고 자신의 위대한 목적들을 달성하는 데 필요한 조직을 획득하게 되는 실제적인 방식에 대해서는 거의 다루지 않았다. 마르크스의 저작 가운데 그러한 종류의 언급에 가장 가까운 것이

---

13) 권생, 「계급론」, 『조선지광』 80호, 1928, 33쪽.

1848~1851년 동안 프랑스의 노동계급 경험에 대한 역사 논문이다. 마
르크스는『프랑스에서의 계급투쟁』과『브뤼메르 18일』에서 다음과 같
이 주장하는 것처럼 보인다. 프롤레타리아트의 학습양식은 실천적이
고 감각적이다. 그들의 실천적 투쟁 경험은 계급발전과정이며 의식의
성숙과정이다. 프롤레타리아 의식을 자각하는 과정은 지적 선구자들
의 이론적 예견을 증명해주는 역사적 실천과정으로 보인다.[14] "지식인
들의 지배와 노동자들의 복종"이라는 칼 카우츠키 류의 설정에서부터
그람시의 유기적 지식인론, 즉 '노동자-지식인들(worker-intellectuals)
에 이르기까지 지식인에 대한 논의가 없었던 것은 아니지만, 지식인이
라는 범주는 그 자체로 하나의 모순적인 개념이었다.[15] 크게 보면, 마
르크스주의자들에게 지식인이란 운동 속에서 새롭게 구성되어가는 어
떤 집단이었다.

　1920년대 식민지 조선에서 지식인은 자신을 어떻게 규정했을까. 지
식인을 계급 차원에서 바라보려면, '인텔리겐치아'라는 신어(新語)를
그들이 어떻게 이해하고 있는지를 눈여겨보아야 한다. 인텔리겐치아
개념을 설명한 글 가운데 필명 불지암(不知菴)이 1925년에『개벽』에 쓴
글이 가장 상세하다.

　　인텔리겐치아는 보통 지식계급이라고 번역한다. 그러나 엄격한 의미로
　보면 '유식 무산자'라고 하는 것이 옳을 것이다. 그것은 원래 인텔리겐치아
　말을 쓴 것은 러시아요 그래서 인텔리겐치아가 주목할 만한 사회적 현상
　으로 출현한 것은 1860년대였는데, 당시 그는 문학상 작품의 특수한 성격
　자로서 또 사회운동 상의 특수한 의의를 가진 지식 있는 무산자의 일 집단

14) 닐 하딩,『러시아 맑스주의』, 거름, 1987, 21~24쪽.
15) 이구표,「그람시의 헤게모니 이론에 있어서 유기적 지식인의 이중적 성격」,『통
　　일문제와 국제관계』10호, 1998, 180~185쪽.

이었던 까닭이다.16)

　不知菴의 글은 초기 사회주의자들의 지식인론을 보여주는 중요한 글이기 때문에 좀 더 자세하게 살펴볼 필요가 있다. 不知菴은 인텔리겐치아를 '유식 무산자'라고 부르는 것이 옳다고 주장하면서도,17) 마르크스주의자들 사이에서 여러 이견이 있음을 소개하고 있다. 그 내용을 다시 요약해보자. 첫째, 인텔리겐치아는 결국 부르주아지일 수밖에 없다고 보는 사람이 있다. 둘째, 인텔리겐치아는 지력(智力)을 팔아서 생존하기 때문에 노동력을 팔아서 생활하는 프롤레타리아와 똑같은 존재다. 셋째, 인텔리겐치아는 곧 마르크스주의자를 일컫는 말이다. 왜냐하면 프롤레타리아 사상을 가지고 프롤레타리아 이익을 대표하는 사람이 곧 마르크주의자이기 때문이다. 넷째, 인텔리겐치아를 지력 노동자라는 '특수한 계급'으로 보는 사람이 있다.18) 어찌 되었든 不知菴은 인텔리겐치아가 "사실상 무산계급에 가까운 지위에 있으면서 중간성의 기분을 발휘하고 있다."고 진단했다. 그리고 결국은 부르주아지 또는 프롤레타리아라 진영에 속할 지식계급을 ① 비평적 지식계급 ② 반동적 지식계급 ③ 부르주아적 지식계급 ④ 중간적 지식계급 ⑤ 허무적 지식계급 ⑥ 소부르주아적 지식계급 ⑦ 무산 계급적 지식계급으로 나누었다.19)

16) 不知菴, 「인텔리켄치아, 사회운동과 지식계급」, 『개벽』 59호, 1925, 8쪽.
17) 유산계급과 지식계급 사이의 사회경제적 윤리적 관계설정에 대해서는 이혜령, 「지식인의 자기정의와 '계급'」, 상허학회, 『근대지식으로서의 사회주의』, 깊은샘, 2008, 124~126쪽 참조.
18) 不知菴, 「인텔리켄치아, 사회운동과 지식계급」, 『개벽』 59호, 1925, 15쪽.
19) 不知菴, 「인텔리켄치아, 사회운동과 지식계급」, 『개벽』 59호, 1925, 17~18쪽. 1930년대 소설 가운데 다수가 '허무적 지식인'의 경험을 가진 적이 있는 주인공을 설정하고 있다(조남현, 『한국지식인소설연구』, 일지사, 1984, 21쪽).

여러 매체에서는 "인텔리겐치아란 곧 지식계급"이라고 설명하면서,[20] 한 계급이 아니라 "직접 생산적 노동에 종사하지 아니하고 지적, 사무적 노무(勞務)에 복(服)하는 자"라고 규정 했다.[21] 그러나 인텔리겐치아 일반과 특수한 의미의 인텔리겐치아를 구분하기도 한다. 다음 글이 그 보기이다.

> 대학생 대학출신 등 지식계급(知識階級)을 일러 인텔리겐치아라고 한다. …… 이 말은 근본 러시아로부터 나온 말로 노동운동계에서 부르는 인텔리겐치아는 고등교육을 받은 자로 노동운동에 관계한 자를 이름이다.[22]

본디 인텔리겐치아는 19세기 후반부와 20세기 초의 러시아와 폴란드를 특징지었던 특정한 역사적 조건의 산물이었다. 그 뒤 그 단어는 어느 정도 유사한 조건을 가진 다른 나라로 퍼져나갔다.[23] 위에 인용한 글을 보면, 인텔리겐치아를 식민지 조선에서 처음 쓸 때는 지식인인과는 다른 어떤 함의를 지니고 있었음을 알 수 있다. 그러나 '룸펜 인텔리'의 용례에서 보듯이, 시간이 지나면서 인텔리겐치아와 지식인은 거의 같은 개념으로 쓰였다.

인텔리겐치아 또는 지식인은 어떤 계급인가. 그람시에 따르면, 지식인을 독립적인 사회변수로 보는 것은 신화에 지나지 않는다. 지식인을 정의할 때 그들이 사회에서 어떤 기능을 하는가 하는 것이 중요하다.[24]

---

20) 「新語放送局」, 『가톨릭靑年』 1, 1933. 58쪽; K.H.H, 「流行語辭典」, 『實生活』 3권 1호, 1932, 52쪽.

21) 「모던語」, 『新東亞』 5권 10호, 1935, 32쪽.

22) 玄礎, 「新人間辭典」, 『新人間』 35호, 1929, 31쪽.

23) 김현경, 「민중에 대한 빚, 브나로드 운동의 재조명」, 『언론과 사회』 16권 3호, 2008, 54쪽.

24) 강수택, 「근대, 탈근대, 지식인」, 『한국사회학』 제34집, 2000, 510쪽.

1920년대 지식인도 자기 스스로 계급이 될 수 있다는 것에는 회의적이
었지만, 인텔리겐치아의 임무를 분명하게 인식했다. 문제는 지식인이
민중 계몽 역할을 할 것인가, 아니면 '노동운동에 관련된 인텔리겐치아'
가 될 것인가. 그에 따라 민족적 문화주의자와 계급적 사회주의자로
나뉘었다.

1920년대 중반이면 '지식계급의 중간적 성격'에 대한 사회적 반응이
형성되었다. 『동아일보』는 그 내용을 다음과 같이 전한다.

> 민중운동 즉 사회운동 방면에서 보면 지식계급은 유산계급의 주구(走
> 狗)노릇을 하는 자라 하여 차(次)를 배척한다. 그와 반대로 유산계급에서
> 는 무산자의 선동자라고 미워하며 더욱이 총독부 측에서는 차(次)를 위험
> 물시 하며 방해물시 하여 고압과 감시를 엄중히 한다. 형설의 공부를 쌓아
> 가지고 이와 같이 곤란한 처지에 있게 되었으니 어려운 것은 지식계급의
> 처신이요 생활인 감이 있다.[25]

## 3. 공황기의 변혁론과 계급론

'12월테제'는 조선 사회주의운동사에서 가장 중요한 문헌이다. "혁명
적 노동자와 농민이 전위대를 형성할 수 있도록 지원하는 결의"였다.
코민테른은 '12월테제'를 통해 조선 혁명에 영향을 주고, 그들 나름대로
프롤레타리아 국제주의를 실현하려 했다. '12월테제'는 조선 사회주의
자들에게 하나의 강령이 되었다.

'12월테제'에 따르면, 조선은 전형적인 식민지다. 일제는 군대와 경
찰, 그리고 관료기구를 갖추어 놓고 온갖 탄압을 퍼붓는다. 일제는 조

---

25) 「지식계급이여 가두에 서라」, 『동아일보』, 1925년 8월 19일.

선이 고유한 문화를 발전시킬 기회와 독립적으로 생산력을 향상시킬 기회를 앗아 갔다. 조선 경제의 주요부문은 모두 일본 금융자본의 손아귀에 있다. 식민지 조선은 일본에 원료를 공급하고 일본 상품에 시장을 제공하는 농업배후지일 따름이다. 일제는 경제적인 방법뿐만 아니라 조세·관세·소비세·전매이윤 등 갖가지 수단으로 조선의 재화를 짜낸다.

식민지 조선에서 상품·화폐 경제는 빠르게 발전하지만, 경작관계는 대체로 전자본제의 모습을 유지한다. 소작인들은 현물지대를 내며 지주와 반봉건적인 관계를 맺고 노예처럼 착취당한다. 자작농은 조세·고리대·협잡·도량형·사기 등으로 착취당한다. 조선 인구 가운데 대부분은 농민이다. 혁명이 아니고서는 그들의 지위를 개선할 수 없다. 따라서 조선 혁명은 일본 제국주의뿐만 아니라 봉건제도에도 반대하는 토지혁명이어야 한다. 그렇다면 조선 혁명의 성격은 부르주아민주주의혁명이다. 다른 모든 식민지와 마찬가지로 조선에서도 프롤레타리아는 모든 계급 가운데 가장 견실한 반제국주의계급이다. 노동자계급은 공장노동자가 늘고 조직으로 묶이면서 혁명운동에서 앞장서는 역할을 할 것이다. 이처럼 조선을 식민지 반봉건사회라고 규정한 '12월 테제'는 다가올 혁명의 성격을 다음과 같이 규정했다.

토지혁명을 하지 않고는 민족해방투쟁도 승리할 수 없다. 민족해방투쟁과 토지에 대한 투쟁을 거의 결합하지 않았기 때문에 1919년 혁명운동은 나약했고 마침내 실패했다. 제국주의 굴레에 대한 승리는 토지문제의 혁명적 해결과 노농민주독재의 수립(소비에트 형태로)을 전제로 하며 그를 통해 부르주아민주주의혁명은 프롤레타리아트의 헤게모니 아래에서 사회주의 혁명으로 전화한다.[26]

같은 글 안에서 부르주아민주주의혁명을 말하기도 하고, '노동자 농민의 민주독재'를 말하기도 한다. 언뜻 보아 모순처럼 보이지만, 노동자와 농민이 앞장서서 부르주아민주주의혁명을 철저하게 한다는 뜻이다. 문제는 '소비에트 형태'가 무엇인가였다. 일부 조선 사회주의자들은 소비에트 형태의 노농민주독재 수립을 "자본주의를 뒤엎고 소비에트 국가를 세우는 것"으로 이해하기도 했다. 혁명을 위한 세력배치에서 노동자가 가장 중요한 계급이었다. '12월테제'는 말한다.

> 조선의 전 계급 중 프롤레타리아트는 제국주의에 대한 가장 합리적인 투사이다. 노동계급(첫째로 공장노동자)이 증대하고 조직됨에 따라 해방 임무도 증대하고 주의운동의 발달상 확고한 기초가 형성되어 농업노동자와 도시소부르주아 대중은 혁명의 원동력을 준다.[27]

이처럼 노동자계급을 사회변동의 으뜸 세력으로 삼는 것은 마르크스주의에서 비롯되었음을 다음 글에서도 보여주고 있다.

> 노동자의 세계관 사회관을 체계적으로 서술한 것이 마르크스주의요 사상이다. 노동자의 감정을 감정하며 노동자의 관찰을 관찰하는 것이 마르크스주의다. 마르크스주의에 철학적 그 무엇이 있다고 할 것 같으면, 그것은 다 노동자계급을 통하여서의 철학일 것이다. …… 모든 철학과 학문이 그 자체를 위해서만 존재할 때에는 일문(一文)의 가치도 부여할 수 없는 것이지만, 그것이 가치 있는 또는 의의 있는 것이 되기 위해서는 현실과의 변증법적 통일에 의해서만 실현되는 것이다. …… 세계를 변혁할 자는 오직 노동자 이외에는 없다.[28]

---

26) 최규진, 「코민테른 6차대회와 조선 공산주의자들의 정치사상 연구」, 성균관대 박사학위 논문, 1996, 67~68쪽.

27) 「조선농민 및 노동자의 임무에 관한 테제: 12월테제」, 이반송·김정명 편저, 한대희 편역, 『식민지시대 사회운동』, 한울림, 1986, 208쪽.

그렇다면 인구의 80%를 차지하는 농민계급은 변혁운동에서 어떤 자리에 있어야 할까. 일찍이 러시아 마르크스주의자들의 숙제였던 농민문제가 식민지 조선에서 어떻게 나타나고 있었을까. '12월테제'나 사회주의진영의 인식 속에서 농민이란 "여러 층을 내포하는 끊임없이 분해되는 계급이지만 조선혁명의 현 단계에서 농민 전체를 혁명세력으로 보지 않을 수 없다."29)라고 생각했다. 지주는 혁명세력이라고 보지 않았지만, 문제는 부농이다. 대체로 부농을 제외한 채 "자작농의 일부, 소작농과 소작 겸 자작농 즉 근로농민층"을 노동자와 함께할 범주로 보았다.

그러나 천도교 등 '개량적 농민운동' 진영에서는 농민의 위상을 달리 보았다. 그들에 따르면, 농민이란 문맹률이 높고 봉건적 노예근성에 젖어있는 등 '신경 마비된 정신병자'와 같은 상태여서 '경제운동'을 물질적 개선과 정신 개조를 이루어야 할 대상이었다.30) 사회주의진영의 경우, 농민을 혁명세력으로 보았다 하더라도 "프롤레타리아의 지도하에서만 자신의 해방을 달성할 수 있으며, 프롤레타리아는 농민과 동맹해야만 부르주아민주주의혁명을 승리로 이끌 수 있다."라고 생각했다.31) 전체 운동에서 프롤레타리아는 자신의 헤게모니를 어떻게 관철할 수 있을까. 다음 글에서 보듯이, 노동자계급의 독자성을 강화하는 것이 그 답이었다.

28) 陳圖岩, 「맑쓰주의와 노동자계급」, 『학지광』 제29호, 1930, 17~24쪽.
29) 사공표, 「조선의 정세와 조선 공산주의자의 당면 임무」, 『레닌주의』 제1호, 1929, 배성찬 편역, 『식민지시대 사회운동론연구』, 돌베개, 1987, 94쪽.
30) 金炳淳, 「농민운동의 범주」, 『농민』 제3권 제11호, 1933, 2~8쪽.
31) 「식민지 반식민 제국에서의 혁명운동에 관하여」, 이반송·김정명 편저, 한대희 편역, 『식민지시대 사회운동』, 176쪽.

조선의 민족운동 과정에서 프롤레타리아트 헤게모니 문제는 그다지 강조되어 오지 아니하였다. 1927년경에 간혹 프롤레타리아트 헤게모니가 논의되기는 하였지만 …… 혹은 조직체내의 간부를 탈취하는 것으로써 헤게모니의 전취로 인식하였거나 외교에 의하여 개인의 지위를 保持하고 있는 것을 헤게모니의 해결로 보는 등 그에 대한 해석은 구구하였다. 그러면 대체 헤게모니란 무엇을 말함인가. …… 프롤레타리아트의 독자성의 강대화를 위한 투쟁과 그 조직의 강대화를 위하여 활동하는 투쟁과정에서 민족 부르주아지의 영향 하에 있는 민족적 혁명적 대중 층을 자기 세력범위 내로 획득하는 것이다.[32]

"민족혁명운동을 타협적인 민족개량주의에서 분리시킴으로써 민족혁명운동을 강화한다.[33]"는 '12월테제'의 인식을 거의 모든 사회주의자가 공유했다. 민족주의자와 협동했던 신간회를 어찌할 것인가가 문제가 되었다. 1931년에 신간회는 해소되었지만, 사회주의자 모두가 곧바로 신간회를 해소해야 한다고 주장한 것은 아니었다. 민족개량주의자의 범주 설정이 달랐고 전술에서 차이도 있었다.

사회주의자들이 '12월테제'에서 밝힌 변혁노선을 강령처럼 따르고 있을 때, 송만이 쓴 「민족사회주의논강」이라는 '이단의 계급론'이 잡지에 실리면서 작은 파문이 생겼다. 그 글의 핵심은 다음과 같다.

사람은 남보다 낫을려는 욕망이 잇다. 보다 낫이 慾이 진화의 원동력이다. 지위적 보다 낫이 慾이 貴慾이 되고 재산적 보다 낫이 慾이 富慾이 된다. 貴慾은 봉건사회를 건설하고 富慾은 자본사회를 건설한다.
소수 貴慾의 발달은 대중의 共貴慾을 알배고 소수 富慾의 발달은 대중의 共富慾을 알밴다. 불란서 대혁명은 共貴慾의 産兒요 露西亞 대혁명은 共富慾의 産兒이다. 역사의 구호는 먼저 귀천문제를 제기하고 이제 빈부

---

32) 진영철, 「조선운동의 신전망」, 『혜성』 제1권 제7호, 1931, 7쪽.
33) 「조선농민 및 노동자의 임무에 관한 테제: 12월테제」, 앞의 책, 210쪽.

문제를 제기한다. 먼저 귀천의 평면을 밟고 이제 빈부의 평면을 밟아 오는 것은 대중문명의 역사적 步武이다. …… 계급투쟁의 목표는 共富고 민족투쟁의 목표는 各貴임을 알 것이다.[34]

계급 분석이 아주 낯설다.[35] 사회주의자들은 이 주장을 거의 무시했지만, 몇 개의 반박 글도 있다. 송만이 독창적인 용어를 쓰는 것은 첫째, 사회과학에 대한 지식이 낮음을 보여주고, "외국 것을 직수입해다가 그대로 쓰는 놈들 다시 말하면 XX(공산: 인용자)주의자들과는 자기를 구별하겠다는 그 의욕을 나타내는 것이다." 셋째, 조선운동에는 조선 자신의 이론이 있어야 하고, 외국 것을 그대로 통용해서는 안 된다는 생각 때문에 '변화'된 사회주의를 창조했다는 주장이다.[36] 그 밖에 귀와 부를 대립하고 있는 「민족사회주의논강」이란 결국 참정권운동에 지나지 않는다는 비판도 있었다.[37]

마르크스주의에 뿌리를 둔 변혁론 자체를 거부하는 지식인도 적지 않았다. 친일과 반공의 논리가 아니더라도 마르크스주의는 하나의 공식에 지나지 않는다는 다음과 같은 인식도 있었다.

과학적 운동방법을 발견한 것은 마르크스다. 마르크스가 경제조건에 의한 계급투쟁을 말한 것은 과연 현실을 포착하였다 하겠다. 그러나 그가 운동형태 구성을 모 선언서에 표시하였으니 만국 노동자 단결을 말하였다.

34) 송만, 「민족사회주의논강」, 『동광』 24호, 1931, 2~3쪽.

35) 허민은 「민족사회주의논강」이 "민족주의와 사회주의가 상호 착종된 상태에서 구현되고 있었음을 증명하는 구체적인 사례 가운데 하나"로 평가한다(허민, 「적대와 연대: 1930년대 '활자전선(活字戰線)'의 구축과 복수의 사회주의」, 『민족문학사연구』 53호, 민족문학사학회, 2013, 78쪽.)

36) 일기자, 「비판의 비판, 민족사회주의논강 비판」, 『비판』 6호, 1931, 64쪽.

37) 김창신, 「민족사회주의논강 필자 송만 씨에게 질문함」, 『동아일보』, 1931년 11월 2일.

그러면 그것이 얼마나 규범이론에 흘렀는가 한다. 그가 지역 지역의 사정
을 과학적으로 관찰됨에 둔한하였고 노동자를 단위로 하여 세계혁명을 동
일한 시각에 공과를 들려한 것이 규범적 이론이라 하겠다.[38]

사회주의진영 안에서도 '공식적 · 도식적' 이론에 대한 반감이 있었
다. 다음 글이 그것을 보여준다.

> 조선운동은 정치적으로나 경제적으로나 문화적으로나 동경과 직접적
> 연쇄관계를 갖고 있는 이만큼 사회운동 그것도 그곳 운동의 직접 영향을
> 받고 있는 것도 부정할 수 없는 사실이다. 그리하여 일부 학생층은 실제
> 투쟁에서 마르크스적 의식을 얻는 것이 아니고 동경에서 들어오는 무산계
> 급운동의 이론 등에서 새로운 지식을 얻기 때문에 공식적 행위를 강요하
> 는 경향은 언제나 있었던 것이지만, 이러한 전환기를 변하여서는 더욱더
> 이러한 공식적 행위가 성행 · 유행되는 것이 불만이다.[39]

## 4. 공황기 지식계급론과 자아 인식

### 1) 지식인 계급론

사회주의 도입기인 1920년대부터 계급론에서 지식인이 문제가 되었
다. 부르주아지와 프롤레타리아 사이에 유동적으로 존재하는 지식인
을 계급범주로 묶을 수 있을까 하는 것이 쟁점이었다. 대체로 "경제적
기초와 계급의식이 결(缺)한 집단을 계급이라 할 수 없으니, 따라서 지

---

38) 金炳淳, 「규범운동에서 과학적 운동에로」, 『농민』 제2권 제6호, 1931, 2~5쪽.
39) 윤형식, 「조선 사회운동의 개관」, 『혜성』 1권 9호, 1931, 57~58쪽. 『혜성』 같은
   호의 다른 글에서는 러시아의 프라우다를 보고 있다는 것이 적혀있다(위의 글,
   37쪽).

식계급이란 말은 오착된 것이다."⁴⁰⁾는 주장에서 보듯이, 지식인을 하나
의 계급으로 설정할 수 없다는 주장이 많았다. 결국, 지식인이란 사고
와 실천에 따라 어느 한 계급에 편입될 그런 위치였다. 이러한 지식인
의 특성은 '유기적 지식인론'을 제시했던 그람시도 마찬가지였다. 그람
시에 따르면, 지식인을 독립적인 사회변수로 보는 것은 신화에 지나지
않는다. 지식인의 정의는 그들이 사회에서 어떤 기능을 하는가 하는
것이 중요했다.⁴¹⁾

'12월테제'는 지식인에 대해서 비판적으로 평가했다. "당을 소부르주
아지와 지식계급으로 조직하고 노동자와의 관계를 소홀하게 한 점이 현
재까지 조선공산주의의 영구적 위기를 낳게 한 주요한 원인이었다."⁴²⁾
는 지적이 그것을 보여준다. 다음 글에서 보듯이, 식민지 조선의 사회
주자들의 인식도 그와 비슷했다.

> 조선 공산주의자의 대부분은 인텔리겐치아였다. 조선 공산주의자 대오
> 의 최대 약점이 이곳으로부터 생겨났다. 이 계급은 정치적 활동에 있어서
> 하나의 통일된 세력을 이루지 못하고 부단히 양대 방향으로 분열한다. 한
> 방향은 좌경이니 이것에 속하는 자는 공산주의 진영으로 투입하게 되고,
> 다른 한 방향은 우경이니 이것에 속하는 자는 부르주아지와 융합하여 개
> 량주의로 나아간다. 그들 가운데에는 최근 농민 획득에 대한 의도가 생겼
> 는데, '협동조합운동'이 그것이다. 조선 인텔리겐치아의 대다수가 농민출신
> 이라는 사실을 주의해야 할 것이다.⁴³⁾

윗글에서는 부유한 농촌 가정에서 성장한 조선 지식인이 노동자와

⁴⁰⁾ 정백, 「지식계급의 미망」, 『신생활』 3호, 1922, 18쪽.
⁴¹⁾ 강수택, 「근대, 탈근대, 지식인」, 『한국사회학』 제34집, 2000, 510쪽.
⁴²⁾ 「조선농민 및 노동자의 임무에 관한 테제: 12월테제」, 앞의 책, 211쪽.
⁴³⁾ 사공표, 「조선의 정세와 조선 공산주의자의 당면 임무」, 앞의 책, 91쪽.

거리를 두고 농민층을 획득하려 한다고 주장했다. 천도교 잡지『농민』
도 다음과 같이 지식인에 대한 부정적 태도를 보였다.

> 우리의 운동을 농민 노동자에게 전임할 수는 없지만, 과거에 있어서는
> 너무도 대중을 무시하였다. …… 금후의 우리 운동체는 소부르주아와 지
> 식분자의 전횡과 과오에 대하여 대중의 힘으로 억제 방축할 만한 대중 층
> 에 뿌리를 둔 운동이 되어야 할 것이다.[44]

공황기에 인텔리겐치아라는 말이 다시 쟁점이 되었다. 인텔리겐치
아를 '중간계급'으로 보는 경우,[45] 인텔리겐치아를 지식인과 같은 말로
해석해서 "지식을 팔아서 생활한다는 사람으로 근육 노동자와 구별되
는 사람"으로 보는 경우,[46] 인텔리겐치아 내부의 층위를 나누어 보는
경우, 자본주의 체제의 하나의 상품에 지나지 않는 존재로 보는 경우[47]
등이 있었다. 먼저 중간계급론의 내용을 살피기에 앞서 사전적 정의를
보자.

> 중간계급이라는 것은 경제적 지위가 부르주아지와 프롤레타리아의 두
> 계급 가운데 중간에 들어있는 사람들을 총칭한 것이다. 중간계급에 대한
> 해석은 학자에 따라서 여러 가지로 상위(相違)되는 점도 있지만, 대체로는
> 지식계급 및 수공업자, 소상인 등이 이 계급에 속하여 있게 되는 것이다.
> 지식계급은 보통교육 이상의 교육을 받아 순수한 근육노동을 하지 못하고
> 크고 적고 간에 정신적 노동에 종사하는 사람으로 이해될 것이다. 즉 독립
> 자유직업자 매월 월급 타는 사람들이 되겠다.[48]

---

44) 金炳淳, 「피XX계급의 운동 방략은 엇더케 할 것인가」,『농민』제2권 제8호, 1931,
2~8쪽.
45) 성재, 「중간계급考」,『현대평론』제1권 제2호, 1927, 67~76쪽.
46) 追鷄鶩子, 「인테리는 어데로?」,『신조선』1934년 9월호, 24쪽.
47) 金亨俊, 「조선 현실과 인테리켄차」,『제1선』제2권 제6호, 1932, 52~55쪽.

이 주장에 따르면, 지식계급은 중간계급이다. 중간계급이라고 하는 경우의 '계급'이란 생활정도와 사회상 지위에서 비롯된 구별이다. 그러므로 중간계급을 구성한 사람은 부르주아지와 프롤레타리아트, 자본가 계급과 노동자 계급과 같이 단순한 동질적 존재가 아니라 복잡한 이질적 존재다.[49] 이 이질적 존재를 어떻게 해석할 것인가에 따라 계급 배치가 달라질 것이다.

지식계급을 부르주아 인테리층, 소부르주아 인테리층, 프롤레타리아 인테리층으로 구분하는 사람도 있었다. 이 경우 소부르주아 인텔리겐치아가 문제가 되었다. "사회주의 사상은 하루 종일 노동하는 노동자의 머리 가운데서나 망치 끝에서 나온 것이 아니라, 학문을 연구하는 인텔리겐치아 특히 소부르주아 인텔리의 연구실에서 발생한 것"이기 때문에 초기에는 의의가 있었다. 그러나 공황기인 지금은 "갈 곳이란 안전지대로 그의 발길을 옮기는 것 말고는 도리가 없다"면서 소부루주이지의 퇴행을 지적했다.[50] "인텔리도 원칙으로 프롤레타리아와 같이 생산수단을 소유하지 못하고 자신의 노동력을 자본가에게 매각하는 임은 (賃銀)노예에 지나지 않는다."[51]라고 규정한다면, 인테리가 혁명진영으로 옮겨올 가능성이 크다. 그러나 "러시아의 인텔리겐치아 의의를 수용하기는 어려운 국면"[52]이라고 판단했다면, 변혁론에서 지식인의 위상을 낮추어 보는 것이다.

---

48) 편집부, 「新술어사전: 중간계급 및 중간계급운동」, 『대중공론』 제2권 제3호, 1930, 60쪽.

49) 성재, 「중간계급考」, 『현대평론』 제1권 제2호, 1927, 68쪽.

50) 追鷄鷲子, 「인테리는 어데로?」, 『신조선』 1934년 9월호, 24~26쪽.

51) 崔鎭元. 「현대 인텔리겐챠론」, 『전선』 제1권 제2호, 1933, 36~46쪽.

52) 姜華, 「현대 인텔리켄챠론」, 『신흥조선』 제3호, 1934, 28~29쪽.

2) 지식인의 자아 인식

공황기에 접어들면서 지식인의 위치는 크게 흔들렸다. 나라 안팎의 정세는 불안정했고, 지식인의 취업난이 더욱 심해졌다. 지식인과 노동자의 처지를 구별하기 힘들다는 인식이 널리 퍼졌다. "금융자본이 지배하는 현대 세계에서 지식계급은 행복한 노예가 되거나 불행한 실업자가 될 수밖에 없는데, 인텔리겐치아의 성원을 프롤레타리아에 접근한 층으로 전락시킨다."라는 판단이 그것이다.[53] 공황을 맞이하여 조선에서도 '인텔리겐치아 상품'을 받아들일 시장이 부족하여 실업예비군을 형성하고 있고, "인텔리겐치아는 파시즘, 개량주의, 노동자의식을 가진 실천운동 진영으로 분화하고 있다."라는 진단을 내리기도 했다.[54] 이와 비슷한 담론은 아주 많다.

1935년에 박치우는 지식이 근대적 상품으로 등장했을 때 '신흥 시민층'에서 지적 수요가 아주 커서 '인텔리겐치아 황금시대'를 열었지만, 이제 '지적 노동군(勞動群)' 생산과잉 상태에 빠져 몰락의 길을 걷고 있다고 진단했다. 그는 지식인이 한낱 노동자로서 생존의 막다른 골목에 선 절망적인 존재라고 했다.[55]

"자본주의 사회에서 부르주아 계급과 프롤레타리아 계급이라는 2대 계급 진영만이 존재할 따름"이라면, 인텔리는 어디에 속할까. 최진원은 그들을 초계급적 또는 독립적 계급이라고 보는 것은 추정적이고 피상적인 관념에 지나지 않는다면서 부르주아지나 프롤레타리아트 가운데

---

53) 片石村, "인텔리의 장래, 그 위기와 분화과정에 관한 소연구(5)", 『조선일보』, 1931년 5월 22일.

54) 金亨俊, 「조선 현실과 인테리켄차」, 『제1선』 제2권 제6호, 1932, 52~55쪽.

55) 박치우, "인테리의 정신과 인테리의 장래(상)", 『동아일보』, 1935년 6월 12일.

어느 한 계급으로 분화할 수밖에 없는,[56] '중간적 유동층'[57]으로 보았다. 최진원은 인텔리가 "계급적 색소에 감염되고 계급적 관념에 세련되면서 분화한다."라고 했다.[58] 인텔리가 부르주아지에 '감염'되거나 프롤레타리아 사상으로 '세련' 되면서 언젠가 두 계급으로 나뉘는 것으로 읽힌다.

1930년 『별건곤』에 실린 한 기사에서는 인텔리겐치아를 지식계급보다는 지식군(知識群)이라고 번역하는 것이 더 좋다는 의견을 냈다.[59] 인텔리겐치아를 계급으로 보지 않는다는 뜻이다. 그러면서 식민지 조선의 지식군을 세 부류로 나누었다. 첫째, 현 제도가 사역(使役)하고 있는 봉급생활자와 부르주아 어용학자다. 이들은 아무리 자긍(自矜)하여도 부르주아 임금노동자에 지나지 않는다. 둘째, 숙명처럼 따라붙는 소부르주아 이데올로기를 벗어나 프롤레타리아 이데올로기를 파악하고 계급 전선에 들어서서 투쟁하는 '동반자'다. 그들의 숫자는 아주 적다. 셋째, 앞의 두 진영의 중간 다시 말하면 마르크스 세계관을 인식하고 있으면서 동반자 단계까지 가지 못하고 우물거리는 방관자다. 그들은 "창백한 얼굴에 비참한 고민을 새겨 넣은" 자들이다, 그들 대부분이 강단사회주의자이거나 개량주의에서 편히 쉬고 있다. 그나마 숫자도 적다. 위의 분류 가운데 봉급생활자 일부가 민간사업 측에 붙어 "지적(知的) 매음(賣淫)을 하면서 동반자의 가면을 쓰고 위조(僞造) 민족주의를 민중에게 염가 판매하면서 횡행천하(橫行天下)하여 음흉한 자유주의

---

56) 崔鎭元, "인테리겐챠론(2)", 『조선일보』, 1932년 2월 16일.

57) 崔鎭元, "인테리겐챠론(1)", 『조선일보』, 1932년 2월 13일.

58) 崔鎭元, "인테리겐챠론(2)", 『조선일보』, 1932년 2월 16일.

59) 인텔리겐치아는 엄밀한 의미에서 한 계급을 구성하고 있지 않으며 식민지 조선에서 러시아의 인텔리겐치아의 의의를 그대로 수용하기 어렵다는 의견도 있었다(姜華, 「현대 인테리켄챠론」, 『신흥조선』 제3호, 1934, 28~29쪽).

의 세력을 퍼뜨리고 있다.”라는 진단도 했다.[60]

　자본주의 초기의 ‘인테리겐챠의 황금시대’가 있었지만,[61] 자본주의 위기 3기를 맞이하여 인텔리들의 위기가 왔다고 본 것에는 거의 모든 지식인이 뜻을 같이했다. 그들은 “인텔리의 위기는 동시에 자본주의 사회의 정신노동 즉 자본주의 문화의 위기”라고 생각했다.[62]

　공황기에 “인텔리겐치아는 통일적 계급 이해를 가진 사회층이 아니라 부르주아지와 프롤레타리아트의 분열과 대립 사이에서 배회하면서 종국에는 한 계급 진영에 종속될 계급이다.”라는 주장이 대부분이다. 최진원은 그들을 (1) 진보적인 인텔리겐치아 (2) 귀족적인 인텔리겐치아 (3) 하급 인텔리겐치아 (4) 중간 인텔리겐치아로 나누었다. 검열 때문에 삭제되어 진보적 인텔리겐치아의 내용을 알 수 없지만, 혁명적 지식인을 일컫는다. 귀족적인 인텔리겐치아란 잉여노동을 착취하는 자들이며 부르주아지들의 대변자다. 하급 인텔리겐치아란 노동귀족과는 거리가 멀고 “속된 말로 찌꺼기 층 인텔리겐치아”다. 최진원은 일반적으로 인텔리겐치아라고 하면 ‘중간 인텔리겐치아’를 일컫는다고 했다. 이 소부르주아는 온갖 기회주의 행동, 자포자기의 행동, 향락주의를 서슴지 않는다. 사회민주주의자와 사회개량주의자도 소부르주아지의 범주에 포함된다.[63] 이처럼 소부르주아 지식인에 대한 불신을 표명한 주장도 있지만, 지식인의 기회주의적 속성을 인정하면서도 운동전선에 뛰어들 가능성이 크다는 평가도 있다. 다음 글이 그 보기이다.

---

[60] 「時相漫話」, 『별건곤』 30호, 1930, 74~75쪽.

[61] 崔鎭元, 「현대 인텔리겐챠론」, 『전선』 제1권 제2호, 1933, 36쪽.

[62] 片石村, “인텔리의 장래, 그 위기와 분화과정에 관한 소연구(5)”, 『조선일보』, 1931년 5월 22일; 崔鎭元, 「현대 인텔리겐챠론」, 『전선』 제1권 제2호, 1933, 36쪽.

[63] 崔鎭元, 앞의 글, 36~46쪽; 崔鎭元, “인테리겐챠론(11)”, 『조선일보』, 1932년 3월 3일.

금일의 인텔리겐치아는 차츰 그 분야가 갈리려고 하는 듯싶다. 고급관리, 기술사, 의사 기타 어용학자들은 아주 전락 과정에 들어선 자본사회를 보수함으로써 그 자체의 권익을 유지하려는 파시즘에로 적극적으로 전향되고 있으며, 실업에 부대끼고 또 앞으로 실업군의 운명을 눈앞에 그리면서 있는 인테리층 또는 비교적 자유의 생활을 하는 또는 객관적 입장에 선다는 저술가들은 그 자신의 운명을 자각하고 하층 계급 진영으로 전향되고 있으며, 그 외에 아직도 인텔리 중에서 비교적 행운을 가졌다는 중류 봉급층 또는 그 자신의 운명을 알면서도 하층 계급에도 뛰어들 용기를 결한 기가 약한 층들은 개량적 기회주의적 행동을 아직 갖고 있는 듯싶다. 그리하여 근간에 와서 그들 인텔리겐치아가 하층 계급의 의식을 갖고 그 운동에로 전향하는 수가 현저히 증가되고 있는 듯싶다.[64]

이제 학생과 지식인의 관계, 또는 전체 운동에서 학생운동의 위상을 짚어볼 차례다. "오늘날의 모든 학교는 인텔리겐치아라는 상품을 제조하는 공장이다."[65]는 주장에는 학교 교육에 대한 부정적 인식이 배어 있다. 또 광주학생운동에 대한 의의를 충분히 인정하면서도 "학생계층에 대한 환상을 가져서는 안 된다."는 다음과 같은 주장도 있다.

> 그러나 이와 같은 것을 보고 조선 학생을 조선의 생명 같이 알면 …… 그것은 학생 그 자체를 정당하게 인식하지 못하는 것에서 생기는 오류이다. 학생의 대다수는 소부르주아층이며 미성품(未成品)이다.…… 형형색색의 분자들이 결합한 것이 학생층이다. …… 그러므로 학생층 전체는 진정한 의미에 있어서 사회 XX 군이 못되며 따라서 학생 전체의 학생운동은 진정한 의미에서 사회 XX 운동이 되지 못할 것이다.[66]

---

64) 金亨俊, 「조선 현실과 인테리켄차」, 『제1선』 제2권 제6호, 1932, 54~55쪽.

65) 金亨俊, 「조선 현실과 인테리켄차」, 『제1선』 제2권 제6호, 1932, 52~55쪽.

66) 韓一道, 「조선학생론: 과연 조선학생은 조선의 생명인가!」, 『이러타』 제1권 제3호, 1931, 75~76쪽.

1931년 만주사변이 일어난 뒤부터 사회주의진영에서는 제국주의 전쟁을 반대하는 투쟁에 대중을 끌어드리려고 반제운동을 강조했다. 반제운동에서 학생이 중요한 역할을 했다. 조금 뒷날의 이야기지만, 이재유는 반제운동 차원에서뿐만 아니라 학생운동에도 큰 관심을 기울였다. 그는 학생을 "과학적이고 정의심이 있다."라고 판단했다.[67] 그러나 이재유마저도 당재건과 혁명적 노동조합·농민조합 운동을 포괄하는 전체 운동에 복무해야할 학생운동이었지, 학생운동 그 자체만을 앞세우지는 않았다. 1930년대 변혁론인 '노동자·농민의 혁명적 민주독재론'에 따라 여러 계층이 노동자·농민 계급 속으로 재편되어야 했다.

이에 대한 반발이 생겼다. 1934년 제2차 카프(KAPF) 검거사건에 연루되어 1년 반 동안 전주 형무소에 수감된 경력이 있는 백철이 그러했다. 그는 1935년에 『동아일보』에 출감 소감문인 「비애의 성사(城舍)」를 써서 "마르크스주의자의 태도를 포기"하면서 전향을 공식 표명했다.[68] 그가 보기에 1930년대 초·중반은 "계급론이 명확해지면서 지식인이 중간계급으로 규정되었다." 그러나 백철은 그러한 '과학적 태도'와 결별하면서 새로운 계급론과 지식인론을 주장하기 시작했다.[69] 백철은 부르주아 계급과 프롤레타리아 계급을 각각 '상층계급'과 '하층계급'으

---

[67] 김경일, 「이재유 나의 시대 나의 혁명』, 푸른역사, 2007, 386쪽.

[68] 백철, 「비애의 성사」, 『동아일보』, 1935년 12월 22일~27일.

[69] 백철이 지난날 가졌던 '과학적 태도'에 대해서 김철은 '주체의 부재'를 지적한다. 비평계에서 좌파 그룹의 선두를 달리던 백철은 프롤레타리아 국제주의와 식민지 조선이 부르주아혁명을 이루어야 한다는 목표만을 설정하고 있었을 따름이고 주체의 문제를 고민하지 않았다. 보기를 들면, 자기 자신을 포함한 지식계급의 상황과 역할 문제라든가 노동자 농민의 계급적 역관계에 대해서는 거의 아무런 사고를 하지 않았다. 이러한 문제는 이미 '해결'된 것으로 이해하고 있었다(김철, 「친일문학론: 근대적 주체의 형성과 관련하여: 이광수와 백철의 경우」, 『민족문학사연구』 8권 1호, 1995, 20쪽). 그러나 그것은 오로지 백철만의 한계는 아니었다.

로 고쳐 부르기도 했다.[70] 그리고는 "지식인이 상층을 버리고 하층의 대(大) 계급을 섬기게 된 것은 명예 있는 행동인 듯하지만, 그것은 결국 사대(事大)의 굴욕적인 정신이다."고 주장했다.[71] 백철은 지식인 스스로 "지식계급은 소시민 근성의 인간이요 중간 동요층이요 정세에 따라서 좌에도 붙고 우에도 붙는 '박쥐'와 같은 존재"라고 규정하는 것은 자조적(自嘲的) 태도며 자포자기일 따름이라고 했다.[72] 백철은 "지식인이란 자본계급과 노동계급과 같은 세계에서 영토를 다툴 계급이 아니고 처음부터 다른 세계 다른 현실의 인간이다."[73]고 주장했다. '인간탐구'를 깃발로 내세운 그에게 '지식인간'이란 곧 '문화인간'이었다.[74] 1937년 중일전쟁 뒤에 일본 제국주의가 강제하는 이데올로기 공세 속에 백철은 "시세를 거스르지 않고 현실적인 것을 수리(受理)"[75]하면서 지식계급이 정치나 경제가 아닌 문화영역을 맡아야 한다고 했다. 그는 지식인의 계급 위치를 다시 규정하면서 친일의 논리를 발전시켜 나갔다.

## 5. 맺음말

조선에 몰아닥친 공황은 경제적인 타격뿐만 아니라 모든 사회구성원에게 감성적이고 심리적인 차원에서도 큰 영향을 미쳤다. 공황의 효

---

[70] 白鐵, "문화주의자가 초한 현대지식인간론(1)", 『동아일보』, 1937년 10월 13일.
[71] 白鐵, "문화주의자가 초한 현대지식인간론(2)", 『동아일보』, 1937년 10월 14일.
[72] 白鐵, "문화주의자가 초한 현대지식인간론(1)", 『동아일보』, 1937년 10월 13일.
[73] 白鐵, "문화주의자가 초한 현대지식인간론(완)", 『동아일보』, 1937년 10월 17일.
[74] 白鐵, "문화주의자가 초한 현대지식인간론(2)", 『동아일보』 1937년 10월 14일.
[75] 白鐵, "현대지식계급론(1)", 『동아일보』, 1938년 7월 1일.

과로 지식인의 분화가 더욱 빠르게 진행되었다. 다음 두 글은 지식인의 위기와 타락을 걱정하고 있다.

> 사회는 자체의 상층구조의 지지의 필요로 그들을 몰아 지식군(知識群)에 편입시켰다. 그러나 생활(경제)보장을 철저히 하여주지 아니한다. 산업예비군과 같이 문화예비군이 발생한다. 그리하여 그들은 얻은바 지식을 번민의 무기로 사용한다.[76]

> 오락기관(짜스, 레뷰, 카페)의 발달과 '뿌루죠와' 계급의 사치와는 본래는 무슨 필연적 관계가 있는 것이 아니고 그보다도 부르주아 계급이 자기의 지위를 유지하기 위하여 지식계급을 영구적으로 '룸펜 인테리켄챠'로 방치하려는 의식에서 오락기관의 발달을 촉(促)한 것이다.[77]

공황기의 지식인은 '메이크업한 근대'를 향유하는 '핑크의 지식인'이거나 '허무적 지식계급' 아니면, '레드의 지식인'으로 분화되는 과정을 밟는다.[78] 전쟁의 시기가 오면서 지식인은 자기 존재 조건을 다시 시험받게 된다. 향락주의와 패배주의에 빠져버린 지식인이야 그렇다 치더라도, '레드의 지식인'도 무언가 달라져야 했다. "가라 공장으로 광산으로 농촌으로!"라는 말에는 책상에서 생산 현장으로 지식인의 존재 조건을 옮기라는 뜻도 있지만, 지식인의 자기 정체성을 재조정하라는 것이었다.[79] 사회운동이 발흥하던 1920년대 전반기에 '전위적·계몽적

---

[76] 「時相漫話」, 『별건곤』 29호, 1930, 28쪽.
[77] 姜華, 「현대 인테리켄챠론」, 『신흥조선』 제3호, 1934, 28~29쪽.
[78] 마루야마 마사오(丸山眞男)에 따르면, 1930년대 초 일본 부르주아 청년이 선택할 수 있는 것은 긴자(銀座) 거리를 배회하며 '에로, 그로, 넌센스'에 빠져 성적인 쾌락을 추구하는 '핑크'가 되든지, 진지하게 사회혁명을 실천하는 '마르크스 보이', '엥겔스 걸'이 되어 '아카(red)'가 되는 것 둘 가운데 하나였다고 한다(채석진, 「제국의 감각: '에로 그로 넌센스'」, 『페미니즘연구』 5호, 2005, 46쪽).

지식인 상(像)'이 강조됐던 것과는 달리, 1930년대 초에 이르면 '동반자적 지식인 상(像)'이 새롭게 부각되었다.[80]

혁명적 지식인에게는 또 다른 고민이 있었다. 조선 노동계급의 미성숙을 메우는 장치는 무엇인가 하는 것이었다. 식민지 조선의 계급존재보다 '정치적 실천주의'가 그들에게 주요한 관심이 될 수밖에 없었다. 생산관계에서 계급의 위치를 확정했다 해서 그것이 곧 계급의 집합적 정체성을 보증하는 것은 아니었다. 계급으로 구성해야만 현실 속에서 목표를 실현할 수 있다. "노동자 · 농민의 계급의식을 어떻게 고양시킬 것인가." 이것이 혁명적 지식인이 품었던 고민의 핵심이었다. 그들은 당이 필요함을 제기하면서 당재건운동을 했고, '투쟁을 통한 조직, 조직을 통한 투쟁'을 깃발로 내걸고 혁명적 노동조합 · 농민조합운동으로 뛰어들었다. 그 밖의 식민지 지식인 군상은 1930년대 혁명과 전쟁의 시기를 그들 나름대로 살아내고 있었다. 그들의 불안, 고민, 울분, 비굴, 우울 등의 감정구조와 지식인의 내면세계 등은 또 다른 연구 주제가 된다.

『동아일보』는 1934년 이후 일본 문단에서 벌어진 지식계급론을 소개한 글을 실었다. 그 글에 따르면, 일본에서는 1934년 후반기부터 '지식계급론'이 다시 펼쳐지고 있었다. 무산계급운동이 활발하던 시대에는 그 운동에 적극 참가하는 것이 진보적 태도인 것으로 믿었다. 그러나

---

79) 허민, 「적대와 연대: 1930년대 '활자전선(活字戰線)'의 구축과 복수의 사회주의」, 『민족문학사연구』 53호, 민족문학사학회, 2013, 89쪽.

80) 조형열, 「1930년대 조선의 '역사과학'에 대한 학술문화운동론적 분석」, 고려대 박사학위 논문, 2015, 26쪽. 1920년대 지식인 문제를 다룬 글의 보기를 들면 다음과 같다. 최승만, 「식자계급의 각성을 요함」, 『학지광』, 1919; 정백, 「지식계급의 迷妄」, 『신생활』, 1922; 부지암, 「인텔리겐치아: 사회운동과 지식계급」, 『개벽』, 1925; 春子, 「소위 지식계급의 신운동」, 『개벽』, 1925; 김상윤, 「인텔리겐찌아는 어디로 가나」, 『신민』, 1930.

사회정세가 바뀌고 "무산계급운동이 퇴조함에 따라 지식계급도 사회적 중압 때문에 나아갈 방향과 목표를 상실"하는 '지식계급의 곤혹(困惑)' 현상이 발생했다. 그 '곤혹'에서 탈출하는 길은 무산계급과 연결하는 일, 반동세력을 구가(謳歌)하는 일, '진보성을 살려가는 일' 세 가지가 있다고 했다. 바로 여기서부터 '지식계급의 재출발'이 있다고 진단했다.81) 식민지 조선에서 지식계급은 어떻게 재출발했던가. 이와 관련해서는 1930년대 후반 민족해방운동사, 전시 파시즘에 적극 협력했던 친일 지식인, 그리고 체제 안에서나마 작은 균열이라도 내려 했던 지식인 모두를 함께 살펴야 한다.

---

81) 「일본문단의 중요논제: 지식계급론 일별(상)」, 『동아일보』, 1935년 3월 6일.

# 근대 천황제 국가와 역사학

## 근대 천황제의 양면성과 관련하여

—

송병권

## 1. 머리말

근대천황제 국가는 메이지유신(1868년)으로 성립하여, 1889년 제정된 '대일본제국헌법' 즉 메이지 헌법으로 제도화된 근대일본의 국가체제를 의미한다. 이 국가체제는 1945년 패전과 함께 실효력을 상실하였고, 1947년 '일본국헌법' 즉 전후헌법의 시행과 함께 법제상으로도 폐지되었다고 할 수 있다.[1] 그러나 근대 천황제 국가에 대한 인식과 해석을 둘러싼 논의는 일본의 근대 역사학을 포함한 인문사회과학 및 사상공간은 물론 현실 정치에서 점하는 비중을 고려할 때 여전히 중요한 문제군이라 할 수 있다. 따라서 분과학문으로서의 역사학에 국한된 연구 성과를 분석해서는 근대천황제 논의 자체가 불가능하다고 할 수 있다.

---

[1] 尾藤正英,「日本史上における近代天皇制―天皇機関説の歴史的背景」,『世界』794, 1990, 5쪽.

많은 연구가 축적된 근대 일본 천황제 국가에 대한 연구사를 완벽하게 정리한다는 것은 거의 불가능에 가깝다. 고마쓰 가즈오(小松和生)는 국가형태(정치형태)와 통치형태(국가형태의 하위개념), 국가유형(국가의 계급적 성격)이란 범주를 설정해 천황제 국가를 분류하여 국가유형의 국가형태 규정 여부, 천황제국가 확립이후 절대주의적 기구의 변동 여부, 국가유형의 계급적 성격 여부에 따라 정리하였다.[2] 한국에서는 박진우가 천황제 옹호론과 그 비판론, 80년대 이후의 새로운 천황제 해석이란 범주를 설정하여 전후 일본의 근대천황제 연구 성과를 면밀히 검토하였다. 박진우는 일본의 천황제 연구사 속에서 천황제에 동반하는 내적 차별, 타민족 억압 문제에 대한 천착이 빈약했다고 지적하면서, 근대천황제 연구사 정리를 천황제 옹호론 계열(옹호론, 강화론, 일본문화론), 천황제 비판론 계열(마르크스주의 역사학, 마루야마 학파, 민중사상사연구, 언설적 분석과 비판)로 나누어 분류하였다.[3] 한편 일본의 '전후 역사학'이 천황제를 절대군주제와 부르주아 군주제 여부를 둘러싼 논쟁을 중심으로 전개되었지만, 현실의 전후 천황제는 '상징'과 '상징' 천황제로 이행하고 있었다는 점에서 현실과의 괴리가 너무 커졌다고 진단했다. 그 배경으로 전시기 대량 전향과 함께 보편의 토착/특수에 대한 패배의 트라우마가 천황제 비판의 한계로 나타난 것으로 파악하였다.[4] 이처럼, 근대천황제 국가의 분석은 근대천황제 이전과의 관계 속에서, 또 하나는 전후 천황제와의 관계 속에서 다루어지고 있었다고 할 수 있다.

이 글에서는 근대천황제 국가를 둘러싼 여러 연구 성과에 의존하면

---

[2] 小松和生, 「近代天皇制国家論についての覚書(1)」, 『富大経済論集』 23-2, 1977, 19~22쪽.

[3] 박진우, 「근대천황제 연구의 동향과 과제」, 『일본사상』 창간호, 1993.

[4] 박진우, 「일본 '전후역사학'의 전개와 변용」, 『일본사상』 21, 2011.

서, 근대천황제 국가를 전근대 봉건사회 및 전후천황제와의 관계 속에서 드러나는 양면성을 고찰해 보고자 한다. 천황제의 연속과 단절, 천황제 인식에서의 보편과 특수, 천황의 통치권 총람과 상징 문제, 민중에 대한 불신과 신뢰란 네 쌍의 필터를 사용하여 분석을 시도하고, 천황/천황제의 역사(정치) 책임이라는 문제를 음미해보고자 한다.


## 2. 전근대 봉건사회와 천황제 국가 사이의 양면성

먼저, 전근대와 근대이후에 걸친 천황제의 연속과 단절이란 측면을 먼저 살펴보고자 한다. 전근대와의 연속성 속에서 일본 근대의 반봉건성 및 절대주의적 성격을 파악한 것은 일본공산당과 깊은 연관 속에서 혁명을 위한 국가 구조 및 사회구조 파악을 추구한 강좌파 마르크스주의자였다. 마르크스주의 천황제론의 출발점이라고 할 수 있는 '일본의 정세와 일본공산당의 임무에 관한 테제'(32년 테제)를 통해 천황제 절대주의론의 이론적 기초를 설정하였다. 이들은 메이지유신 이후의 천황제 국가를 봉건사회 말기에 나타난 절대주의 권력으로 파악하였다. '천황제'라는 용어는 전전 일본공산당과 『일본자본주의발달사강좌』시리즈를 간행한 마르크스주의 학자들에 의해 만들어졌다. 먼저 그들은 '천황제'를 절대주의적 국가체제로 성격 규정한 후, 메이지 국가권력이 '만세일계(萬世一系)'의 천황 통치에서 정통성을 구하여, 천황에 모든 통치권을 귀속시킴과 동시에 강력한 관료기구를 가진 전제적인 정치체제를 구축했다고 파악했다. 메이지 국가의 사회경제구조는 반봉건적인 지주적 토지소유와 자본주의적인 부르주아적 소유가 착종된 것이었다. 봉건적 소유관계는 자본주의적 소유관계로 변경되었으나, 지주는 봉건적인 '경제외적 강제'를 통해 소작농에게서 착취하는 관계로 파악하였다. 반봉건적 지주의 최고 자리를 천황제 국가가 차지하고, 절대 권력을 장악하여 민중에 대한 억압과 전제지배를 위한 관료기구를 창출하였고, 봉건 계급과 부르주아 계급을 경제적 기초로 하면서도 상대적 독자성을 유지하고 있었던 것으로 파악하였다. 이들은 천황제 권력이 봉건권력으로 패전직전까지 이어졌다고 파악하였던 것이다.[5] 이 지점에서 전근대 사회경제구조와의 연속성 속에서 근대 천황제국가를 인식하고 있었음을 확인할 수 있다. 이에 대해 노농파적 해석은 근대 천황제 국가를 전근대와의 단절 속에서 파악하고자 하는 것이었다. 사회경제적 성격론에서 강좌파가 주장한 경제외적 강제를 통한 봉건지대의 존재를 부정하고, 근대 자본주의 사회로 이행한 천황제 국가 즉 근대 부르주아 국가로 규정했던 것이다. 전전의 천황제 논쟁은 봉건사회와의 연속성 속에서 파악한 강좌파의 천황제 절대주의와 봉건사회와의 단절 속에서 근대 자본주의 사회론을 제기했던 노농파의 부르주아 군주제를 둘러싼 마르크스주의 진영내의 논쟁이었다. 일본공산당과 연계하여 강력한 영향력을 행사한 강좌파 이론은 경제결정론에서 벗어나지 못하고 천황제 국가를 봉건적 절대주의국가라는 상부구조로 규정한 채, 하부구조에서의 자본주의와 지주제 이해에서 발생한 왜곡을 설명해 낼 수 없었다고 할 수 있다. 이에 대한 반성으로 전후 강좌파 그룹은 근대 천황제 국가를 설명하는 이론틀로 고전적 절대주의와 단절된 '외견적 입헌제'로서의 보나파르티즘론,[6] 그리고 천황제 파시즘

---

5) 岩本勲, 「近代天皇制国家論再論(3)」, 『大阪産業大学論集 人文・社会科学編』 9, 2010, 31~34쪽.

6) 보나파르티즘은 지배적 우클라드가 자본주의 경제임에도 불구하고 부르주아지가 권력을 장악하지 못하고 여타 세력과 인물이 전제적인 권력을 장악했던 것을 개념화한 것으로, 자본주의 사회로 전화한 일본에서 부르주아와 봉건지주

론을 제기하며, 천황제 파시즘을 금융자본과의 정치적 야합이었다고 파악하였다. 이러한 '내적 형태의 정치 레짐'의 변동에 입각하여, 국가 형태를 일관되게 절대주의적이라고 파악한 연속성론을 부정하고 봉건 권력과의 단절에 초점을 맞추어 부르주아 권력론을 주창한 셈이었다.[7]

다음으로 근대천황제 국가의 보편/특수에 대한 두 번째 물음은 근대 천황제 국가가 세계사적 보편법칙에 따른 역사과정을 따르고 있는 것 인지, 서구/아시아의 역사적 과정과는 다른 예외적인 발전과정을 밟고 있는 것인지에 대한 물음이기도 했다. 전후에 본격화된 근대천황제에 대한 연구에서, 역사적 특수에 대한 고려를 중시하는 강좌파 계열은 근 대천황제의 특수성 및 후진성을 중시하여, 국가형태—정치지배 방식, 국가장치의 편성—의 특수성을 들어 경제적으로는 근대적이지만, 정치 적으로는 절대주의적 국가 즉, 전근대적이라는 모순된 국가상을 전제 로 한 일정한 근대화에도 불구하고 계속 잔존하고 있는 전근대적 지배 라는 문제의식을 계속 유지하고 있었다.[8] 전전 일본의 천황제 국가를 부르주아 계급이 전일적으로 지배하는 일반적인 부르주아 국가와는 다른 것으로 파악하여, 천황제와 부르주아/지주 계급 블록 사이의 내적 모순과 대립, 그리고 천황제 국가의 대외 침략 확대가 서로 상승작용을 일으킨 결과 일본 제국주의의 독특한 패턴이 만들어졌다고 보는 입장 이었다.[9] 이와 달리 천황제 국가를 보편적 근대라는 문맥에서 파악하

---

어느 쪽도 지배력을 장악하지 못한 상태에서 봉건세력으로서의 천황제 절대주 의가 전제적 권력을 장악했던 상황을 가리킨다. 岩本勲, 위의 글, 2010, p. 39.

[7] 須崎愼一, 「近代天皇制の変容—近代詔勅考」, 『一橋論叢』 85-2, 1981, 74~75, 79, 84~85, 88~89쪽; 安田浩, 『近代天皇制国家の歴史的位置』, 東京, 大月書店, 2011, 15~16쪽; 岩本勲, 위의 글, 2010, 31~34, 39쪽.

[8] 安田浩, 위의 책, 2011, 6, 14~15쪽.

[9] 中村政則, 「序説 近代天皇制国家論」, 中村政則編, 『大系日本国家史 近代Ⅰ』, 東 京, 東京大学出版会, 1975, 32~64쪽.

고자 하는 시도들도 나타났다. 일본이 '팽창주의적 국민전쟁'을 전개했던 것은 19세기 여타 서구 국민국가들과 다른 것은 아니었다고 파악하여, '건강한 내셔널리즘'을 보유한 '국민'의 '일국중심주의'란 시점에서 자국민의 고난 극복과 번영을 역사 속에 투영한 '국민의 역사', '국민국가' 이미지가 형성되었다는 점을 강조하고 있는 것이다.[10)]

세 번째로 '상징'으로서의 천황과 '전제군주'로서의 천황 사이의 간극에 대한 물음은, 근대천황제 국가 속에서 '천황'의 권한/권능에 대한 것이었다.[11)] 먼저, 천황제를 입헌군주제로 파악하는 입장은 전전부터 전후에 이르기까지 천황이 일관되게 정치에 관여하지 않았다고 파악하며, 천황을 입헌군주로 이해해야 한다고 주장하였다. 이런 입장은 정치적 책임을 져야 하는 '전제군주'적 개념을 부정하면서, 히로히토 천황이 입헌군주로서의 도의적 책임을 다했다는 주장의 근거로 활용되었다.[12)] 그러나 입헌군주제에 대한 법학계의 해석[13)]은 근대천황제를 곧바로 입헌군주로 파악하기에는 문제가 있다고 지적하고 있다. 근대천황제는

---

10) 增田知子, 「(書評) 安田浩著 『近代天皇制国家の歴史的位置─普遍性と特殊性を読みとく視座』」, 『歴史評論』 755, 2013, 99쪽.

11) 전후 구노 오사무(久野収)는 '현교(顯敎)'와 '밀교(密敎)'의 비유를 통해 천황을 '무한한 권위와 권력을 보유한 절대군주'라는 인식을 '현교'로, 천황을 군주 즉 '국정의 최고기관'인 입헌군주로 파악하는 '밀교'로 비유하여 천황기관설을 고급관료들의 '국정운영의 비책'으로 규정하면서, 절대군주설이 입헌군주설을 압도했던 과정으로 파악하였다. 尾藤正英, 앞의 글, 1990, 8쪽.

12) 增田知子, 앞의 글, 2013, 102~103쪽.

13) 법학계의 '입헌군주제'에 대한 엄밀한 개념에 따르면, 천황은 내각의 보필을 받으면서 어떠한 정치적 관여도 하지 않는 존재가 아니라 한정적이지만 일정한 정치권력(행정권, 비상대권 등)을 보유한 군주가 그 한도 내에서 정치관여가 가능하다는 것이다. 그러나 군주가 국가 원수로서 국가를 체현하기 때문에 군주는 무답책(無答責)의 존재가 되므로, 군주의 정치 관여는 책임정치와 모순이 되었고, 이에 따라 군주의 정치관여는 감소하게 되었다고 규정하고 있다. 安田浩, 앞의 책, 2011, 211쪽.

근대화과정에서 '만들어진 전통'으로서의 양면성을 가지게 되었다는 것
이다. 근대성/보편성에 관해서는 관료제, 중앙집권제, 외견적 입헌군주
제 등 근대국가의 보편적 요인을 구비하면서, 전근대성/고유성의 측면
에서는 신성불가침한 '만세일계'의 천황 통치라는 근세 이후 국학에 의
해 설파된 '대일본제국'의 특징들이 양면적으로 나타난다는 것이다. [14]
따라서 근대천황제 국가는 바로 '국가 의사의 최종결재자로서의 천황'이
라는 형식과 '국가장치의 다원적 보필제'의 존재에서 파악해야 하며, 양
자의 긴장관계를 근대천황제 국가의 변동 요인과 직접 연결하여 고려할
필요가 있다는 것이다. 보필자 간의 대립으로 조정이 불가능한 경우 천
황의 결재로 결착 지을 수밖에 없는 방식은, 천황의 정치적 판단능력에
따라 한편으로는 외견적 입헌제로, 다른 한편으로는 천황제 파시즘으로
정치 레짐이 급속히 또는 단계적으로 변동되었던 요인이 되었다.[15]

　마지막으로, 근대천황제 국가의 양면성은 민중통치와 관련해서도 중
요하다. 이는 근대천황제 국가에서의 민중에 대한 신뢰/불신이란 물음
이기 때문이다. 국민국가 형성과정에서 근대적 국민의식을 갖지 않은
민중을 통치해야 하는 극히 곤란한 문제에 직면한 메이지 정부는 메이
지 국가를 위에서부터 '발명'했고, 처음부터 서양을 모델로 한 국가구조
에는 근대성과 보편성이 병행하여, 민중 통치를 목적으로 한 국가운영
에서는 이데올로기적 측면에서의 전근대성과 고유성이란 양면성을 다

---

[14]　角田猛之, 「神権天皇制と象徴天皇制における〈制度的断絶性と意識的連続性〉—
　　法社会学, 法文化論の視座から」, 『関西大学法学論集』 56-2・3, 2006, 361~364쪽.
[15]　태평양전쟁의 개전 및 항복 과정 등에서 천황의 적극적인 국무 관여와 천황의
　　의향을 관료가 무시하지 못했던 상황을 고려할 때, 정치기구로서의 천황제는 천
　　황의 의지/발언이 절대적인 것이라는 형식은 명실상부하게 기능했다는 입장이
　　다. 천황제 기구의 분립성을 고려할 때, 원로의 소멸과 함께 이를 대신할 통합/
　　지도력은 오직 천황만이 가능했다고 평가하는 것이다. 藤原彰, 「天皇制における
　　天皇の地位」, 『現代と思想』 15, 1974, 34쪽.

면적이고 중층적으로 가지게 되었다.[16] 저변의 민중에 대한 불신감을 품고 있었던 메이지 통치권력은 '분별 능력이 없는 민중'에 규범을 보여줄 초월자의 존재가 필요했던 것이다. 이런 시각은 외견적 입헌제로서의 '헌정의 상도(憲政の常道)'가 붕괴한 이유로 '대중'과 사회의 관련을 거론하면서도 나타난다. 즉 근대 부르주아 사회에서 창출된 광범위한 '대중' 사회의 풍요에 대한 욕구는 당시 정당 지도자들의 이익 정치적 지역사회개발에도 불구하고 충족되기 어려웠다고 파악했다. 따라서 입헌정치의 존립 정당성 즉 대중의 지지를 확보하지 못한 정당정치는 결국 군부 파시즘의 대두로 붕괴할 수밖에 없었고, 이와 함께 다이쇼 시기에 겨우 형성되기 시작했던 외견적 입헌제마저도 붕괴했다는 것이다.[17] 결국 여기서 천황제 파시즘이라는 것은 풍요에 대한 욕구로 질주한 '대중' 즉 민중과 지배세력의 공동 결탁물이었다는 것이다. 이와 같은 공의(公義)와는 무관한 민중상의 기저에는 민중에 대한 깊은 불신이 짙게 깔려 있는 것을 알 수 있다.

## 3. 근대천황제와 전후천황제 사이의 양면성

먼저, 메이지 헌법과 전후 헌법의 연속과 단절이란 측면은 천황의 지위, 근거, 권능에 대한 파악에서 가장 현저하게 나타난다고 볼 수 있다. 전후 헌법 제1장의 천황 관련 조문은, '천황제 존치론자'와 '천황제 폐지론자'가 타협한 결과물로 볼 수 있을 정도로 그 조문 자체의 해석만으

---

16) 角田猛之, 앞의 글, 2006, 367~368쪽.
17) 高橋暢雄, 「オールド・リベラリスト再考—オールド・リベラリストと近代天皇制」, 『武蔵野短期大学研究紀要』 12, 1998, 61, 84~85쪽.

로는 연속과 단절에 모두 열려 있는 구조라고 할 수 있다.[18] 보수적인 입장에서 연속성을 강조하는 해석은 메이지 헌법에서의 천황의 권능을 전통 관념 속에서 이해한 전통시대 이래의 역대 천황과 마찬가지로 불집정(不執政)이었다고 자의적으로 해석하거나, 영국의 입헌군주제에 유비(類比)하여 세습군주제란 측면에서 민주주의적으로 다시 포장한 원수(元帥)에 다름없다고 파악하며 전후의 상징천황제와 연속성을 가진다고 주장했다.[19]

한편, 연속성을 일정정도 인정하면서도 단절성을 인식하는 해석은 상징천황제가 창설, 즉 근대천황제와 단절되었다고는 파악하지 않지만, 천황의 지위, 근거, 권능에서 근본적 변혁이 이루어졌다는 것이다. 이러한 근본적인 변혁에 대해서는 통치대권 및 천황대권의 폐지를 통해 전전의 근대천황제와의 단절을 인정하는 측면은 동일하지만, 천황의 영예권이 존속되었다는 점을 중시하거나, 전통적인 실질적 헌법 즉

---

[18] 헌법 제1장 및 천황제도를 메이지 헌법과의 연속성에서 파악하는 태도의 근거로는 다음과 같은 것들이 제시되었다. (1) 입법자 의식이란 측면에서 새로운 천황제를 창설한다는 의식이 없었다. (2) 메이지 헌법 제73조에 의거한 개정헌법의 프로세스를 밟아서 성립하였으며, 천황의 재가로 성립되었다는 측면. (3) 메이지 헌법과 동일한 헌법 조문의 배치와 구성, (4) '천황'이란 호칭이 공·사 구분 없이 유지되었다. (5) 신황실전범도 종래의 천황과 황족을 자명한 것으로 파악하여 입안되었다. (6) 천황 관련 제도와 관행은 대부분 원칙적으로 계속되고 있다. (7) 국민 대다수가 천황제도는 변화했다고 의식하고 있으나, 천황에 대해서는 종래와 같은 특수한 감정을 갖고 있다. 한편, 단절성 속에서 파악하는 태도의 근거로는 (1) 실질적 입법자인 GHQ가 천황제도의 근본적 개혁을 의도하고 있었다. (2) 헌법 조문상 천황의 지위, 근거, 권능이 발본적으로 개혁되었다. (3) 포츠담 선언 수락으로 '법적 혁명'이 일어나 법적으로도 국가구조상의 근본적인 변혁이 일어났다. 이른바 '8.15 혁명설'. (4) 헌법제정 과정에 나타난 프로세스들은 정치적 요청에서 나온 것에 불과하다. 横田耕一, 「制憲前後の天皇像─象徴天皇制の解釈における"連続性"と"断絶性"序説」, 『法政研究』 45-1, 1978, 62~63쪽.

[19] 이 그룹에는 나카지마 히로미치(中島弘道), 이치무라 게사조(市村今朝蔵) 등이 존재한다. 横田耕一, 위의 글, 1978, 40~46쪽.

불문헌법으로 파악된 사회통념상 자리 잡은 전통시대 이래의 천황제에 대한 인식이 상징천황제와 연속되어 있는 것이라고 파악하기도 한다. 또한 근본적인 변혁을 허용해서라도 외형적인 천황제 자체를 유지하려는 의도가 작동하고 있었다는 점을 들어 그 양면성을 인정해야 한다는 주장도 있다.20)

단절성을 강조하는 해석은 전후 헌법의 기본원리 즉 국민주권을 인류보편의 원리로 강조한다. 헌법 조문에 입각하여 헌법 조문에 나오지 않는 전통, 개념, 감정을 배제해야 한다고 주장하며, 천황제의 본질 자체가 전후 헌법을 통해 근본적이고 질적으로 단절되었다고 파악한다. 이에 따라 천황의 지위는 '주권자'에서 '상징'으로 변경되었고, 천황의 지위도 신칙주의(神勅主義)와 천황의 의지에 근거하는 것이 아니라 국민의 의지에 의한 것으로 변경되었으며, 천황의 권능도 통치자의 총람에서 국사행위(國事行爲)에 국한되는 범위로 변경되었다는 것이다. 따라서 전후 천황제는 근대천황제를 완전히 단절시킨 후에 전혀 새롭게 창설된 것이라는 주장이었다.21)

한편 상징과 통치권 총람자 문제를 둘러싸고, 전후 상징천황제에 대한 법철학적 해석으로는 단순한 상징성, 국민에 의존한 상징성, 국민의 합의에 기반을 두었다는 의미에서 상징천황제로 파악하고, 패전을 계기로 미국 주도로 일본사회에 도입되었던 민주주의라는 시좌로부터 현행 천황제에 일정한 긍정적 평가를 내리려는 해석이 존재한다. 반면 리버럴리즘이라는 시좌로부터는 상징천황제에 대한 철저한 부정적 평

---

20) 이 그룹에는 미노베 다쓰키치(美濃部達吉), 사사키 소이치(佐々木惣一), 쓰네토 교(恒藤恭) 등이 존재한다. 橫田耕一, 위의 글, 1978, 47~56쪽.

21) 이 그룹의 대표자는 요코타 기사부로(橫田喜三郎)가 존재한다. 橫田耕一, 위의 글, 1978, 57~62쪽.

가가 존재한다. 즉, '상징천황제를 유지해야 한다는 국민 다수의 목소리'에 저항해서라도 인권 보장이란 이슈를 천황에게까지 관철시킴으로써, 궁극적으로 '상징적 지위의 폐지를 요구할 수 있는 논리'를 확보함으로써 천황을 천황제로부터 '해방'시킬 필요가 있다는 것이다.[22]

통치권 총람자로서의 천황제가 그리 간단하게 상징천황제로 변경된 것은 아니었다. 헌법 '개정'을 주장했던 그룹이 머릿속에 그렸던 것은 전전의 천황제 통치구조에서 크게 벗어난 것이 아니었다. 통치권 총람자로서의 천황제 유지와 변경을 둘러싼 공방은 전후 일본의 정치사 속에서 천황제 문제를 핵심에 둔 논쟁의 출발점이라고 볼 수 있는 것이다.[23] 일본 지배층은 물론 히로히토 천황도 상징천황제로의 변경에 관련된 헌법 조문을 인정할 수밖에 없었고, 근대천황제 국가와의 단절을 실감했지만, 여전히 상당한 불만을 표출하며 근대천황제 국가를 향한 강렬한 애착 속에서 그 연속을 추구하는 모습을 보였다.[24] 이러한 움직임의 정점에는 대일강화 이후 1950년대의 헌법 개정 움직임이 있었

---

[22] 사사쿠라 히데오에 따르면, 상징천황은 전후 헌법이 발명해낸 '세계에 유일하고도 특이한 공무원'이라는 것이다. 笹倉秀夫, 『法哲學講義』, 東京, 東京大學出版會, 2002; 천황의 인권보장을 위해 천황제 폐지를 고려해야 한다는 논리는 井上達夫, 『現代の貧困』, 東京, 岩波書店, 2001. 두 논문 다 角田猛之, 앞의 글, 2006, 384~389쪽에서 재인용.

[23] 中島三千男·山田敬男·渡辺治·宮地正人, 「[座談会]象徵天皇制の今日」, 『歷史評論』 478, 1990, 16쪽; 한편 전후 헌법의 제정과 함께 미일합작으로 상징천황제가 존속된 과정에 대해서는 박진우, 「상징천황제와 미국」, 『일본비평』 창간호, 2009, 38쪽.

[24] 이들의 근대천황제 이해는 입헌군주제적 이해에 기반을 두고 있었고 전후 헌법과 연속성을 가진 것으로 파악하여 정치에 일정정도 관여가 가능한 입헌군주제라는 해석 하에서 헌법 규정에 없는 수상과 각료에 '내주(內奏)'라는 형태의 정치보고를 지속적으로 요구했으며, 1947년 맥아더와의 회견에서 강화조약을 맺은 후 일본의 안전보장을 위해 미군의 오키나와 장기 점령을 천황이 제안하는 정치행위마저도 하고 있었다는 것이 알려져 있다.

다. 그러나 이러한 움직임을 '복고와 반동'으로 파악하여 강력하게 반발한 일본 민중은 현행 헌법 즉 상징천황제를 지지하는 호헌파에 헌법 개정 저지가 가능한 1/3 의석을 획득하도록 함으로써, '개헌'을 둘러싼 공방에서 '호헌'운동이 승리를 거두도록 하였고, 히로히토 천황의 '원수' 부활을 위한 시도를 좌절시켰다. 민중의 저항에 반응한 일본 보수 지배층도 근대천황제의 핵심인 '통치권 총람자'로서의 천황의 지위와 권능의 부활은 이미 불가능하다는 입장에 서서, 1960년 안보투쟁을 거치면서는 헌법 개정이 정치적 쟁점으로 부상하는 것 자체를 회피하게 되었고, 상징천황제가 드디어 정착되기에 이르렀다는 것이다.[25] 전전 천황의 이미지가 여전히 남아있는 히로히토 천황을 대신하면서 1959년 당시 아키히토 황태자와 '평민' 쇼다 미치코(正田美智子)의 결혼, '열린 황실(開かれた皇室)' 선전 등을 통해 상징천황제 이데올로기가 보급되기 시작했다[26]. 이에 따라 전전과는 전혀 다른 전후적 상황에 적응한 전후 천황제의 새로운 형태로 '대중천황제'론이 제시되었다.[27] 이것의 전제가 된 것은, 고도경제성장 속에서 대거 형성된 마이홈 주의를 구가하는 신중간층의 동경의 심볼(憧れのシンボル)로서 황실 가족상, 가정의 행복을 지상가치로 여기는 '유복하고 평화로운 가족'의 심볼로서 황실 이미지의 유통이었고,[28] 1960년대에는 평화주의자로서의 히로히토

---

25) 安田浩, 앞의 책, 2011, 8~9쪽.

26) 道場親信, 「天皇制 · 総力戦 · 農本主義―初期藤田省三と松下圭一をつなぐもの」, 『現代思想』 32-2, 2004, 207쪽.

27) 松下圭一, 「大衆天皇制」, 久野収 · 神島二郎 편, 『『天皇制』論集』, 東京, 三一書房, 1974(초출은 『中央公論』 5월호, 1959). 이를 비판하며 메이지 헌법 하에서 천황제가 가진 또 하나의 성격인 '인간천황제'적 측면이 전후에 연속적으로 흘러 들어 갔다고 주장하는 또 다른 양면성도 주장되었다. 天野恵一, 「象徴天皇制批判論の戦後史」, 天野恵一 편, 『コメンタール戦後50年 第2巻: 大衆社会と象徴天皇制』, 東京, 社会評論社, 1995.

천황의 이미지가 국민에 침투하여 상징천황제 이데올로기가 지배적이
되었다.[29] 정치사회의 측면에서도 고도성장에 접어든 이후 기업지배
를 강력한 기반으로 한 자민당의 이익정치가 구조화되어, 천황과 천황
제에 별다른 역할을 기대하지 않게 되었다. 1960년대부터 1970년대에
걸쳐 정치적·사회적으로도 천황제의 지반침하가 나타났던 것이다. 이
시기의 지배 이데올로기는 '경제주의'가 '국가'보다 우위에 섰고, 천황
제는 어디까지나 보수지배의 안정을 위한 보완물에 지나지 않았던 것
이었다. 소수로 전락한 천황제 강화론은 경제주의를 앞세운 보수정치
논리에 좌절했던 것이다.

한편, 1980년대에 천황제 '복권'으로 이어지는 상황은 일본 대국화를
도모하며 내셔널리즘에 활용하고자 하는 정치지배층 내의 대립구조
속에서 나타났던 것이고, 1980년대 후반 히로히토 천황의 죽음을 전후
한 '자숙' 현상도 사실은 기업 통합력에 더해 자민당의 집표 머신이 움
직인 결과였으므로, 천황제의 '부활'을 예견하기에는 여전히 무리가 있
었다고 할 수 있다.[30]

---

28) 한편 젠더적 입장에 바라본다면, 천황가의 명실상부하게 남성우위원칙이 뚜렷이
지배함에도 이를 바람직한 가족상으로 이상화된 황실 가족의 모습과, 천황제·
황실과 국민 사이의 친근감과 일체감을 양성하고자 그 교량 역할을 국민에서 황
실로 시집간 외부에서 온 여성 황족이 담당하게 되는 상황 속에서 주체성을 상
실한 채 보이는 대상이 되어 버리거나, 전통적 여성 역할을 이중, 삼중으로 차별
하고 착취하는 구조가 존재하는 것도 사실이다. 村松泰子,「九〇年代の天皇制と
戰前との連続性·国民との連続性の問題点」,『新聞学評論』40, 1991.

29) 安田浩, 앞의 책, 2011, 9쪽.

30) 渡辺治,『戰後政治史の中の天皇制』, 東京, 靑木書店, 1990, 19~48, 245~315, 352
~355쪽.

## 4. 천황과 천황제의 정치/역사 책임 문제

전후 활발하게 전개되었던 천황제 논의가 점차 힘을 잃게 된 이유는 정치적 제도로서의 천황제와 민중세계의 정신적 전통적인 면의 불가분한 뒤엉킴에 대한 이해 부족이, 전후헌법 제정 이후는 천황제 비판에 장애가 되었기 때문이었다. 정치제도로서 일정 정도의 개혁이 이루어지자, '천황제'라는 용어가 여전히 천황의 존재를 인정하고 있는 지배기구 일반을 지칭하게 되어, 전전에 근대천황제의 정치적 성격에 대한 역사적 분석에 소급하여 가거나, 천황제 '옹호파'와 같이 정신적 전통을 일면적으로 강조하게 되었다는 것이다. 공격의 초점이었던 정치제도로서의 천황제가 전후 헌법을 통해 개혁된 이상 정치적 측면을 사상한 정신적 전통의 강조에 도리어 유리하게 되었던 것이다. 천황제를 둘러싼 입장 대립은 동시에 천황제를 의미상 분열을 초래했다고 볼 수 있다.[31]

이렇듯 민중이 품은 천황관에 대한 '허구와 실상'의 양면성은 '국체'와 민중의 관련 속에서도 나타난다. '국체'가 단지 외적 제도만이 아니라 무한한 민중의 내면세계에 파고들어, 정신적 기축이 되었다고 주장한 마루야마 마사오(丸山眞男)의 민중에 대한 불신과 함께 이로카와 다이키치(色川大吉)와 같이 민중 측에서 바라보면 상당히 심부까지 '국체'의 의제를 받아들이기는 했으나, 천황제에 혼까지 팔지는 않았다는 해석이 동시에 존재하는 것이다.[32] 결국 근대천황제는 민중의 '변혁' 지향이 커지고, 종래와 같은 방식으로 민중을 지배하기 어려워지게 된 상황의 도래, 그리고 지배층 내부의 대립과 그 후의 합의과정을 거쳐

---

31) 石田雄, 「戰後の天皇制」, 久野収・神島二郎 편, 앞의 책, 1974, 221쪽(초출은 1957).
32) 角田猛之, 앞의 글, 2006, 364~365쪽.

파시즘으로 향해 갔던 것이라고 볼 수 있다.[33) 한편, 절대주의적 '일군만민' 관념을 파시즘기적 '일억일심'으로 경사시킨 대중조작을 위한 모든 근대적 수단이 동원되어, 파시즘기 단계에서는 대중 내셔널리즘적 성격이 나타나게 되었다고 볼 수 있다.[34) 이와 관련하여 근대천황제 국가를 '권력국가' 즉, 정치권력의 장치(Apparat)라는 측면과 '공동태국가' 즉 일상적 공동체(Lebensgemeinschaft)라는 이원적 구성으로 이해하여, 양자의 모순과 봉합의 계기로서 체제 저변에 있는 촌락공동체(Gemeinde) 질서 원리가 국가지배에 필수불가결한 것으로서 국가에 의해 제도화되어 체제 내 중간층을 육성하여 성립했다고 파악하는 '천황제사회'론의 입장은 정치체제의 파시즘으로의 계기를 석출하여, 직능적 중간층을 모든 사회영역에 형성하여 국가권력과 저변의 중간연쇄적 통로를 확보한 조직된 공동체를 단위로 파시즘 천황제가 성립했다고 인식하고 있었다.[35)

근대천황제의 논리구조 속에서는 보필에 의한 천황의 개인의사에 대한 강력한 제약과 함께 국가 의사의 최종결재자로서의 천황의 존재가 제도론적인 양면성을 가지는 원인이 되었다. 즉, 근대의 천황은 기본적으로는 보필에 근거하여 행동하는 수동적 군주였지만, 자신의 의사로 친정적 권력을 행사할 수 있는 능동적 군주로서도 존재할 수 있었다고 보는 것이다. 메이지 헌법 체제의 정치구조에서는 그 정치적 위치와 개별적 정치행위에 입각한 정치지도자들의 정치책임을 명확히 하는 데 실패하여, 비정치적인 '권위'로서의 천황이라는 군주 이미지의 형성과 함께 정치권력을 '위임'받았던 '측근 중의 간신(君側の奸)'의 책

33) 須崎愼一, 앞의 글, 1981, 88쪽.
34) 道場親信, 앞의 글, 2004, 212~213쪽.
35) 藤田省三, 『第二版 天皇制国家の支配原理』, 東京, 未來社, 1976, 10쪽.

임이라는 인식 수준을 넘어서지 못했던 것이다. 통치권 총람자로 군림
했던 천황마저도 자신의 의사를 관철하기 쉽지 않았다는 입헌군주제
론은 전쟁책임 논의를 회피하고자 만들어진 논리로, 전후 상징천황제
의 역사적 정통성을 보강하고자 의도한 역사해석론이라 할 수 있다.
즉, 지도자 책임과 국민의 책임을 명확히 구분하여 국민의 책임 중 하
나가 바로 지도자 책임을 물을 수 있는 역량의 형성에 있다는 점을 강
조하며 지도자의 책임을 추급해 나가야 한다는 것이다. 여기서 천황의
지위에 있었던 한 개인의 책임을 어떻게 다룰 것인가라는 점에서 상당
한 어려운 문제에 봉착하게 된다는 것이다. 이런 점에서 기본적으로는
수동적 군주였다고 볼 수 있지만, 한정적으로는 능동적 군주로서 행동
하고 있었다는 근대천황제의 양면적 성격을 파악하는 것이 중요해지
게 되는 것이다.[36] 근대천황제 및 상징천황제의 양면성은 결국 민중의
천황제에 대한 양면적 대응과 관련된 문제이기도 한 것이다.

　전쟁피해자들의 경우 고난에 대한 자기연민을 천황에 투사함으로써
천황제 자체에 대한 객관적 비판이 어렵게 되었고, 전쟁을 경험하지 않
는 젊은이들은 천황제 자체에 대한 무관심이 만연하게 된 상황 속에서
역사교과서를 둘러싼 천황제 문제가 역사적 책임을 둘러싼 문제군 속
에서 드러나고 있다고 볼 수 있다. 천황을 중심으로 한 독특한 역사세
계를 일본이 영위하여 왔다는 보수주의적 역사관은 역사 파악의 관념
성은 물론 왜곡까지도 초래할 수 있는 위험성을 내포하지만, 여기에 더
해 자국사에 대한 반성의 여지를 제거해 버리는 결과를 낳았다. 이런
상황을 온존시킨 '문화현상으로서의 천황제'를 국체로 파악하는 와쓰
지 데쓰로의 언설[37]에 힘입어 전후 헌법 속에 법률적 제도로서 천황제

---

36) 安田浩, 앞의 책, 2011, 207~209, 227~228쪽; 增田知子, 앞의 글, 2013, 102~103쪽.

가 생존했던 것이라는 지적과 함께 '상징'이라는 헌법 용어 속에는 소프트웨어로서의 '내면의 천황제(うちなる天皇制)'[38] 가 그대로 들어가 있었던 것이라고 해석했다.[39] 근대천황제 국가에서의 통치권의 총람자로서, 대원수로서 기능했던 천황을 평화주의자로 재창조하려는 기도는 반헌법적이기까지 하다. 이런 점에서 근대천황제 국가에서 천황의 '불친정(不親政)'이란 측면을 강조하거나, 전후 천황제에서 '국민적 통합의 기축'이란 점을 강조하는 것은 천황이 역사적 책임을 지지 않아도 되는 구조를 만들어 버린다. 이 구조 위에서 새로운 국가주의의 구축 즉, 고도로 발달한 자본주의 국가 및 군사대국으로 나아가려는 대국화 내셔널리즘의 기획 욕망이란 측면에서 현재의 역사교과서 문제를 파악해야 할 것이다.[40].

## 5. 맺음말

근대천황제 국가가 가진 양면성을 위와 같이 고찰해 본 결과, 양면성 중 어느 하나를 취해서 다른 하나를 부정하는 것은 전후 천황제 이해

---

37) 와쓰지는 국민의 전체의지에 주권이 존재하고 그 국민의 통일을 천황이 상징한다면, 주권을 상징하는 것은 천황이 될 수밖에 없고, 이런 점에서 전전의 신권천황제의 통치권 총람자라는 사태도 근본적인 변경은 없다는 것이다. 문화공동체로서의 국민/민중의 통일을 천황이 상징하는 '문화로서의 천황제'론인 것이다. 和辻哲郎, 「封建思想と神道の意義」, 久野収·神島二郎 편, 앞의 책, 1964(초출은 『世界』創刊号, 1945).

38) 奥平康弘, 「日本国憲法と『うちなる天皇制』」, 『世界』 1월호, 1989.

39) 角田猛之, 앞의 글, 2006, 380~381쪽.

40) 佐々木潤之介, 「現代天皇制と前近代史研究」, 『歴研アカデミー2: いま天皇制を考える』, 東京, 青木書店, 1989, 51~58쪽.

를 축소할 위험이 있음을 알 수 있다. 본론에서 살펴보았듯이 양면성 중 어느 측면이 더욱 전면에 나오게 될 것인지에 대해서 분석하기 위해서는 여러 층위에 걸친 정치사회와 시민사회를 모두 포함하는 문제 속에서 사고해야 한다고 할 수 있다.

메이지 헌법에 담긴 '만세일계'의 신성불가침성과 통치권 총람자로서의 근대천황제로부터 전후 헌법의 상징천황제로의 전환이 '제도상의 단절성'을 확보하고 있으나, 1대 상징천황인 히로히토 천황의 경우에는 전전의 신권적 천황으로서의 카리스마가 일정 정도 유지되었다고 할 수 있다. 2대 상징천황인 아키히토 천황의 경우에는 그 카리스마가 상당히 약화될 것임은 분명하나, 제도적인 전환/단절에도 불구하고 천황제를 지탱하고 있던 전근대적 의식과 가치관, 이념, 이데올로기 같이 일본 사회에 뿌리 깊게 남게 되는 문제는 쉽게 부정할 수 없을 것이다.[41] 보수주의자들의 천황제 개념은 메이지 헌법에서 군부 파시즘적 요소를 제거한 데 불과하다며, 문화 그 자체를 국가로 삼고자 하므로 정치에 대한 긴장감이 없다고 비판한 '전후민주주의'세대 지식인들이 취한 호헌적 입장과 전전의 파시즘 폭주를 비판하는 시각 자체는 크게 다르지 않았다고 파악할 수 있다.[42] 그러나 이 양자는 민중관에서 결정적으로 갈라지게 된다. 초기 전후 헌법 제정 시기에 메이지 헌법과의 연속성을 주장하는 그룹 중 보수적인 입장은 사리사욕에 물든 국민 총의의 상징에 천황을 둠으로써 국가 통합을 위해 필요한 존경과 신뢰가 획득 가능하다는 입장에서 천황의 지위를 설명하고자 했다. '군민일체', '일군만민' 개념은 일본 고유의 것으로 새 헌법에도 상징을 매개로

---

[41] 角田猛之, 앞의 글, 2006, 376~377쪽.
[42] 高橋暢雄, 앞의 글, 1998, 79쪽.

도입되어야 한다는 것이다.[43] 후지타 쇼조(藤田省三)가 석출한 전전기 파시즘 시기에 동원된 대중내셔널리즘의 담지자였던 '중간보수층'은 이제 '대중천황제론'에서 '절대천황제'와 '대중천황제'의 중간 고리를 담당하게 되었고, 이들의 동향에 따라 대중천황제의 구체적 성격을 결정될 것으로 인식할 수 있다.[44]

메이지 헌법 체제하의 천황대권과 그 행사, 천황의 정치 행동을 전후 상징천황제와 동일하게 입헌군주제로 파악하는 논리 속에서 상징천황제를 기초 짓는 역사관은, 천황친정론보다는 천황불집정론에 유리할 수밖에 없다. 히로히토 천황에서 아키히토 천황으로 왕위계승을 합리화하기 위해서도 친정론과 불집정론이 '특별한 대립 없이 양립하는 현상'이 당분간 계속될 것이라는 전망[45]이 가능할 것이다. 우리가 근대천황제 국가는 물론 전후 천황제 국가를 여러 층위에서 지속적으로 그 양면성을 분석하고 음미해야 하는 이유이기도 하다.

---

[43] 橫田耕一, 앞의 글, 1978, 40~41쪽.

[44] 道場親信, 앞의 글, 2004, 212~214쪽.

[45] 岩井忠熊, 『天皇制と歷史学』, 京都, かもがわ出版, 1990, 96쪽; 전쟁책임과 정치 책임에서 자유롭지 않은 히로히토 천황의 뒤를 이어 아키히토 천황도 역시 '상징 천황'으로서는 부적절한 정치적 발언을 계속하고 있다. 이는 개인으로서의 천황과 천황제의 관계를 고려할 때 이는 히로히토 천황 개인의 문제가 아닌 '상징천황' 자체의 문제라는 것을 확인시켜 준다. 박진우, 앞의 글, 2009, 42~45쪽.

# 식민주의와 민족주의의 함정을 넘어서

## 한국 근현대사 역사(교육)논쟁의 본질을 향한 탐색

—

이신철

## 1. 머리말

2015년 한국사회의 가장 큰 쟁점의 하나였던 역사교과서 국정화 문제는 역사관련 연구자들과 역사교사들 대부분에게 큰 충격을 안겨주었다. 국정화 발상 자체도 믿기지 않는 일이었지만, 그러한 발상이 현실이 된 상황에 이르러서는 경악을 금치 못했다. 그것은 현재의 한국사회가 독재적 발상을 막아내고 절차적 민주주의를 지켜낼 수 있는 충분한 역량이 있을 것이라는 믿음이 붕괴된 데 따른 좌절감, 그리고 역사학계의 90%를 좌편향으로 공격하고 역사학의 전문성을 무시하는 언설이 난무하는 데도 그 한계를 극복해 내지 못한 현실에 대한 자괴감에서 비롯되었다고 해도 과언은 아닐 것이다.

이 같은 좌절과 자괴감은 역사학의 위기로 인식되었고, 그 존재 자체에 대한 회의를 불러일으키기도 했다. 그렇지만, 위기의식은 동시에 깊은 성찰을 불러왔고, 역사학과 역사교육의 본질적 의미와 그것이 지닌 사회적 의미를 깊이 고민하는 계기로 작용하였다.[1] 이 글은 그 같은 성찰의 연장선상에서 국정화 논쟁에 가려진 것이 무엇인지, 그리고 역사학, 특히 논란의 중심이 된 근현대사 연구가 어떠한 방향으로 나아가야 할지에 관한 고민의 일부이다.

국정화 논쟁은 사실상 근현대사를 바라보는 관점과 해석의 문제 전반을 둘러싸고 진행되었다. 그것은 자유주의(자본주의 발전사)와 민족주의(반식민주의), 또는 냉전사관과 민중사관 같은 이론과 사관의 문제로부터 임시정부의 법통론과 대한민국 건국 시점 문제, 이승만과 김성수에 대한 평가, 국가폭력에 대한 해석, 5·16과 박정희 독재, 그리고 산업화에 대한 평가, 기업가에 대한 평가와 같은 구체적 역사사실에 대한 해석문제, 그리고 북한 서술을 둘러싼 국가사와 민족사의 문제 등 거의 근현대사 전 분야에 걸친 충돌로 나타났다.

그러나 논쟁은 퇴행적으로 전개되었다. 역사학 또는 역사교육의 본질이나 역사교육 제도의 문제에 관한 논의보다는 정치적 구호와 선전이 주류를 차지했다.[2] 이를 두고 어떤 이는 "국가의 개입으로부터 벗어나 역사교육의 본질을 고민해야 할 시점에 좌우대립이라는 구시대적

---

[1] 600명 이상의 한국사 연구자를 회원으로 둔 한국역사연구회가 『역사와 현실』 100호 기념 발표회로 '한국역사학의 위기: 진단과 모색'(2016년 3월 19일, 서울시립대학교 자연과학관 국제회의실, 주최: 한국역사연구회 편집위원회)이라는 토론회를 개최한 것도 그러한 인식의 반영이라고 할 수 있다.

[2] 역사학 또는 역사교육 논쟁에 대해 엄밀하게 따지자면, 두 가지 논쟁이 같은 것인가라는 문제부터 시작하는 것이 순서일 것이다. 그렇지만 역사학과 역사교육의 관계는 불가분이라는 점에서 역사학과 역사교육의 차이는 본질적이라고 할 수 없다. 현재 한국사회의 논쟁 또한 두 가지를 동일선상에서 인식하는 차원에서 전개되고 있다. 이 같은 점을 반영해 이 글에서는 두 영역의 차이를 구별하지 않고 다룬다. 다만, 정치성의 문제는 집권 정치세력의 정책 그에 대응한 정치행위 정도의 범위로 국한한다.

논쟁으로 회귀해 버린 것"이라고 평가한다.[3] 물론 국정화 논쟁이 좌우 이념 대립보다는 국가독점의 역사교과서 발행제도 실행에 대한 찬반 논란으로 전개되었기 때문에 적확한 표현은 아니다. 또한 스스로 보수임을 자임하는 사람들 중에서도 반대의견이 적지 않게 분출되었기 때문에, 좌우대립이 논쟁을 전적으로 규정하지도 않았다. 그럼에도 불구하고 논쟁이 지나치게 정치화 되었고, 진영논리가 강력하게 작용하였다는 데에는 이론이 없을 것이다.

문제는 역사논쟁의 과잉정치화로 인해 한국근현대사에 대한 본질적 논쟁은 고사하고, 논쟁이 정치화 된 배경과 그 의미조차 사상되어 버렸다는 점이다. 이글의 목적은 과잉정치화가 감추어 버린 논쟁의 본질이 무엇인지 살피는 데 있다. 특히, 진영논리 속에 감추어진 근현대사 인식논쟁의 본질적인 내용이 무엇인지, 논쟁의 방향이 어디로 향해야 하는 지를 드러내는데 있다. 이를 위해 먼저 역사(교육)논쟁의 과잉정치화 과정과 그것의 균열, 즉 학술적 논의로의 확장 등을 시계열적으로 복기해 볼 것이다. 그 과정에서 과잉정치화의 이면에 숨어 있는 찬반 진영의 논리적 모순과 한계를 드러냄으로써 '역사학 위기'의 극복 방향을 모색해 보고자 한다.


## 2. 역사(교육)의 정치도구화와 균열

역사학은 본질적으로 정치성을 띨 수밖에 없다는 점에 대부분의 역사학자들이 동의할 것이다. 인간생활 자체가 정치와 무관할 수 없고,

---

3) 김종준, 「역사교육의 정치적 성격과 다양성 논의」, 『역사교육논집』 제58집, 2016, 61~62쪽.

인간에 대한 학문인 인문학 일반이 일정한 정치성을 지니는 것은 당연한 일이라고 할 수 있다. 그 중에서도 역사학은 정치에 대한 기록이 가장 중요한 부분을 차지하고, 그 기록은 역사가에 의한 선택과 해석이 불가피하기 때문에 더욱 그러하다. 또 근대역사학은 서구의 근대민족국가 태동과 밀접한 연관 하에 발전했고, 한국으로의 전파와 전개 과정에서도 그러했다. 근대 학교가 설립되고 역사 교육이 주요 과목으로 정착되면서 그 같은 성격은 더욱 명확해졌다.

대한제국의 관료로서 교과서를 펴내는 업무에 종사했던 현채는 당대사(조선시대사)를 포함한 교과서를 편찬하면서, 당대사 서술을 강조했다. 그는, 당시의 역사가들이 "역사라는 것은 나라가 망한 뒤에야 바야흐로 쓸 수 있는 것"이라며 당대사 서술을 기피하는 태도를 보이는 것에 대해 비판했다. 그가 당대사 서술을 중요하게 생각한 것은 일본을 통해 접하게 된 근대역사학의 서술 방식에 영향 받은바 크지만, 당대사를 포함한 통사체계가 역사 사실과 인과관계를 통해 현재의 역사적 정당성을 재구성하는 과정이라는 인식이 생겼기 때문이었다. 그는 역사쓰기가 "사람의 깊은 속(肺腑)을 들추어내고 사람들의 어둡고 간사함(陰邪)을 뒤집으며 앞 사람을 거울삼아(徵驗) 뒷사람을 근신하게 해서 그 국가를 보전하는 것"이라고 주장했다.[4] 현채는 근대국가 전환기에 필요한 '국민 만들기'의 일환으로 역사교육을 인식하기 시작한 것이다.[5]

한편, 대한제국의 교과서에 대해 신채호는 "각 학교 교과용의 역사를

---

4) 현채, 「동국사략 자서」, 『동국사략』, 보성관; 원문 해석은 현채 著, 임이랑 譯, 2011 『근대 역사교과서2: 중등교과 동국사략』, 소명출판, 1906, 47쪽.

5) 이신철, 「대한제국기 역사교과서 편찬과 근대역사학:『동국사략』(현채)의 당대사 서술을 통한 '국민 만들기'를 중심으로」, 『역사교육』 126집, 2013(a) 참조.

보건대, 가치 있는 역사가 거의 없다"고 비판했다.[6] 그가 교과서를 비판한 것은 교과서들이 고대사 서술에서 중국 중심의 종속적 기술을 하고 있다는 점 때문이었다. 식민화의 위기 속에서 자주적 민족사 정립을 통한 정체성 함양을 독립국가 유지의 중요한 수단으로 생각하고 있던 신채호의 입장에서 중국 중심적 역사 서술은 받아들이기 어려운 문제였던 것이다. 결국 현채의 대한제국 국민 만들기로서의 역사 교과서 집필이나 신채호의 비판, 두 가지 경향 모두 역사교육을 통해 근대 민족국가의 공동체성과 정체성을 확립하려는 목적은 같았던 셈이다. 둘 중 어느 쪽을 한국 근대역사학의 시원으로 보든지 간에 한국의 근대역사학 또는 역사교육과 근대국가는 뗄 수 없는 관계에 놓이게 된다.

주지하다시피 일제시기에는 민족국가가 일본으로 대체되었고, 그것에 적합한 역사서술이 일본인 학자들을 중심으로 전개되었다.[7] 해방이후 교과서의 국민 만들기 성격은 더욱 강화되었다. 미군정 시기 중등 과정의 교과서 『국사 교본』의 근현대(근세와 최근세) 부분의 집필을 담당했던 이병도는 1948년 중등용 『새 국사 교본』을 집필했다.[8] 1949년, 정부 수립 후 첫 실시된 검정에서 그는 이전 교과서의 내용을 거의 그대로 실은 『중등 사회생활과: 우리나라의 생활(역사)』를 통과

---

6) 신채호, 「讀史新論」, 『대한매일신보』 1908.8.27; 단재신채호전집편찬위원회, 『단재 신채호 전집: 제3권 역사 독사신론, 대동제국사서언, 조선상고문화사』, 한국독립운동사연구소, 5쪽(원문), 2007, 309쪽(신활자)에서 재인용.

7) 일본사 체계 속에서 조선사를 포섭하려던 과정과 논리에 관해서는 김종준, 「일제시기 '(일본)국사'의 '조선사' 포섭 논리」, 『식민사학과 민족사학의 관학아카데미즘』, 소명출판, 2013 참조.

8) 미군정 시기의 초등 교과서인 『초등 국사』는 미군정의 의뢰로 진단학회에서 작성하였을 가능성이 크다. 따라서 미군정의 의뢰로 중등 교과서를 집필했던 이병도가 초등학교 교과서의 집필에도 참여했을 가능성이 있지만, 명확히 확인되지 않았다. 이신철, 「국사 교과서 정치도구화의 역사: 이승만・박정희 독재정권시기를 중심으로」, 『역사교육』 제97집, 2006, 4~5쪽.

시켰다. 1950년 5월에는 수정판을 발행했다. 그런데 그는 이전의 교과서에서 긍정적으로 서술했던 사회주의자들의 독립운동이나 신간회 관련 서술을 수정판 교과서에서는 삭제하고, '조선민족'이라는 용어 대신 '대한민족'을 사용하는 등 대한민국의 정통성과 이념을 적극 반영한 서술을 담았다. 대한민국 국민 만들기에 적극 나서기 시작한 것이다.[9]

역사교육의 정치화, 즉 국가의 개입이 극에 달한 것은 유신정권하의 국정제 채택이후였다. 국정제하의 교과서가 5·16군사 쿠데타와 당대 정권을 미화하고 국가의 정책을 홍보하는 역할을 적극적으로 수행했다는 사실은 이제 상식에 속하는 일이 되었다.[10]

1970년대 중후반부터 1980년대 초에는 또 다른 의미의 정치적 개입이 일어났다. 그것은 초대 문교부 장관을 지냈고, 단군과 화랑을 강조하며, 민주적 민족론을 주장했으며, 대종교 신자였던 안호상을 중심으로 전개된 교과서 고대사 서술 비판 운동과 연관이 있다.[11] 이 운동에 큰 영향을 미친 또 다른 이는 박창암이었다. 박창암은 5·16쿠데타 후 혁명검찰부장을 역임했던 군부의 핵심인물이었지만 1963년 반혁명사건에 얽혀 옥고를 치르기도 했다. 그는 1968년 반공과 민족사관을 주창하며 월간『자유』를 창간했고, 이 잡지는 재야 민족사관 전파의 중요 창구 역할을 담당했다. 안호상과 박창암은 1975년 '국사 찾기 협의회'를 결성하고 각각 회장과 부회장(7인 공동)을 맡으며 교과서의 고대사 기술 변경 운동을 적극적으로 전개했다. 이들은 1978년 '국정 국사 교과

---

9) 이신철, 앞의 논문, 2006, 3~9쪽

10) 이신철, 앞의 논문, 2006 참조.

11) 안호상은 1964년 배달문화연구원장, 1968년 국민교육헌장 기초위원, 1975년 국사 찾기협의회 초대회장, 1992년 대종교 총전교 등을 역임하며 교과서 고대사 서술에 환단고기 등의 기록을 반영할 것을 주장했다.

서 사용금지 및 정사편찬기구의 재구성 촉구' 청원서를 제출하고 행정 소송을 제기 하는 등 다양한 방법으로 문교 당국을 압박했다.[12]

이들의 주장은 1989년 중학교,[13] 1990년 고등학교에 적용하는 '국사 교과서 편찬 준거안'에 반영되었다. "고조선의 건국과정을 통해 우리 민족사의 유구함과 고유성에 대해 알게 한다.", "농경 문화와 청동기 · 철기 문화를 기반으로 한 사회의 변화와 국가의 형성 과정을 인식하게 한다"는 대단원 목표가 각각 포함된 것이다. 이에 따라 단군에 의한 고 조선 건국과 홍익인간이념이 역사적 사실로 기록되고, 고조선의 위치 나 영역이 종래의 한반도에서 만주지역으로 수정되었다. 물론 당시 학 계에서는 고조선의 영역과 위치를 비롯한 다양한 상고사 문제들이 논 쟁 중에 있었다. 그럼에도 불구하고 당시 소수의견이었던 고조선의 '요 령성 중심설' 등이 교과서에 반영되는 상황이 발생한 것이다.[14]

독재에 대한 저항을 억압하기 위한 수단으로 '한국적 민주주의'를 주 창하면서도 반식민 민족주의를 배척하지 않고 일정하게 활용했던 박 정희 정권, 마찬가지로 군사쿠데타로 정권을 잡았고 그 역풍을 달래기 위해 '국풍81'과 같은 대규모 행사를 통한 민족주의 고양으로 정권의 안 정을 꾀하던 전두환 정권의 이해관계는 재야의 '국사 찾기'와 쉽게 공 통점을 찾을 수 있었다. 또한 1982년 큰 반향을 불러일으켰던 일본 교 과서 역사왜곡 문제도 한국사회에서 민족주의 역사인식을 크게 고양

---

12) 국사찾기협의회에 관한 간단한 정보는 http://cafe.daum.net/H.S.75(국사찾기협의 회 카페) 참조.

13) 국사는 2학년 과목이므로 교과서는 1990년에 처음 사용했다.

14) 차미희, 「5차 교육과정기(1989~95) 중등 국사교육 내용의 개선과 한계」, 『교과교 육연구』 제12권 1호, 2008, 209쪽. 고대사 서술을 포함한 국사 교과서 내용에 대 한 비판은 도면회, 「분단된 조국, 분단된 민족 교육:『중학교용 국정 국사교과서 개정본 초고』 분석」, 『역사와 현실』 창간호, 1989 참조.

시키는 작용을 하였다. 그렇지만, 학계의 동의를 얻는 일은 쉽지 않았다. 1980년대 말의 준거안 변경은 학계의 의견 반영이라기보다는 정치적 압력에 의한 변화라고 보는 것이 타당할 것이다. 독재 권력에 의해 왜곡되었던 역사교육이 과잉민족주의에 기반 한 정치적 압력에 의해 한 번 더 왜곡되어 버린 것이다.[15)]

역사교육의 정치도구화에 균열이 생긴 것은 1987년을 전후한 민주화 덕분이었다. 민주화의 영향으로 검정제 도입 주장이 학계에 등장하였고, 진보학계를 중심으로 제도와 내용 변경에 대한 요구가 제기되기 시작했다.[16)] 1988년에는 국책과목, 특히 교련, 국민윤리 과목에 대한 반발이 시작되었고 대학 내에서 국책과목 폐지 운동이 시작되었다. 이 문제는 같은 해 7월 '대학자율화추진을 위한 대학 총학장 세미나'에서 현승종 한림대 총장 등에 의해 공식 제기되었다. 이에 대해 문교부 당국자는 이미 여러 차례 건의가 들어와 폐지하거나 대학에 일임하는 방안을 검토 중이라고 밝혔다.[17)] 이후 국책과목 폐지 여론은 빠른 속도로 번져 나갔다.

당시의 여론은 "일제하의 '수신'교육이나 나치의 군사교육과 마찬가지로 군부권위주의 체제를 지지하도록 국민들의 맹종적 심성을 조장

---

15) 이 시기에 관한 연구는 주로 교육과정과 준거안의 내용과 교과서 기술 변화 등을 중심으로 진행되었다. 당시의 대체적 흐름에 대해서는 윤종영, 『국사교과서 파동』, 혜안, 1999 참조.

16) 김구진, 「중등학교 국사교과서에 있어서 북방관계 서술」, 『역사교육』 37・38, 1985; 송찬섭, 「조선전기 농업사연구의 동향과 「국사」 교과서의 검토」, 『역사교육』 42, 1987; 박준성, 「올바른 역사 이해와 국정 국사교과서의 문제점」, 『교과교육』 창간호, 1988; 역사교육을 위한 교사모임・한국역사연구회, 「국사교육과 지배 이데올로기 '특집: 제5차 교육과정 개편에 따른 중학교 국사교과서 분석」, 『살아 있는 삶을 위한 역사교육』, 푸른나무, 1989; 차미희, 앞의 논문, 2008에서 재인용.

17) 「교련 등 국책과목 폐지 검토」, 『한겨레』 1988.7.29.

하고 군사문화를 확산시키는 도구"인 4개의 국책과목 중 "국민윤리와
교련은 즉시 폐지되어야 하고 한국사와 체육은 대학의 자율적 결정에
일임하는 것이 좋다"는 것이었다.[18] 그렇지만 정부 당국은 한국사를
포함한 4과목 모두를 전격적으로 필수 과목에서 해지했다. 당시 대학
의 한국사 교육이 집권여당의 바람과는 달리, 근현대사와 정부에 대한
비판적 내용으로 구성되는 경우가 많았던 것이 직접적인 원인이었다.
이에 대해 당시 한 연구자는 "지배이데올로기 생산에 봉사하는 것을 거
부하면서 학문연구의 독자성을 확보하기 위하여 끊임없이 노력해"왔기
때문에 "문교당국이 국책과목의 폐지라는 미명하에 교양한국사의 교육
기회를 줄이고자" 한 것이라고 비판했다.[19] 이후 학계에서는 교양한국
사를 필수로 하자는 주장이 제기되었고,[20] 언론도 그 같은 주장을 우호
적으로 보도했다.[21]

역사교육 내용에 대한 문제제기는 1993년 김영삼 정권 등장 이후 더
욱 가속화 되었다. 김영삼 대통령은 문민정부를 표방하는 한편, 취임직
후인 5월 13일 「5·18광주민주화운동과 관련하여 국민 여러분께 드리
는 말씀」이라는 특별담화를 발표하는 등 민주화의 의미를 강조했다.
그 같은 분위기 속에 1994년 진행된 6차교육과정 '국사교육 내용 전개
준거안(시안)' 작업에 참여한 서중석 교수에 의해 현대사의 주요 사건
에 대한 해석 변경이 시도되었다. 바로 이 시안을 둘러싼 논쟁으로부
터 한국근현대사의 인식과 해석을 둘러싼 지금의 역사논쟁이 시작되

18) 「대학을 '국책과목'으로 묶지 말라」, 『한겨레』 1988.8.4.
19) 한상권, 「한국사가 국책과목인가」, 『한겨레』 1988.10.13.
20) 백승철, 「대학에서의 교양한국사 교육」, 1990; 안병우, 「국사 전공교육의 전개과
정과 교과과정의 문제점」, 『역사와 현실』 제4호.
21) 「대학교 교양 국사 필수과목으로 바꾸자」, 『동아일보』 1990.12.24.

었다고 할 수 있다. 그렇지만 논쟁은 학술적인 방향이 아니라 지극히 정치적이고 이념적인 방향으로 전개되었다.

당시 서중석이 마련한 시안에 대해 조선일보는 국제부장 명의의 칼럼을 통해 "북한정권의 정통성을 보완해 주지 못해 거의 안달이 난 무리"들이 내부의 도움으로 '장내 입장'을 해서 "북한정권의 관점과 유사한 역사적 관점이 (…) 중·고교 국사교과서라는 국민교육의 심장부까지 당도했다"고 주장했다.[22] 당시 이 같은 비판은 북핵문제, KBS 1TV 다큐멘터리 보안법 위반 고소 사건, '서울 불바다' 사건 등의 공안몰이와 함께 진행되었기 때문에 역사교육이나 인식 자체에 대한 공격이라기보다는 김영삼 정권에 대한 정치적 견제가 더 큰 목표였다고 할 수 있다. 그렇지만, 이 같은 행보에는 민주화에 따른 역사인식의 변화에 대한 강한 거부감이 깔려있었다. 결국 10월에 발표된 준거안에서는 대부분의 시안이 취소되었다. 그렇지만, 4·19혁명, 5·16 군사정변 등 일부 항목에 대한 용어 변경은 그대로 유지되면서, 유신정권의 '국사' 교과서 국정화 이후 혁명으로 미화되던 5·16이 마침내 군사정변으로 규정되었다.[23]

준거안의 일부 긍정적 변화가 있긴 했지만, 이시기의 논쟁은 유신정권에 의해 정치도구화되어 있던 역사교육의 인식 틀을 크게 벗어나지 못했다. 현대사에 관한 논쟁도 몇 몇 역사사실에 대한 용어문제를 중심으로 진행되었다. 대부분의 공격은 이념적인 것이었다. 2년 후인 1996년 7차교육과정이 논의되면서 검정제도에 대한 검토가 시작되기

---

22) 김철, 「우리내부가 수상하다」, 『조선일보』 1994.3.22.

23) 5·16 군사쿠데타라는 용어를 사용하자는 의견이 많았지만, 교과서에 외래어를 사용할 수 없다는 교육부의 입장에 따라 군사정변이라는 용어가 채택되었다. 「내년부터 국사교과서에 5·16을 5·16 군사정변으로 표기」, 『MBC 뉴스 데스크』 1995.5.16.

는 했지만,[24] 당시에는 역사교육의 본질이나 국가의 개입이라는 문제와 관련된 학계의 논쟁은 거의 진행되지 못했다.

　이 같은 한계는 논쟁의 흐름이 정부 여당 내부의 이념 투쟁을 기본 성격으로 전개되었다는 점, 독재정권의 여파로 인해 학계와 시민사회가 이념공세에 저항할 정도로 민주적이지 못했다는 점, 현대사 연구가 아직 학문적 시민권을 충분히 획득하지 못했고, 연구자체도 불충분해 논쟁으로 발전하기 힘들었다는 점, 학계 전반이 역사교육 문제에 별다른 관심이 없었다는 점 등이 한계로 작용했다. 결국 당시의 논쟁이 학술적 견해에 대한 정치적 판단으로 시작되었던 것처럼 그 과정과 결과 또한 학술적인 논쟁으로 발전하지 못하고, 당시의 정권 차원에서 정치적으로 정리되고 말았다.

## 3. 학술적 논의로의 전환과 민족주의 비판

　역사교육에서 검정제도 채택 문제와 역사인식의 개선은 밖으로부터의 압력에 의해 더욱 진전되었다. 2001년 일본 우익교과서(후소샤판)의 등장이 바로 그 계기였다. 한국 정부의 수정요구에 대해 자신들은 '한국과 같은 국정제를 채택하고 있지 않기 때문에 정부가 교과서 내용을 직접 수정할 수 없다'는 일본 정부의 답변은 한국 정부뿐 아니라, 한국 사회에도 적지 않은 충격으로 작용했다. 시민사회는 당장 '국사' 교과서의 검정화를 요구했다. 이에 대해 정부는 곧바로 적극적인 선택을 하지는 않았지만 검정제도 도입의 필요성을 검토하기 시작했다.[25]

---

[24] 양정현, 「한국사 교과서 발행 제도 운영의 문제점과 개선 방안」, 『역사와 현실』 제92호, 2014, 209쪽.

1982년의 일본 교과서 문제가 민족주의 역사교육 강화에 기여했던 기억과 비교한다면, 2000년대에 이르러 한국사회의 역사인식에 큰 변화가 일어난 것이다.

당시 일본 교과서 역사왜곡 문제에 대응하기 위해 결성되었던 시민단체 일본교과서바로잡기운동본부는 기존의 무조건적인 반일에서 벗어나 일본, 중국의 시민사회와의 연대를 적극적으로 모색하고 있었다. 동시에 이 단체는 일본 교과서뿐 아니라 한국사 교과서에 대한 내용 검토도 필요하다는 인식을 가지고 있었다.[26] 이 단체는 2001년 8월 역사교육 관련 단체들과 함께 한국사 교과서 문제를 주제로, 국사교과서의 검정화와 교과서 내용 개선을 촉구하는 심포지엄 '역사교육정상화를 위한 새로운 교육과정과 교과서 제도 모색'을 개최했다. 1980년대 중반부터 제기된 학계의 요구가 사회적 요구로 확산되었다는 점에서 이는 중요한 변화였다.

이 회의에서 특히 주목할 만한 지점은 검정제에 대한 논의와 더불어 교과서 서술과 민족주의에 대한 비판이 이루어지고 있다는 점이다. 일본 교과서 문제가 한국사 교과서의 과도한 민족주의적 서술에 대한 비판으로까지 이어진 것은 놀라운 변화였다. 1997년 7차교육과정이 발표된 이래, 2001년 당시까지 역사교육 관련 학회 주도로 다양한 논의들이 진행되고 있었지만, 교과서 내용에 대한 분석은 본격적으로 진행되지

---

25) 새로 시행될 7차교육과정의 심화선택과목이었던 '한국 근·현대사'는 검정제 시행이 확정되어 있었다. '국사' 과목의 경우에는 우여곡절 끝에 '한국사'로 과목명이 바뀌고 2011년부터 학교에서 검정교과서가 사용되기 시작했다(3장에서 다시 언급). 그리고 2017년 국정제 시행에 따라 2016년(3학년에서 선택하는 경우 2018년까지 사용가능)까지 사용되고 폐기될 상황이다.

26) 이 같은 인식에 따라 이 단체는 2002년 아시아평화와역사교육연대로 이름을 바꾸었다.

않고 있었다. 그런데 이 행사에서 한국 현대사에 대한 내용분석이 진행되었고, 대표적인 민족주의운동 연구자 서중석에 의해 교과서의 지나친 민족 강조와 그 개념의 불일치가 비판되었다는 것은[27] 학계 스스로 지나친 민족주의적 서술이 가지는 문제점에 대해 본격적인 토론을 시작했다는 것을 의미했다. 이 같은 변화는 일본 교과서 문제를 매개로 역사학계의 일부가 이 시민단체에 참여하면서 생긴 변화였다. 이후 이 단체는 학계와 연대하여 역사과목의 독립과 검정제를 요구하는 청원서를 정부에 제출하는 등 국사 교육제도와 내용 변화를 위한 활동을 지속해 나갔다.

2002년 7월29일 부활된 검정제 하의 첫 교과서 『한국 근·현대사』가 검정 통과되었다. 새 교과서에 대한 반응은 크게 두 가지 경향으로 나타났다. 하나는 보수정치세력의 반발이었고, 다른 하나는 학계와 시민사회의 분석과 비판이었다. 검정 발표 바로 다음날 당시 야당이었던 한나라당 의원들이 '현 정권에 대한 편파 기술'이라며 문제를 제기했다. 서청원 대표는 "역사왜곡이자 국기를 흔드는 사태로 묵과해선 안 된다"고 주장했다.[28] 대부분의 언론도 검정 통과된 4권의 교과서 기술이 편파적이라는 인식을 보였다. 파문은 확산되었다. 교육인적자원부는 곧바로 "수정·보완이 필요한 부분이 있을 경우 9월말까지 직권으로 수정"하겠다고 발표했다.[29] 청와대도 31일, "교과서를 통해 정부를 미화하고 대통령을 홍보한다는 발상은 있을 수 없고 해본 적도 없으며 따

---

27) 서중석, 「현행 중·고교 교과서 현대사 부문 분석과 개선방향」, 역사교육연구회, 전국역사교사모임, 일본교과서바로잡기운동본부, 『역사교육 정상화를 위한 새로운 교육과정과 교과서제도 모색』(자료집), 2001.8.

28) 「YS는 비리-DJ는 개혁/정치권 '교과서' 논란」, 『세계일보』 2002.7.31.

29) 「교육부 "고교편향교과서 수정할 것"」, 『한국일보』 2002.7.31.

라서 마치 그런 것처럼 언론이 보도하는 것은 유감"이라며 진화에 나섰지만[30] 파문은 쉽게 가라앉지 않았다. 교육인적자원부는 다시 "검정제도와 역사교과서가 다루어야 할 시기 문제에 대한 개선방안을 만들겠다."고 밝혔다.[31]

그런데 8월1일, 국회 교육위원회에서 민주당 이재정 의원은 한국교육평가원 "김성동 원장이 지난달 29일 밤 검정교과서 관련 언론보도 대책문건을 한나라당 교육수석전문위원에게 팩스로 보냈으며, 이를 근거로 한나라당이 이튿날 총공세에 나선 것"이라고 폭로했다.[32] 같은 날 한나라당은 새로운 교과서는 '신 용비어천가'라며 교과서 내용 시정과 책임자 처벌, 검정위원 명단 공개를 요구했다. 국정감사 검토까지 거론했다. 김정숙 최고위원은 '일부 대안교과서는 유물사관으로 구성되어 북한 교과서와 비슷하다'라며 문제를 대안교과서로까지 확대시켰다. 황우여 의원은 호남을 바탕으로 한 지역성 강화전략이 아닌가라며 생뚱맞게 지역감정을 자극하고 나섰다.[33]

논란이 정치공방으로 이어지고, 이념화의 시도까지 시작되었을 때, 또 하나의 변수가 발생했다. 8월3일 교과서 검정에 참여했던 10명의 연구자들이 일방적인 검정위원 명단 공개에 항의해 일괄 사퇴해 버린 것이다. 사태가 걷잡을 수 없이 확산하자 일각에서 좀 더 본질적인 문제제기가 등장하기 시작했다. 8월1일 한 신문은 검정에서 탈락한 교과서가 오히려 중립적인 평가를 하고 있다며 검정 과정을 문제 삼고, 검인

---

30) 「청와대 "교과서 편파기술 유감"」, 『서울신문』 2002.8.1

31) 「"교과서 검정제도 개선"/교육 부총리 "역사교과서가 다뤄야 할 시기도…"」, 『한겨레』 2002.8.1

32) 「공문서 한나라당 유출파문 김성동 교육평가원장 조사」, 『세계일보』 2002.8.5

33) 「정치권 '교과서 왜곡' 논란」, 『연합뉴스』 2002.8.1.(인터넷판).

정 전환과정에 대한 경위를 밝혀야 한다고 보도했다. 또 검인정제도가 "'보이지 않는 손'에 의해 역사의 날조 왜곡 축소 누락 과장 등의 시비를 낳을 수 있다"고 지적했다.[34] 이 기사는 비판적인 여론에 편승해 검정제도의 문제점을 지적하고 국정제를 옹호하는 기사였지만, 역설적으로 검인정 제도 자체의 문제점을 드러내고 있었다. 같은 날 다른 신문은 정반대로 역대 교과서들이 당대 정권의 홍보물로 발행돼왔던 관행을 지적하면서,[35] 국정제의 문제점을 지적했다. 한 신문은 "논란의 본질은 어떻게 하면 청소년들에게 정치상황에 의해 왜곡되지 않는 역사관을 심어주느냐 하는 것"인데도, "지극히 정치적인 상황으로 다뤄지고 있는 현실이 기막힌 아이러니"라고 비판했다.[36]

이후 신문들은 사관,[37] 당대사 서술의 기준,[38] 공무원의 중립성[39] 등의 문제를 다루더니, 교과서 내용에 대한 분석과[40] 역사교과서의 자율성 문제까지 다루었다.[41] 정치권에서는 8월6일 여야공동으로 '역사교과서 진상조사소위'를 구성하였고, 논란은 더 이상 극단적으로 변질되지 않고 소강상태로 접어들었다.

사태가 진정국면으로 접어들었을 때, 한국 근현대사 교과서에 대한 본격적인 분석이 진행되었다. 정치적 공방에도 불구하고 검정제도하의 한국 근현대사 교과서는 여러 가지 면에서 긍정적인 모습을 보여주

34) 「검정탈락 교과서 되레 평가 중립」, 『세계일보』 2002.8.1.
35) 「역사교과서는 '역대정권 홍보물'」, 『문화일보』 2002.8.1.
36) 「기자의 눈: 교과서 논란 엉뚱한 변질」, 『한국일보』 2002.8.5.
37) 「시론: 청산돼야 할 '영웅사관'」, 『세계일보』 2002.8.6.
38) 「역사교과서 당대사 기술」, 『한국일보』 2002.8.6.
39) 「공무원 스스로 지켜야 할 중립」, 『서울신문』 2002.8.6.
40) 「보전보전투 교과서 첫 수록」, 『서울신문』 2002.8.7.
41) 「아침을 열며: 역사교과서 자율성 보장되어야」, 『한국일보』 2002.8.8.

었다. 내용면에서 근현대사만을 다루었기 때문에 매우 상세했다.[42] 많은 부분이 이전의 교과서에서 다루지 않았던 새로운 내용들이었다. 교과서의 종이 질과 편집 등 형식적인 면에서도 이전의 교과서들과는 비교할 수 없을 정도로 좋아졌다. 검정제도로 인해 비로소 학계의 연구성과가 교과서에 적극적으로 반영될 수 있는 공간이 열리게 되었음이 내용면에서 확인되었다. 이시기의 변화는 정권교체라는 정치적 분위기가 영향을 미친 부분도 있지만, 그동안 축적된 학계의 연구역량이 더 중요한 역할을 하였다고 할 수 있다.

일본교과서바로잡기운동본부는 2002년 11월 심포지엄 '21세기 한국 사교과서와 역사교육의 방향: 제7차 교육과정을 중심으로'를 개최했다. 행사의 주관단체는 역사문제연구소 전국역사교사모임, 한국역사연구회였다. 사실상 학계와 교육현장의 목소리를 반영한 행사였다. 회의에서 발표자들은 7차교육과정의 문제점과 함께 현행『국사』교과서를 정치사, 경제사, 사회사, 문화사 등 분류사적인 관점에서 분석했다. 회의에서는 검정제로의 전환이 주장되었고,『한국 근·현대사』교과서에 대한 강한 비판도 이어졌다.[43]

발표자 중 한 명이었던 지수걸은 일본 역사교과서 문제 대두 이후 포스트모던적 역사인식론이나 교육론, 특히 역사교육의 목적과 방법을 둘러싼 이러저러한 논쟁들을 정리하고 분류하면서 민족주의사관과 역

---

42) 지나치게 상세하다는 비판도 있지만, 반면에 교과서를 참고용으로 사용한다면 상세한 것도 좋다는 의견이 있기 때문에 교과서 기술이 상세한 것이 긍정적인가 하는 문제는 별도의 논의가 필요하다.

43) 일본교과서바로잡기운동본부,『21세기 한국사교과서와 역사교육의 방향: 제7차 교육과정을 중심으로』(자료집), 2001.11.9. 심포지엄의 결과물은『한국사 교과서의 희망을 찾아서: 21세기 한국사 교과서와 역사교육의 방향』(역사비평사, 2003)으로 출판되었다.

사교육의 문제에 관한 토론을 심화시켰다. 그는 역사교육의 목적으로 '애국·애족심 혹은 민족정체성 함양'을, 그리고 그 방법으로 민족 주체 적 관점이나 '내용 중심 교육'(역사적 사실에 대한 교육)의 중요성을 강 조하고 있는 연구자들과 역사교육의 목적으로 '역사적 탐구력, 비판력 함양'을, 그리고 그 방법으로 다중 주체적 관점이나 '과정 중심의 교육' (역사인식 혹은 구성의 과정에 대한 교육)을 강조하고 있는 연구자들 로 그동안의 연구를 구분했다. 전자에는 서의식, 양정현이, 후자에는 자신과 김기봉이 해당한다고 분류했다.[44]

그는 또 전자의 경우에 해당하는 양정현이 포함된 대안교과서의 필 자들이 집필과정에서, "한국사 교육은 민족=국가(추상적 공동체)를 서 술대상으로 해야만 하는가, 이런 논점이 역사를 자신의 삶으로 조명하 고자 하는 취지와 상충되지 않는가, 민족과 신분 (…), 공동체와 개인 의 문제" 등을[45] 진지하게 고민했다는 사실을 소개했다. 또 그럼에도 불구하고 포스트모던적인 관점에서 볼 때, 그들이 쓴 대안교과서도 기 존의 역사인식론이나 교육론을 크게 탈피하지는 못했다고 비판했다. 그는 "국가와 민족만이 아니라 다양한 근대주체(지주, 자본가, 노동자, 농민, 청년, 여성, 학생, 어린이)들의 삶과 투쟁, 또는 해당 시대의 핵 심적인 서사를 과감하게 쟁점화 하는 교과서 서술이 필요하다."고 주 장했다.[46]

---

44) 서의식, 「포스트모던 시대의 한국사 인식과 국사교육」, 『역사교육』 제80집, 2001; 서의식, 「민족 중심의 역사서술과 역사교육」, 『역사비평』 통권56호 가을호, 2001; 김기봉, 「포스트모던 역사이론: 무기의 비판인가 비판의 무기인가」 같은 책, 2001, 33~56쪽; 「(집중토론) 한국역사학, 역사교육의 쟁점: 민족 중심의 역사냐 포 스트모던의 역사냐」(이하 「집중토론」) 같은 책, 57~146쪽; 지수걸, 「'민족'과 '근 대'의 이중주」, 『기억과 역사의 투쟁』, 『당대비평』 특별호, 2002; 양정현, 「포스트 모던 역사이론의 '민족' 논의와 역사교육」, 『역사교육』 83집, 2002.
45) 양정현, 앞의 논문, 2002, 46쪽.

동시에 그는 자신과 김기봉이 민족주의 자체를 폐기하자는 주장을 하는 것이 아니라, '통일된 국가를 이룩한다는 목표'를 달성하기 위해 사용되는 '민족담론의 쓰임새'를 문제 삼는 것이고(김기봉), "국가 민족사 연구나 교육을 하지 말자는 뜻이 아니라 다차원적이고 다중적인 관계 속에서 이루어지는 인간의 삶 가운데 오로지 국가 민족 단위 삶만이 중요하다는 인식, (…) 오로지 국민윤리나 국가 민족의 가치만 중시하는 인식을 배타적으로 강요하는 역사교육을 바로잡자는 뜻"이라고 주장했다.[47]

지수걸이 강조하고자 한 것은 민족정체성 함양이나 민족 주체적 관점을 역사교육의 핵심 목표로 생각하는 경우에도 포스트모던적 방법론의 도입을 고민하고 있지만 아직은 불충분하다는 점, 그리고 자신은 그러한 방법론을 적극 수용하고 있지만 그것이 민족사의 해체를 주장하는 것은 아니라는 점을 강조하고 있는 셈이다.

바로 이 시점에 포스트모던적 역사인식을 좀 더 적극적으로 주장하는 움직임이 공식화되었다. 2003년 '비판과 연대를 위한 동아시아역사포럼'(2000년 결성)이 주관한 '국사의 해체를 향하여'라는 공개토론회에서 일국사적 역사인식 체계에 대한 강한 비판이 쏟아졌다. 모임을 주도했던 임지현은 "일본의 '새 역사교과서'를 만든 주체나 한국의 비판 주체는 민족적 정체성의 확립과 국민 만들기라는 동일한 역사관을 공유하고 있다"고 비판했다. 그는 "한국의 민족주의와 일본의 민족주의가 적대적 포즈를 취하고 있는 듯하지만, 결국은 공범자"라며 "내셔널 히

---

46) 지수걸, 「제7차 교육과정과 '국사'교육: 문제는 소통(疏通)이다」, 일본교과서바로잡기운동본부, 앞의 자료집, 2001, 6~13쪽.

47) 지수걸, 앞의 자료집, 2001, 7쪽; 앞의 주장은 김기봉의 발언(「집중토론」, 앞의 책, 2001, 82~83쪽), 뒤의 주장은 지수걸의 발언(같은 책, 79쪽).

스토리의 틀을 고수하는 한 이런 싸움은 계속될 수밖에 없기 때문에 아예 그 틀을 깨자는 것이 국사 해체"라고 주장했다.[48] 그는 포스트모 던적 관점에 입각해 국민 만들기로서의 역사교육의 본질적 기능을 탈 피해 역사학과 역사교육의 본질을 재구성하자는 주장을 제기했던 것 이다.

한 가지 흥미로운 점은 바로 이 모임에 뉴라이트의 원조격인 이영훈 이 참여했다는 점이다. 그 또한 국사의 해체를 주장하는 발언을 했다. 그는 "한국인이 유사 이래 혈연·지역·문화·운명·역사의 공동체로 서 하나의 민족이었으며, 높은 수준의 문명을 건설했고, 조선왕조에 이 르러서는 서유럽의 근대국가 못지않은 공공국가로서의 면모를 갖췄으 나 그만 20세기에 들어와 일제의 침략과 수탈에 의해 망가졌다는 식의 역사인식 자체가 신화"라며 한국의 국사는 일본제국주의의 대항물로서 탄생한 한국 민족주의를 끊임없이 재생산하고 있는 제도적 장치라고 비판했다.

이 같은 비판에 대해 토론자로 참석한 박지향은 "세계가 여전히 국 민국가 체제 속에서 움직이고 있는 상황에서 민족주의의 약화는 민족 의 약화일 뿐이다. 둘째 특히 현재 한국이 처해 있는 국제정치적 조건 —강대국에 둘러싸여 있다는 지정학적 여건과 분단국가— 때문에라도 민족주의를 강력히 유지해야 한다. 무엇보다 민족통일이라는 대명분 때문에 민족주의는 포기할 수 없다는 주장이 호소력을 갖는다. 이에 대한 국사 해체론자들의 대안은 무엇인가"라고 물었다.

또 다른 토론자 이영호는 한국의 국사는 식민주의 사학에 의해 구축 됐고 그나마 식민지하에서 한국의 역사는 역사체계 속에서 사라졌음

---

[48] 공개토론회와 관련된 인용문은 「왜 지금 국사 해체론인가: 단일민족 신화, 민족 국가 열망에 대한 '도발'」, 『신동아』 529호, 2003, 284~294쪽

을 상기시켰다. 그는 "제국주의와 식민지라는 역사적 경험의 차이는 엄청난 것인데 그것을 동등하게 평가해 '주변부의 저항 민족주의는 제국주의의 거울 반사에 불과하며 궁극적으로 양자는 적대적 공범관계를 형성하고 있다'고 설정하는 것은 부당하다"고 주장했다.

이 날의 토론은 결국 민족주의 사학 또는 사관에 대한 비판과 그것에 대한 현실사회에서의 대안 부재, 그리고 식민지와 그에 대한 저항의 경험이라는 '특수성' 무시라는 점으로 모아졌다. 이 문제는 현재까지도 명확하게 해결되지 못한 역사학의 핵심적인 과제의 하나라고 할 수 있다.

그런데 이날의 토론회에서 또 한 가지 주목해야 할 부분은 포스트모더니즘 주장과 뉴라이트적 주장이 뒤섞여 있다는 점이다. 이들의 문제의식이 아직 미분화 상태였다고 할 수도 있고 전략적 정치적 동반관계라고도 볼 수 있다. 포럼 이후 참가자들이 서로 다른 주장으로 나아갔다는 면에서 전자로 보는 것이 좀 더 타당해 보인다. 그렇지만, 이날 이영훈의 또 다른 주장은 후자의 가능성도 열려 있었음을 보여준다.

이영훈은 이날 '엉뚱하게' '애국주의'적 역사교육의 필요성을 강조하고 나섰다. 그는 북한사를 전공하는 국사편찬위원회의 특정 인물을 언급하면서 비애국적인 인사가 국사를 편찬하고 있다고 비판했다. 이 같은 발언은 그의 주장이 언뜻 국사의 해체를 주장하는 듯 보이지만, 사실은 민족주의적 해석(사관)을 해체하고 자유주의적 사관, 즉 자본주의 발달사라는 입장에서 '국사'를 재구성할 것을 주장하고 있었음을 의미한다. 그의 주장은 2008년 자신이 참여해 출간한 『대안교과서 한국근·현대사』에서 북한을 보론으로 취급하면서, 북한을 실패한 국가로, 보편적인 근대문명에서 벗어난 '문명의 막다른 길'로 규정하면서 좀 더 분명해진다. 이 책은 북한이 오직 "국제사회로부터 닫힌 가운데 억압,

차별, 빈곤, 기아, 질병의 늪에서 허덕이는" 사회라는 사실만 소개하고
강조한다.[49]

이영훈과 다른 이들의 인식에서 가장 큰 차이는 자본주의 발달사에
대한 평가와 가치부여의 문제였다. 다른 이들의 관심이 근대 비판과
탈근대에 놓여 있었다면 그의 관심은 세계사적 자본주의 승리의 의의
와 한국의 편입, 그리고 향후 지속될 자본주의 체제에서 한국의 역할
등에 초점이 맞추어져 있었던 것이다. 결국 민족주의와 국사체계에 대
한 비판 필요성을 매개로 한 일시적 동맹관계의 형성이 이날 토론회의
중요한 한 측면이었던 셈이다. 이날 이영훈의 발표는 이후 뉴라이트
세력에 포함된 연구자들의 행보가 지나치게 정치화되거나 심지어 냉
전회귀적 반공지상주의자들과도 결합하는, 이해하기 힘든 기묘한 동거
현상을 상당부분 해명해 준다.

이영훈의 주장은 언급한 대로 2005년 교과서포럼이 결성되면서 대안
적 교과서 쓰기로 구체화되었다. 그 결과물로 출판된 『대안교과서 한
국 근·현대사』는 교과서 공격 진영의 이론적 보루로 역할하면서, 그
들의 정치적 주장을 학문적으로 포장해 주는 역할을 하게 되었다. 그
런데 이 같은 정치적 성격에도 불구하고 이 책은 학문적 논의의 필요
성을 제기했다. 물론 그들 스스로 기존의 역사인식을 '자학사관'으로
비판하고, '대한민국은 태어나서는 안 될 나라였는가?'라는 도발적 문
제제기를 함으로써, 역사교과서 문제를 학술적 논의가 아닌 정치적 논
쟁의 대상으로 만들어 버렸지만, 그들 나름대로의 '사관'으로 근대 100

49) 교과서포럼 지음, 『대안교과서 한국 근·현대사』, 기파랑, 2008, 17쪽. 뉴라이트
세력의 북한 인식에 대해서는 이신철, 「뉴라이트 교과서'의 북한 현대사 인식」,
역사교육연대회의 지음, 『뉴라이트 위험한 교과서, 바로 읽기』, 서해문집, 2009
참조.

년을 해석하는 대안을 제시했기 때문에 논쟁이 필요했던 것이다.

뉴라이트 진영은 대체로 근대 국민국가의 발전과정을 국가건설, 국민형성, 정치적 참여의 증진, 분배의 개선이라는 네 단계로 설명한다.[50] 따라서 국가건설 세력에 따라 바람직한 국민형성의 상이 달라지며, 정권을 잡은 세력은 그들을 이데올로기적으로 고정화 시켜 지속적 정치참여를 유도할 필요가 있다고 주장한다. 그들은 한국 내 과거사를 둘러싼 갈등이 전쟁 이전, 식민지 지배 이전의 한반도의 원형으로서의 통일된 민족적 국민의 정체성과 냉전적 배타적 국민의 정체성을 둘러싼 '기억 투쟁'의 성격을 지니고 있다고 인식한다. 따라서 과거의 사건이나 인물을 어떤 의미체계로 이해할 것인가를 두고 벌어지는 현재의 갈등에는 현 국면에서 경쟁, 대립하고 있는 정치 사회 집단들의 이해관계와 세력관계가 깊이 반영되어 있다고 인식한다.[51] 그들은 1998년 김대중 정권의 등장을 냉전적 배타적 국민 정체성의 위기상황으로 인식하였고, 이에 대응해 스스로의 정체성을 1948년 대한민국 정부 수립, 한미동행, 자유민주주의 정체, 반공주의, 자유시장경제 시스템, 산업화를 열쇠말 삼아 재정립했다.

그들은 민주정부의 보수에 대한 과거사 청산 과업을 '퇴행적인 과거사 들추기'로 매도하면서, '선진화'라는 구호로 역사적 이데올로기를 새로 만들어냈다. 그들은 대한민국의 현대사가 건국과 산업화, 민주화를 단계적으로 거쳐 온 것으로 평가하고, 그 토대 위에서 선진화를 향해 나가자는 주장을 펴기 시작했다. 이 '선진화' 담론은 실제로는 민주화

---

50) Rustow, Dankwart, 1967 "A world of nations: Problems of Political Modernization"; 김일영, 「한국정치의 새로운 이념적 좌표를 찾아서: 뉴라이트와 뉴레프트 그리고 공통된 지평으로서의 자유주의」, 『한국정치외교사논총』 제27집 2호, 2006, 374쪽에서 재인용.
51) 김일영, 앞의 논문, 2006, 374~376쪽.

시대의 민주주의 실천의 의의를 제한하고 포위하고 있으면서도 외견상
으로는 산업화와 민주화의 통합을 이야기하는 것으로 보이게 만드는 담
론 전략이었다. 이 같은 보수의 정치전략에 적극적으로 부응해 근현대
사를 재구성한 것이 바로『대안교과서 한국 근·현대사』였던 것이다.

이 같은 보수의 역사공세에서 역사학계가 답해야 할 시급한 과제는
근대 100년이라는 시대를 관통하는 '시대정신'이나 열쇠말, 역사적 이
론과 사관에 대한 재검토였다고 할 수 있다. 그렇지만 역사학계는 이
에 대해 적극적으로 대응하지 못했다. 이들에 대한 대응은 시민단체에
게 맡겨졌다고 해도 과언이 아니었다. 물론 적지 않은 학회와 연구자들
이 연대해 대응했지만, 그 대응은 즉자적이었고 기존 역사학의 성과를
확인하는 정도의 대응이었다. 뉴라이트 측의 정치적 도발에 대한 정치
적 대응에 머물고 있었다고 해도 과언이 아닐 것이다. 학술적인 분석을
토대로 한 대응의 가장 대표적인 사례가 역사교육연대회의가 펴낸『뉴
라이트 위험한 교과서, 바로 읽기』였다.[52] 그렇지만 이 책은『대안교과
서 한국 근·현대사』에 대한 주제별 비판서에 머물렀다. 뉴라이트식 근
현대사 해석에 대한 통사적 분석은 이루어지지 못했던 것이다.

한편으로 역사학계는 시민사회와 함께 이승만의 부활과 김성수의
역할론에 분개했다. 이영훈은 일본군 '위안부' 취업사기론을 제기해 일
본제국주의에 대한 분노와 뉴라이트에 대한 분노를 일체화시켜주었다.
4·19 폄훼와 5·16 미화 시도도 대중적 공분을 일으켜 박정희 독재에
대한 비판을 쉽게 만들어 주었다. 그런데 이러한 대응은 우리 사회의
일반적 역사인식에 기댄 손쉬운 접근이었다. 역사논쟁이 학문적 논쟁

---

52) 역사교육연대회의 지음, 앞의 책, 2009. 역사교육연대회의에는 한국역사연구회
를 비롯해 아시아평화와역사교육연대, 민족문제연구소, 역사문제연구소, 역사학
연구소, 전국역사교사모임, 한국역사교육학회가 참여했다.

이 아니라 정치 논쟁화 된 상황에서 대중의 지지가 무엇보다 시급했던 까닭이었다.

　문제는 기존 논리의 허점에 대한 탐구가 부족했다는 점이었다. 정치권을 중심으로 형성된 민주화와 산업화의 이분법은 산업화와 민주화에 대한 통합적이고 비판적인 사고를 가로막았고 정치세력의 공과와 연결된 분절적 사고에 머물게 했다. 그것이 식민지시기에 진척된 근대화와 어떤 관계가 있는지, 임시정부세력이나 독립운동 세력들은 식민지 시기와 해방 후 산업화와 어떠한 관계에 있는지, 민주주의 정치체제나 민주화운동세력과는 또 어떤 관계에 있는지에 대한 해명도 부재했다. 가장 큰 문제는 기존의 민족 담론이 가지고 있던 특수성에 대한 더욱 적극적인 해명이나 그것의 대안적 이론체계가 활발하게 모색되지 못했다는 점이다. 김용섭의 내재적 발전론이나 두 가지 길에 대한 비판은 간혹 진행되었지만, 강만길의 통일=근대국가 완성론에 대한 재검토는 이루어지지 않았다.

　한국 근현대사 학계는 현대사의 다양한 미결과제에 천착했어야 했고, 2000년대 초반 활발하게 진행되었던 이론과 사관에 대한 논쟁도 심화시켜야 했다. 그렇지만 급박하게 들이닥친 정치논쟁의 소용돌이는 학계전반에 어느 한편으로 낙인찍히게 될지도 모른다는 불안감과, 대중을 잃을지 모른다는 막연한 경계심을 넓게 퍼트려 놓고 말았다.

## 4. 역사(교육)의 재정치도구화와 식민주의 공방

　살펴본 대로 2002년 『한국 근·현대사』 교과서의 등장과 그에 대응한 『대안교과서 한국 근·현대사』의 출판으로 역사교육에 대한 논쟁은 검정제도에 관한 논쟁을 넘어 한국 근현대사 전반에 대한 인식문제로 확산되었다. 그렇지만 2005년부터 재개된 보수 정치권의 한국근현대사, 특히 금성사판 교과서에 대한 이념 공격, 2008년 등장한 이명박 정권의 조직적이고 전방위적 교과서 공격, 그리고 그를 계승한 2015년 박근혜정권의 국정화 등의 정치적 요인으로 인해 논의는 갈수록 정치화되어갔다. 학문외적인 정치 공방이 논쟁의 주도적 위치를 차지하게 된 것이다. 이로 인해 시민사회는 물론이고, 역사학계와 역사교육계 마저 학술적 논의구조 대신 정치적 주장과 임시방편의 진영짜기에 빨려 들어가 버렸다. 그것은 교과서 공격세력에게도 마찬가지의 문제였다.

『대안교과서 한국 근·현대사』는 뉴라이트를 표방하는 인사들이 2005년 조직한 교과서 포럼에 의해 출판되었다. 교과서 포럼은 기존의 교과서를 '자학사관'이라고 비판하면서, 애국심과 대한민국의 '반공적 정체성'을 강조하는 교과서의 작성을 목표로 창립되었고, 그 성과물로 대국민 교과서 성격의 이 책을 출판했다.[53] 2008년 이명박 정권의 등장은 논쟁을 급격히 정치화시켰다. 집권 정치권력과 보수언론, 보수단체들은 조직적이고 일사분란하게 『한국 근·현대사』 교과서를 공격했다. 집권여당은 교육과학부(이하 교과부)는 물론이고, 심지어 국방부와 통일부 등의 정부부처까지 동원해 교과서 공격에 가담했다.[54]

이들의 공격에 의해 2008년에는 기존 교과서에 대한 비판적 여론이 광범위하게 형성되었다. 그 같은 분위기를 활용해 교과부는 수정명령

---

[53] 교과서포럼에 관해서는 주진오, 「교과서포럼의 실체와 의도」, 『뉴라이트 위험한 교과서 바로읽기』, 서해문집, 2009 참조. 현재 교과서 포럼 홈페이지는 폐쇄된 상태이다.

[54] 교과부와 국방부, 통일부의 교과서 공격에 대해서는 이신철, 「탈식민·탈냉전·민주주의에 대한 도전, '뉴라이트' 『한국사』 교과서」, 『역사문제연구』 제30호, 2013(b), 13~14쪽.

을 내리고, 집필자들이 수정을 거부하자 11월26일 역사상 최초로 직권
수정을 단행했다. 그리고 전국의 보수 교육감들은 직접적으로 교과서
채택을 방해했고, 금성출판의 교과서는 51%에서 36%로 채택률이 낮아
졌다. 이 과정에 온갖 편법이 동원되었음은 물론이다.[55]

2009년부터는 애국심과 반공적 국가 정체성을 강조한 새로운 '교육
과정' 만들기가 시작되었다. 당시는 2007개정교육과정 시행을 앞두고
교과서 검정이 진행되고 있던 상황이었다. 당국은 2007개정교육과정의
시행을 막기 위해, 12월17일 '2009개정교육과정' 총론만 먼저 발표했다.
그런데 이때 '한국 근·현대사' 과목에 세계사 기술을 추가해 고등학교
1학년에 필수과목으로 개설하기로 한 '역사' 과목이 '한국사'(선택과목)
로 변경 발표되었다. 이미 '역사' 교과서의 검정이 진행 중인 상황에서
이해하기 힘든 조치였다.

이 조치는 2003년부터 학교 현장에서 독립과목으로 교육되고 있던
한국 근현대사 교육이 비교할 수 없을 정도로 축소되고, 기존의 통사체
제로 되돌아간다는 의미였다. 근현대사 교육에 비판적인 보수 세력의
의도가 자연스레 관철된 것이다. 그렇지만, 이 문제는 거의 대부본의
토론이나 언론에서 주목되지 못했다. 오히려 정부 여당은 주변국 역사
왜곡에 대응한 '한국사 교육 강화'라는 명분을 내세워 문제의 초점을
'한국사' 과목의 필수화 문제로 바꾸어버렸다. 여야 의원들은 앞 다투
어 이와 관련된 토론회를 진행하고 법률안을 제출했다.[56]

---

55) 「위법 논란까지 일어…'역사교과서 갈등' 확산」, 『SBS뉴스』 2008.12.3.

56) 미래희망연대 김을동, 자유선진당 이명수 의원 등은 2010년 3월, 한나라당 이성
헌 의원 등은 7월에 초중등교육법 개정안과 고등교육법 개정안(대학이 입시전형
자료로 수능 한국사를 보도록 하는 내용)을 제출했다. 2011년 1월26일에는 한나
라당 김형오 의원이 '국가공무원법 일부 개정안' 등 3개 관련 법률 개정안을 통
해 초중고 교육과정과 수능 및 공무원 시험에서 역사를 필수과목으로 지정하는

필자는 국회를 비롯한 다양한 토론회에 참석해 이 문제를 제기한 바 있지만,[57] 언론이나 정치권의 주목은 고사하고 학계에서도 그 같은 여론은 형성되지 않았다. 그것은 여론 조작의 영향도 있었겠지만, 그것보다는 역사학계 일반이 아직 한국사 교육의 구조적인 문제나 근현대사 교육의 축소에 대한 문제의식이 없었다고 하는 편이 더 정확할 것이다. 더 엄밀히 말한다면, 근현대사 교육에 대한 관심보다는 전근대사 교육이 고등학교 필수과목인 '한국사'에서 줄어들거나, 선택과목으로 전락할 수 있다는 문제에 더 관심이 많았다. 그것은 고등학교 1학년 '역사' 과목의 탄생과 폐지 과정에 대한 이해가 없었기 때문에 생기는 문제이기도 했다. 이 문제는 더 많은 토론이 필요한 문제였다.

2011년에는 2010년 검정 통과된『한국사』교과서들에 대한 대대적인 공격과 함께 교육과정 개정 작업이 본격화 되었다. 한 보수언론은 "우파는 형식을 해체했고, 좌파는 내용을 파괴했다"며, 한국사 필수화와 내용개정을 동질의 가치를 지닌 시급한 과제로 내세웠다.[58] 정부는 기존의 교육과정 개정 시에는 없던 새로운 권력기구를 만들고, 국사편찬

내용의 법안을 대표 발의했다. 2월18일에는 민주당 강창일의원도 22명의 동의를 얻어 교육기본법과 초중등교육법에 대한 법률개정안 5건을 대표 발의했다. 이들 법안은 학교 교육과정에서 한국사교육을 강화하고, 한국사 자격증을 갖춘 자가 공무원시험에 응할 시 가산점을 주도록 하는 등의 내용을 담고 있다. 이밖에도 김을동, 이성헌, 이명수 의원 주최로 '한국사교육 정상화를 위한 제도개선 방향 토론회'가 2010년 9월10일 진행되었다. 2011년 2월16일에는 김형오, 나경원 의원이 주최하고, 역사학회, 한국사연구회, 동양사학회, 한국서양사학회, 역사교육연구회, 한국역사연구회 등이 주관한 '세계 속의 한국을 알아야 글로벌 코리아가 열립니다'라는 제목의 '역사교육 필수화를 위한 전문가 간담회'가 진행되었다. 2011년 4월12일에는 국회의원 강창일, 김형오, 이성헌 주최로 '한국사교육 왜 필요한가?'가 진행되었다.

57) 이신철, 「교육과정의 혼란과 역사과목의 폐지」,『한국사교육 왜 필요한가?』(국회의원 강창일, 김형오, 이성헌 주최 학술회의 자료집), 2011.4.12.
58)『중앙일보』2011.1.10.

위원회를 내세워 밀어붙인 끝에, 학계의 강력한 반대에도 불구하고 소위 '자유민주주의' 조항이 들어간 교육과정을 통과시켰다. 그렇게 탄생한 교육과정을 바탕으로 교학사판 『한국사』 교과서가 탄생했다.[59]

주지하다시피 2013년 교학사 『한국사』의 검정 발표 이후에는 이 교과서의 적정성을 둘러싸고 학계와 시민사회의 강력한 반발이 일어났다. 수백 건의 사실오류가 지적되었고, 교과서의 기본 요건 미비를 이유로 검정 철회가 주장되었다. 이와 관련해 함량미달의 교과서이기는 하지만, 정부가 검정을 철회할 가능성이 크지 않기 때문에 결국 문제교과서의 오류수정에 학계가 나서는 꼴이 될 것이라는 우려가 제기되기도 했다. 일본의 경우에도 학계의 오류지적이 결국 역사왜곡 교과서의 관점은 그대로 둔 채 사실오류를 수정해주는 역할을 해주었던 사례가 있었기 때문에 제기되는 문제였다. 다만 그 같은 주장은 공식적이라기보다 필자를 비롯한 몇몇의 비공식 견해에 머물렀다.

그런데 이 문제는 검정제도 자체에 대한 고민이 필요한 문제였다. 검정 과정에 정치적 개입이 있었다는 증거가 없는 이상 이 같은 주장이 타당한가라는 검토가 필요했다. 국가의 일정한 통제를 의미하는 검정제도를 용인하는 이상 국사편찬위원회가 별도로 주관한 검정과정을 부정하기는 어려운 일이다. 즉 부당한 정치적 개입이 없었다면, 비록 검정의 오류가 있더라도 그것은 검정 위원들의 문제, 즉 검정제도 운용상의 문제이고, 채택과정의 문제이다. 당시에 학계에서 검정 통과된 모든 교과서를 대상으로 검토결과를 발표한 것이 아니라는 점도 한계였다. 비록 교육부가 교학사 교과서를 보호하기 위해 별도의 검토 과정을 거쳐 내놓은 다른 교과서의 오류가 미미한 수준이었고, 식민지 미화

---

59) 이 과정에 대해서는 이신철, 앞의 논문, 2013(b), 22~26쪽.

나 독재 옹호 같은 지적을 받은 것은 아니었기 때문에, 교학사판 『한국사』만 문제 삼는 것이 일면 타당한 측면이 있다고 할 수는 있다. 하지만 검정취소 대상과 오류수정 대상의 기준이 무엇인지, 검정 통과된 교과서들의 객관적인 비교 지표가 무엇인지에 대한 자료는 제시되지 않았기 때문에 한계를 가지는 주장이었던 것이다.

교육부가 재검토를 진행하고 그에 근거해 취한 조치들 또한 검정제도를 무시한 처사라는 점도 지적될 필요가 있다. 교육부가 수차례의 비상식적 수정기회를 부여하고, 다른 교과서들에 대한 오류 수정을 지시하면서 교학사 교과서를 채택국면까지 보호해준 것은 명백한 정치적 개입이라고 할 수 있다. 교학사 교과서의 검정 과정은 검정제도의 한계를 극명하게 보여주었다는 점에서 향후 교과서 발행제도 논의에서 심도 있게 다시 검토되어야 할 부분으로 남았다.

교학사판 『한국사』는 수많은 논란에도 불구하고 최종적으로 검정교과서가 되었지만, 시민사회의 강력한 불채택 운동에 부딪쳐 2015년 현재 여섯 곳 정도의 학교밖에 채택하지 않았다. 이와 관련해 황교안 총리는 국정화 확정고시를 발표하면서 교학사 교과서 채택학교가 3곳뿐이라고 발표한 바 있다. 그렇지만 교육부는 한 언론의 문의에 정확한 통계를 집계하고 있지 않다면서 6곳 정도로 파악하고 있다고 답변했다. 3곳의 차이에 대해 총리실과 교육부는 명확한 해명을 내놓지 못했다.[60] 이 같은 사실은 교학사 교과서의 채택현황 마저도 정치적으로 활용되고 있음을 보여준다.

교학사판 교과서의 채택 실패이후 정부 여당은 공공연하게 한국사 교과서 국정화 정책을 밀어붙였다. 미온적인 태도를 보이던 황우여 교

---

[60] 「"교학사 채택 고교 3곳 뿐"…황교안 총리의 거짓말」, 『노컷뉴스』 2015.11.17.(인터넷판)

육부 장관을 대신해 황교안 국무총리가 직접 나서서 국정화 필요성을 역설하고 제도의 시행을 발표했다. 학계의 정치개입 최소화 주장은 물론이고, 야당의 '사회적 논의기구' 설치까지 철저히 무시한 일방 통행식 정책시행이었다.[61] 총리가 발표한 국정화 논리는 비판의 여지가 많은 것들이었다. 2011년 집필에 참여한 집필자 37명 중 27명이 2014년에 다시 집필에 참여하고 있다는 논리는 필자들의 사상검증을 전제한 발언이었다. 교육부의 수정 명령에 대해 소송을 제기한 것을 문제 삼은 것은, 개인의 소송에 대해 문제를 제기하는 것으로 법치주의 또는 자유민주주의의 기본 정신과도 거리가 먼 주장이었다.[62] 그 외에도 그의 주장은 대부분 학계나 시민사회의 반박을 불러 올만한 것들이었다. 그럼에도 정부는 의견 수렴 기간인 20일 동안 제대로 된 의견 수렴조차 하지 않았다. 홈페이지, 이메일, 전화로는 의견접수를 받지 않고 팩스로만 의견을 받겠다고 했지만, 의견 수렴 마지막 날 팩스가 꺼져 있던 사실이 기자들에게 발견되기도 했다. 40여만 명의 서명이 담긴 국정화 반대 의견이 교육부에 전달되었지만, 교육부 장관은 야당의원들의 면담조차 거부했다.[63]

이후 정부는 비밀리에 집필진을 구성하고, 교과서 작성에 돌입했다.

---

61) 문재인 야당 대표의 사회적 논의기구 설치 제안에 대해 김무성 여당 대표는 사회적 기구가 곧 집필진이라는 말로 거부했다. 「"사회적 논의 기구 만들자" vs "집필진 구성"」, 『채널A』 2015.10.29.

62) 황총리의 발언과 교육부 주장 논리의 문제점에 대해서는 김한종, 『역사교과서 국정화, 왜 문제인가』, 책과함께, 2015, 136~144쪽; 「고교 99.9%가 편향교과서 선택 … 국정화 외엔 대안 없어」, 『동아일보』 2015.11.4.(인터넷판); 「시종일관 '좌편향·친북' 황교안의 '종북몰이' 기자회견」, 『오마이 뉴스』 2015.11.3.(인터넷판) 등 참조.

63) 「'국정화 예고' 마지막 날, 팩스 꺼놓은 정부…'반대' 송신 발구른 시민단체, '귀'닫은 교육부」, 『한겨레』 2015.11.2.(인터넷판)

국정화 논쟁이 진행되는 동안 다양한 토론회가 진행되고, 모든 언론이 이 문제를 다루었고, 외신들도 많은 관심을 가졌다. 심지어 외국의 한국학 학자 154명도 국정화를 반대하는 성명서를 발표했다.[64] 그런데 그 많은 토론회가 진행되는 동안 한국 근현대사의 쟁점에 대한 학술적 논의가 심도 있게 진행되거나, 역사교육제도에 대해 찬반 양측의 연구자들이 차분히 논의를 진행한 자리는 마련되지 않았다. 교과서 전체에 대한 분석 회의조차 진행되지 못했다. 오히려 시민들이나 대학생들을 중심으로 '한국사 교과서 읽기 모임' 같은 것이 진행되었다.[65] 국정화 논쟁은 철저하게 정치적 공방으로 진행되었다고 해도 과언이 아니었다.

국정화 논쟁은 왜 이렇게 정치화된 채 진행되었을까? 사회적인 논쟁이 질적으로 높은 수준을 담보하면서 진행되는 것은 사실상 불가능에 가까운 일이기도 하지만, 무엇보다 논쟁을 질적으로 담보해줄 시간이 부족했다. 그것은 정부여당이 현 대통령 임기 내 실현이라는 무리한 정치일정을 전제로 정책을 시행하려고 했기 때문이었다. 당연히 찬반 양쪽에서는 좀 더 자극적이고 효과적인 반대논리에 집중할 수밖에 없었고, 상대진영에 조금이라도 유리하게 해석될 수 있는 주장은 꺼낼 수조차 없는 분위기가 형성되었던 것이다.

국정화 논쟁과정에서 투쟁의 일선에는 늘 정치인들이 서 있었고, 투쟁은 그들 정책의 일환으로 이해되었다. 그런데 이상한 것은 정부여당과 야당이 전면에 나서고 다양한 정치적 주장을 했지만, 정작 그것을 통해 자신들이 얻을 수 있는 정치적 미래상이 무엇인지에 대한 논의는

---

[64] 「외국 한국학 학자들 154명 "역사교과서 국정화 반대" 성명 발표」, 『한겨레』 2015.10.25.(인터넷판)
[65] 「한국사 교과서 알기 시민캠페인 시작」, 『경향신문』 2015.11.17.(인터넷판)

충분하지 않았다. 역사논쟁에 민주화, 탈냉전이라는 정치적 요인이 중요한 계기로 작용하고 있음에도 불구하고, 역사교육이 그것에 바탕 한 사회적 요구나 미래상과 어떤 관계에 있는지, 자신들이 정치적으로 달성하고자 하는 미래상과 어떤 관계에 있는지에 대한 설명이 거의 없었던 것이다.

가장 심각한 것은 입법기구인 국회 차원에서 정치적 공방을 없애고, 독립적인 역사교육 기구를 어떻게 설립할 수 있을 것인지에 대한 대안이 효과적으로 제시되지도 못했다는 점이다. 정치권과 국회의 논의는 제도와 관련해 장기적인 전망 하에 진행될 필요가 있었다. 그것은 사실상 역사교육에 대한 국가의 개입 정도를 결정하는 문제였기 때문에 더욱 신중해야 했다. 그렇지만 논의는 왜곡되어 버렸다.

이와 관련해 최근 김종준은 역사교육의 정치성은 본질적인 문제이기 때문에 관계를 단절할 수 없음을 인정할 필요가 있다고 주장한 바 있다. 즉, 애국심 배양이든 시민의식 배양이든 두 가지 지향 모두 정치적이라는 점을 자각할 필요가 있고, 그런 바탕에서 역사교육의 본질을 다시 생각할 필요가 있다고 주장한다.[66] 그의 주장처럼 역사교육이 본질적으로 정치성을 띨 수밖에 없지만, 국정화 논의가 정치의 과잉이며 퇴행적 논의라는 점에서는 대부분의 역사학자들이 동의하는 바이다. 이는 전국 대부분의 역사학자들이 국정화 반대성명에 동참한 데에서도 증명되었다.[67] 이처럼 역사학자들의 의견 표명이 일부 있기는 하지만, 2000년대 초반의 국사 해체 논쟁에서 제기되었듯이 역사교육 자체가 정치(국가)와 무관할 수 있는가, 즉 국사해체가 정말가능한가? 그렇

---

[66] 김종준, 앞의 논문, 2016.

[67] 전국적인 국정화 반대 선언의 내용은 「역사 국정교과서 반대 · 집필 거부 선언 물결」(http://timetree.zum.com/126456) 참조.

다면 어떻게 실현 가능한가 또 그것이 옳은 방향인가에 대한 본질적 논의는 여전히 걸음마 단계에 머물고 있다.

사실 국정화 주장은 뉴라이트 세력과 극우보수주의자들에도 논리적 모순이다. 국정화 추진의 선봉 역할을 했던 자유경제원의 전신인, 자유기업원 원장을 지낸바 있고 '바른역사국민연합' 상임공동대표를 맡아 교학사 『한국사』 교과서 보급운동을 주도했던 연세대 김정호 특임교수는 공개적으로 '사상과 표현의 자유 침해', '교사들의 반발로 인한 현장에서의 역효과' 등을 근거로 국정화 반대의사를 표명했다.[68] 그렇지만 뉴라이트세력 일부의 반대에도 불구하고, 국정화 추진세력은 역사학계가 '자정' 능력을 가지지도, 검정을 통해 수정할 수 없을 정도로 좌경화되었다는 논리와, 전교조와 전국역사교사모임과 같은 좌익카르텔에 의해 '올바른' 교과서의 시장 진입이 불가능하다는 논리를 내세워막무가내로 밀어붙였다.[69]

국정화는 사실상 제도 면에서도 논쟁의 여지가 거의 없는 문제였다. 초기에 국정화에 다소 우호적이던 여론도 금세 부정적으로 돌아섰다. 다양화된 우리 사회에 걸맞지 않은 제도라는 인식과, 만약 현재의 야당이 집권하게 되면 국정화 주장자들 스스로도 포기해야 할 임시방편의 주장에 불과하다는 인식이 사회적 공감대를 얻었다. 국정화 주장자들이 국정교과서에 직접 개입하거나 영향력을 행사할 수 있는 정치권력을 상실했는데도 국정제도를 고집할 것인지는 조금만 이성적으로 생각해도 판단이 서는 문제인 것이다. 이 같은 상황 속에서도 논쟁은 국

---

68) 「뉴라이트 내부서도 "역사교과서 국정화 반대" 목소리」, 『경향신문』 2015.11.12.
(인터넷판) 이밖에도 보수인사들의 국정화 반대 주장은 언론에 심심찮게 소개되었다.

69) 이 같은 논리는 황교안 국무총리로 대표되는 정부로부터 집권여당, 교학사 한국사 집필자, 보수단체에 이르기까지 판에 박은 듯한 논리로 반복되었다.

정제 추진과 저지에 매몰되어, 검정제도의 한계나 자유발행제의 가능성과 같은 전향적인 논쟁으로 발전하지 못했다.[70]

근현대 역사상과 그 인식 틀에 대한 논쟁 역시 불충분하기는 마찬가지였다. 2장에서 살펴보았듯이 2000년대 초에 이미 제기된 뉴라이트적 역사인식을 둘러싼 연구와 논쟁이 필요했지만, 국정화 논란 와중에 그것은 한가한 이야기가 되어 버렸다. 이러한 상황에서 국정화 반대 진영이 가장 선호한 무기는 '식민사관 비판'이었다. 뉴라이트의 역사인식이 '식민사관'과 다르지 않다는 주장은 강력했다. 2002년 『한국 근·현대사』 교과서가 등장한 이후부터 2013년 교학사판 교과서가 등장할 때까지 지속적인 이념공세로 형성해 놓은 기존 교과서에 대한 비판 여론이, 교학사판 교과서가 '식민사관'이라는 주장에 맥없이 무너졌다. 박근혜 대통령이 직접 국회 시정연설을 통해 "일부에서 역사교과서 국정화로 역사왜곡이나 미화가 있지 않을까 우려하고 있지만, 그런 교과서가 나오는 것은 저부터 절대로 좌시하지 않을 것"이라며 비판여론을 잠재우려 했지만,[71] 이미 『대안교과서 한국 근·현대사』와 이영훈 교수의 '위안부' 취업사기 소동, 교학사 『한국사』의 친일적 서술 등을 통해 인식의 한계를 경험한 여론은 쉽게 꺾이지 않았다.

그런데, 국면이 국정화 반대진영에 유리하게 전개될수록 역설적이게도 다른 논리나 복잡한 설명을 억제하는 효과로 나타났다. 국정화를 둘러싼 토론의 장에서 1920~1930년대의 쌀 유출을 '수출'로 표현한 권희영의 발언이[72] 가장 대표적인 비판의 대상이 되었다. 인터넷 상에서

---

70) 국정화 논쟁이전부터 자유발행제 주장, 또는 그에 대한 반대나 시기상조론 등이 제시되었지만, 국정화 논쟁 과정에서는 거의 주목 받지 못했다.

71) 「박대통령 "역사왜곡·미화 교과서 절대로 좌시 않을 것"」, 『연합뉴스』 2015.10. 27.(인터넷판) 박대통령의 발언은 국정교과서에 직접 개입할 수도 있다는 의미를 내포하고 있기 때문에 또다른 논란의 소지가 있다.

도 가장 흔한 비판의 대상이 되었다. 그의 발언은 2015년 발간된 초등학교 5학년 국정교과서『사회』실험본의 식민지 관련 서술이 교학사판『한국사』에서 논란이 되었던 식민지 미화서술과 상당부분 일치한다는 사실이 공개되어 비판이 고조되고 있는 상황에서 나온 것이라 더 큰 논란이 되었다. 초등 국정교과서는 '수출'이라는 용어뿐 아니라, "을사조약을 성공적으로 마무리한 이토 히로부미", '일제의 의병 대토벌', '의병 소탕' 등의 용어를 사용해 문제가 되었다.[73] 이 같은 상황은 향후 발간될 국정『한국사』에서도 이런 표현들이 등장할 수 있다는 우려를 가능하게 만들었다. 물론 교학사판『한국사』나 초등 국정 교과서의 식민지배 미화 서술은 심각한 문제였지만, 그들이 제기한 수탈론의 한계에 관해서는 학계의 설명이 필요했다. 하지만 그런 필요성은 대중적 비판여론의 이면에 가려져 있었다.

식민주의 논쟁과 관련해 또 하나의 중요한 쟁점은 건국절과 임시정부 법통 논쟁이었다. 대한민국의 출현, 즉 세계체제에 스스로 편입된 민족 최초의 자본주의 국가 대한민국과 그 건국의 아버지 이승만에 대한 재인식을 유도하기 위해서 보수세력은 8월15일을 해방이나 독립이 아니라, 건국으로 기념할 필요가 있었다. 해방과 독립은 자본주의 발달사에서 보면 사회주의로 빠져들 위험이 극대화된 계기일 뿐이었다. 해방의 진정한 의미는 자본주의 국가 대한민국의 수립에서 찾아졌다. 당연히 민족을 앞세우고 남북의 통일을 위해 용공, 연공의 길을 걸었던 김구를 비롯한 임시정부 주요 인사들의 행위는 대단히 위험한 행위로 재평가되었다. 마찬가지로 미국을 비롯한 자본주의 진영의 승인을 획

---

72)『JTBC 뉴스룸』2015. 10. 14.

73)『사회』(초등 실험본) 93쪽~95쪽;『노컷 뉴스』2015. 10. 13.

득하지 못한 임시정부는 하나의 독립운동 단체에 불과했다. 그들의 독립운동 방식은 요즘도 아랍에서 행해지는 후진적 '테러'에 불과했다. 이들에게 가장 큰 장애는 임시정부 법통의 계승을 명시해 둔 헌법구절이었다. 그들은 여기에 명확히 답할 수 없었다. 논쟁을 해가며 논리를 개발해야하는 상황이었다.

국정화 지지세력의 건국절 주장은 반식민운동의 거점으로 여겨졌던 임시정부와 김구의 독립운동에 대한 폄하로 이해되었고, 식민주의 역사인식의 일환으로 비판받았다. 그렇지만 헌법의 임시정부 법통론을 무기 삼아 건국절을 반대하는 논리도 충분하지 않았다. 독립운동사 전체에서 임시정부의 위상이나, 독립운동 단체들과의 관계, 해방 후 미국·소련과 다른 정치단체의 임시정부 불인정 등의 문제는 아직 해명되고 정리되어야 할 부분이 많았다. 그렇지만, 그런 목소리를 낼 공간은 없었다. 대한민국 임시정부를 둘러싼 논쟁은 매우 기형적이었다. 기존의 입장이라면 대한민국의 정통성과 함께 임시정부의 법통을 강조해야할 보수 우익들은 임시정부를 폄하했다. 반대로 임시정부의 법통에 회의적이었던 진보 진영은 임시정부의 수호자가 되었다. 이 같은 상황은 임시정부를 비롯한 독립운동에 대한 새로운 연구뿐 아니라 해방 후 그것이 식민주의 극복에 어떤 영향을 미쳤는지를 해명해야할 필요를 제기하고 있었다.

한편, 식민주의 비판에 직면한 국정화론자들이 주로 사용한 무기는 '반공'이었다. 보수 그룹의 일부는 민주화 이후의 교과서 개선을 오히려 교과서에 대한 공격으로 주장하며 '역사전쟁'이 그때부터 시작되었다고 주장했다. 그들은 1987년 민주화운동 직후 결성된 한국역사연구회, 역사교사모임 등에서 그 뿌리를 찾았다.[74] 이들은 이들 단체가 민중사관에 입각해 있고, 북한을 비롯한 공산국가의 전체주의를 미화하

고 있다고 주장했다. 이들은 7개 교과서에 "북한의 잔학무도한 대남테
러가 전혀 기술되지 않았다"고 공격했다.[75) 극단적 반공주의자들이 토
론의 전면에 등장하고 반북, 반공, 안보 논리가 주된 논지가 되면서, 뉴
라이트 진영의 다른 목소리는 더 이상 들리지 않았다. 진영논리가 더
욱 강화된 것이다. 결국 그것은 뉴라이트 진영이 주장하는 자본주의
발달사관이 식민사관과 다르다는 점을 설명해 내지 못하고 논쟁점도
전환시키지 못하는 결과를 초래했다.

그렇지만, 한편으로 이들의 반공논리는 국가폭력의 문제를 은폐시키
는 역할을 했다. 정상적인 역사논쟁이 진행되었더라면 더 주목받고 해
명되었어야 할 중요한 문제는 국가폭력의 문제였지만 그것은 반공논
리에 가려졌다. 대표적으로 4·3, 4·19, 5·18민주화 운동 등에 관한
해석의 문제였다. 교과서가 국정화되면 국가 폭력의 가해자인 국가가
기술의 주체가 된다. 당연히 관련 기술이 보수화할 가능성이 크다. 그
렇지만, 기존의 다양한 과거사 관련 기구와 단체들의 활동과 연구를 통
해 밝혀진 새로운 사실들은 교과서 서술은 고사하고 논의조차 제대로
되지 않았다. 물론 국정화 추진세력이 얼토당토않은 주장을 하거나 학
술적 근거가 거의 없는 주장을 했기 때문이기도 했지만, 반대진영에서
도 더 적극적인 논쟁을 진행하지 못한 것은 아쉬운 대목이다. 역사논
쟁 과정에서는 국가폭력 피해 관련단체들의 항의만 주목받았고, 그 힘
에 의해 관련 서술이 유지되거나 수정되었다.

반공 논리와 관련하여 보수측이 해명하지 못한 또 하나의 문제는 대

---

74) 김용삼, 「한국사 교과서 大戰: 좌파들의 친일 프레임과 보수우파들의 종북 프레
임 싸움」, 『국사학자들만 모르는 우리 근현대사의 진실』(제1차 국사교과서 실패
연속 세미나 자료집), 자유경제원, 2015, 2쪽.
75) 『MBC 100분 토론』 2015.11.3.

한민국 정부수립에 대한 유엔의 승인을 과대 해석한 부분이었다. 대한
민국 정부 수립에 대해 교학사 교과서는 "유엔으로부터 승인받은 한반
도의 유일한 합법 정부"라고 기술하고 있다.[76] 교학사 교과서의 표현
은 다소 애매한 표현으로 서술되어 있지만, 쟁점은 '한반도 전체의 유
일한 합법 정부'인가 '38선 이남의 유일한 합법 정부'인가였다. 이에 대
해 대표적 뉴라이트 학자 김일영은 "정부는 하루빨리 1948년 12월12일
유엔결의 195(Ⅲ)의 내용을 있는 그대로 국민들에게 알려주어야 한다.
이제까지 정부는 이것을 '유엔이 대한민국을 한반도의 유일합법정부로
승인'한 것이라고 가르쳐 왔다. 그러나 그것은 명백히 사실이 아니며,
국제사회에서 한국을 제외하고는 어느 나라도 이러한 해석을 인정하
고 있지 않다. 아래의 원문에서 보듯이 이 결의안은 한국을 '「유엔한국
임시위원단」의 감시가 가능한 지역에서 수립된 합법정부'라고 인정하
고 있을 뿐이다."라고 주장한 바 있다.[77] 같은 진영에서 2003년 연구 성
과와의 충돌에 대해 해명하지 못한 것이다.

이처럼 국정화 논쟁의 정치 공방 이면에는 수많은 학술적 과제가 제
기되었다. 그것은 식민주의의 논쟁으로 표현되기도 하고, 그것을 은폐
하기 위한 반공주의로 포장되기도 한다. 식민주의와 반공주의, 냉전의
식은 깊이 연관되어 있지만, 아직 학계에서 충분히 해명되지 못하고 있
음이 논쟁 과정에서 여지없이 드러났다. 또한 반식민주의 또는 탈식민
주의와 민족주의 과잉의 문제에 대한 해명도 충분하지 않음이 드러났
다. 극도로 정치화된 국정화 논쟁은 수많은 미해결의 학술적 과제를
확인시켜줌으로써 그 본질적 문제를 드러내고 있다고 할 것이다.

---

76) 권희영 외, 『고등학교 한국사』, 2014, 307쪽.
77) 김일영, 「북한 붕괴시 한국군의 역할 및 한계」, 『국방연구』 제46권 제2호, 2003,
   171~172쪽

## 5. 맺음말: '위기' 극복을 위한 방향 모색

이상에서 1990년대 중후반 이래 격렬하게 전개되고 있는, 한국 근현
대사를 둘러싼 역사(교육) 논쟁의 본질이 무엇인가에 대해 접근해 보
고자 했다. 이 글에서 가장 먼저 주목한 것은 역사(교육)의 정치성의
문제이다. 역사(교육)논쟁이 정치성을 띠는 것은 근대 역사학과 역사
교육 자체가 국가와 밀접한 관계에 있었기 때문이다. 결국 역사논쟁의
본질은 역사와 국가(정치)와의 관계를 규명하고 규정하는 일이 될 것
이다. 또 하나의 본질은 그러한 정치성과 정치 공방에 가려진 학술적
논쟁점과 과제라고 할 수 있다.

그런데 한국 근현대사를 둘러싼 논쟁의 과정에서 본질적 측면에 관
한 논쟁은 턱없이 부족했다. 여야 정치세력은 논쟁의 과정에서 국가와
의 관계를 규정할 제도에 대한 논의도 하지 않았고, 그러한 사회적 합
의를 이끌어낼 기구를 만들어 내는 데에도 실패했다. 논쟁은 지극히
정략적 차원에 머물렀다고 해도 과언이 아니다. 시민사회와 학계의 경
우도 정치논리에서 자유롭지 못했다. 역사논쟁 자체가 민주화 과정과
연관되어 진행되었기 때문에 논쟁은 민주화에 대한 공방으로 진행되
었고, 쉽사리 진영논리에 갇히게 되었다.

역사논쟁의 정치화가 감추어 버린 것은 국가로부터 독립된 역사교
육이 가능한가, 국가의 개입을 허용한다면 얼마만큼 어떻게 허용할 것
인가, 어떠한 제도로 그것을 실현시킬 것인가 등의 문제를 포함한 제도
적 측면과 근현대사를 관통하는 거시적 역사인식을 어떻게 미래지향
적으로 재정립 할 것인가라는 내용의 문제였다.

역사논쟁의 본질을 확인하고, 근복적인 문제 해결을 위해서는 정치
공방을 극복하고, 진영논리에 갇혀버린 학술적 논의를 되살려 내는 일

에서부터 출발할 수밖에 없다. 정치적으로는 사회적 합의를 이끌어낼 논의의 장을 만드는 일이 시급하다. 현 단계 한국 사회의 역사논쟁은 정치와 역사(교육)와의 분리를 추구하기보다는 그 관계를 인정한 위에서, 국가의 개입을 최소화할 수 있는 방안과 함께 궁극적인 관계를 재정립하는 길을 모색하는 것이 필요하다. 사회적 논의의 장이 열린다면 당리당략을 벗어난 논의가 가능해 질 것이고, 학술적 논의는 한층 활기를 띨 수 있을 것이다. 그것은 제도적 측면뿐 아니라 내용적 측면에서도 새로운 논쟁의 단계를 열어줄 가능성이 크다.

본문에서 지적했듯이 한국의 역사논쟁은 민족주의, 식민주의와 깊이 결부되어 있다. 근대초기의 반식민주의로부터 시작된 민족주의적 역사인식은 2000년대 들어 강한 비판에 직면하였지만, 현재에도 여전히 그 위력을 떨치고 있으며 역사교육에 실질적인 영향을 미치고 있다. 반면에 뉴라이트적 역사인식은 식민주의와 결별하지 못한 채 자본주의 발달사를 내용으로 하는 자유주의 사관을 표방하고 있다. 그들은 식민주의와의 친연성을 은폐하기 위해 반공주의와 결합하고 있다.

그런데 역사논쟁의 과정에서 민족주의에 기반한 식민주의비판은 자유주의 비판의 강력한 도구로 활용되었다. 그렇지만 그 과정에서 내부적 학술적 모순이 적나라하게 드러났다. 연구의 공백은 물론이고 일관성조차 흔들리는 모습을 보여주었다. 그 같은 과제를 해결하기 위해서는 우선 근현대 100년을 관통하는 거시적 안목과 사관을 재점검하는 일이 시급하다. 자유주의 사관에 입각한 자본주의 발달사가 아닌 민족사, 국가사를 어떻게 재구성해야 하는지에 대한 고민이 필요한 것이다. 더불어 현단계에서 민족사, 국가사의 한계를 어떻게 극복해야 할 것인가라는 고민도 심화시킬 필요가 있다.

좀 더 구체적으로는 민족주의와 식민주의가 해방이후 민주화와 산

업화 그리고 냉전문제와 어떻게 결합되고 있는지를 미래지향적 관점
에서 해명해야 한다. 그것은 민족주의와 식민주의의 한계를 극복하는
일에 다름 아니다. 이 과정에서 인권, 평화, 민주주의 같은 미래지향적
개념의 역사화가 필요할 것이고, 동아시아와 같은 지역 개념의 확장도
필요할 것이다.

# 제2부
# 동아시아 제국주의 질서와 학문

# 중화민국시기 근대 역사학과 공문서 정리

## 명청내각대고당안(明淸內閣大庫檔案)을 중심으로

—

김지훈

## 1. 머리말

중국의 근대 역사학은 서구의 근대 역사학이 전파되면서 발전하였다. 중국의 전통적인 역사인식은 19세기와 20세기를 거치면서 크게 변화하였다. 20세기 전반 중국에서는 서구의 역사학 이론의 영향과 더불어 중요한 사료들이 발견되어 근대 역사학의 발전에 공헌하였다.

중국에서는 20세기 중국 당안(공문서)의 4대 발견으로 허난성(河南省) 안양현(安陽縣)에서 발견된 갑골문(甲骨文)과 둔황(敦煌) 막고굴(莫高窟) 장경동(藏經洞)의 자료, 거연한간(居延漢簡)과 더불어 베이징(北京) 자금성(紫禁城)의 내각대고당안(內閣大庫檔案)을 들고 있다.[1]

내각대고당안은 청대 내각에서 생산한 공문서로 명청시대 중앙정부

---

1) 丁華東,「近代檔案史料的新發現與編纂公布述評」,『档案』1999-12-15, 22~24쪽;「20世紀中國档案界"四大發現"」,『蘭臺世界』2009-02-01, 61쪽.

의 활동을 파악할 수 있는 중요한 자료이다. 그러나 내각대고당안은 청정부와 북양정부에서 제대로 보존하지 않았다. 이 때문에 청왕조 말기인 1909년과 1921년에 소각되거나 판매되어 사라질 위기를 맞이하기도 하였지만 뤄전위(羅振玉)등의 노력으로 보존되었다.

청말 내각대고당안은 자금성에 보관되어 있었으나 1909년 불필요하다고 본 일부 자료를 학부(學部)로 이관하였다. 학부로 이관된 내각대고당안은 중화민국이 수립된 후에 역사박물관으로 이관되었다. 1924년 청나라의 마지막 황제 부의가 자금성을 떠난 이후 자금성에 남아있던 내각대고당안은 고궁도서관으로 이관되었다.

1921년 역사박물관은 재정난으로 8,000마대 분량의 내각대고당안자료를 폐지로 판매하였다. 뤄전위는 이 내각대고당안 자료를 다시 구입하여 소개하면서 유명해졌다. 이후 내각대고당안은 베이징대학교(北京大學校) 국학문(國學門)과 중앙연구원(中央研究院) 역사어언연구소(歷史語言研究所), 고궁박물원(故宮博物院)의 문헌관(文獻館) 등에서 정리작업이 이루어졌다. 특히 중앙연구원 역사어언연구소는 설립된 이후 적극적으로 내각대고당안을 수집하여 정리하는 작업을 하였고, 1930~40년대에『명청사료』를 지속적으로 출판하였다.

내각대고당안은 청말에 그 존재가 알려진 이후 많은 역사학자들의 주목을 받았고 명청시대 연구를 촉발시키는 계기가 되었다. 방대한 내각대고당안을 수집하고 정리하는 과정을 통해서 중국 근대 역사학의 엄밀한 사료 수집과 정리 방법이 정립되어 갔다. 따라서 내각대고당안의 발견과 정리는 서구의 근대 역사학 이론과 더불어 중국 근대 역사학의 발전에 큰 영향을 미쳤다고 할 수 있다.

내각대고당안에 대해서는 당안이 공개되어 현재에 이르게 된 과정을 추적한 연구가 있다.[2] 내각대고당안 등을 수집하고 보존하는데 뤄

전위의 역할을 높이 평가하고 있다.[3) 이외에도 내각대고당안의 수집
과 정리에 공헌한 푸쓰녠(傅斯年)[4)과 쉬종슈(徐中舒)[5) 등의 공헌을 강
조하기도 한다.

기존의 연구는 내각대고당안의 발견과 현재까지 보존된 과정에 대
해서 관심을 가졌지만 그 과정에서 당안자료들이 어떻게 정리되어 발
간되었는가에 대한 연구는 부족한 편이다. 이 때문에 내각대고당안과
관련된 전체상을 파악하는데 어려움이 있고 사실에서 오류가 있는 경
우도 있다.[6)

여기서는 뤄전위와 베이징대학교 국학문, 역사박물관, 고궁박물관
등에서 내각대고당안을 수집하여 정리한 상황을 살펴보겠다. 아울러
내각대고당안을 지속적으로 정리하여 출판한 중화민국시기 중앙연구
원 역사어언연구소의 각종 보고 등을 통해서 역사어언연구소의 내각
대고당안의 수집과 정리 과정을 중점적으로 검토해 보겠다.

---

2) 張會超,「民國時期明淸档案播遷記(一)」,『档案』2009-02, 61~64쪽; 管輝,「抗戰期
間故宮文物內遷中的淸代档案」,『档案』2001-04, 33~34쪽.

3) 李永球,「羅振玉在整理古文獻上的重大貢獻」,『圖書館』1995-06, 66~69쪽; 郭明道,
「羅振玉對档案整理的貢獻」,『浙江档案』2002-06, 35쪽; 潘月杰,「羅振玉與中國近
代的史料挖掘」,『山西档案』2003-04, 36~38쪽.

4) 馮遵華,「傅斯年档案史料思想硏究綜述」,『蘭臺世界』2006-03, 68~69쪽; 王雲,「傅
斯年對明淸史硏究的貢獻」,『聊城師範學院學報(哲學社會科學版)』1992-04, 71~76쪽.

5) 黃衛珍,「徐中舒與淸代內閣大庫档案整理和硏究」,『蘭世臺界』2011-08, 16~17쪽.

6) 리쇼우이의 글은 내각대고당안이 현재에 이르기까지의 과정을 설명하고 있으나
사실관계에서 일부 오류가 있다. 내각대고당안 가운데 1924년까지 자금성에 남
아있던 당안들은 고궁박물원 문헌관에서 소장하고 있다가 국공내전에서 국민당
이 패배하면서 일부가 타이완으로 건너갔다. 그러나 리쇼우이는 이 자료들이 모
두 제1역사당안관으로 이관된 것으로 서술하고 있다. 李守義,「淸內閣大庫明淸
档案播遷記紀略」,『紫禁城』2012-02.

## 2. 명청내각대고당안(明淸內閣大庫檔案)과 8,000마대 사건

### 1) 내각대고당안 개황

명청대의 내각은 황제의 정무처리를 보조하는 기구였다. 청나라는 명나라의 제도를 모방하여 천총(天聰3年, 1629년) 성경(盛京)에 문관(文館)을 설치하였고 숭덕(崇德) 원년(元年)에 문관을 내삼원(內三院) 즉 내국사원(內國史院), 내비서원(內秘書院), 내홍문원(內弘門院)으로 바꾸었다. 순치(順治) 2년(1645년) 한림관(翰林官)이 내삼원을 나누어 관할하면서 "내한림(內翰林)"이라고 했다. 다시 순치 15년(1658년) 내삼원을 내각으로 고쳤고, 순치18년(1661년) 내각을 내삼원으로 고쳤다. 강희(康熙) 9년(1670년)에는 내삼원을 내각으로 고쳤다.

청의 내각대고는 내각에 속해 있었다. 내각에는 대학사(大學士,) 협판대학사(協辦大學士), 학사(學士), 시독(侍讀), 중서(中書) 등의 관원(官員)이 있었다. 내부기구로는 전적청(典籍廳), 만본방(滿本房), 한본방(漢本房), 몽고방(蒙古房) 등의 기구가 있었다.[7]

이 가운데 전적청이 내각대고의 홍본(紅本)[8]과 서적(書籍), 표장(表章)을 관장했고, 만본방은 내각대고의 실록(實錄), 성훈(聖訓: 황제의 조서), 기거주(起居注: 황제의 매일의 언행 등을 시간 순서에 따라 編年

---

[7] 中國第一歷史檔案館, 『中國第一歷史档案館館藏檔案槪述』, 北京, 檔案出版社, 1985, 35쪽.

[8] 제본(題本)은 청왕조의 고급 관리가 황제에게 정무보고를 하는 문서의 한 종류로 내각을 거쳐서 황제가 받아보았다. 제본이 내각에 오면 내각에서는 批語를 작성하는데 이를 "표의(票擬)"라고 한다. 황제의 윤허를 받은 후 비본처(批本處)의 만주족 한림이 만주어로 써서 내각에 주면 내각에서 붉은 붓으로 문서를 써서 지시를 내리는데 이것을 홍본(紅本)이라고 했다. 中國第一歷史檔案館, 『中國第一歷史档案館館藏檔案槪述』, 北京, 檔案出版社, 1985, 36쪽.

體로 기록한 글), 사서(史書) 등 기타 자료를 취급했다. 내각대고는 명대의 문연각(文淵閣)과 장서루(藏書樓)를 재건하여 만들어진 것이다. 내각대고는 동서 두 개의 고방(庫房)을 가지고 있는데 홍본고(紅本庫 西房)과 실록표장고(實錄表章庫 東房)가 있었다.[9]

내각대고당안은 명왕조당안(明檔)과 성경구당안(盛京舊檔), 청왕조당안(淸檔)으로 나눌 수 있다. 명왕조당안은 청왕조에서『명사(明史)』를 편찬할 때 전국 각지에서 수집한 자료로 명왕조의 각종 당안(檔案)을 포함하고 있으며 천계(天啓)와 숭정(崇禎)연간의 당안과 실록이 가장 많았다.

성경구당안(盛京舊檔案)은 청나라가 입관(入關)하기 전의 당안(檔案)으로 천총(天聰)과 숭덕(崇德) 시기의 역사와 만주족의 발전과정을 소개하고 있는 자료이다. 청왕조당안은 청나라가 입관한 후인 순치(順治)부터 선통(宣統)까지 청왕조의 정치, 군사, 경제, 문화, 외교 등 각종 문헌을 포함하고 있었다. 이외에도 서자고(書字庫)에 소장되어 있던 각 성·부·현지(省府縣志), 부역서(賦役書), 주비유지(硃批諭旨) 등과 수자고(數字庫)에 소장되어 있던 명나라 문연각(文淵閣)에 소장되어 있던 서적과 청대 향시록(鄕試錄), 시권(試卷), 팔기통지(八旗通志) 등이 있었다.[10]

1908년 11월 14일 광서제가 죽고 3세의 푸이(溥儀)가 선통제(宣統帝)로 즉위하였다. 선통제가 즉위하면서 부의의 아버지 자이펑(裁灃)은 섭정왕이 되었다. 그는 내각대고당안에서 청왕조 초기 도르곤이 섭정

---

[9] 李守義, 앞의 글, 44쪽.

[10] 1930년 당시 서자고와 수자고에서 보관하고 있던 당안자료들은 베이징도서관과 중앙연구원 역사어언연구소에서 입수하여 소장하고 있지만 적지 않은 자료들이 흩어졌다. 徐中舒, 國立中央研究院歷史語言研究所,「內閣檔案之由來及其整理」,『明淸史料 甲編』首本 第1本, 國立中央研究院歷史語言研究所, 1930, 1쪽.

왕을 하던 당시의 전례제도를 찾아보도록 하였으나 당시 내각대고의
관리가 소홀하여 제대로 찾을 수가 없었다.[11]

　1909년 내각대고가 무너져 손상되자 대학사(大學士) 쑨자나이(孫家
鼐)가 수장된 자료를 옮기자고 주청하였다. 이에 따라 실록(實錄)과 성
훈(聖訓)은 대고 남쪽의 은고(銀庫)에 잠시 보존하였고 그 나머지 일부
는 문화전(文華殿)에 보관되었으며 대부분은 대고 안에 남겨졌다. 당
시 내각대학사(內閣大學士)이자 군기대신(軍機大臣), 관학부사(管學部
事)였던 장즈둥(張之洞)은 대고에 소장하고 있는 서적으로 학부도서관
(學部圖書館, 북평도서관의 전신)을 설립하고 그 나머지 쓸모없는 당안
을 소각하자고 주청하였다.[12]

　당시의 관료들은 송원판본(宋元版本)의 서적(書籍)들을 중시했을 뿐
당안자료는 무용지물이라고 생각했기 때문에 이러한 주청을 한 것이
다.[13] 당시 섭정왕이었던 자이펑은 내각대고에서 도르곤의 자료를 찾
지 못하는 등 내각대고의 당안 관리에 문제가 있다고 보고 있었기 때
문에 불필요한 문서를 정리하자는 요청을 받아들였다.[14]

　학부참사(學部參事) 뤄전위는 내각대고에서 당안을 조사하면서 중
국근대사에서 가치있는 사료들을 발견하였다. 뤄전위는 장즈둥에게
내각대고당안자료들을 보존해야 한다고 하였다. 결국 내각대고에 보
내지지 않은 당안은 학부에 귀속시켜서 안권(案卷: 공문서) 등을 국자

---

11) 潘月杰, 앞의 글, 37쪽.

12) 청말 관료들은 서적이 귀중하다고 생각했지만 당안자료들이 가진 역사적 가치에
　　대해서는 인식이 빈약했던 것으로 보인다. 徐中舒, 國立中央研究院歷史語言研究
　　所, 「內閣檔案之由來及其整理」, 『明淸史料 甲編』 首本 第1本, 國立中央研究院歷
　　史語言研究所, 1930, 2쪽.

13) 鄧珂, 「淡淡內閣大庫档案」, 『文物』 1959-09, 26쪽.

14) 潘月杰, 앞의 글, 37쪽.

감(國子監) 남학(南學)에 보관하였고, 시권(試券: 과거시험 답안지) 등을 학부대당(學部大堂) 후루(后樓)에 보관하였다.[15] 이 때 대략 200여 만 건의 내각대고의 당안이 학부에 귀속되었다.[16]

## 2) 1921년 '8,000마대사건'

1911년 10월 신해혁명(辛亥革命)이 발발하면서 중화민국(中華民國)이 수립되었다. 중화민국 교육부는 청왕조의 학부(學府)가 보존하고 있던 내각대고의 명청당안을 접수하였다. 1912년 6월 중화민국 임시정부 교육총장이었던 차이위안페이(蔡元培)는 교육부 사회교육사(社會教育司)에서 주관하여 베이징에 박물관을 설립할 준비를 하였고, 노신(魯迅)이 국자감(國子監)을 박물관 부지로 선정하였다. 1912년 7월 9일 중화민국정부 교육부는 국립역사박물관 주비처(國立歷史博物館籌備處)를 국자감에 설립하였다. 1912년 국자감에 설립된 국립역사박물관 주비처는 명청당안(明淸檔案)을 비롯하여 국학에서 보유하고 있던 예기(禮器), 서판(書版), 석각(石刻) 등을 보관하였다.

그러나 당시 국자감은 장소가 비좁았고 시 중심에서 떨어져 있었다. 1917년 교육부는 자금성 앞의 오문과 단문으로 역사박물관 주비처를 이전하도록 하였다. 원래 남학과 학부에서 소장하고 있던 당안과 시권(試卷)을 단문 안에 보관했다. 당시 역사박물관은 경비가 부족하여 당안자료를 제대로 보관하기 어려웠다. 역사박물관은 상태가 좋은 약간

---

15) 청말 관료들은 서적이 귀중하다고 생각했지만 당안자료들이 가진 역사적 가치에 대해서는 인식이 빈약했던 것으로 보인다. 徐中舒, 앞의 글, 2쪽.

16) 中国第一历史档案馆, 秦國經, 「明淸檔案整理工作六十年」, 『明淸檔案與歷史研究: 中國第一歷史檔案館六十周年紀念論文集』, 中華書局, 1988, 35쪽.

의 자료를 오문의 문루에 쌓아두었다.[17]

1918년 역사박물관 주비처는 단문(端門)과 자금성의 정문인 오문(午門)으로 이전하여 오문 성루와 양쪽의 문루에 진열관을 두고 문 아래 동서의 조방(朝房)을 사무실로 사용하였다. 양쪽 회랑의 조방은 저장실로 사용하고 단문 문루에 각종 물품을 보관하였다.[18]

그러나 당시 박물관 관계자들은 근대박물관에 대한 지식을 갖추지 못하였기 때문에 내각대고 당안자료 가운데 상태가 좋은 문서를 골라내고 그 나머지는 마대(麻袋)에 넣어 단문의 문동(門洞)에 보관하였다.[19]

중화민국 초기에 시국이 어지러웠고, 인원과 경비 부족 등으로 단문의 역사박물관에 보존된 당안은 몇년 동안 정리가 되지 못한 채 방치되었다. 8,000개의 마대에 보존되어 있던 내각대고 당안은 이 가운데 일부가 진열되었고 나머지는 폐지처럼 취급되었다. 1920년 베이징정부는 군벌(軍閥) 간의 혼전과 경제 침체로 심각한 재정난에 빠졌다. 당시 베이징정부 각 부서는 보유하고 있던 재산을 매각하여 부족한 급여를 지급하고 있었다.

재정난으로 어려움을 겪던 역사박물관은 보관하고 있던 명청당안(明淸檔案)을 폐지로 판매하겠다고 교육부에 요청하였다. 당안 판매문제는 교육부를 거쳐 국무회의에서 논의되었는데 일부 반대가 있었지만 당안을 매각하기로 결정하였다.

역사박물관은 1921년 1월부터 당안을 정리하여 15만근의 당안을 추

---

17) 徐中舒, 앞의 글, 2쪽.

18) 中國第二歷史檔案館, 「中華民國國立歷史博物館槪略」(1925), 『中華民國史檔案資料滙編』 第三册(文化)』, 江蘇古籍出版社, 1991, 276쪽.

19) 王燕, 「民國三大學術機構與內閣大庫档案」, 『蘭臺世界』 2010-08, 68쪽.

려내었다.[20] 역사박물관은 오문(午門) 진열관(陳列館)에 전시하고 있
던 당안 이외의 오문 문동(門洞)에 보관하고 있던 당안 8,000마대 15만
근을 대양(大洋) 4,000원에 베이징(北京) 서단(西單) 동무증지점(同懋增
紙店)에 폐지로 매각하였다.[21]

동무증지점(同懋增紙店)은 매입한 대부분의 당안자료를 딩싱(定興)
과 탕샨(唐山) 두 곳의 종이공장(紙坊)에 나누어 운송하였다. 동무증지
점(同懋增紙店)은 일부 송원시대(宋元時代)의 서적과 주절(奏折)을 유
리창(琉璃廠) 한문재서점(翰文齋書店)의 한즈위안(韓自元)에게 판매하
였다.[22]

1922년 2월 뤄전위는 베이징의 유리창(琉璃廠)에서 「홍승주계첩(洪
承疇揭貼)」, 「조선국왕하표(朝鮮國王賀表)」 등을 발견하고 이것이 내
각대고에서 보관하던 문건이라는 것을 알았다. 뤄전위는 교육부 역사
박물관에서 내각대고의 당안을 판매했다는 것을 확인하고 동무증지점
(同懋增紙店)에 갔다. 뤄전위가 도착했을 당시 내각대고당안은 이미
반정도가 종이공장(紙坊)으로 발송된 상태였다. 뤄전위는 1922년 4월 6
일 원래 가격의 3배인 12,000원을 주고 딩싱(定興)으로 발송된 당안자
료를 회수하였다.[23]

이후 뤄전위는 이 내각대고당안 가운데 일부분을 정리하였다. 그는
이 자료를 분류하여 『사료총간초편(史料叢刊初編)』 10책으로 간행하
였다. 그는 원래 이 당안을 영구히 보존하려했으나 재력과 인력 부족
으로 정리작업을 계속할 수 없었다. 게다가 1924년 9월 제2차 즈펑전쟁

---

20) 鄧珂, 앞의 글, 26쪽.

21) 金梁, 「內閣大庫檔案訪求記」, 『東方雜誌』 第20卷 第4號, 1923, 86쪽.

22) 金人, 「大內档案流传记」, 『北京纪事』 2006-10, 49쪽.

23) 倪道善, 『明清档案概論』, 成都, 四川大學出版社, 1992, 7쪽

(直奉戰爭)이 발발하는 등 불안정한 시국 속에서 뤄전위는 당안정리를 중단하였다. 1924년 뤄전위는 일부 당안을 남기고 청왕조의 관리였으며 유명한 수장가였던 리성둬(李盛鐸)에게 내각대고당안 7,000마대를 16,000원을 받고 판매하였다.[24] 뤄전위는 1936년에 자신이 소장하고 있던 가장 진귀한 당안 4,872점을 만주국 황제 푸이(溥儀)에게 봉헌(奉獻)하였다.[25]

리성둬는 청왕조의 관리를 역임하였고, 유명한 도서수장가였기 때문에 내각대고당안에 관심을 가졌다. 그러나 60톤에 이르는 막대한 양의 당안자료는 보관하기 어려웠고 정리할 수도 없었다.[26] 리성둬는 구입한 내각대고당안 가운데 6만 건을 푸이(溥儀)에게 헌상하였다.[27]

1928년 중앙연구원 역사어언연구소(中央研究院歷史語言研究所)가 광주(廣州)에 설립되었다. 역사어언연구소는 내각대고당안의 사료적 가치를 높이 평가하였다. 역사어언연구소는 1929년 3월 18,000원을 주고 리성둬의 당안자료 12만 근(斤)을 구입하였다. 그러나 내각대고에서 유출된 후 중앙연구원 역사어언연구소가 구입할 때까지의 과정에서 약 2만여 근(斤)의 당안이 유실되었다.[28]

이들 당안자료는 포장하고 운반하면서, 먼지가 쌓이고, 습기가 차기도 했으며, 쥐와 벌레가 문서를 파먹는 등 여러 가지 원인으로 손상되었다. 역사박물관이 판매할 때 15만 근이었고 리성둬가 톈진과 베이핑(北平, 현재의 베이징)에 보관했던 당안은 각각 6만 여 근이었다. 이 시

---

24) 李守義, 앞의 글, 45쪽.

25) 辛欣, 「淸代內閣大庫档案」, 『圖書館學刊』 2008-07.

26) 倪道善, 앞의 글, 7쪽

27) 宋慶森, 「"大內档案"的下落」, 『江海橋聲声』 1997-04, 39쪽.

28) 王燕, 앞의 글, 68쪽.

기에 유실된 당안 자료는 약 2만여 근으로 추정된다.[29]

한편 1928년 뤄전위는 자신이 소유하고 있던 일부 당안 자료를 가지고 다롄(大連)으로 갔다. 이 자료는 1933년 뤼순고적정리처(旅順庫籍整理處)가 설립되면서 정리작업이 시작되었다. 뤼순고적정리처 처장은 일본인 마쓰자키 츠루오(松崎鶴雄 1868–1949)가 담당하였다. 이 자료는 1936년에 정리를 마쳤고 뤄전위의 아들인 뤄푸이(羅福頤)는『대고사료목록(大庫史料目錄)』,『사료총편(史料叢編)』,『사료총편2집(史料叢編二集)』 등으로 정리되었다.[30] 이 자료들은 일부가 펑톈도서관(奉天圖書館)에 기증되었다.

## 3. 국립중앙연구원 역사박물관 주비처의 내각대고당안

1912년 중화민국 원년 7월 설립된 역사박물관 주비처는 앞서 언급한 대로 1921년에 내각대고당안 8,000마대를 폐지로 판매하였다. 그 후 1922년 7월 역사박물관 주비처는 베이징대학교 국학문(國學門)에 소장하고 있던 62상자와 1,502마대 분량의 당안을 제공하였다.[31] 그러나 역사박물관 주비처는 상당량의 내각대고당안을 여전히 소장하고 있었다.

역사박물관은 1925년 명청시대 각종, 조령(詔令), 칙명(勅命), 첨황(籤黃)과 조선, 안남, 라오스, 류큐 등의 하표(賀表), 역대 각부 독무의

29) 徐中舒, 앞의 글, 2~3쪽.
30) 王多聞·關嘉錄,「大連市圖書館藏淸代內閣大庫档案的發掘和整理」,『故宮博物院院刊』1987-04, 44쪽.
31) 徐中舒, 앞의 글, 3쪽.

제주(題奏), 실록사고(實錄史稿) 등 6,208편이 있었다. 청대 시권(試卷)
과 전시책(殿試策) 등 15,264건을 소장하고 있었다.[32]

1929년 국민정부 교육부는 역사박물관 주비처를 국립중앙연구원에
서 관할하도록 하였다. 이 결정에 따라 1929년 8월 13일 중앙연구원 역
사어언연구소가 역사박물관 주비처를 접수하여 중앙연구원 역사박물
관 주비처로 개편하였다. 주비위원회는 주시주(朱希祖) 상무위원장, 푸
쓰녠, 쵸산위엔(裴善元)을 상무위원, 천인커(陳寅恪), 리지(李濟), 동쭤
빈(董作賓), 쉬종슈(徐中舒)를 위원으로 구성하였다.[33]

1930년 4월 28일 역사어언연구소 제1조 제2공작실은 역사박물관의
명청 당안을 조사하여 다음과 같이 분류하였다. 첫째 청대 하표(賀
表) 3상자 3325건, 둘째, 청대 칙유(勅諭) 9상자 2102건, 셋째, 명청시
대 각종 중요 문건 582건으로 분류하였다. 역사박물관은 105건의 당
안 자료를 전시하였고 나머지 477건 등을 상자에 보관하였다. 또한
분류가 이루어지지 못한 하표(賀表) 1상자와 제본(題本) 1상자, 29년
8월 단문 안에서 나온 파손된 당안 자료 4마대 약 1만 건을 보관하고
있었다.[34]

1930년 역사박물관은 제5실의 동쪽편에 명청시대 당안을 전시하고
있었다. 박물관에 전시된 명대의 당안자료는 명태조실록(明太祖實錄),
태종실록(太宗實錄), 세종실록(世宗實錄) 등의 실록과 명신종실훈(明
神宗實訓), 대명회전(大明會典), 명인종어제집목록(明仁宗御制集目錄),

---

[32] 「中華民國國立歷史博物館槪略」(1925), 中國第二歷史檔案館, 「中華民國國立歷史
博物館槪略」(1925), 『中華民國史檔案資料匯編』 第三冊(文化)』, 江蘇古籍出版社,
1991, 281쪽.

[33] 傅斯年, 「國立中央研究院歷史博物館籌備處十八年度報告」, 『傅斯年全集』 6, 湖南
敎育出版社, 2003, 91쪽.

[34] 傅斯年, 「國立中央研究院歷史博物館籌備處十八年度報告」, 앞의 책, 92쪽.

선종어제집(宣宗御制集) 등이 있었다. 이외에도 각종 서찰과 보고 등이었다.

청대 당안으로는 청태조실록(淸太祖實錄), 천총실록(天聰實錄), 세조실록(世祖實錄) 등의 실록과, 청문종성훈(淸文宗聖訓), 목종성훈(穆宗聖訓) 등의 성훈, 건륭기거주(乾隆起居注)와 옹정원년 나라씨를 황후로 책립한 책명(册命) 등을 전시하였다.[35]

청말 학부에서 보관하고 있던 내각대고당안은 중화민국이 수립된 이후 역사박물관에 이관되었다. 1921년 역사박물관은 8,000마대의 당안을 폐지로 판매하였다. 역사박물관에 남아있던 당안은 1922년 베이징대학 문과연구소에 이관되었다. 1930년 역사박물관은 남아있던 당안자료들을 중앙연구원 역사어언연구소로 이관하였다. 중화인민공화국이 수립된 후인 1950년 역사관에서 보관하고 있던 당안자료는 4,000건 정도였다.[36]

## 4. 베이징대학교 국학문(國學門)과 내각대고당안

1921년 역사박물관이 폐지로 상인에게 판매한 8,000마대의 내각대고당안을 뤄전위가 다시 구입하면서 역사학자들도 이 사료에 주목하게 되었다. 당시 금석 고고학의 권위자였던 베이징대학의 마형(馬衡) 교수는 이 내각대고당안에 관심을 가지게 되었다.[37] 베이징대학교수 마형(馬衡)과 주시주(朱希祖), 션젠쓰(沈兼士) 등은 8,000개의 마대에 담

---

35) 傅斯年,「國立中央研究院歷史博物館籌備處十八年度報告」, 앞의 책, 95~97쪽.

36) 張會超, 앞의 글, 62쪽.

37) 金梁, 앞의 글, 86쪽.

겨 판매된 내각대고당안자료 이외에도 여전히 역사박물관에 1,502개의 마대 분량의 당안이 있다는 것을 알게 되었다.

베이징대학교 교장 차이위안페이(蔡元培)는 교육부 교육총장에게 베이징대학교 국학문(國學門)과 사학과(史學系)가 근세사를 중시하고 있으며 전문적인 연구를 하기 위해 자료를 수집하고 있다고 하면서 교육부 역사박물관이 소장하고 있는 명말과 청대의 내각당안(內閣檔案)이 연구에 필요하다고 요청하였다.[38]

당시 교육부 총장은 황옌페이(黃炎培)였으나 취임하지 않았기 때문에 교육차장 천위안(陳垣)이 직무를 대리하고 있었다. 천위안은 이 공문을 본 후 베이징대학교의 요청을 수락하였다.[39] 역사박물관은 아직 정리되지 않은 상태로 남아있던 홍본당안(紅本檔案)을 베이징대학에 제공하였다.[40] 1922년 7월 베이징대학교 국학문(國學門)은 역사박물관에서 62상자와 1,502마대 분량의 당안을 인수하였다.[41]

베이징대학교 국학문(國學門)은 1922년 성립되어 그 아래에 3실(室) 5회(會)가 설치되었다.

베이징대학교 국학문은 명청당안 정리를 하기 위해 '청내각대고당안정리위원회(淸內閣大庫檔案整理委員會)'가 만들어졌다. 이후 이 위원회는 '명청사료정리회(明淸史料整理會)'로 명칭을 변경하여 전문적으로 내각대고당안의 정리와 연구를 담당하였다. 명청사료정리회는 천

---

38) 蔡元培, 「請將淸內閣檔案撥爲北大史學材料呈」(1922.5.12), 高平叔 編, 『蔡元培全集』 4卷(1921~1924), 中華書局, 1984, 198~199쪽.

39) 張會超, 앞의 글, 61쪽.

40) 역사박물관은 베이징대학이 근대사 편찬을 위해서 당안자료를 제공하였고 이후 원문건을 회수하였다. 中國第二歷史檔案館, 「中華民國國立歷史博物館槪略」(1925), 『中華民國史檔案資料匯編』 第三冊(文化)」, 江蘇古籍出版社, 1991, 277~281쪽.

41) 徐中舒, 앞의 글, 3쪽.

위안이 책임자였다. 국학문은 성립 초기에 역사박물관에 비해 당안관리 지식과 기능을 갖추지 못하고 있었다. 북양정부 교육부는 보존하고 있던 당안자료를 베이징대학교에서 인수하여 관리하도록 요구하였기 때문에 천위안(陳垣)과 차이위안페이(蔡元培) 등이 공동으로 노력하여 베이징대학교 국학문에서 명청(明淸) 제본(題本), 보소책(報銷冊: 결산보고서), 게첩(揭帖), 하표(賀表), 황제의 명령(謄黃), 과거 합격자 방(金榜), 황제의 언행을 기록한 서류(起居注), 실록(實錄) 등의 자료 62 상자와 1,502여 개의 마대(麻袋)자루를 접수하였다.

이후 베이징대학교 국학문은 약 3년 동안 명청당안을 정리하였다. 1922년 7월 4일부터 역사학과와 중문학과의 주시주(朱希祖), 마헝(馬衡), 양동린(楊棟林), 천한장(陳漢章), 리타이펀(李泰棻) 등은 일부 학생들과 함께 당안 정리를 하였다. 국학문은 1922년 9월 30일까지 1만 여 건의 당안의 내용과 연대를 정리하였다. 그리고 1923년 3월부터 1924년 9월까지 베이징대학교의 교수와 역사과 학생 50여 명이 당안자료의 시간과 지점, 사실, 결과 등을 정리하였다. 3년여의 당안 정리를 통해서 순치(順治) 13년 동씨(董氏)를 황귀비(皇貴妃)로 봉하는 조서(詔書)와 강희(康熙) 14년 윤잉(胤礽)을 황태자로 세운 조서 등의 중요한 문서들이 발견되었다.[42] 베이징대학교의 '명청사료정리회(明淸史料整理會)'는 1924년까지 52만여 건의 당안자료를 정리하였다.[43]

뤄전위가 제대로 정리하지 못했던 당안정리 작업은 베이징대학교 국학문에서 인력을 집중하여 신속하게 완료하였다. 그러나 경비 문제 등으로 원래의 계획대로 당안 정리를 계속하지 못하고 작업을 마쳤다.

---

[42] 王燕, 앞의 글, 68쪽.

[43] 倪道善, 앞의 글, 8쪽

이 작업에 참여했던 베이징대학교의 일부 학생들은 이후 저명한 사학
자로 성장하였다.

1931년 9 · 18사변이 일어나고 시국이 불안정해졌다. 1932년 베이징
대학교는 학교에 보관 중이던 당안자료를 약 200개의 나무상자에 넣어
항주(杭州)의 절강대학에 보관했다. 1933년 5월 당고협정이 체결되어
화북지역이 안정되자 남쪽으로 운송하여 보관했던 당안자료를 다시
북평으로 가져왔다. 1936년 10월 베이징대문과연구소(北大文科硏究所)
는 명청당안실 주임위원으로 정톈팅(鄭天挺)을 임명하고 당안자료를
조사하였다.[44]

1937년 7월 7일 루거우차오사건이 발발하면서 8년 간의 중일전쟁(中
日戰爭)이 시작되었다. 1940년에는 학교의 진열실(陳列室)이 기숙사로
개조되면서 당안을 태묘(太廟)의 베이징대학교 당안실(檔案室) 판공처
(辦公處)로 이전하였다. 그러나 급박하게 이전하면서 당안자료를 서가
(書架)도 없이 바닥에 쌓아두었기 때문에 몇년 동안 습기가 차면서 손
상되었다. 1946년 10월 베이징대학교 문과연구소(文科硏究所)는 다시
정비되어 명청당안실(明淸檔案室)이 다시 개설되었다. 이 명청당안실
은 정톈팅(鄭天挺)이 주임위원이 되어 당안자료를 정리하였다.

중화인민공화국이 수립된 이후 제1역사당안관(第一歷史檔案館)이
전국의 명청당안을 수집하였다. 베이징대학교가 소장하고 있던 내각
대고당안도 1953년 제1역사당안관으로 이전되었다.[45]

---

44) 張會超, 앞의 글, 61쪽.
45) 李守義, 앞의 글, 49~50쪽.

## 5. 역사어언연구소와 내각대고당안

중앙연구원 역사어언연구소는 1928년 3월부터 9월까지 광동성 광주(廣州)에서 준비를 거쳐서 1928년 9월에 설립되었고 푸쓰녠(傅斯年)이 소장이 되었다. 1928년 11월에는 국민정부에서 국립중앙연구원 조직법을 공포하여 역사어언연구소 설립을 확정했다.[46]

이 연구소에는 천인커(陳寅恪), 자오위안런(趙元任), 뤄창페이(羅常培), 리팡꾸이(李方桂), 리지(李濟) 등의 저명한 학자들이 있었다. 이들은 중국의 전통학문과 서방의 근대 신사학을 흡수하여 내각대고당안의 정리와 연구에 큰 공헌을 하였다.

역사어언연구소는 설립 이후 내각대고당안이 매우 중요한 가치를 가진 사료라고 판단하고 이를 입수하기 위해 노력하였다. 역사어언연구소는 1928년 12월 베이징대학 교수 마헝(馬衡)이 소개를 하여 이성탁과 교섭을 시작하였다. 1929년 3월 역사어언구소는 이성탁의 내각대고당안 구입비와 자료 보관을 위해 사용한 방세 등을 계산하여 18,000원을 리성뒤(李盛鐸)에게 지급하고 당안자료를 입수하였다.[47]

이 당안자료는 2,700마대, 41개 상자, 43개 갈대자루(席包)의 분량이었다. 이 내각대고당안자료는 푸쓰녠과 쉬종슈(徐中舒) 등이 정리를 하여 명 숭정 연간의 병부제행고(兵部題行稿), 청 초기의 게첩(揭帖) 등 20여 건과 『청태조실록(淸太祖實錄)』 등을 찾아냈다.[48]

1929년 5월 역사어언연구소는 광동성(廣東省) 광저우(廣州)에서 베이

---

46) 「國立中央研究院歷史語言研究所工作報告」(1942.10.21), 『中華民國史檔案資料匯編』 第5輯 第2編 敎育(2), 南京, 江蘇古籍出版社, 1998, 640~641쪽.

47) 傅斯年, 「國立中央研究院歷史語言研究所十八年度報告」, 앞의 책, 59쪽.

48) 傅斯年, 「歷史語言研究所槪況事務報告」(1929.9), 앞의 책, 50~51쪽.

핑(北平)으로 이전한 이후 내각대고당안의 정리작업을 본격적으로 시
작하였다. 내각대고당안의 정리작업은 1929년 9월 23일[49]부터 역사어
언연구소 제1조가 정리를 담당하였다.[50] 1929년 10월에 역사어언연구
소는 214개의 마대(麻袋)와 76개의 석포(席包)에 들어있던 당안자료를
정리하였다. 11월에는 마대 500개에 들어있던 당안자료를 정리하였고
12월에는 마대 468개를 정리하였다.[51]

1930년 1월에는 마대 446개, 2월에는 473개의 당안자료를 정리했다.[52]
3월에는 502개의 자료를 정리하고『명선종실록(明宣宗實錄)』등을 발견하
였다.[53] 4월에는 483개 마대와 11개의 석포를 정리하여 명 선덕 2년 화장
문(華藏文) 칙유(勅諭) 등을 발견하였다.[54] 1930년 5월에는 이미 모든 마
대에 들어있던 당안자료를 정리하였고, 84개 석포에 들어 있던 자료를 정
리하였다. 1개의 석포에 들어있던 자료는 마대 6~7개 마대 분량이었다.[55]

또한 1930년 역사어언연구소는 역사박물관 주비처에서 정리하지 못
하고 보존하고 있던 일부 내각대고당안을 이관받아 함께 정리하였다.[56]
1930년 4월 28일 역사어언연구소 제1조 제2공작실은 역사박물관의 명

---

49) 傅斯年,「歷史語言研究所十九年度九月分工作報告」(1930.10), 앞의 책, 161쪽.

50) 당시 역사어언연구소의 조직은 3개 조로 구성되어 있었다. 제1조는 사학, 문적
(文籍), 교정학 등을 담당했고, 제2조는 한어학, 언어학을 담당했으며, 제3조는
고고학과 인류학 등을 담당했다. 傅斯年,「國立中央研究院歷史語言研究所章程」
(1931), 앞의 책, 371쪽.

51) 傅斯年,「歷史語言研究所工作報告」(1929.11~1930.01), 앞의 책, 115~117쪽.

52) 傅斯年,「歷史語言研究所十九年度二月分工作報告」(1930.03), 앞의 책, 127쪽.

53) 傅斯年,「歷史語言研究所十九年度三月分工作報告」(1930.04), 앞의 책, 134쪽.

54) 傅斯年,「歷史語言研究所十九年度四月分工作報告」(1930.05), 앞의 책, 137쪽.

55) 傅斯年,「歷史語言研究所十九年度五月分工作報告」(1930.06), 앞의 책, 142쪽.

56) 「中央研究院歷史博物館籌備處致歷史語言研究所函」(1930.5.12), 陳曉敏,「中央研究
院歷史語言研究所整理運送及接收保管明清檔案相關史料」,『民國檔案』2008-02-25,
40쪽.

청 당안을 조사하여 다음과 같이 분류하였다.

첫째 청대 하표(賀表) 3상자 3,325건, 둘째, 청대 칙유(勅諭) 9상자 2,102건, 셋째, 명청시대 각종 중요 문건 582건으로 분류하였다. 역사박물관은 105건의 당안 자료를 전시하였고 나머지 477건 등을 상자에 보관하였다. 또한 분류가 이루어지지 못한 하포 1상자와 제본(題本) 1상자, 29년 8월 단문 안에서 나온 파손된 당안 자료 4마대 약 1만 건을 보관하고 있었다.[57]

1930년 5월에 역사박물관 주비처에서 이송해 온 내각당안은 청대 하표 3상자, 책유 9상자, 명청대 잡건(雜件) 1상자, 제본(題本) 1상자, 파손된 당안 마대 4개였다.[58] 6월 역사어언연구소 제1조는 78개 석포에 들어있던 당안자료를 정리하여 명 천계와 숭정 연간의 게첩과 제본 등을 발견하였다.[59] 7월에는 58개 석포와 65개 마대 안에 들어있던 자료를 정리하여 정통과 숭정 연간의 병부(兵部) 자료와 『청태조실록』, 순치·강희 년간의 각종 자료를 발견하였다.[60]

8월에는 75개 석포에 들어있던 숭정·천총·순치·강희·건륭 연간의 당안자료 등을 정리하였다.[61] 내각대고당안의 정리작업은 1929년 9월 23일에 시작하여 1930년 9월까지 1년 여 동안 진행되었다. 역사어언연구소는 이 기간에 10여 만 근의 파손된 내각대고당안자료의 먼지를 제거하고, 부서진 문서를 골라내어 꿰매고 묶는 등 보수하는데 대부분의 시간을 소모하였으며, 초보적인 분류를 할 수 있었다.[62] 그 다음 작

57) 傅斯年, 「國立中央研究院歷史博物館籌備處十八年度報告」, 앞의 책, 92쪽.

58) 傅斯年, 「歷史語言研究所十九年度六月分工作報告」(1930.07), 앞의 책, 150쪽.

59) 傅斯年, 「歷史語言研究所十九年度六月分工作報告」(1930.07), 앞의 책, 150쪽.

60) 傅斯年, 「歷史語言研究所十九年度七月分工作報告」(1930.08), 앞의 책, 155~157쪽.

61) 傅斯年, 「歷史語言研究所十九年度八月分工作報告」(1930.09), 앞의 책, 158~159쪽.

업은 문서의 종류를 구분하고, 시대별로 당안자료를 분류하여 일련번호(編號)를 부여해야 했다.

〈표 1〉 1930년 역사어언연구소 제1조 인원 구성[63]

| 직위 | 성명 |
|---|---|
| 연구원 | 천인커(陳寅恪) 주임, 푸쓰녠(傅斯年), 주시주(朱希組), 쉬종슈(徐中舒) |
| 편집원 | 위용량(余永梁) |
| 특약연구원 | 천위안(陳垣), 롱겅(容庚), 샹청쭤(商承祚) |
| 특약편집원 | 자오완리(趙萬里) |
| 조리원 | 자오방옌(趙邦彦), 리광밍(黎光明), 위다오추엔(于道泉) |
| 연습조리원 | 리자루이(李家瑞) |
| 서기 | 리광타오(李光濤), 인환장(尹煥章), 청린(程霖), 저우스옌(周士儼), 장원슝(張文熊), 위타이란(郁泰然), 후빈(胡彬) |

역사어언연구소의 명청사료편간위원회(明清史料編刊委員會)의 구성원은 천인커, 주시주, 천위안, 푸쓰녠, 쉬종슈였다.[64] 당시 역사어언연구소는 자금성의 정문인 오문의 서익루(西翼樓)와 동랑방(東廊房)의 제1조 제2공작실에서 내각대고당안을 정리하였다.[65]

내각대고당안은 먼지를 제거하고 파손된 문서 조각을 모아 수선하고 제본하는 기초적인 작업을 마치고 게첩, 제본 등 외형으로 문서를 분류하였다. 그 다음으로는 왕조를 기준으로 당안 자료를 나누고, 다시 황제 별로 문서를 분류하였다. 그리고 시간 순서대로 문서를 다시 정리하여 배열하였다.

---

62) 傅斯年, 「歷史語言研究所十九年度九月分工作報告」(1930.10), 앞의 책, 161쪽.
63) 傅斯年, 「歷史語言研究所十九年度報告」(1930.10), 앞의 책, 173쪽.
64) 傅斯年, 「歷史語言研究所十九年度報告」(1930.10), 앞의 책, 175쪽.
65) 傅斯年, 「歷史語言研究所十九年度報告」(1930.10), 앞의 책, 175쪽.

〈표 2〉1930년 내각대고당안 정리작업 결과[66]

| | 분류 | 출판 |
|---|---|---|
| 1 | 명대 병부(兵部) 제고(題稿), 행고(行稿), 제행고(題行稿) 600여 건 | 『명청사료』 8, 9, 10 권으로 인쇄 |
| 2 | 명대 숭정 연간 제주고부(題奏稿簿) 17本 | |
| 3 | 『명실록(明實錄)』 1000여 쪽 | |
| 4 | 명대 詔勅計 宣德·正統 4건 | |
| 5 | 천총·숭덕 연간 勅稿奏附書啓 등 80여 건 | |
| 6 | 순치 시대 당안: 아직 연월 등 시간 순으로 분류가 되지 못함 | |
| 7 | 강희 옹정시기의 당안: 삼번의 난 시기 용병 등의 문서 | |
| 8 | 건륭시기 당안이 가장 많았는데 모두 시간 순으로 정리 됨: 건륭제의 회부(回部), 대만, 안남, 버어마 평정 등 십 전무공(十全武功) 관련 자료가 다수 | |
| 9 | 외국의 표장(表章)은 정리가 완료됨, 조선표장 등 조선 관련된 자료들이 많음 | 『명청사료(明淸史料)』 제7本으로 이미 인쇄 |
| 10 | 『청실록(淸實錄)』 고본(稿本): 『청태조실록』 고본 9本, 『태종실록』 고본 9본, 『세조실록』 고본 20본 등 | |
| 11 | 『강희기거주(康熙起居注)』 23본 | |
| 12 | 『평정해구방략(平定海寇方略)』 4본, 『평정차하르방략(平定察哈爾方略)』 고본 1본, 청본(淸本) 2본. 이 두 책 은 처음 발견된 것. | 『평정해구방략(平定海寇方略)』은 연구소 총 서 4로 출판하면서 『청 대관서기명대만정씨 망사(淸代官書記明臺 灣鄭氏亡事)』로 바꿔서 출판. |
| 13 | 『평정갈이단기사(平定噶爾丹記事)』 1책 | |
| 14 | 청대 조칙(詔勅) | |
| 15 | 송원대 서적 약 1,000여 쪽 등 | |

　　중앙연구원 역사어언연구소는 1930년 10월 초보적으로 당안을 시간
순으로 분류하였고 1932년 말까지 정리된 모든 당안자료의 분류가 완
료되어 중요한 당안의 경우 간단한 목록이 만들어졌다.

---

66) 傅斯年, 「歷史語言研究所十九年度報告」(1930.10), 앞의 책, 187~188쪽.

1931년 9·18사변으로 일본군이 중국의 동북 지역을 침략하였다. 이에 중국에서는 일본제국주의의 침략에 각계 각층이 다양한 방법으로 저항하였다. 특히 일본군이 상해를 공격하자 중국군 19로군이 항전하였다. 역사어언연구소는 베이핑의 각계 각층이 상하이 지역의 항일을 돕기 위해 모금활동을 하기로 하고 1932년 3월 18일부터 박물관을 3일 동안 개방하였다.

역사어언연구소는 지난 2년 동안 정리한 명청시대의 주요 당안자료과 소장 사료를 공개하였다. 이 가운데는 명태조·신종보훈(明太祖神宗寶訓), 태종·세종·희종실록, 청태조·태종·세조실록, 성조기거주(聖祖起居注) 등과 금국칸이 숭정황제에게 보내는 서찰, 원숭환에게 보낸 서찰, 공유덕에게 보낸 서찰, 조선국왕 인조(李倧) 하표(賀表) 등을 전시하였다. 역사어언연구소는 개방 기간 동안에 2각(角)에 표를 판매하였고 항일 모금을 위해서 우대표나 무료표를 판매하지 않았다.[67]

역사어언연구소는 베이하이(北海)공원의 정심재(靜心齋) 잠단(蠶壇)과 오문(午門)의 서익루(西翼樓) 등을 사무실로 사용하였다. 오문 서익루와 동랑방은 역사어언연구소 제1조의 당안정리공작실로 이용되었다. 이 시기 일본제국주의의 침략으로 상황이 긴박하였지만 역사어언연구소는 자료정리와 연구를 계속하였다. 그러나 1933년 봄 일본군의 침략으로 베이핑과 톈진의 안전이 위협받게 되자 어언문화연구소는 일부 유물과 서적 등을 상하이로 이전시키고 제2조와 3조도 남하시켰다. 이 시기 역사어언연구소는 상해와 북평 두 곳으로 나누어졌다.[68]

---

67) 개방 첫날 천안문에서 방화가 있다는 등의 나쁜 소식이 전해지면서 베이핑의 군경이 천안문 주위를 삼엄하게 경비하고 오후 4시에 폐관하도록 했기 때문에 박물관의 개방에도 영향을 주었다. 둘째날과 셋째날에 500여 명이 관람을 했고 전람회의 관람 수입은 100여 원이었다. 傅斯年, 「國立中央研究院歷史語言研究所二十年度報告」, 앞의 책, 353쪽.

역사어언연구소는 3월 2조와 3조가 남쪽으로 이전할 때 당안자료 가운데 연대가 비교적 오래된 중요자료 20상자도 함께 이전했다. 5월에도 손상이 심한 당안자료들을 북해 잠단으로 이전하여 정리하였고, 그 나머지 당안 320여 상자를 남경으로 이전하여 보관하였다.[69]

역사어언연구소에서 보관하고 있던 중요한 당안자료들이 대부분 남쪽으로 내려갔지만 상해의 역사어언연구소가 비좁아서 보관에 어려움을 겪었다. 북평에 남아있던 역사어언연구소는 베이하이공원의 정심재 일부와 잠단 등을 사용했고 오문 서익루에 명청당안을 보관하였다.[70]

역사어언연구소는 1932년에도 손상이 심한 당안자료들을 계속 정리하였다. 그러나 대부분의 명청당안자료가 남쪽으로 이전하였기 때문에 당안에 일련번호를 매기는 작업은 진척되지 못하였다. 이러한 혼란스런 시기에도 역사어언연구소는 『명청사료』 6본을 편찬하였다.[71]

1932년 3월에 400여 상자의 당안자료를 남쪽으로 이전하면서 20여 상자는 상해 본원에 보관하고 나머지는 난징 본원의 도자시험장(陶瓷試驗場)에 보관하였다. 그러나 1933년 여름과 가을 난징에는 비가 심하게 내렸고, 도자시험장에 습기가 차서 당안을 보관하는데 적합하지 않았다.

1933년 5월 중국군과 일본군은 탕구정전협정(塘沽停戰協定)을 체결하여 잠시 정국이 안정되었다. 역사어언연구소는 1933년 11월 모든 당안자료를 다시 북평으로 이송하였다.

---

68) 傅斯年, 「國立中央硏究院歷史語言硏究所二十一年度報告」, 앞의 책, 377쪽.
69) 傅斯年, 「國立中央硏究院歷史語言硏究所二十一年度報告」, 앞의 책, 382쪽.
70) 傅斯年, 「國立中央硏究院歷史語言硏究所二十一年度報告」, 앞의 책, 378쪽.
71) 傅斯年, 「國立中央硏究院歷史語言硏究所二十一年度報告」, 앞의 책, 383쪽.

역사어언연구소는 원래 손상이 심해서 오문 서익루에 보관하고 있던 당안 이외의 모든 자료는 베이하이공원으로 이전하여 보관하였다. 1933년 12월부터 연구소는 내각대고 당안자료를 다시 정리하였는데 남경에 보관했던 당안자료 가운데 20여 상자에는 벌레가 아주 많았다. 그러나 베이핑의 겨울 날씨가 추웠기 때문에 상자안의 벌레들은 모두 얼어죽었다.[72]

1934년 역사어언연구소는 내각대고당안을 정리하고 편찬하기 위하여 진인각을 주석으로, 푸쓰녠, 쉬종슈 등이 참여하여 다시『명청사료』편간위원회를 조직하였다. 역사어언연구소는 이미 1932년 이전에 편찬한 10권의『명청사료』갑편(甲編)을 출판하였다. 다시 명나라 사료를 모은『명청사료』을편(乙編) 10본을 출판하기로 하였다. 병편 10본은 모두 청나라와 관련된 사료를 정리하여 편찬하기로 하였다.[73]

1935년 역사어언연구소는『명청사료』을편과 병편을 상무인서관에서 출판하도록 했다. 이외에 고궁문헌관과 공동으로 당안자료를 정리하여 내각대고당안의 목록을 만들기로 하였다. 동시에 베이징대학에서 소장하고 있는 내각대고당안 가운데 필요한 부분을 모아서 출판하기로 하였다.[74]

1935년 6~7월에 화베이(華北)지역의 정세가 불안정해지자 푸쓰녠(傅斯年)은 역사어언연구소를 이전하기로 결정하였다. 1936년 역사어언연구소는 베이핑(北平 현재의 베이징)에서 난징(南京)으로 이전하였다. 역사어언연구소의 중요한 자료는 100개의 양철(鐵皮)상자에 넣고 봉인하여 베이핑(北平)에서 난징(南京)으로 운반하였다.[75]

---

72) 傅斯年,「國立中央研究院歷史語言研究所二十二年度工作報告」, 앞의 책, 426쪽.

73) 傅斯年,「國立中央研究院歷史語言研究所二十三年度報告」, 앞의 책, 455쪽.

74) 傅斯年,「國立中央研究院歷史語言研究所二十四年度報告」, 앞의 책, 490쪽.

1937년 8월 일본군이 상하이를 공격하여 전투가 시작되자 역사어언
연구소는 중요한 물품들을 장시성(江西省)의 난창농학원(南昌農學院)
으로 이송하였다. 그러나 일본군이 난징을 폭격하면서 연구소를 다시
후난성(湖南省) 창샤(長沙)로 이전하였다. 1937년 12월 수도 난징이 일
본군에 함락된 후 다시 연구소를 윈난성(雲南省) 쿤밍(昆明)으로 이전
하였다.[76] 이 당안자료는 창샤(長沙)와 쿤밍(昆明)을 거쳐 리좡(李莊)
으로 이전하였다. 중일전쟁이 끝난 후 이들 당안자료는 난징으로 돌아
왔지만 국공내전(國共內戰)으로 다시 타이완(臺灣)으로 이전하였다.
이 100상자 안에 들어있던 당안자료는 모두 311,914건이었다.[77]

남쪽으로 운반되지 못했던 당안자료 가운데 중요한 부분은 베이핑
(北平)이 함락되었을 때 역사어언연구소에서 비밀장소에 숨겨두었다.
중일전쟁이 종결된 이후에 이 당안자료는 베이핑도서사료정리처(北平
圖書史料整理處)로 이관되었다.

1936년 가을 역사어언연구소가 남쪽으로 이전했을 때 아직 정리가
되지 않았던 당안들은 일부 직원이 남아서 베이하이(北海)의 잠단(蠶
壇)에 보관하였다. 일본군에 의해 베이핑이 함락된 후 연구소에 남아
있던 인원은 스스로 해산하고 서기(書記)와 노동자(工友) 한명씩만 남
아서 내각대고당안을 지켰다. 1938년 1월 일본군이 수립한 중화민국임
시정부(中華民國臨時政府) 교육부(敎育部)는 사람을 파견하여 역사어
언연구소의 서기와 노동자를 축출하고 잠단(蠶壇)을 봉쇄하였다.

1938년 11월 임시정부교육부는 잠단(蠶壇)을 베이징대학에 귀속시켜

75) 李守義, 앞의 글, 46~47쪽.
76) 傅斯年, 「國立中央研究院歷史語言研究所二十六年度至二十八年度報告」, 앞의
    책, 535~536쪽.
77) 李守義, 앞의 글, 47쪽.

내분비연구소(內分泌研究所)를 설립하였다. 이 때문에 보관되어 있던 당안자료는 단문(端門)으로 이전하여 문루(門樓)와 문동(門洞)안에 보관되었다. 이 당안의 관리는 역사박물관이 담당하였다.[78]

중앙연구원 역사어언연구소는 내각대고 당안을 정리하면서 동시에 당안의 출판도 하였다. 1930년 9월부터 1931년 7월까지 『명청사료 갑편 (明淸史料 甲編)』 10책 1,000쪽이 정리되어 출판되었다. 1936년 6월에 는 『명청사료 을편(明淸史料 乙編)』 10책이 출판되었다. 그 내용은 명 왕조의 변방(邊方) 정세와 변강(邊疆) 토사(土司) 등과 관련된 명왕조 의 당안자료였다. 1936년 11월에는 『명청사료(明淸史料 丙編)』 10책이 출판되었다. 이 가운데는 성경구당(盛京舊檔)과 홍승주(洪承疇)의 주 장(奏章) 등이 포함되어 있었다.

그러나 1937년 7월 중일전쟁(中日戰爭)이 발발한 후 중앙연구원 역 사어언연구소은 베이핑(北平)에서 남방으로 이전하였기 때문에 안정 된 환경에서 당안자료를 출판할 수 없었다. 국공내전이 계속되고 있던 1948년 『명청사료 정편(明淸史料 丁編)』이 편찬되어 상무인서관(商務 印書館)에 교부되었으나 1951년에 겨우 출판할 수 있었다. 국공내전 이 후 1949년 중앙연구원 역사어언연구소는 대만으로 이전하였고 『명청 사료(明淸史料)』 무(戊), 기(己), 경(庚), 신(辛), 임(壬), 계(癸) 등이 계 속 출판되었다.

역사어언연구소에서 구매한 당안은 폐지와 같아서 모든 대내당안 가운데 가장 상태가 좋지 않은 부분이었다. 푸쓰녠(傅斯年), 천인커(陳 寅恪) 등이 간행한 『명청사료』는 이 분야의 연구에 큰 공헌을 하였고, 역사어언연구소의 엄격한 당안 관리제도는 이후 당안정리에 소중한

---

78) 「中央硏究院歷史語言硏究所致院總辦事處函」(1946.9.20), 陳曉敏, 앞의 글, 42~43쪽.

경험이 되었다.[79]

## 6. 문헌관과 내각대고당안

1911년 신해혁명이 일어나고 1912년 2월 12일 융유태후(隆裕太后)가 정식으로 퇴위를 선포하여 청왕조가 종결되었다. 그러나 중화민국정부는 청황실을 우대하여 선통제(宣統帝) 푸이(溥儀)는 자금성에 계속 거주하였다. 자금성(紫禁城)의 태화(太和), 중화(中和), 보화(保和), 문화(文華), 무영전(武英殿) 등은 중화민국정부의 관리하에 있었지만 내각대고는 여전히 청황실에서 관리하였다.

즈펑전쟁(直奉戰爭)이 한창이던 1924년 9월 즈리파(直隸派) 군벌 펑위샹(馮玉祥)은 베이징정변을 일으켜 '중화민국임시집행정부(中華民國臨時執行政府)'를 수립하였다. 펑위샹은 자금성에 거주하고 있던 선통제 푸이를 축출하고 청실선후위원회(淸室善后委員會)를 조직하여 청황실의 당안자료를 포함한 재산을 등기(登記), 정리(整理), 보관(保管)하였다.

선후위원회는 리위잉(李煜瀛)이 위원장이 되었고, 왕자오밍(汪兆銘), 차이위안페이(蔡元培), 루종린(鹿鐘麟), 장비(張壁), 판위안렌(范源濂), 위통쿠이(俞同奎), 천위안(陳垣), 션젠쓰(沈兼士), 거원쥔(葛文浚)과 청황실의 샤오잉(紹英), 치링(耆令), 자이룬(載潤), 바오시(寶熙), 뤄전위(羅振玉) 등 14명의 위원으로 구성되었다.[80]

---

[79] 王燕, 앞의 글, 68쪽.
[80] 倪道善, 앞의 책, 5쪽

1925년 10월 10일 설립된 고궁박물원(故宮博物院)은 고물관(古物館)과 도서관을 설치하였고, 도서관 아래에 도서와 문헌 두 부분이 있었다. 천위안(陳垣)은 도서관장이 되었고 선젠쓰(沈兼士)와 위안통리(袁同禮)가 부관장이 되었다. 선젠쓰(沈兼士)는 문헌부의 업무를 담당했다. 1927년 11월 문헌부는 장고부(掌故部)로 개조되었고 쉬바오형(許寶衡)이 책임자가 되었다. 1929년 3월 장고부는 문헌부(文獻部)로 개조되고 장지(張繼)가 관장, 심겸사가 부관장이 되었다. 같은해 6월 전문위원회(專門委員會)가 설립되어 당안정리업무를 시작하였다.

청왕조는 내각대고에 보관하고 있던 당안자료 가운데 일부는 학부(學部)로 이관하였고, 중화민국이 수립된 후 이 당안자료를 역사박물관에서 인수하였다. 역사박물관에서 보존하고 있던 당안자료를 베이징대학교 국학문과 역사어언연구소에서 인계받아 정리하였다.

고궁박물원 문헌부에서 인수한 당안자료는 청왕조가 계속 보관하고 있던 것으로 베이징대학국학문이나 역사어언연구소의 당안자료에 비하여 풍부하였다. 고궁박물원은 내각대고당안 이외에도 군기처당안(軍機處檔案)과 내무부당안(內務府檔案) 등을 보관하고 있었다.[81]

1931년 9월 18일 9·18사변이 발생하였고, 일본군이 중국의 동북지역을 점령하였다. 이러한 상황에서 고궁박물원은 내각대고의 일부 당안을 포함한 문물을 상하이(上海)로 운송하여 보관하기로 하였다. 이 때 내각대고당안 1,516상자가 남쪽으로 운송되었다. 이 자료는 일부가 남경에 보존되었고, 일부 자료는 쓰촨성(四川省) 등지로 이전하였다가 중일전쟁이 종결된 이후 난징으로 돌아왔다.

1948년까지 문헌관은 명청당안 500만 건을 수집하여 약 100만 건을

---

81) 王燕, 앞의 글, 69쪽.

정리하고 목록을 만들었다.[82] 1948년 겨울 화이하이전투(淮海戰役)에서 국민당이 공산당에게 패배하면서 난징이 함락당할 위기에 빠졌다. 고궁박물원은 자금성과 당시 중앙박물원에 보존하고 있던 소장품을 대만으로 운반하기로 결정하였다. 1948년 12월 22일부터 3차례에 걸쳐 고궁박물원의 소장품이 타이완으로 건너갔다.

이 가운데 문헌관의 당안은 모두 204상자였다. 이 가운데 궁중당안 31상자, 군기처당안 47상자, 실록 2상자, 청사관 당안 62상자, 기거주 50상자, 도서 1상자, 조서 1상자, 기타 당안 2상자, 본기 8상자였다.[83] 고궁박물원의 문헌관은 1951년 당안관으로 명칭이 바뀌었고 명청역사당안관의 기초 위에 중국 베이징에 제1역사당안관이 설립되었다.

### 7. 맺음말

청대의 내각(內閣)은 황제를 보조하여 정무를 처리하는 중추기구였다. 이 때문에 내각대고당안(內閣大庫檔案)은 명청시대 중앙정부의 활동을 파악할 수 있는 중요한 공문서였다. 이 내각대고당안은 1909년과 1921년에 소각되거나 판매되어 사라질 위기를 맞이하기도 하였지만 뤄전위(羅振玉) 등의 노력으로 보존되었다.

내각대고당안은 1909년에 일부가 파기될 상황에서 역사박물관으로 이관되었다. 1921년 베이징정부의 재정난 속에서 내각대고당안은 폐지로 분류되어 8,000마대가 팔렸지만 뤄전위가 1922년에 다시 사들여 정

---

[82] 王燕, 위의 글, 69쪽.
[83] 張會超, 앞의 글, 63쪽

리를 시도하였다. 그러나 정치적 격변 속에서 1924년 뤼전위는 내각대고당안을 장서가였던 이성탁에게 판매하였다.

1929년에 중앙연구원 역사어언연구소는 이성택에게게 다시 내각대고당안을 사들였고 1930년에는 역사박물관에 남아있던 내각대고당안의 일부를 입수하였다. 군벌들의 혼전과 중일전쟁으로 이들 당안의 일부는 남경으로 옮겨졌고, 나머지 당안자료는 베이징의 단문(端門)과 오문(午門) 등에 보존되었다. 국공내전에서 국민당정부가 패배하면서 중앙연구원 역사어언연구소도 내각대고당안의 일부를 가지고 대만으로 후퇴하였다.

내각대고당안에 남아있던 당안자료는 1925년 고궁도서관에서 보존하다가 1933년 상하이로 옮겨서 보관하였다. 내각대고당안은 1936년에는 남경으로 이전하였고 일부는 쓰촨(四川)의 뤄샨(樂山)과 어메이(蛾眉) 등으로 이전되었다가 난징으로 돌아왔다.

그러나 내각대고당안은 중화민국시기의 혼란 속에서 유출되어 판매되기도 하였다. 또한 중일전쟁 등을 거치면서 일부 내각대고당안은 자금성의 문루 등에 방치되어 손상되기도 하였다.

내각대고당안은 중앙연구원 역사어언연구소에서 가지고 있던 당안자료의 상당 부분이 타이완으로 건너간 것을 제외하면 대륙에 남아있던 대부분의 자료들이 1950년대에 제1역사당안관으로 이관되었다.

1921년 역사박물관에 소장되어 있던 내각대고당안이 8,000개의 마대에 넣어져서 폐지로 판매된 사건은 당시 관료들이 당안자료의 중요성을 제대로 인식하지 못했다는 것을 보여주는 사례였다. 그러나 이 8,000개의 마대사건으로 인해서 많은 학자들이 내각대고당안에 대한 관심을 가지고 수집하여 정리하는 계기가 되었다.

중국 근대 역사학의 발전에서 내각대고당안을 비롯한 새로운 사료의 발굴은 역사 연구를 활성화시켰고 역사학의 학풍에도 영향을 미쳤다. 내각대고당안은 베이징대학교 국학문과 중앙연구원 역사어언연구소, 고궁박물원의 문헌관 등에서 정리작업이 이루어졌다. 내각대고당안의 수집과 정리는 민국시기 역사학자들에게 당안사료의 중요성을 인식하게 하는 계기가 되었다.

이렇게 수집된 내각대고당안은 많은 연구자와 학생들이 참여하여 당안자료를 분류하고 정리하였다. 내각대고당안을 체계적으로 정리하는 것을 계기로 하여 이 정리 작업에 참여한 인물들 가운데 일부는 전문적인 역사연구자로 성장하였다.

20세기 초 내각대고당안이 발견되어 수집하고 정리하는 과정에서 중국 근대 역사학의 엄밀한 사료 수집과 정리 방법이 정립되어 갔다. 중국 근대 역사학은 20세기 초 서구의 근대 역사학 이론이 전파되어 서구의 연구방법론이 소개되고 근대적 역사교육이 실시되면서 발전하였다. 이와 함께 내각대고당안과 같이 20세기 초에 발견되어 정리된 사료들도 중국 근대 역사학의 형성과 발전 과정에 큰 영향을 미쳤다고 할 수 있다.

# 민본주의자, 요시노 사쿠조(吉野作造)의 조선인식

—

이규수*

## 1. 두 갈래의 상이한 평가

요시노 사쿠조(吉野作造, 1878~1933)는 일본사에서 다이쇼(大正) 데모크라시의 기수로서 확고한 위치를 차지하는 인물이다. 그의 역사적 업적에는 민본주의를 고취하여 보통선거와 정당정치의 실현에 기여한 일, 우애회(友愛會)와 신인회(新人會)의 창설자들을 원조하여 노동운동의 발전에 공헌한 일, 일본 민주주의의 근원을 찾기 위해 메이지문화연구회를 조직하여 일본 근대사 연구의 기초를 쌓은 일 등이 있다. 그가 주창한 민본주의는 천황제 주권에 대해 다른 목소리를 낼 수 없었던 다이쇼시대에 민주주의사상의 기저를 이룬 사조로 평가된다.[1] 요시노

---

* 일본 히토츠바시대 교수.
[1] 다이쇼 데모크라시 시기의 요시노에 대한 연구는 마츠오 다카요시(松尾尊兌)의 일련의 저작을 참조할 수 있다. 예를 들어 『大正デモクラシーの研究』, 東京,

는 민본주의에 근거하여 일본의 조선통치를 비판함으로써 조선과 일본의 민중 간 제휴 가능성을 모색한 대표적인 진보적 지식인이며, 식민지 통치 문제를 치열하게 고민한 보기 드문 지식인이었다는 평가도 받는다.

요시노는 대국주의적 민족차별의식에 물든 일본인의 조선인식에 세 가지 면에서 충격을 주었다. 먼저 데라우치 마사타케(寺內正毅)의 헌병정치 아래서 처음으로 총독정치의 실태를 폭로하여 동화정책을 비판했다. 이어 3·1운동을 조선 민중의 내셔널리즘운동으로 인식한 다음 일본인의 반성을 촉구하고, 독립운동가를 '불령선인'이라고 부르는 것은 양심에 꺼린다고 공언했다. 더욱이 간토대지진(關東大地震)이 일어났을 때는 자경단에 저항하여 조선인 학생을 자택에 숨기는 등 조선인 학살을 공개적으로 비난했다. 그는 대국의식으로부터 완전히 자유롭지 못하여 조선의 해방이나 중국과의 불평등조약 철폐를 주장하지는 못했지만, 일련의 비판적 담론과 양심적인 행동을 통해 조선인에게 가장 우호적인 일본인 가운데 한 사람으로 손꼽힌다.[2]

---

[2] 예를 들어 마츠오 다카요시는 요시노의 대외인식에 대해 "요시노는 제국주의와 정면에서 대결하지는 않았지만, 시종일관 이를 강력히 비판했다. 특히 1919~20년의 단계에서 5·4운동과의 제휴를 주장함으로써 제국주의를 근본적으로 부정하는 방향을 제시했다"며 요시노의 민본주의는 제국주의의 범주에 포함되지 않는다고 주장했다. 松尾尊兌, 「吉野作造と朝鮮」, 『人文學報』 25, 1968. 요시노가 신문과 잡지 등에 기고한 저작물 가운데 조선 관련 담론은 50편을 넘는다. 『동아일보』가 제국주의 국가의 지식인인 그의 서거를 예외적으로 크게 보도한 것을 보아도 요시노가 당대 조선인에게 어떻게 비쳐졌는지 미루어 짐작할 수 있다. 「吉野作造博士長逝, 東京帝大敎授」, 『동아일보』 1933년 3월 20일자.

그러나 요시노가 드러낸 조선인식의 한계를 지적한 견해도 다수 제시되었다. 미야모토 마타히사(宮本又久)는 "요시노의 민본주의는 제국주의 그 자체"라고 비판하면서 그의 조선인식의 문제를 둘러싸고 "조선인에게 일본의 민본주의에 대한 신뢰감을 품게 만들었다. 조선의 독립운동을 민본주의의 틀 안에 가둠으로써 자치권 획득운동 정도로 완화시키고자 기대했다"[3]고 평가하면서, 요시노의 민본주의를 제국주의와 동일시했다. 즉 요시노에 대한 비판적인 평가는 그의 제국주의에 대한 태도 자체를 문제 삼는다. 요시노의 민본주의는 원래부터 연약하여 결국 일본 제국주의를 옹호하고 중국을 적대시한 측면이 있기 때문에 일본의 대륙침략정책을 제대로 인식하지 못했고, 또 일본 민주주의의 전통을 민본주의에서 찾는 것 자체도 무리라는 것이다.[4]

이처럼 요시노의 조선인식에 대한 평가는 극명하게 두 갈래로 나뉜다. 물론 후자처럼 제국주의와 민본주의를 사상으로서 완전히 동일시하여 폄하해버리는 것에는 의문이 남는다. 하지만 전자처럼 요시노가 제국주의에 시종일관 비판적이었다는 평가도 그대로 수긍하기 어렵다. 적어도 요시노의 조선인식에는 제국주의 이데올로기 단계를 벗어나지 못한 측면이 있기 때문이다.

이에 다이쇼 데모크라시의 기수였던 요시노 사쿠조가 제시한 조선문제 해결방안과 일본의 침략정책이 시대상황과 어떻게 연결되었는지를 요시노의 생애와 조선 관련 담론의 재검토를 통해 구체적으로 살펴보겠다.

---

3) 宮本又久, 「帝國主義としての民本主義─吉野作造の對中國政策」, 『日本史硏究』, 91, 1967.

4) 小林幸男, 「帝國主義と民本主義」, 『岩波講座 日本歷史(現代 2)』 19, 東京, 岩波書店, 1963; 中塚明, 「朝鮮の民族解放運動と大正デモクラシー」, 『歷史學硏究』 355, 1969; 한상일, 『제국의 시선』, 서울, 새물결, 2004 등 참조.

## 2. 한국 강점, 선정주의에 의한 동화

요시노는 현재의 미야기현(宮城県) 후루카와시(古川市)에서 상인의 아들로 태어났다. 1884년에 소학교에 입학했고, 1894년 청일전쟁이 일어난 해에는 센다이(仙台)의 현립중학교 2학년이었다. 1897년에 센다이의 제2고등학교에 입학하고, 이듬해 세례를 받아 그리스도교에 입문했다. 1900년에는 도쿄제국대학 정치학과에 입학하고, 같은 해 목사 에비나 단죠(海老名彈正)가 주재하는 혼고교회(本郷敎會)에 참가하여 교회의 실질적인 기관지인 『신인(新人)』의 편집에도 적극 관여했다. 혼고교회에서의 활동은 요시노의 인격과 사상형성에 가장 큰 영향을 미쳤다. 혼고교회는 시마다 사부로(島田三郎) · 우키다 가즈오(浮田和民) · 야마지 아이잔(山路愛山) 등 저명한 자유주의적 정치가와 저널리스트, 아베 이소(安部磯雄) · 기노시타 나오에(木下尚江) 등 그리스도교 사회주의자가 모인 당대 진보주의자들의 거점이었다.[5]

1904년에는 정치학과를 수석으로 졸업하고 대학원에 진학했다. 1906년부터 위안스카이(袁世凱)의 장남을 가르치는 가정교사로서 3년간 중국 톈진(天津)에 체재하다가 1909년에 귀국했다. 귀국 이후에는 도쿄제국대학의 조교수로 임명되어 정치사를 담당하다가 이듬해부터 만 3년간 정치학을 연구하기 위해 유럽 유학을 다녀온 뒤 1913년 7월 귀국하여 다음 해 다시 도쿄제국대학 교수로 복귀하고 법학박사학위를 받았다. 요시노는 일본이 일련의 침략행위를 통해 결국 조선을 강점함으로써 제국주의 국가의 위상을 확립하는 때와 맞물려 입신출세의 가도에 들어섰다.

---

[5] 松尾尊兌, 『大正デモクラシーの研究』, 東京, 靑木書店, 1966, 142쪽 참조.

요시노는 제국주의로 부상하는 일본과 그 희생양이 된 조선을 어떻게 바라보았을까. 먼저 그가 중학교 2학년 때 발발한 청일전쟁에 대해서는 말년에 서술한 수필 「청일전쟁 전후(日淸戰爭前後)」에 "어린아이의 마음에도 외국의 업신여김을 받았다는 말을 듣고 분개했다"[6]는 소회를 밝힌 구절이 있다. 이것은 김옥균의 암살과 관련된 이야기로, 소년 요시노에게 일본의 손님인 김옥균을 명목상으로 죽인 것은 다름 아닌 청나라와 조선으로 비쳐졌다.[7] 주지하는 바와 같이 이를 계기로 당시 일본의 정계와 언론계는 외국의 업신여김을 받았다며 소동을 벌였고, 일본 정부는 이런 여론을 등에 업고 국민을 청일전쟁으로 유도했다. 요시노 역시 아무런 의심도 없이 이를 믿으며 성장했다.

이런 인식은 10년 뒤인 러일전쟁 시기에도 변하지 않았다. 요시노는 대학 4학년 때 "러시아가 한번 만주를 경략(經略)하면 더욱이 조선을 경략할 것이다. 이는 불 보듯 뻔한 일이다. 우리는 이를 도저히 참을 수 없다. 나는 조선의 독립을 보전하고 제국의 자존(自存)을 안전하게 만들기 위해 만주에서 러시아 세력을 꺾어야 한다고 생각한다"[8]라고 말했다. 또 "우리는 문명에 대한 의무로서 러시아에 승리해야 한다. 나는 러시아를 응징하는 것이 일본 국민의 천수(天授)의 사명이라고 생각한다"[9]며 러일전쟁을 지지했다. 요컨대 요시노는 메이지 정부와 조선 침략의 의욕을 공유했던 것이다. 러일전쟁 이후 '안으로는 입헌주

6) 吉野作造, 「日淸戰爭前後」, 『經濟往來』 1933년 1월호.
7) 요시노는 소년기부터 김옥균을 무척 존경했다. 요시노의 김옥균에 대한 존경심에 대해 조선시대극연구회를 조직한 김진구(金振九)는 "金玉均은 중국 孫文보다도 一層 卓拔한 인물이엿슴으로 그 器量은 大小와 深淺을 알기 어렵다"고 평가했다고 소개하고 있다. 金振九, 「金玉均先生의 배노리」, 『별건곤』 1, 1926년 11월.
8) 吉野作造, 「征露の目的」, 『新人』 1904년 3월호.
9) 吉野作造, 「露國の敗北は世界平和の基也」, 『新人』 1904년 3월호.

의, 밖으로는 제국주의'라는 풍조가 자유주의자들 사이에서 만연했는
데, 요시노의 경우도 전혀 다르지 않았다.

1905년에 요시노는 조선문제연구회라는 조직에 참여했다. 조선문제
연구회는 '인도주의적인 견지에서 합리적인 조선통치정책을 연구한다'
는 목적 아래, 혼고교회의 주요 멤버였던 시마다 사부로, 우키다 가즈
오, 에비나 단죠와 고교 시절부터 친구로 지낸 오야마 도스케(小山東
助) 등이 조직한 단체이다. 연구회를 조직한 직접적인 계기는『신인』
지에 게재된 시마다의「조선에 대한 일본인의 직분」과 오야마의「조선
동화론」에 촉발되어서였다.

시마다는 "조선은 구제될 가망이 없다"는 주장에 대해 청일전쟁은 조
선 독립을 대의명분으로 삼고 있지만 "조선을 도와야 한다"는 자각으로
싸운다면 이는 사기적인 부정행위로서 "일본인의 잔인과 무자비가 정
말로 극심하다"고 지적했다. 또 "고대에 조선이 문명부강하여 우리 일
본의 선각이었다"라고 조선을 높이 평가하기도 했지만, 현재는 "정치의
개선을 통해 이들 하층 인민의 질고(疾苦)를 구원해야 한다"고 주장하
면서, 결국 조선을 일본의 식민지로 삼고 '선정'을 통해 구제하는 것이
일본인의 직분이라고 했다.[10]

한편 오야마의「조선동화론」의 논지는 다방면에 걸쳐 있었는데, 주
요 핵심은 "일본인은 조선 민족을 학정, 빈곤, 무지, 미신으로부터 구제
해야 하지만, 조선은 원래부터 자치의 실력이 없고, 또 독립의 지망(志
望)이 결여되어 있다. 다수의 인민이 필요한 것은 단지 선정에 있다"는
판단 아래, 일본이 조선을 식민지로 삼아도 좋다는 것이었다.[11] 즉 조

---

10) 島田三郎,「朝鮮に對する日本人の職分」,『新人』1905년 3월호.
11) 小山東助,「朝鮮同化論」,『新人』1905년 5・6월호.

선문제연구회는 선정주의(善政主義)에 의거한 동화를 전제로 한국 강점에 동의하고 있었다.

요시노는 한국 강점의 소식을 유럽 유학 중에 들었다. 그의 일기 1910년 8월 30일자에는 "신문이 알리는 바에 의하면 그제 일한합방의 조약이 공포되었다고 한다. 일본 황제는 특히 칙유(勅諭)를 발표하여 한인에게 특사를 명하고 감세를 약속했다고 한다"라고 기록되어 있다.[12] 청년 요시노는 그가 염원하던 일본의 '선정'이 시작되었다고 판단한 것이다.

요시노는 한국 강점이 이루어지기까지 조선을 향한 일본의 제국주의적 침략을 시인했다. 그리고 일본은 조선의 식민지 지배를 통해 '선정'을 베풀어야 한다고 주장했다. 러일전쟁이 종결된 이후 중국에 거주하던 3년간의 생활은 그에게 아무런 영향을 주지 못했다. 중국에 거주한 것은 단지 가족의 생계를 꾸리기 위한 호구지책에 지나지 않았으며, 따라서 일본의 중국정책에 대해서도 무비판적이었다. 요시노의 대외인식은 일본의 대외진출을 주창하던 제국주의적 지식인의 범주를 벗어나지 못했다.


## 3. 조선인과의 교류와 인식의 변화

1913년 유럽에서 귀국한 뒤, 요시노는 『중앙공론(中央公論)』의 주간인 다키다 쵸인(瀧田陰)과의 만남을 계기로 중앙공론에 일련의 논문을

---

12) 요시노의 일기에 대해서는 田澤晴子, 「鄕里意識からの脫却—『吉野作造日記』中國天津時代からヨーロッパ留學時代についての檢討-」, 『吉野作造記念館研究紀要』 創刊號, 2004 참조.

발표하기 시작했다. 1916년에 들어 요시노는 '회심(回心)'이라 말할 정
도로 파격적인 변신을 한다. 요시노는 그의 변신을 알리는 「헌정의 본
의를 말하여 그 유종의 미를 다할 길을 논한다」[13]는 장문의 논문을 발
표하고, 이를 통해 민본주의를 주창함으로써 일본 논단에 일대파문을
일으켰다. 그는 이 논문에서 민본주의의 현실적인 정치형태로서 보통
선거제도를 통한 정당내각제도의 확립을 제창하고, 이를 저해하는 군
부와 보수적 관료세력을 통렬히 비판했다. 그의 등장은 당시 일본사회
에서 새로운 데모크라시 사상의 보급과 이론적 근거의 구축에 거대한
힘을 발휘했다.

요시노가 반체제적 입장을 확립하는 데는 조선인 유학생과의 만남
이 중요한 계기가 된 것으로 보인다. 귀국 이후 요시노는 조선인, 특히
독립을 지향하는 조선인 유학생들과 활발히 교류하면서 이들을 통해
식민지 조선에서 시행되던 무단통치정책의 폐해를 간접적으로 체감했
다. 그리하여 한국 강점 직전까지 요시노 스스로 지지했던 '선정'이라
는 미명하의 민족동화정책이 결코 이루어질 수 없는 정책이라고 판단
하게 되었다. 그는 이민족 통치의 이상이란 민족의 독립을 존중하고
정치상의 자치를 인정하는 것에 있다며, 일본의 억압적 조선정책을 비
판하기에 이르렀다.

요시노의 정치적 입장이 변화하면서 조선인과의 교류도 더욱 긴밀
해졌다. 요시노와 젊은 조선인 유학생들 사이에 가교를 놓은 인물은
김우영(金雨英)이었다. 마츠오 다카요시가 소개한 도쿄제국대학 기독
교청년회(YMCA)의 기록 『대학기독교청년회관일지』를 살펴보면 요시
노와 김우영의 관계를 알 수 있다. 마츠오에 따르면, 1913년 7월 유럽에

---

13) 吉野作造, 「憲政の本義を説いてその有終の美を濟すの途を論ず」, 『中央公論』 1916
   년 1월호.

서 귀국한 요시노는 9월 20일에 도쿄제국대학 YMCA 주최로 열린 '신입
회원 및 요시노 교수 환영회'에 참석했다고 한다. 아마도 요시노는 이
자리에서 처음으로 김우영을 만났을 것이다. 요시노가 이후 총독정치
를 규탄하는 「만한을 시찰하고」를 집필한 계기가 되었던 조선여행은
김우영이 친구인 장덕수(張德秀)와 함께 알선한 것으로 여겨진다.[14]

요시노는 1917년 3월 14일 도쿄제국대학 YMCA 이사장으로 취임했는
데, 이때를 전후해서 더 적극적으로 조선인 유학생과의 관계를 유지해
나갔다. 도쿄제국대학 YMCA는 요시노와 조선인을 연결해주었고, 1910
년대에 가장 양심적인 언론활동을 전개한 기반이었다고 말할 수 있다.
요시노는 조선인 유학생과의 접촉을 통해 조선 내셔널리즘의 존중과
동화정책에 대한 의혹을 표명하기에 이른다. 이는 구체적으로 조선시
찰을 통해 무단통치에 대한 비판으로 표출되었다.

또 요시노는 1916년 3월 말부터 약 3주에 걸쳐 조선과 만주를 방문하

---

[14] 이에 대해서는 松尾尊兌, 「吉野作造と朝鮮人學生」, 『東西文化史論叢(原弘二郎
先生古稀記念)』, 1974 참조. 김우영은 1913년 제6고등학교를 졸업하고 도쿄제국
대학 정치학과에 입학하고자 시험을 보았으나 실패하고 사학과에 학적을 두었
다. 이때 김우영은 도쿄제국대학 YMCA회관 기숙사에 머물렀다. 「대학기독교청
년회관일지」제10호(1913. 9. 15)에 따르면 신학기 제1회 총회가 개최되어 19명의
기숙사생 사이에서 숙소배정을 위한 추첨이 이루어졌는데, 김우영은 야마이 히
로시(山井浩)와 함께 '중3' 방에 배정되었다고 한다. 또 7월 6일자 일지를 보면
"6고의 김군(조선인)이 수험을 위해 오늘 아침 입사했다"라는 기록이 있다. 즉 김
우영은 신학기 총회 이전에 기숙사에 기거했음을 알 수 있다. 아마 김우영의 6고
의 친구로 그보다 1년 전에 상경하여 도쿄대학 YMCA 이사였던 호시지마 지로
(星島二郎)의 소개를 통해 입사했을 것이다. 또 10월 1일의 일지에는 '유(兪)'가
입사했다고 되어 있는데, 이는 아마 유만겸과 유억겸 형제 가운데 한 사람일 것
이다. 松尾尊兌, 「吉野作造と湯淺治郎―二, 三の資料紹介」, 『季刊三千里』 4, 1975.
김우영은 3·1운동 직후에는 독립운동가의 변호사로 활약하는 등 민족주의 진영
에서 활약했지만, 이후 일본의 회유공작에 넘어가 총독부 관료로 등용되었다. 김
우영은 해방 이후 자서전을 출판했는데, 이를 통해 요시노 주변과 조선인과의
접촉상황을 간접적으로 파악할 수 있다. 김우영, 『민족 공동생활과 도의』서울,
신생공론사, 1957.

여 일본의 통치에 대한 조선인의 비판을 직접 듣기도 했다. 당시의 체험은 『중앙공론』에 「만한을 시찰하고」[15]라는 글로 발표되어 파문을 일으켰다. 요시노는 먼저 총독부 정치의 참혹한 실태를 지적했다. 도로와 물자 등의 사정은 식민지시기 이전보다 개선되었다고 보았지만, 도로건설 등이 조선인에게 어떻게 받아들여졌을지 의문을 제기하면서 "특히 일반 일본인 관리의 상식으로서 각 지방관 등은 자신들의 공명을 서둘러 자신이 금년도에 몇 십리의 도로를 만들었다던가, 아니 자신은 그보다 더 만들었다는 식으로 저마다의 성적을 내세운다"고 지적했다.

요시노는 조선의 '뒤처진 교육'에 대해서도 언급했다. 다만 주목할 것은 "피아 민족의 경우의 차이를 안중에 두지 않고 앞서나가 민지(民智)의 우열을 비교하는 것은 정당하지 않다"며 이전 조선왕조의 상황도 고려한 점이다. 그리고 일본 개국 당시 일본인의 지식도 저급했던 사실을 예로 들어, 일본인도 큰 차이가 없었다고 말하면서 조선도 일본처럼 근대의 문화를 접하면 점차 개선될 것으로 바라보았다. 이처럼 자신의 반성 위에 '교육'이라는 인간의 '내면성' 문제를 그 경우를 고려해 말한 점은 평가할 만하다.

이어서 그는 모든 면에서 일본인과 조선인의 차별이 존재한다는 것을 많은 사례를 들면서 지적했다. 총독부의 관리등용제도 문제는 물론이고, 급여에서도 같은 직원이면서 조선인 관리는 일본인 관리의 1/3밖에 받지 못한다고 폭로했다. 더욱이 승진과 관련해서는 고등관이 되려면 고등문관시험을 통과해야 하는데 조선인에게는 시험에 응시할 자격조차 주어지지 않는다고 지적했다. 조선통치에 대한 일반인의 비판이 허용되지 않던 시기에 그 실정을 폭로한 것은 놀라운 일이다.

---

15) 吉野作造, 「滿韓を視察して」, 『中央公論』 1916년 6월호.

요시노가 총독정치를 비판한 내용 가운데 특히 주목할 점은 '동화정책'의 곤란성에 대한 언급이다. 그는 먼저 조선인이 하나의 전통을 지닌 민족이라는 것을 인정하면서, "조선인이 일본의 통치를 일본 측이 생각하는 만큼 고맙게 생각하지 않는다는 것은 사실 당연한 이야기다. 정도의 문제에 따라서는 일본인의 책임으로 귀결될 부분도 있겠지만, 단지 일본의 통치를 즐거워하지 않는 것이라면 이는 어쩔 수 없다. 조선인이 아무리 무기력하더라도 어찌 되었든 오랜 기간 독립국이었고, 실로 독립의 문명을 지닌 하나의 독립 민족이다"고 말했다.

한국 강점 이후 '조선은 일본이다'라고 보는 풍조가 당연하게 여겨지던 때 조선인을 문명을 지닌 민족으로 바라본 점은 높이 평가할 수 있다.

요시노는 민족의 지배에 대해서도 "하지만 이렇게 조선인이나 중국인일지라도 선정만 펼치면 그들이 모두 무조건 일본의 통치에 만족할 것이라고 단정하는 것은 독립민족의 심리를 정말로 이해하지 못하는 처사이다"라고 말하고, 더욱이 정부의 동화정책에 대해 "이민족과 접촉한 경험도 적고 특히 타민족을 열등시하여 쓸데없이 그들의 반항심을 도발하는 것만을 능사로 삼는 협량한 민족이 단시일 내에 동화시키겠다고 하는 것은 말도 되지 않는다"고 비판했다.

이상과 같이 요시노는 총독부 정치의 실태를 폭로하고 그 결점을 지적했다. 그 가운데 주목할 점은, 조선인을 전통을 지닌 민족으로서 인정할 뿐만 아니라 독립민족으로 인정하고 더욱이 동화는 불가능하다고 본 것이다. 여기에 덧붙여 정치학자로서 총독부 통치정책의 결점을 예리하게 비판하고, 교육 문제나 관리등용 문제 등 모든 측면에서 일본인과 조선인의 차별을 지적했다.

하지만 그는 당시 조선과 일본에 존재하는 근본적인 모순을 해결할 수 있는 방책을 제시하지는 못했다. 오히려 일본의 효율적인 식민지 지배를 제안하는 데 그쳤다. 이전에 식민지 지배를 통한 '선정'의 실시를 주장하던 시기에 비해서는 조선에 대한 이해의 폭이 깊어졌다고 할 수 있지만, '회심'이라고 말할 정도는 아니었다. 그런데 요시노의 조선 인식은 3·1운동을 거치면서 다시 변화하게 된다. 즉 일본 국내의 보통 선거와 언론자유 문제를 거론하면서 왕성한 활동을 전개하고, 조선과 일본의 관계에 대해서 일본 국민에게 실정을 알려나갔다.

## 4. 조선 통치정책 개혁론에 드러난 조선인식

요시노는 3·1운동이 일어난 지 보름 정도 지난 3월 19일, 그를 중심으로 조직된 여명회(黎明會)에 도쿄에 거주하던 백남훈(白南薰), 변희용(卞熙鎔), 김준연(金俊淵) 등 7명의 조선인을 초청했다. 3·1운동에 대한 조선인의 의견을 청취하기 위해서였다. 7명의 조선인들은 조선 민족은 독립을 희망하며 결코 일본에 동화될 수 없다는 점을 강조했다. 요시노는 이들의 의견을 존중하여 3월 22일에 개최된 여명회 강연회의 개회사를 통해 3·1운동의 원인을 제3자의 책동으로 간주하는 언론의 논조를 비판했다. 이 강연회는 당시 조선정책의 부당성을 비판한 유일한 군중집회였다.

요시노는 1919년 4월에 조선 통치정책에 대한 자기반성의 필요성을 강조하며 "조선에서의 폭동은 말할 필요도 없이 커다란 불상사이다. 그 원인과 근본적 해결의 방책에 대해 다소간의 의견차이가 있다. 하지만 이를 명확히 밝히는 전제로서 내가 절규할 수밖에 없는 점은 국민의 대외적 양심이 현저히 마비되어 있다는 것이다. 이번 폭동이 일어나고 이른바 지식인들의 평론이 여러 신문·잡지에 게재되었다. 하지만 대부분의 평론이 다른 사람을 질책하는 데 급급하고 자신을 반성하는 태도는 찾아보기 어렵다. 그렇게 엄청난 폭동이 있었는데도 조금도 각성의 빛을 보이지 않는 것은 일본 양심의 마비가 얼마나 깊은지를 말해준다"[16]는 글을 기고했다.

또 그 글에서 일본인으로서 3·1운동의 원인을 타자, 즉 조선인이나 외국인 선교사에게 떠넘기는 논조를 '양심의 마비'라고 비판했다. 그리고 제암리 사건으로 상징되는 조선인 학살을 폭로하고, 당면한 최소한의 개혁에 대한 요구사항으로 언론의 자유, 조선인 차별대우의 철폐, 무력통치정책의 폐지를 주장했다. 무력통치정책의 폐지에 대한 요시노의 주장이 여타 언론의 주장과 다른 점은 철저한 자기반성 아래 이루어졌다는 점일 것이다. 여타 언론들이 내세운 무력통치 폐지주장은 일본의 식민지 지배체제를 효율적으로 운영하기 위한 요구에 불과했다.[17]

요시노는 이어 조선인의 움직임을 정확히 파악한 일련의 글을 발표했다. 특히 주목받는 글은 「조선폭동선후책」[18]과 「조선의 언론자유」[19]이다. 「조선폭동선후책」에서는 3·1운동에 대한 '대책안'으로 몇 가지를 제언한다. 첫째, 3·1운동을 '폭동'으로 간주하고 '폭도'의 '진정'과 '엄벌'에 대해 "이것도 필요할 것이다"라고 했다. 그리고 3·1운동을 "뭐라 말해도 다이쇼 역사에서 일대 오점이다"라고 평가했다. 둘째, '황실의 하사금'에 의한 구휼책을 긍정했고, 셋째, '일시동인 정책'의 철저한

---

16) 吉野作造, 「對外的良心の發揮」, 『中央公論』 1919년 4월호.

17) 이규수, 「3·1운동에 대한 일본 언론의 인식」, 『역사비평』 62, 2003.

18) 吉野作造, 「朝鮮暴動善後策」, 『中央公論』 1919년 4월호.

19) 吉野作造, 「朝鮮に於ける言論自由」, 『中央公論』 1919년 6월호.

시행과 모든 방면에서 일본인과 조선인의 차별철폐를 호소했다. 특히 교육 문제에서 문호개방을 주장했다. 그리고 넷째, 조선인에게 '일종의 자치'를 인정해줄 것을 제안하고, 다섯째 '민간에 일선협동의 무언가 소통기관이 설립되기를 희망한다'고 주장했다.

요시노의 제안을 차례로 검토해보자. 먼저 첫 번째 제안에서 3·1운동을 '폭동'으로 바라본 점에 유의할 필요가 있다. 3·1운동은 '비폭력'을 슬로건으로 내세운 독립운동이자, 평화적 운동이었다. 하지만 요시노는 운동에 참여한 조선인을 '폭도'로 간주하여 그들에 대한 '진정'과 '엄벌'은 "폭동의 형태로 나타난 이상, 이것도 필요할 것이다"라고 말했다. 이러한 제언대로 조선 전국에 확산된 3·1운동은 일본 군대에 의해 '학살'되었다고 말할 수 있을 정도로 잔학한 수단으로 진압당했다. 평화적인 독립을 염원하던 조선 민중에 대한 요시노의 발언은 조선 민족의 '민족으로서의 의지'를 이해하지 못한 것이었다고 말할 수 있을 것이다.

요시노가 '일시동인 정책'에서 교육을 비롯한 기타 모든 방면의 차별철폐를 주장한 것은 높이 평가할 만하다. 하지만 '일시동인'이란 이전의 논문인 「만한을 시찰하고」에서 '곤란'하다고 주장한 '동화정책'과는 상반된 입장이다.

그리고 조선인에 대해 '일종의 자치의 용인'을 제언했다. "다만 방침으로서는 관리만능의 정치를 폐지하고 선민으로 하여금 적어도 재류 내지인과 협동하여 통치를 감독하도록 하는 것이 절대로 필요하다"라고 말하면서 일본인 관리만능이었던 당시의 조선통치를 비판한 내용은 평가받을 만하다. 하지만 문제가 되는 것은 '일종의 자치'라는 말의 진의이다. 요시노는 "우리는 종래의 통치방침이 너무나도 일본 중심으로 편중된 것에 유감이지만, 그렇다고 '조선인을 위한 조선'주의를 방임

할 수 없다"고 밝혔다. 요컨대 성급한 동화정책에 대한 반성을 촉구했지만 완전한 자치를 인정하겠다는 뜻은 아니었다.

　마지막 제언으로 '민간의 소통기관'의 설립을 희망했지만 이 또한 본질적인 해결책이 될 수 없었다. 요시노는 조선의 식민지 지배를 부정하는 것이 아니라, 오히려 조선의 민족해방운동인 3·1운동을 '폭동'으로 간주하고, 지배자 입장에서 통치정책의 영역을 벗어나지 못했다. 이는 동시기에 조선론을 전개한 야나기 무네요시(柳宗悦)나 야나이하라 다다오(矢內原忠雄)와 비교해도 분명하다. 완전한 조선독립론자는 아니었지만 조선이 일본으로부터 평화적으로 분리독립되는 것을 환영한 야나이하라와, 어디까지나 최종적으로는 조선을 일본의 통치 아래 두려는 요시노를 비교할 때, 요시노의 조선 민족에 대한 인식은 시류를 비판한 것으로만 받아들이기 어렵다. 즉 그의 뇌리에는 '일본 제국주의 통치하의 조선'이라는 문제의식이 근본적으로 자리했고, 따라서 그가 말하는 '선후책'이란 식민지 지배를 어떻게 이상적으로 운영할 것인지에 대한 나름의 '대책'이었을 뿐이다.

　「조선의 언론자유」는 「조선폭동선후책」에 이어서 3·1운동에 대한 요시노의 구체적 제언이다. 먼저 여기에서 말한 언론의 자유란 무엇이었을까. 요시노는 "조선에서 앞으로 새롭게 시설할 필요가 있는 것은 하나로는 부족하다. 현재 시행되고 있는 것으로 개정될 것 또한 아주 많지만, 그 가운데에도 선인의 언론을 인정하는 것이 초미의 급무라고 믿는다"라고 말했다. 즉 이후의 통치에서는 먼저 조선인에게 서둘러 언론의 자유를 부여할 필요가 있다는 것이다. 하지만 여기에서 말하는 '자유'는 무엇이든 말해도 좋다는 것은 아니었다. 요시노는 "원래부터 언론의 자유는 절대로 이를 허용하라는 것이 아니다. 내지에서도 어떻든 부당한 압박을 당하고 있기 때문에 다소의 취체(取締, 단속─인용자)에는 원래부터 이의를 달지 않는다. 나는 원래 이 점에 대해서 아주 극단적인 자유론자이다. 하지만 조선에서는 적어도 내지에서와 동일한 정도의 언론자유는 내선 동포에게 부여해야 한다고 생각한다"고 말했다.

당시는 대일본제국헌법체제 아래서 국민의 언론이 엄격히 통제되었고, 특히 조선통치 문제에 대해서는 국내에서도 쉽게 입을 열 수 있는 상황이 아니었다. 조선에서는 조선인은 물론이고 재류일본인에게도 엄격한 언론통제가 가해졌다. 그런데 요시노는 일본 국내 정도의 수준으로 통제를 완화하여 조선인에게 '어느 정도'의 언론자유를 부여하자는 것이었다. 요시노가 말하는 '언론자유'는 지금의 법률에서 보장되는 '자유권'으로서의 언론자유와는 성격이 달랐다. 스스로를 '극단적인 자유론자'라고 평가하고 유럽 각국의 근대정치도 직접 확인했음을 고려하면, 요시노의 '언론자유'에 대한 인식이 완전했다고는 말하기 어렵다.

그렇다면 요시노가 말하는 '언론자유'의 진의는 무엇일까. 그는 조선에서의 일본인과 조선인의 상거래상의 불합리를 예로 들면서 "실제로 어떠한 불합리한 일이 벌어지고 있는가를 모르고 통치에 성공할 수 없다"라고 말했다. 이는 통치정책의 성공을 위해 피지배 측인 조선인에게 '제한이 붙은' 언론자유를 부여하라는 주장이었다. 곧 '지배정책'으로서의 언론자유였다.

요시노는 또 도로건설 등에서 일본 관헌의 황포를 예시하면서 "토민 (土民)이 실제로 어떤 감정으로 이에 따르는지를 모르고서는 통치에 성공할 수 없다"고 말했다. 다시 말해 토착민이 어떤 '반일감정'을 지니고 있는지 모르고서는 성공적인 통치는 있을 수 없다는 것이다.

3·1운동 당시 총독부는 조선 민중의 '대일감정' 파악이 불충분하여 완전히 허를 찔린 채 운동의 확대를 주시했다. 이런 상황을 고려할 때,

요시노의 '언론자유'에 대한 제언은 민중의 불만이 쌓여 '폭도'로 돌변하는 것을 방지하기 위해 어느 정도의 언론자유를 제공해야 한다고 생각한 데서 나왔을 것이다. 더욱이 요시노는 "선민이 얼마나 의지발표의 기회를 구속당했는지는 조선어를 사용하는 언론기관이 어용신문인 『매일신보』를 제외하고는 단지 문학잡지인 『청춘』만 있다는 것으로 알 수 있다. 이것도 정기간행물로서 허가된 것이 아니다. 단행본의 계속으로서 사실상 잡지의 형태가 된 것이다. 더구나 원고 상태에서 검열을 거쳐야 하기 때문에 이를 통해서는 선민의 적나라한 감정을 엿볼 수 없다"고 말했다. 요컨대 요시노는 조선에 '언론자유'를 부여함으로써 조선인이 어떠한 감정을 품고 있는지를 알아야 한다고 주장했다.

## 5. 착종된 조선인식

요시노는 1920년 혼고교회의 『신인』에 「조선 청년회 문제—조선통치책의 각성을 촉구한다」[20]라는 글을 게재했다. 이 글에서 요시노는 '청년회'를 예로 들면서 그가 추구하는 통치책을 밝혔다. 먼저 청년회 문제에 대한 당국의 입장을 다음과 같이 설명했다. "청년회 문제는 이렇다. 도쿄 간다(神田)에 조선인 기독교청년회회관과 기숙사가 있다. 이곳이 재류조선인 청년학생 수백 명의 유일한 집회소이고, 따라서 각종 음모의 책원지가 된다. 여기를 중심으로 도쿄의 청년학생은 상하이의 소위 독립정부라는 것과 연락하는 모양이다. 따라서 당국자는 이를 궤멸해버리겠다는 희망을 갖고 있다는 것이다."

20) 吉野作造, 「朝鮮靑年會問題」, 『新人』 1920년 2월호.

주지하는 바와 같이 조선기독교청년회관은 2·8독립선언의 무대였다. 정부 당국자는 곧바로 그곳을 '궤멸'하고 싶었을 것이다. 요시노는 이어 정부 당국자가 총독부와 제휴하여 조선 민중의 '정신정복'을 위한 전도활동을 하던 일본조합기독교회 소속 목사로 하여금 청년회를 지도 관리하게 하려는 것은 아닌가 하는 '소문'이 있다고 소개했다.

청년회가 '음모의 책원지'라는 당국의 입장에 대해 요시노는 "어떤 의미에서는 올바르고, 또 다른 의미에서는 옳지 않다"라고 했다. 이는 청년회가 독립운동을 전개하는 중심이라는 사실을 인정한 것인데, 이곳이 유일한 재일조선인 학생의 집합장소이기 때문이었다. 청년회의 궤멸, 건물의 폐쇄라는 의견에 대해서는 "만약 청년회가 없었더라면 다른 곳에 비밀장소가 생겨 오히려 그곳에서 훨씬 위험한 계획이 만들어질 것이다. (…) 따라서 청년회라는 건물이 존재하는 것은 오히려 하나의 안전판이다. 이를 궤멸하거나 폐쇄한다는 것은 단견"이라고 주장했다. 요컨대 요시노는 청년회의 존재를 '하나의 안전판'으로 바라본 것이다. "우선 그들이 각종 집회를 필요로 하는 까닭을 잘 생각할 필요가 있다"며 조선인 학생의 사정을 이해하면서도, 청년회를 '안전판'으로 바라보았다. 이러한 사고방식은 앞서 「조선의 언론자유」에서 지배정책으로 제안한 '제한적인 언론자유'와 동일한 성격을 지닌다고 말할 수 있다.

당시 재일본 도쿄조선기독청년회 총무는 백남훈이었다. 백남훈은 와세다대학 재학 중에 재일본조선유학생학우회 회장을 역임한 재일조선인 청년의 리더였다. 요시노는 그에 대해 "나의 친우로 실로 훌륭하고 온후한 신사이다. 그를 적절하지 않다고 생각한다면, 조선인 사이에는 한 사람의 적임자도 찾을 수 없을 것이다"라고 평가했다. 그런데 요시노는 청년회에서 주도한 '독립운동'을 '음모'라고 부르며, 조선인 학생에 대해 "내가 본 바에 따르면 직접적이고 적극으로 관여한 자는 다수가 아닐지 모르지만, 수동적으로 관계하거나 적어도 동정하고 공감하는 자를 합한다면 거의 모두 그의 친구라 해도 좋을 것이다"라고 말했다. 다만 청년회의 독립운동을 법률적으로 바라보는 것에 대해 유감으로 생각했다. 즉 조선인은 당시 법률상 '일본신민'이기 때문에 '독립운동'은 '반역죄'라는 중죄에 해당하지만, "순수한 야마토 민족이 아닌 조선인이 더구나 그런 상태에서 통치를 받는 조선인이 일본에 대해 내지인과 동일한 사고방식을 지닐 수 없는 것은 우리로서는 유감이지만 자연적인 일로서 어쩔 수 없다"며 일본의 침략에 의한 불행한 조선의 역사, 조선 '민족'에 주목했다.

하지만 다른 관점에서 바라보면 요시노는 조선인을 '정신면'에서도 지배할 것을 주장했다고 말할 수 있다. 종래의 '국가주의'에 의한 일방적 통치정책을 비난하면서도, '독립운동'에 대해서는 '유감'을 말했으며, "조선인의 소위 음모는 외면적인 형태로는 역시 반역죄임에 틀림없다. 내지인이라면 한걸음도 사정을 봐줄 수 없는 대죄이다"며 정신면에서의 문제 해결을 통한 조선의 합리적인 통치를 주장했다. 이를 위해 '안전판'으로서의 청년회는 궤멸해서는 안 되고 나아가 '감시'를 위해서도 필요하다고 한 것이다. 즉 요시노는 조선을 일본 제국주의 아래 묶어두려 했다.

총독부의 무단정치에 대한 그의 비판은 분명 격렬하고 정확했지만, 그 비판은 조선의 식민지 지배를 보다 완벽하게 이끄는 것이 목적이었다. 사이토 마코토(齊藤實) 총독이 내건 이른바 '문화정치'를 환영했고, 더욱이 조선통치의 최고책임자인 총독 개인에 대해서는 어떠한 비판도 하지 않았다. 요시노는 당시의 총독 데라우치 마사타케에 대해서는 비판을 주저했다. 통치정책에 대해서는 많은 비판을 가하면서도 통치의 최고책임자인 데라우치에 대해서는 "특히 현재의 데라우치 백작은 정의의 관념이 매우 강렬한 사람으로 이치에 맞지 않는 것은 추호의 여지도 없이 사정을 보지 않는다"고 찬사를 보냈다. 또 새로 부임한 총독과 정무통감을 "이상적이라고는 말할 수 없지만, 통치의 개혁에 관해 전도(前途)의 광명을 기대할 수 있는 인선이라는 점은 의심하지 않는 다"[21]고 평가했을 정도이다. 결국 조선 민족이 요구하는 독립 문제에 대해서는 언급을 회피하고, 일본 제국주의자의 이익이라는 범주 내에서 조선 통치정책을 비판했다.

조선의 민족해방운동에 대한 사고방식도 그렇다. 요시노는 식민지 문제는 궁극적으로 조선의 독립을 승인함으로써 해결될 문제이기 때문에 조선인의 '민족성'을 존중하여 그 동화는 '곤란'하다고 말했지만, 조선독립은 부정했다. 나아가 3·1운동에 관한 일련의 담론을 통해 일본인의 반성을 촉구하고 조선인이 독립을 요구할 수밖에 없는 배경을 고려해야 한다는 새로운 '대책'을 제안했지만, 그런 논의는 결국 '조선을 어떻게 완벽하게 지배할 것인가'라는 문제로 귀결되었다. 그가 조선의 청년회 문제를 언급하면서 조선인의 '마음'을 지배할 것을 제안한 것도 결국 이와 연관된 사고방식이었다. 즉 요시노가 추구하는 조선정책과 민족해방운동에 임했던 조선인의 자세를 비교해보면, 양자가 추구하는 방향이 크게 어긋나 있음을 알 수 있다.

더욱이 요시노는 조선통치의 이상에 대해서 "조선통치의 이상은 일선 양민족의 실질적 최고 원리에서의 제휴여야 한다. 필히 보편적인 기초에 서서 일치제휴를 도모해야 한다"[22]고 말했다. 하지만 두 민족

---

21) 吉野作造, 「新總督及び新政務統監を迎う」, 『中央公論』 1919년 9월호.
22) 吉野作造, 「朝鮮統治策に關して丸山君に答う」, 『新人』 1920년 4월호.

이 함께 제휴해나갈 경우, 그것이 설령 아무리 고도한 원리일지라도 먼저 양민족이 상호의 '민족성'을 존중하지 않으면 안 된다. 한편이 다른 한편을 지배한다는 형태가 존속되는 한, 진정한 민족의 제휴는 있을 수 없다. 그런 의미에서 요시노의 발언에 '지배자의식'이 존재하는 한, 요시노는 조선인의 민족해방운동을 이해한 사람이라고 평가할 수 없으며, 그의 사고방식 또한 '제국주의'의 영역을 완전히 벗어난 것으로 받아들일 수 없다.

# 식민주의적 역사서술의 재역사화
## 디옵의 아프리카 역사서술과 사관을 중심으로

—

정현백

## 1. 머리말

아프리카는 오랫동안 '역사가 없는 대륙(Geschichtslose Kontinent)'으로 알려져 왔다. 인류 발전과정에서 아프리카, 아마 전체 아프리카 대륙은 다른 지역에 비해 뒤쳐진, 문화적으로도 열등한 곳이었다. 바로 이런 일반적인 통념에는 몇 가지 편견이 들어 있다. 첫째는 아프리카에는 문자나 문자문화가 부재하다는 편견이다. 보통 인류는 그 역사적 발전과정에서 먼저 문자를 발명하고, 이를 통해 자신들의 성취와 사상을 문자로 정리하였는데, 아프리카는 여기에서 예외적이라는 것이다. 두 번째 편견은 아프리카는 자기증언(Eigenzeugnisse)을 결여하였다는 것이다. 즉 우리가 취급 할 수 있는 아프리카의 문자적인 전승물은 대부분 외래인, 아랍인이나 유럽인 여행가들 혹은 나중에 들어온 유럽의 식민지 관리나 선교사를 통해 만들어졌다는 것이다. 고고학적인 유물은 부족하거나 단지 적은 지역에서 발굴되었기에, 자기증언의 부족을 보완할 수 없었다. 아랍인이나 유럽인의 펜으로 쓰인 아프리카에 관한 문자적인 진술의 특성은 비정상적인 인물이나 당혹스럽고 야만적인 풍습과 관행에 대한 보고를 통해 전체적으로 하나의 부정적인 상을 제공하는 것이었다. 세 번째의 부담은 아프리카 역사서술에 지워졌다. 아프리카는 오랫동안 셀 수 없을 정도로 끝없이 다양한 사회나 지배형태로 나뉘어 있었고, 여기에서는 보다 강한 자의 자의성과 권력행사가 남용되었다. 더불어 아프리카는 오랫동안 보다 큰 규모의 0국가를 만들거나 유지할 능력이 없었던 것으로 간주되었다. 전체적으로 이 대륙은 무수히 많은 언어, 습속, 그리고 관습을 지닌 쪼개진 대륙이었다. 어떤 형태의 통일성, 즉 정치적이거나 문화적인 의미에서의 지역적 통합을 결여하고 있었다는 것이다. 종교조차도 단일하지 않았고, 이곳에서 주민은 자연, 조상 그리고 초자연적인 존재에 크게 의존하였다고 한다. 이러한 소단위로의 분할이라는 기본특징은 아프리카대륙을 지구상의 다른 문화중심과 근본적으로 구별되는 존재로 각인시켰다.[1] 식민지 행정부는 물론이려니와 아프리카인들 스스로도 아프리카의 역사의식 부재를 하나의 약점으로 수용하였다.[2] 위에서 언급한 아프리카 권력 분산성의 원인과 결과는 능력을 가진 지도자가 아니라 연장자에 의해 통치되는, 그래서 조상숭배와 신비한 힘에 의존할 수밖에 없는 상대적으로 경직되고 정체된 사회형태에서 기인하는 것으로 보았다. 이런 아프리카에서는 결코 기술발전의 자체 동력을 찾을 수 없었고, 결과

---

[1] Leohard Harding & Brigitte Reinwald, eds., *Afrika-Mutter und Modell der europäischen Zivilisation? Die Rehabilitierung des schwarzen Kontinents durch Cheikh Anta Diop*, Berlin, Reimer, 1990, pp.7~9.

[2] A. Jones, "Kolonialherrschaft und Geschichtsbewusstsein", *Historische Zeitschrift*, Bd. 250, 1990, p.78.

적으로 아프리카인 스스로 근대적, 기술적 발전에 어떤 기여도 할 수 없었다는 것이다. 기독교 선교사나 유럽 식민지배자들을 통해서 아프리카는 비로소 과거의 정체되고, 경직된 그리고 자의적인 권력이 행사되는 억압된 과거로부터 해방될 수 있었다. 식민지권력은 이들에게 문명과 진정한 신의 종교, 기독교를 가져다주었다는 것이다. 이런 역사상은 학문 세계에서 오랜 동안 전승된 공동의 유산이었다. 얼마 전까지도 아프리카 역사는 비아프리카인, 특히 식민지권력에 속한 사람들에 의해 연구되거나 서술되었다. 당연히 이는 유럽적인 잣대나 경험세계를 토대로 만들어졌다.

포스트식민시대 초기에는 독립운동 시대의 이념이 승계되면서, 민족 형성에서 국가의 중심적 역할이나 중앙집중화된 개발프로젝트의 일관된 실행, 즉 일종의 서구 따라잡기에 지식인들의 관심이 모아졌다. 이런 사회 분위기 속에서 역사가들의 관심도 역사학 연구의 방법론 비판보다는 아프리카 역사의 콘텐츠를 만들어가는 작업에 치우쳤다. 역사서술의 전범이 유럽사의 맥락 속에서 출원하였다는 점에 대한 문제제기는 1980년대 중반에 이르러서야 나타났고, 세네갈을 중심으로 활동한 다카르 학파(Dakar School)의 역사서술이 제시하는 비판적인 분석에서 시작되었다. 이는 한편으로 사회과학 내에서 지배적인 패러다임에 대한 재평가가 일어나고, 다른 한편으로는 1970년대 이래 아프리카 사회에서 일어나는 일련의 복잡한 변화와 맞물린 현상이었다.

다카르 학파와 관련하여 우리는 세 명의 인물을 언급할 수 있다. 네그리튀드(검음, négritude)' 운동의 창시자이자 대통령을 지낸 셍고르(Léopold Sédar Senghor), 디옵(Cheikh Anta Diop) 그리고 라이(Abdoulaye Ly)를 들 수 있다. 이 세 사람은 아프리카 역사연구의 쟁점인 대서양 노예무역이나 식민지 정복에 대한 입장이 각기 달랐지만, 새로운 역사

서술과 새로운 문화 정체성을 추구한다는 점에서는 공통점을 지니고 있었다. 다카르학파가 던진 공통의 질문은 '유럽의 역사학적 궤적 속에서 서술해온 학문적 규준체계를 사용하면서 세네갈과 아프리카의 역사를 서술할 수 있을 것인가', 혹은 '우리 시대의 학문권위에 의해 받아들여질 수 있을 만큼 충분한 공신력을 지닌 아프리카 국민국가 역사나 아프리카대륙 역사를 서술하는 것이 가능한가'이었다.[3]

위에서 언급한 세 인물 중에서 서방세계뿐 아니라, 불문학자들에 의해 한국에도 많이 소개된 이는 셍고르이다.[4] 1930~1950년대 서유럽을 중심으로 전개된 네그리튀드운동의 창안자인 셍고르는 이를 통해서 잃어버린 아프리카의 문화유산과 정체성을 찾고자 하였다. 그는 프랑스 국민의회의 부의장으로 선출되었고, 나중에는 세네갈대통령으로 20년간 봉직 하면서, 때로는 독재적 통치방식 때문에 비난받기도 하였다. 이 글에서 다루려는 디옵은 정치적으로도 셍고르와는 판이하게 다른 경로를 걷게 된다. 디옵이 급진적인 학생운동의 중요한 대변자로서 저항자의 '광휘'를 누렸다면, 셍고르는 스스로가 장악한 권력의 부담에서 자유롭지 못하였다. 셍고르는 1960년대에 디옵을 형무소에 수감하였고

---

[3] Ibrahima Thioub, "Writing National and Transnational History in Africa: The Example of the 'Dakar School'", Stefan Berger, ed., *Writing the Nation: A Global Perspective*, London, Palgrave, 2007, p.198.

[4] 마찬가지로 네그리튀드운동의 창시자로 에메 세제르(Aimé Césaire)를 들 수 있다. 서인도제도에 위치한 프랑스의 해외 도서인 마르티니크(Martinique) 출신인 세제르는 저작활동을 통해서 식민주의가 표상하는 문명화 사명의 허구를 폭로하고, 오히려 식민주의가 식민주의자들을 비문명화시킨 현실을 적나라하게 비판하였다. 그러나 그 역시도 셍고르와 마찬가지로 백인 노예소유주의 자의적인 전횡에 시달리는 식민지 주민들에게는 자유는 본국에 좀 더 통합되고 이를 통 해서 "식민자들의 자의적, 사적 지배를 본국의 법적, 공적인 지배"로 바꾸는 것이라 보았다. 이런 점에서 그에게서는 디옵과는 다른 입장의 차이를 발견한다. 권윤경, 「탈식민화시대에서 전지구화 시대로: 에메 세제르의 식민주의에 대한 담론과 포스트식민주의조건들」, 『서양사론』 127, 2015, 200~203쪽.

1970년대에는 디옵이 창립한 아프리카민주연맹(RND)의 활동을 탄압하였다는 점에서, 이들은 정치적인 적대자가 되어 있었다.[5] 그러나 셍고르나 디옵은, 크게 보아서는, 네그리튀드 운동영역에서 함께 활동한 지식인이고, 사상적인 측면에서는 그들 간의 차이는 대립적인 것이기 보다는 강조점의 차이 정도라 말할 수 있을 것이다.[6]

프랑스혁명 기간 동안 세네갈이 삼부회에 보낸 진정서 그리고 프랑스 서아프리카 제국 건설자와 프랑스 식민지 지배에 대한 아프리카인의 저항을 칭송하는 셍고르의 언급은 그의 역사담론의 이정표이었다.[7] 여기에서 셍고르와 디옵은 동일한 출발점에 서 있었다. 그러나 이런 셍고르의 사상은 그의 프랑스 의회에서의 직접적인 활동이나 유라프리카 공동체 건설을 주창하는 것을 통해서 디옵과는 다른 정치적 경로를 걷게 되었다. 유라프리카 공동체의 설립 속에서 아프리카의 미래 비전을 찾으려는 셍고르의 노력은 디옵이 보기에 바로 신식민주의 경로에 진입하는 행위로 비쳤다.[8]

셍고르와 디옵의 또 다른 차이는 전자가 문학을 통해서 아프리카 정체성을 발견하려 하였다면, 후자는 사회과학, 보다 정확히는 역사학을 통해서 문제를 해결하려 한 점에서도 찾을 수 있다.[9] 이런 점에서 디옵은 아프리카인에게 내면화된 유럽중심주의적 역사관에 맞서, 역사전

---

[5] Chris Gray, *Conception of History in The Works of Cheikh Anta Diop and Theophile Obenga*, London, Karnak House, 1989, pp.36~41.

[6] Ibid., 1989, p.45.

[7] Ibrahima Thouib, op. cit., 2007, pp.198~199.

[8] 이복남, 「유럽통합 초기단계에 나타난 L.S. 셍고르의 유라프리카공동체 구상」, 『EU연구』 31, 2012, 189~210쪽. 이런 맥락에서 프란츠 파농은 셍고르의 네그리튀드가 제국주의의 이데올로기적 도구가 되었다고 비판하였다. Chris Gray, op. cit., 1989, p.38.

[9] Ibid., 1989, p.40.

쟁을 가장 격렬하게 감행한 최초의 인물이었다. 다카르학파 3인방의 하나인 라이 역시도 자신의 과제를 역사학연구에 두었지만, 그는 디옵과는 다른 방식의 접근을 시도하였다. 그는 다카르 학파 고유의 역사연구 영역을 개척하려 하였고, 이를 통해서 아프리카 역사연구가 전문역사학으로서의 공신력을 획득하기를 원하였다.[10] 이에 비해 디옵은 아프리카적인 역사인식을 재생하려는 비전과 함께 역사철학을 생산해내는 과업에 더 열중하였다고 할 수 있고, 더불어 세계사 속에서 아프리카를 자리매김하기 위한 격렬한 투쟁을 시작하였다.

디옵의 관심은 셍고르의 네그리뤼드에 대한 찬미에서 한 걸음 더 나아가, 새로운 아프리카 역사서술을 통해 아프리카 정신세계의 획기적인 전환점을 만드는 데에 있었다.[11] 뿐 만 아니라 디옵은 역사연구에서 한 걸음 더 나아가 민족국가적인 아프리카 정치의 이론적인 기초를 쌓고, 나아가 근대적인 아프리카 학문전통을 만드는 데에 획기적인 역할을 하였다. 또한 디옵의 아프리카역사의 재역사화나 새로운 이론의 수립은 필연적으로 정치적 실천운동으로 이어질 수밖에 없었다. 포스트식민주의 아프리카 사회에서 유럽의 문화적 영향력을 탈피하

---

[10] 라이는 아프리카의 종속적 기원을 캐고자 하였고, 이를 위해 대서양을 통한 세대륙의 자본주의적 관계를 구명하고자 하였다. 예를 들면 17세기 대서양무역에서 프랑스 회사의 역할이나 자본축적 과정에서 아프리카 지역 식민지 무역의 역할을 밝히는 작업이 그것이다. 혹은 그는 국민국가의 형성과정에서의 정치적 좌절에 대한 고찰을 통해서 아프리카 현재상황의 역사적 근원을 캐고자 하였고, 이 과정에서 종속이론의 도움을 받아 대서양을 관통하는 노예무역을 분석하면서 아프리카 사회가 글로벌 자본주의 경제로 통합되는 과정을 구명하려 하였다. Ibrahima Thouib, op. cit., 2007, pp.202~203.

[11] 셍고르의 네그리뤼드 사상은 이미 불문학자나 정치학자들에 의해서 국내에 소개되었다. 셍고르의 사상에 관해서는 김준환, 「네그리뤼드와 민족주의: 셍고르와 쎄제르」, 『비평과 이론』 9권 2호, 2004, 5~35쪽; 이복남, 「L. S. 셍고르의 네그리뤼드와 보편문명 개념: 마르크스와 테야르드 샤르댕을 중심으로」, 『비교문학』 55, 2011, 213~230쪽을 참조.

려는 시도나 유럽 언어에서 벗어나 아프리카의 자기언어를 찾으려는
노력은 종국에는 아프리카의 통합을 통한 연방국가 건립 구상으로
나아갔다.

이 글의 2장에서는 디옵이라는 한 매력적인 역사가이자 정치가가 살
아온 과정과 활동을 먼저 소개하고자 한다. 3장에서는 디옵의 역사연
구를 통한 아프리카 역사의 재역사화과정을 다루고자 한다. 이를 위해
서 먼저 흑인들에게도 잃어버린 역사를 되찾는 과정의 일환으로 이집
트문명과 '흑아프리카(Schwarzafrika)'[12]의 연관성을 구명하려는 디옵의
연구를 소개할 것이다. 이어 이런 아프리카문명의 기원으로서의 이집
트문명이 유럽에 끼친 영향을 밝힐 것이다. 4장에서는 '쪼개진 아프리
카문화'에 대한 반론으로 단일한 아프리카문화권의 존재에 관한 디옵
의 주장을 분석한다. 5장에서는 디옵이 자신의 역사연구를 현실정치로
실현해가는 노력과 아프리카 연방국가 구상에 대해 분석할 것이다.

디옵과 관련된 자료의 수집에는 많은 난관이 있었다. 디옵은 파리와
세네갈에서 활동하였고, 그의 저서가 1955년에 파리에서 출간된 후,
1960년에 영어권에서 처음 번역되었다. 필자는 영어본으로 된 그의 저
서 몇 권을 구할 수 있었지만, 디옵을 분석한 이차문헌은 독일어판 단
행본 1권 과 논문 1편이 고작이었다.[13] 아프리카사 관련 저널에서 그

―――――――――――――――――

12) '흑아프리카'는 사하라 이남지역의 아프리카를 일컫는다. 이 지역은 다른 지역과
는 다른 기후권이고, 문화나 지리학적으로도 다른 지역과 분리되어 있었다. 유럽
인들이 칭하는 검은 대륙이라는 명칭은 한편으로는 주민의 피부색에서도 기인
하지만, 달리는 유럽인들에게 내륙사정이 19세기 후반기까지 미지의 세계였다는
점에서도 기인하였다. 그렇더라도 식민지시대 동안 고착된 '흑아프리카' 라는 용
어는 당시의 유럽인의 시각을 드러내는 것이고, 이가 사하라이남 아프리카에는
문화가 없다는 의미로 읽힌다는 점에서 인종주의적 용어이다. 요즈음은 이 용어
를 사용하지 않지만, 이 글에서는 당대의 관용어라는 의미에서 작은따옴표와 더불
어 이 용어를 사용할 것이다. https://de.wikipedia.org/wiki/Subsahara-Afrika 참조.

에 대한 연구논문은 발견할 수 없었다. 디옵의 이름을 따서, 세네갈을 대표하는 다카르대학의 명칭이 '체이크 안타 디옵 대학'으로 개명되었을 정도로 그는 아프리카인에 의한 아프리카 역사쓰기의 영향력 있는 선구자라 할 수 있지만, 유럽중심주의적 역사학계는 여전히 그에 대해 냉담하다. 아프리카사에 대한 연구의 양적 빈약성을 전제하더라도 디옵에 대한 서구의 관심은 인색하기 짝이 없다. 그래서 이 글은 자료적인 한계와 연구의 절대적 부족이라는 어려운 조건 속에서 쓰인 시론이라 할 수 있다.

## 2. 디옵의 삶과 활동

1923년 서부 세네갈의 듀벨(Diourbel)에서 모슬렘 농부의 아들로 태어난 디옵은 1946년에 파리의 소르본느대학에서 공부를 시작하였다. 그가 받은 교육은 대단히 학제적이었는데, 그는 파리고등학술원이나 프랑스의 대학에서 자연과학, 사회과학, 인문과학에 대한 광범한 지식의 기초를 얻었다. 특히 그의 자연과학 지식에서 결정적으로 중요한 토대는 졸리오-퀴리(Frederik Joliot-Curie)의 핵연구소[14]에서 진행한 물리학과 수학연구이었다. 동시에 디옵은 사회인류학, 고고학, 이집트학,

---

13) 이 논문은 글로벌사와 민족적 정체성에 대해 최근의 문제의식에서 출간된 단행본에 게재되었다. Ibrahima Thioub, op. cit., 2007 참조. 또한 본 논문의 필자는 프랑스어로 출간된 단행본과 연구논문을 일별하였으되, 자세히 섭렵하지 못하였음을 고백한다. 주로 영어권, 독일어권 문헌들을 많이 참고하였다.
14) 졸리오-퀴리는 마리 퀴리의 사위이자 노벨상 수상자 그리고 나중에는 공산당계열 레지스탕스 대원이었다. 이런 정치적 성향으로부터도 디옵은 영향을 받았을 것이다.

언어학 등을 학습하였다. 디옵은 다양한 영역에서 얻은 지식을 자신의 거시적인 명제를 입증하는 데에 활용하려 하였다. 디옵은 그리스와 로마 역사가들을 분석하는 작업 외에도 멜라닌색소 연구, 라디오 카본 측정기, 금속학 분석을 시도하였다. 또한 그는 이런 자연과학적 지식의 토대 위에서 고대 이집트 언어와 현대 아프리카 언어를 비교하면서, 유럽중심주의적 학문개념에 대한 공격을 시도하였다.[15] 열악한 연구환경에서 성장한 식민지 지식인으로서 그가 이렇게 폭넓은 학제적 연구를 수행한 것은 놀라운 일이다.

디옵은 1954년 소르본느 대학에 박사학위 논문을 제출하였으나, 이는 근거 자료의 불충분을 이유로 그곳의 학자들에 의해 거부되었다. 디옵의 논지가 수용될 리 없었다. 1959년에 디옵은 '흑아프리카의 문화공동성(Unité culturelle)'이라는 제목으로 다시 박사학위 논문을 제출하였다. 유럽과 아프리카의 문화적 다양성의 기원을 다룬 이 논문은 아프리카인종과 그들이 지닌 문화공동성을 밝히면서, 아프리카와 유럽문화의 연계성을 구명하려는 연구이었다. 이는 명백히 문화의 유럽중심주의에 반기를 드는 것인데, 소르본느 학자들에 의해 다시 거부되었다. 1960년에 와서야 '식민지 이전시대의 '흑아프리카'(L'Afrique Noire Precoloniale)'라는 제목으로 박사학위 논문이 소르본느 대학에서 통과되었다.

1961년 세네갈의 수도 다카르(Dakar)로 돌아와서, 디옵은 다카르대학 문학부의 교수직에 지원하였으나, 프랑스에서와 마찬가지로 고국의 역사학계에서도 그는 홀대를 받았다. 이는 선교사학교에서 교육 받은 서구 중심적 세계관을 지닌 역사가들이 근대역사학의 도입과정에서 주도적인 역할을 담당하였기 때문일 것인데, 식민지 지배의 유산을 그

---

15) Leohard Harding & Brigitte Reinwald, op. cit., 1990, p.23.

대로 내면화하면서 스스로의 과거를 현재의 권력관계에 동화시켜버린 전형적인 사례이었다.[16) 또 달리는 세네갈은 독립하였지만, 프랑스의 문화적 신식민주의는 여전히 학문세계에서 맹위를 떨치고 있었던 까닭에서 기인하였을 것이다. 디옵의 역사인식이 대학에서 통용되는 데에 20여 년이 걸린 이유는 앞에서 언급한 프랑스 역사학의 헤게모니 외에도, 1960년에서 1980년까지 집권한 셍고르 대통령에 대한 디옵의 정치적 비판도 또 다른 원인으로 작용하였다.

범아프리카주의 주장과 함께 디옵은 1961년 정치무대로 나왔다. 1961년에는 세네갈대중블록(Bloc des Masses Sénégalaises)을 조직하고, 1964년에는 세네갈민족전선(Front National Sénégalais)을 다시 설립하였다. 다시 1976년에는 마르크스주의-레닌주의를 표방하는 민족민주연합(Rassemblement National Démocratique, RND)을 조직하였지만, 이는 소수당에 머물고 말았다. 셍고르대통령의 권위주의적 통치방식에 대한 비판이나 네그리뒤드라는 외투 아래 문화영역에 안주하면서 경제영역에서 드러나는 프랑스 제국주의를 묵과하는 것에 대한 디옵의 문제제기는 그의 정치적인 성공을 어렵게 하였던 것 같다. 결국 1981년 총선에서 RND는 고작 2.7%의 지지율을 얻는 것에 그쳤다.[17)

정치 참여 이외에도 디옵은 꾸준히 학문연구를 계속하였다. 디옵은 1963년에서 1966년까지 '흑아프리카' 기초연구소(Institut Fondamental d'Afrique Noire, IFAN)를 다카르에 창립하였는데, 이는 라디오 카본 측정과 저에너지핵연구(Niedrigenergie-Kernforschung)를 위한 연구기관이었고, 그의 생애 말까지 이곳의 연구소장 임무를 담당하였다. 또한 디

16) A. Jones, op. cit., 1990, p.75; Chris Gray, op. cit., 1989, pp.2~3.
17) Leohard Harding & Brigitte Reinwald, op. cit., 1990, p.33.

옵은 유네스코 산하의 〈아프리카통사를 위한 국제과학위원회(Comité scientifique international pour l'histoire générale de l'Afrique)〉에 참여하여 학제적 연구 차원에서 자신의 명제를 국제적으로 알리고 확산하고자 하였다. 특히 콩고 출신 언어학자 오벵가(Théophile Obenga)와 함께 고대 이집트어와 근대 아프리카어 사이의 연계성을 밝혀내고, 나아가 이집트문화는 처음부터 아프리카적이었고, 많은 소아시아와의 문화적 접촉에도 불구하고 온전한 아프리카적인 문화로 남았음을 국제 학술회의를 통해 알려가고자 하였다.

1981년 디옵은 마지막 대작이라 할 수 있는 『문명 혹은 야만』을 출간하였는데, 이 책의 주제는 이집트 학문이 그리스와 서양문화에 끼친 영향을 분석하는 것이었다. 이 해에 디옵은 다카르 대학의 고대사 분야에 교수직을 얻었다. 1986년 2월 8일 디옵은 영면하였다. 그의 사후에는 다카르 대학은 명칭을 '체이크 안타 디옵대학'으로 바꾸었는데, 이는 디옵의 역사이론과 사상이 세네갈 정신문화에서 차지하는 위상을 상징적으로 보여주는 것이다.[18]

## 3. 디옵의 아프리카역사학 재구성

### 1) 아프리카문명의 기원

디옵은 아프리카인들은 더 이상 한 개의 민족의식에 의해 인식되는 한 개의 역사적 과거에 뿌리를 두고 있지 않다고 주장하였다. 초기부

---

18) Ibid., 1990, pp.34~35.

터 식민 세력들은 민족문화가 한 사람이 스스로의 역사를 지켜낼 수 가장 견고한 성채라고 생각하였고, 민족문화가 없이는 그곳에 사는 사람들은 다른 문화에 동화되거나 종속될 것이라 전제하였다는 것이다. 이런 식민주의적 발상은 그 속임수와 함께 교실에서부터 작업장에 이르기까지 도처에서 아프리카인들을 스스로 소외되도록 만들었다고 디옵은 비판하였다.[19] 그는 서구의 근대성이 역사를 '국민국가' 중심으로 고착시킨데 대한 비판의식을 일찍부터 가졌던 것 같다.

아프리카인은 그간 자신의 조상이 나일강 유역에서의 물질적 조건에 스스로를 적응해갔으며, 인류를 문명의 길로 가장 오래전에 인도하였다는 사실을 인식하지 못하였다. 아프리카인은 자신들이 예술, 종교(특히 유일신교), 문학, 철학의 초기 체계, 정밀과학(물리학, 수학, 천문학, 달력), 의학, 건축, 농업기술 등을 창조했다는 것을 잊고 있었다. 바로 이 시대에 세계의 나머지 지역, 아시아, 유럽, 그리스, 로마는 아직무지와 야만상태에 살고 있었다는 것이다.[20] 다시 말해 최초의 흑인문명은 최초의 세계 문명이라는 것이다. 호모 사피엔스가 출현한 선사시대부터 지금까지 아프리카인은 심각한 단절 없이 그 역사적 연속성을 이어왔다는 것이다.[21]

디옵이 보기에 아프리카인이 스스로의 역사에 대한 무지 외에도, 식민지 교육은 원주민의 충순성을 높이기 위해 아프리카의 진실된 과거를 은폐하고, 유럽에 비견할 만한 역사와 문화가 없다는 점을 내면

19) Cheikh Anta Diop, *Towards The African Renaiassance. Essays in African Culture & Development 1946-1960*, Egbuna P. Modum, trans., London, Kamak House, 1996, p.50.

20) Ibid., 1996, p.50.

21) Cheikh Anta Diop, *Black Africa: The Economic and Cultural Basis for a Federated State*, Harold J. Salesson, trans., Chicago, Lawrence Hill Books, 1987, pp.3~4.

화하도록 하였다. 이런 교육의 결과는 아프리카인들에게 스스로에 대
해 신뢰를 갖지 못하거나 스스로의 능력을 믿지 못하게 만들었다는
것이다.[22] 1954년 디옵의 학위논문이 거부되었을 당시, 그가 제시했던
박사논문의 명제는 고대 이집트의 문명은 사하라 이남의 "'흑아프리
카'(Schwarzafrika)"에서 유래하였기에, 그 보편적인 사상, 문화적 표현
형태, 언어적인 표출, 사회정치적인 특성들을 하나씩, 하나씩 재발굴해
야 한다는 내용이었다. 이런 주장은 이후 이집트학 연구자나 역사가
혹은 인류학자들 사이에서 맹렬한 반대에 부딪혔다.

디옵이 이집트기원설을 제기할 1950년대까지 대체로 연구자들은 고
대 이집트의 고급문화를, 인구 구성이나 문화적 기원에 대한 관심은 결
여한 채, 그저 고도로 발전된 국가체제로 바라보았다. 여기에서 '흑아
프리카'적인 기원은 논외이었다. 고대 이집트인에 대해서는 황인종이
거나 지중해인 유형이라는 주장에서부터 코카서스인(Kokasoid) 혹은
유로아프리카 종족이라는 주장이 거론되었지만, 가장 자주 등장한 것
은 하무족(Hamiten)이라는 것이었다. 여러 주장들은 어쨌든 이 고급문
화를 만든 인간을 결코 흑인으로 상정하지는 않았다.[23] 디옵이 보기에
많은 역사적 기록에도 불구하고, 제국주의적 역사가들은 이집트가 흑
인문명임을 받아들이지 않았다.

'진정한 혁명적인 품격의 언어는 사실과 그것의 변증법적인 관계에

---

[22] 그래서 디옵은 연구를 통해서 아프리카인이 그 역사의 연속성과 문화적 지속성
을 재발견하고 이를 현대적 요구에 적용하는 것을 가능하도록 해서, 아프리카인
스스로 자신감과 내적 충족감을 되찾아야 한다는 점을 강조하였다. Cheikh Anta
Diop, op.cit., 1996, p.50; Cheikh Anta Diop, *The African Origin of Civilization. Myth
and Reality*, Mercer Cook, trans., Chicago, Laurence Hill Books, 1974, pp.43~84(이
책의 불어판은 1955년에 파리에서 출간되었다).

[23] Leohard Harding, Brigitte Reinwald, op. cit., 1990, pp.37~38.

기초한 가시적인 명증성'이라고 주장해온 디옵은[24] 치열한 학문적인 증빙을 통해 '흑아프리카'인은 이집트 고급문화의 창시자임을 밝히려 하였다.[25] 첫 번째로 제출한 학위논문에서 그는 상세한 증거자료를 제시하면서, 고대 이집트인은 단일한 흑인종족이고, 동아프리카 해안지역에서 왔으며, 구석기시대 이래 이들은 여러 곳으로의 이주운동을 통해 아프리카 내륙으로 퍼져 갔다고 주장하였다. 자신의 명제를 뒷받침하기 위하여, 인류학적인, 고전적인 그리고 현대적인 증언이나 도상학적인 기록을 디옵은 연구하였다. 뿐만 아니라 그는 사하라이남 아프리카와 이집트의 사회 정치적 조직형태를 비교하는 것을 통해서, 그 유사성을 밝히고자 하였다.[26]

또한 디옵은 언어학적인 비교를 통해서 자신의 명제를 입증하려 하였고, 이를 위해 고대 이집트의 문자체계와 서아프리카지역의 언어를 비교 하였다. 구체적으로 그는 밸러프(Valaf)어의 문법과 어휘와 이집트의 것을 비교하여, 라틴어와 프랑스어처럼 그 유사성을 찾아내었다. 그러나 이집트어와 인도 유럽어/셈족의 언어 사이에는 동일한 유사성을 발견해내기 어려웠다고 한다.[27]

디옵에 따르면, 최초의 흑인문명은 유럽에 비해 수십 만 년을 거슬러

---

[24] Cheikh Anta Diop, op.cit., 1987, Introduction.

[25] 예를 들면, 디옵은 그리스 역사학의 아버지인 헤로도토스의 언급, 즉 "콜키스인 (Colchians)을 흑인이고 곱슬머리를 가졌다"라거나 혹은 리비아나 그리스의 신탁을 받는 사람들의 기원과 관련하여 "이 순결한 사람들은 흑인이라고 말해지고 있고, 그래서 우리는 이 여인네들을 이집트인이라 생각하게 되었다"는 서술을 들어 이집트인이 흑인임을 주장하는 볼니(Volney)를 준용하여, 자신의 명제를 입증하고자 하였다. 그러나 이렇게 헤로도토스가 이집트에서 본 이집트인에 대한 서술을 근대 역사가들은 어리석은 환상이라고 무시하였다는 것이다. Cheikh Anta Diop, op.cit., 1996, p.52.

[26] Ibid., 1996, pp.38~39.

[27] Ibid., 1996.

올라가는 최초의 세계문명이었으나, 페르시아의 왕 캄비세스(Cambyses) 2세의 이집트 정복으로 거대한 흑인 권력의 거점이 그 독립성을 잃으면서, 기원전 6세기 초부터 아프리카인들은 전 대륙으로 흩어져갔다. 몇 세기 후인, 약 1세기경에야 최초의 대륙문명이 서쪽과 남쪽 아프리카에서 세워졌다. 가나, 노크-이페(Nok-Ifé), 짐바베 등이 이에 해당하였다. 방사성 탄소 측정의 도움으로 기원 후 1세기 아프리카 동부 해안에서 발견된 로마의 동전으로부터 활발한 해상무역을 유추할 수 있었다. 노크(Nok)문명으로 지칭되기도 하는 최초의 나이지리아 문명은 여기에서 발견된 도자기의 방사성탄소측정을 통해 기원전 900~기원후 200년 사이의 유물임이 확인되고 있다고 디옵은 주장하였다. 확실히 기원후 8세기에 이미 가나제국이 존재하였고, 이 세력은 서아프리카 전역을 걸쳐 대서양까지 그 세력을 확산하였다는 것이다. 그래서 이집트-수단에서 고대시대가 끝난 후에 이어진 중세시대에도 아프리카 국가는 명백하게 실존하였다는 것이다. 동아프리카의 왕국은 포루투갈에 정복될 때까지 해안가의 무역도시와 함께 고전고대 말기에서부터 15, 16세기까지 번영하였다. 이 왕국들은 인도, 시암, 그리고 중국과의 원거리 무역을 통해서 화려한 물품들을 소비하였고, 돌로 지은 주택들은 5, 6층까지 올라갔다고 한다. 나일강 유역의 수단은 그 독립성을 단지 19세기에 상실하였으나, 에티오피아의 동쪽 지역은 1936년 이탈리아의 정복까지 그 정체성을 유지하고 있었다. 이 국가들의 해체와 분산은 19세기 유럽인들의 정복에 의해서 급격하게 진행되었다. 이런 결과로 오늘날 단지 짧게 기술되고 있는 아프리카 역사나 역사개념은 서구 학자들의 의도와 목적에 따라 수용되고 각색되었다고 디옵은 평가하였다. 그러나 디옵이 보기에 흑인 아프리카 문화의 선례가 없다면, 고대 이집트의 문명도 가능하지 않았다.[28]

디옵은 고대에서부터 현대에 이르기까지 2천 년 간의 '흑아프리카'의 역사, 즉 동부, 남부 그리고 중앙 아프리카의 모든 감추어진 역사의 발굴과 재활성화를 촉구하였다. 남아 있는 이집트, 그리스, 로마, 페르시아, 중국 그리고 아랍의 역사기록들을 뒤지고, 나아가 고고학적 연구도 여기에 보태어야 한다. 물론 이런 연구는 이집트인－수단인(Egyptian-Sudanese)의 고대의 활동에서부터 단절 없이 이어져야 한다는 것이다. 이를 통해서 아프리카인의 진화가 큰 틀에서 알려지겠지만, 이를 보완하면서도 존재하는 작은 틈새를 메우는 연구도 계속되어야 한다. 더 이상 암흑 속의 아프리카가 아니라 선사시대에서부터 오늘로 서서히 이어지는 진화과정을 보여 주어야 한다. 디옵이 보기에 아프리카인의 역사 공동성(Historical Unity)은 점점 확연해지고 있었다.[29]

이후 디옵의 연구는 반복적으로 날카로운 비판에, 주로 유럽 학자들의 비판에 직면하였지만, 사실 그의 테제는 한 번도 인류학자들에 의해 깊이 있는 학술적인 논쟁으로 이어지지 않았다. 고고학자들도 거의 예외 없이 디옵의 테제에 대해 논쟁을 시도하지 않았으니, 이는 디옵의 주장에 대한 철저한 무시였다.

사실 이집트의 기원에 대한 연구에는 여러 난관이 도사리고 있는데, 무엇보다도 중간기(intermediären Perioden)에 대한 자료의 부재이다. 중앙 권력이 약화되었던 시기인데, 대략 1000년간이 여기에 해당한다. 이런 시간적인 공백기는 공간적인 낙차로 이어지기도 한다. 약 기원전 4000년경에는 상에집트나 저누비아의 경우 고고학적으로 좋은 자료들이 있지만, 나일 델타의 경우 왕조 이전 시기나 의사왕조 시대에 대해

---

28) Cheikh Anta Diop, op.cit., 1987, pp.3~5.

29) Ibid., 1987, p.6.

서는 어떤 유물이나 유적도 발견할 수 없고, 그래서 이집트인들이 아시아로부터 영향을 받았는지 혹은 지중해문화에 의해 특정될지 여부에 관해 어떤 증빙될 만한 명제도 내세우기 어렵다. 그렇기 때문에 19세기 후반기에 식민지적인 침투나 유럽에 의한 아프리카 정복이 시작되면서, 유럽인들은 스스로의 지배를 정당화하기 위해 아프리카를 '역사 없는 대륙'으로 규정하였다. 이렇게 이념적으로 날조된 특성은 학문적인 영역으로도 밀려 들어왔다. 그 결과 아프리카에는 기록을 통한 전승은 부재한 것으로 여겨지고, 구술적인 전통도 "아프리카 도서관"에 자리 잡을 수 없었다. 학자들은 이집트를, 그 지리적 특성에 대한 고려 없이, 대륙으로부터 분리하여, 초기 문자문화를 흑인이 아니라 아프리카 바깥에 있는 어떤 종족의 작품으로 주장하였다. 그 결과로 학자들은, 예를 들면, 이집트 상형문자의 발전에 메소포타미아가 끼친 근원적인 영향을 강조하고, 이를 보편적으로 통용시켰다.[30]

그러나 1974년 카이로에서 열린 국제회의에서 베르쿠터(Jean Vercoutter)는 이집트는 의심의 여지가 없이 팔레스티나와 메소포타미아 지역과의 접촉이 있었음에도 불구하고, 선사시대 시작부터 역사시대까지 순수한 아프리카 문화로 남았다는 주장을 하였고, 이에 대한 참석자들의 전체적인 동의가 있었다. 이런 합의는 여기에서 더 진전된 질문, 즉 식민지적으로 각인된 사고방식에 안주하지 않고, 이집트인의 인종적 구성을 연구할 수 있는 발판을 제공하였다. 디옵의 주장에 가까워지고 있었다.[31]

앞에서 언급한 디옵의 선구적인 작업에도 불구하고 그에 대한 비판

30) Leohard Harding & Brigitte Reinwald, op. cit., 1990.
31) Ibid., 1990, pp.41~42.

적인 평가들도 나오고 있다. 무엇보다도 그가 주장한 고이집트인들의
문화 단일성 테제는 인류학적인 연구들을 통해서 반박되고 있다. 인구
구성의 다양성과 관련하여, 베르쿠터는 이집트인 중 약 30% 정도가 흑
인이었을 것이라고 추정하였다. 다시 말해서 이는 디옵의 주장이 제기
한 통찰력을 높이 평가하지만, 그의 연구가 인구구성이나 문화의 혼종
성을 좀 더 받아들여야 한다는 의미로 읽힐 수 있다. 또 달리는 인종
(Rasse)이라는 범주가 지닌 폐쇄성을 고려할 때, 연구과정에서 디옵이
사용한 인종의 개념을 문화라는 보다 확장된 개념으로 접근해야 한다
는 요구도 제시되었다.[32]

　　그러나 디옵의 역사관에 대한 보다 본질적인 비판은 그가 내세우는
이집트 흑인기원설과 이를 서구문명의 기원으로 보는 견해가 '기술적
으로 무능한 아프리카대륙은 의식을 지닌 존재인 인류가 가지는 보편
적 미래에 속할 수 없다'는 헤겔의 주장에 대한 정 반대의 주장으로 비
치지만, 또 달리는 디옵의 주장이 일종의 아프리카 중심주의일 수 있

---

[32] Ibid., 1990, p.42; Ibrahima Thioub, op. cit., 2007, p.202. 디옵의 학문적 작업이 지
니는 의미에 대한 각성 속에서 다카르 학파의 연구 내에서도 두 개의 경향성이
나타났다. 그 하나는 이집트를 아프리카 민족의 역사를 연구하는 출발점으로 상
정하는 것이다. 이는 나일강 계곡문명의 업적과 특성을 세네감비아(Senegambia)
의 물질적, 정신적 문화, 정치제도, 사회와 비교하는 작업이다. 이는 파라오의 물
질적 그리고 정신적 문화와의 혈통적 연계성을 발견하기 위한 시도로, 주로 세네
감비아 에 있는 인종집단에 대한 연구에 집중하고 있다. 그러나 이 연구는 비이
집트인들 그리고 이들의 역사적 이행과정이나 경험을 '비이동성 담론(immobility
discourse)'에 의해 도외시하거나 소략하게 다루고 있다. 이런 담론은 역사적 역
동성의 본질적인 부분을 제거해버릴 위험을 안고 있다. 두 번째로 나타나는 경
향성은 고지대 계곡에서 출원한 이집트를 오랜 진화의 과정의 종착점으로 상정
하는 것이다. 이런 연구는 파라오가 지배하는 이집트가 나일지역과 아프리카의
단 하나 뿐인 문화조류의 가장 오래된 조상이라고 주장하면서, 이것이야말로 선
사시대에 나타난 인류 최초의 위대한 문화적 성취로 내세우고 있다. 바로 이런
연구는 디옵의 이론들에서 출원하여 보다 심도 깊은 연구로 가는 단계에 있는
듯하다. Ibid., 2007, pp.201~202.

고, 그런 점에서 헤겔의 논리방식, 즉 서구적인 사유방식을 수용한 것
에 지나지 않는다는 점이다. 또한 디옵은 과거의 영광을 재현해야 한
다는 당위성에 고착되어 식민지 이전의 역사연구에 치중하였고, 그 결
과로 오늘날까지도 아프리카인의 운명을 좌우하고 있는 식민지의 역
사는 그의 역사연구 내에서 설 자리가 없다는 것이다.[33]

아프리카의 존경 받는 지도자의 한 사람인 탄자니아 대통령 니에레
레는 역사서술과 관련하여 디옵보다는 절제되고 합리적인 주장을 내
보인다. 그는 언론과의 대담에서 '아프리카 역사가들에게 아프리카 역
사에 관한 역사적 사실을 과장하지 말 것'을 주문하였는데, 이는 외국
의 반대편 역사가들이 아프리카의 역사적 사실을 폄하하거나 독립 이
전 시기에 대한 서술에서 아프리카를 배제하는 것을 피하기 위해서라
는 것이다. 니에레레에게 공신력 있는 아프리카 역사의 생산에서 '공평
함'은 대단히 중요한 미덕이기 때문이었다.[34]

## 2) 유럽에 끼친 이집트문명의 영향

디옵은 이집트인이 흑인이고, 여기에서 아프리카문명이 연속적으로
이어졌다는 주장 외에도, 근대 역사가들, 특히 일부 이집트학 연구자들
이 제국주의적 착취를 정당화하기 위해 흑인 이집트가 전 세계를 문명

[33] B. Jewsiewicki & V.Y. Mudimbe, "African's Memories and Contemporary History of Africa", *History and Theory* Vol. 32, No. 4, 1993, pp.1~3, 9; 그 외에도 Olufemi Taiwo, "Exorcising Hegel's Ghost: Africa's Challange to Philosophy", *African Studies Quarterly* Vol. 1, Issue 4, 1988, pp.3~16와 Babacar Camara, "The Falsity of Hegel's Theses on Africa", *Journal of Black Studies*, Vol. 36, No.1, 2005, pp.82~ 96 참조.

[34] Donald Denoon & Adam Kuper, "Nationalist Historians in Search of a Nation: The 'New Historiography' in Dar Es Salamm", *African Affairs* Vol. 69. No. 277, 1970, pp.347~348.

화한 역사적 사실을 은폐하려 하였음을 강조하였다. 이미 헤로도토스
와 같은 고전고대의 학자들이 이집트 여행 후에 밝힌 사실, 즉 이집트
인은 흑인이고 이집트가 지중해 지역의 모든 사람들에게 문명의 빛을
전해준 고전문명의 원류에 해당하는 지역이었다는 점이 서구 학자들
에 의해 간과되었다는 것이다.[35]

디옵은 그의 저서 여러 곳에서 집중적으로 이집트의 사상과 과학기
술이 유럽문화, 특히 고대 그리스 문화에 끼친 영향을 분석하였다. 이
런 명제에서 출발하여 그는 이집트가 '흑아프리카' 문화권이었고, 나아
가 서양의 과학, 철학 그리고 종교의 본질적인 부분은 '흑아프리카'적인
뿌리를 가지고 있다고 주장하였다. 그의 책 『문명 혹은 야만』의 4부,
자연과학과 철학 영역에 대한 아프리카의 기여 부분에서 디옵이 내세
운 이런 주장들은 자연과학이나 수학부분에서는 그 정당성을 의심받
지 않았다. 예를 들면 365일, 12개월, 30일로 구성된 이집트 달력은 그
레고리 달력을 거쳐 오늘날 사용하는 달력으로 발전하였다. 혹은 의학
에서 해부학이나 외과 의학 등에서 이집트인의 기술은 중요하였고, 이
는 이후 힙포크라테스에 의해 받아 들여졌다. 혹은 기하학이나 측량술
에서도 피라미드 건축술과 더불어 발전한 이집트의 기술적 영향은 부
인할 수 없다.[36]

그러나 그리스 철학의 이집트 기원에 대한 디옵의 주장은 서구 철학
계의 기본 흐름과는 잘 부합하지 않는 듯하다. 디옵은 기원전 2600년부
터 이집트의 우주론에 들어 있는 여러 생각이 일시적으로 이집트에 거
주한 그리스 철학자에 의해 받아 들여졌고, 이를 그리스인은 자신들 고

35) Cheikh Anta Diop, op.cit., 1996, pp.50~51.
36) Leohard Harding & Brigitte Reinwald, op. cit., 1990, p.113.

유의 철학사상으로 내세웠다는 것이다. 우주론의 네 가지 기본요소, 공기, 물, 땅, 불은 초기 그리스철학에서 중요한 역할을 하는데, 앞의 요소들을 디옵은 이집트의 선행 모델에서 기인하였다고 주장하였다. 이집트의 공기(Schu), 습기(Tefnut), 땅(Geb), 빛(Nut)이 바로 그것이다.[37)

또한 디옵은 유럽철학의 중요한 요소인 변증법 역시도 고대 이집트의 우주론에 이미 내재하였다고 주장하였다. 네 쌍의 신들은 서로 자연의 상반되는 원칙을 대변하는 것이다. 암흑(Keku)과 빛(Kekujt), 물질(Nun)과 무(Naunet), 영원성(Heh)과 비영원성(Hehet), 가시적인 것(Amun)과 비가시적인 것(Amaunet)이 그것이다. 이런 논리의 연장선상에서 디옵은 유대교, 기독교, 이슬람교와 같은 유일신적인 종교들의 일부 요소도 그 기원을 이집트에 두고 있다고 주장하였다.[38)

철학이나 종교 분야에서 유럽에 끼친 이집트의 영향에 대한 디옵의 주장은 그리 큰 반향을 일으키지 못하였고, 그에 대한 토론도 거의 진행되지 않았다. 오히려 독일어권 철학이나 역사서술은 오리엔트문화에 나타나는 세계관은, 여기에는 이집트문화도 해당하는데, 여전히 신화적인 성격을 지닌 것으로 간주하였다.[39)

1980년대 말에 이르러 디옵의 주장과 관련하여 나타난 고무적인 현상은 버넬이 출간한 『블랙 아테나』가 그리스문명, 나아가 서구문명의 기원에 대한 새로운 논쟁을 불러일으킨 점이다. 특히 이 책이 세계 학문의 중심지 역할을 하고 있는 미국에서 출간되었다는 점, 그리고 미국 학계가 지니는 지적 헤게모니에 힘입어 그리스 문명 창시자의 흑인적

---

37) Ibid., 1990, p.115.

38) Ibid., 1990; Cheikh Anta Diop, *Precolonial Black Africa*, Harold Salemson, trans., Chicago, Lawrence Hill Books, 1987, pp.31~33.

39) Leohard Harding & Brigitte Reinwald, op. cit., 1990, pp.114~115.

기원에 대한 논란을 서구 역사학계에서 불러일으킨 점은 주목할 만하다. 버넬은 그의 책에서 그리스문명을 본질적으로 유럽인 혹은 아리안과 연결 짓는 아리안 모델에 맞서, 이집트와 셈족 문화의 주변부에서 그리스의 기원을 찾는 수정 고대모델을 더 선호하였다. 특히 아리안 모델이 이집트인의 그리스 정착뿐 아니라 페니키아인의 정착까지도 의문시하는 점을 날카롭게 비판하였다. 그는 아리안모델이 후기 그리스어가 포함하는 많은 비인도유럽어적인 요소를 설명하지 못한다고 비판한다. 버넬은 서양문명의 근원적인 토대를 재성찰할 것을 요구하면서, 이런 맥락에서 그간 서구인이 행한 '모든 역사 연구와 역사 철학이 인종주의와 유럽쇼비니즘으로 채색된 점을 인정'할 것을 촉구하였다.[40] 이렇게 뒤늦게 나타난 새로운 논쟁을 접하면서, 우리는 디옵이라는 한 지식인이 지닌 선구적인 통찰에 감탄하게 된다.

## 4. '흑아프리카'적 문화공동성

'흑아프리카'적 문화공동성(L' Unité culturelle de l' Afrique Noire) 개념[41]은 디옵의 역사이해에서 중심적인 위치를 차지하고 있다. 그에게

---

40) 마틴 버낼, 오흥식 역, 『블랙아테나. 서양고전문명의 아프리카·아시아적 뿌리. 제1권 날조된 고대 그리스』, 1785~1985, 소나무, 2006, 34~35쪽. 그 외에도 오흥식, 「고대 그리스와 동지중해권: 마틴 버낼의 블랙 아테나 II: 고고학적 증거와 문헌 증거」, 『서양사론』 109, 2011, 289~318쪽과 오흥식, 「유럽중심주의의 극복과 사료로서의 그리스 신화」, 『서양사론』 95, 2007, 113~144쪽 참조.

41) 이 글에서는 L' Unité culturelle를 문화권이나 문화단일성으로 번역하기 보다는 '문화공동성'으로 번역하였다. 이런 한글 용어가 디옵의 취지에 가장 근접하다고 생각하였기 때문이다. 그러나 앞에서는 맥락에 따라 단일성, 통일성을 혼용 하여 사용하였다.

있어서 아프리카 문화는 산재한 여러 지역의 개별적 경험의 집산이 아니라, '흑아프리카'가 초기 역사시대 이집트에서 최초로 시작한 모든 경험의 총체성, 공통성 그리고 독자성을 의미하였다. 문화공동성이 디옵에게 그렇게 중요한 위상을 차지하고 있는 것은 이 문화적 복합체의 실체 구명이 '흑아프리카' 민족들이 공유하는 문화 현실, 즉 그들을 다른 민족과 구분하는 특성을 최대한 살려 내는 데에 기여하기 때문일 것이다.

디옵에게 '흑아프리카'의 지리적 통합성은 명백해 보이고, 이는 필연적으로 경제적 통일성을 포함하고 있다. 또한 전식민지시대의 아프리카 가족과 국가의 구조, 이에 뒤이은 철학적, 도덕적 관점 등에서 일관된 문화적 공동성을 드러내고 있다는 것이다.

또한 디옵은 문화공동성의 주요한 토대로 언어를 지적하였다. 그래서 그의 작업의 기초를 이룬 것은 언어학 연구였고, 여기에서 자신의 주장과 명제의 중요한 증거를 발견하고자 하였다. 그가 보기에 아프리카 언어는 하나의 언어 가계를 이루었으나,[42] 19세기 식민지화와 함께 아프리카의 공용어는 '식민지 모국들'의 다양한 언어로 교체되었다. 이에 디옵은 세네갈이 언어통일 정책이후 친족의 통합성이 강화된 사례를 들면서, 국가위원회를 만들어 인위적인 언어정책을 시행할 것을 강력히 요구하였다. 다시 말해 이는 아프리카 공용어를 선정하고, 이를 전 대륙의 행정적, 문화적 언어로 사용할 것을 제안하였다. 이를 위한 구체적인 방안으로는 먼저 새로운 공용어를 각 지역에서 제1외국어 필수과정으로 만든 후에, 이를 서서히 단일 공용어로 바꾸어갈 것을 주창하였다. 우선 언어를 통해서 아프리카는 외래문화로의 동화에 저항하

---

[42] Cheikh Anta Diop, op.cit., 1987, pp.6~7.

는 방안을 디옵은 생각하였다.[43)

공동의 유산에 대한 발견은 그에게 있어서, 아프리카 대륙에서 일어 나야 할 민족 해방의 기본적인 전제조건이었다. 문화공동성의 발견은 아프리카 민족들의 독립투쟁을 사상적인 차원에서만 지원하는 것에 머무는 것만은 아니었다. 이는 학문적인 영역에서 군림하고 있는 유럽 중심주의에 맞서는 투쟁이었다. 디옵은 사회과학에서 통용되는 주장, 아프리카는 다양한 인종, 언어 그리고 문화의 다채로운 혼합이라는 주 장에 대해 의문을 제기하고, 대신에 촘촘한 친족(kinship)관계의 네트워 크와 문화공동성의 존재를 내세웠다.[44)

디옵은 크게 보아 네그리튀드 운동의 연장선상에 있지만, 그가 내세 우는 문화공동성과 셍고르의 아프리카적 문화운동 사이에는 상당한 차이가 존재한다. 디옵은 셍고르와의 불화를 거론하는 과정에서 사회 과학자와 시인 사이에는 철학에서 근원적인 차이가 있음을 언급한다. 디옵은 '한 사람의 문화적 개성은 세 가지 상호 연관된 요소, 즉 정신적 (psychic) 요소, 언어적 요소, 역사적 요소로 구성되는데, 뒤에 네그리튀 드로 알려진 작품을 쓴 시인들은 정신적인 요소를 강조하였다. 이에 비해 자신은 객관적인 현상들, 즉 언어적인 것이나 역사적인 요소들을 통해서 보다 과학적으로 문화 정체성의 문제에 접근하면서, 흑인이나 흑인사회의 문화적 명예회복을 시도한다는 것이다. 이에 반하여 셍고

43) Ibid., 1987, pp.9~12. 디옵이 판단하기에 언어의 영향력은 너무 커서, 식민지 '모 국'들은 자신들의 경제나 문화영역과 마찬가지로 언어가 그대로 잔존하는 하는 한에 있어서는 아프리카로부터의 철수가 그리 큰 손실을 가져오지 않을 것이라 보았다는 것이다. 이전의 아프리카 식민지가 사회주의 진영으로 넘어가지 않는 한, 프랑스는 고도의 자유주의 정책을 통해서 식민지인들을 교묘하게 동화시킬 수 있었기 때문이었다. Ibid., 1987, pp.13, 15, 31.
44) Leohard Harding & Brigitte Reinwald, op. cit., 1990, p.163; Cheikh Anta Diop, op.cit., 1996, pp.129~136.

르는 지속적으로 반대자와 싸우는 과정에서, 특히 마르크스-레닌주의
자들에 맞서, 이들이 내세우는 '정치 우선성' 입장을 강하게 비판하였
다. 아프리카의 통합을 방해하는 것은 정치에 대한 과도한 강조이고,
이는 결국 아프리카 지도자들에게 스스로의 힘으로, 스스로를 위해 사
고하는 것을 거부하는 결과를 가져온다는 것이다. 그러나 셍고르가 끌
어내는 네그리튀드운동이 아프리카인에 대한 경제적, 정치적 착취에
대한 비판적 목소리를 내지 않는 한, 이는 디옵에게 신식민주의 정치를
추인하는 것에 다름 아닌 것으로 비쳤을 것이다.[45]

이미 앞에서 언급한 대로 '흑아프리카'의 문화공동성에 대한 디옵의
명제가 지닌 중요한 전제는, 이미 다른 곳에서 대단히 논쟁적이었던 이
론, 즉 초기시대 이집트를 '흑아프리카'의 범주에 넣는 것이다. 여기에
서 아프리카민족들의 요람이자 문화유산 발전의 가장 중요한 공간으
로서, 이집트와 나일계곡은 아프리카문화권의 정체성에 결정적인 요소
가 되었다.

그러나 '흑아프리카'의 문화공동성에 대한 증거 제시는 디옵의 연구
작업을 격렬한 논쟁 속으로 들어가게 하였다. 유럽 학계에서는 대다수
가 디옵의 주장을 무시하였으나, 프랑스어 사용 아프리카인들은 이 연
구를 열광적으로 칭송하였다. 이에 비해 영어권 사용 아프리카인들은
디옵의 방법론에 대해 날카로운 비판을 퍼부었다.[46] 이런 현상은 디옵
의 저술들이 프랑스어로 출간되고, 그가 파리에 체류하면서 얻은 여러
인적 네트워크가 중요한 역할을 한 데에서 기인하였을 것이다. 동시에

---

[45] 셍고르도 물론 범아프리카주의를 지지하였으나, 이는 니에레레나 은쿠르마
(Nkurumah)와 유사한 신념을 가진 디옵에게는 보다 온건한 관점으로 보였을 것
이다. Chris Gray, op. cit., 1989, pp.38~39.

[46] Leohard Harding & Brigitte Reinwald, op. cit., 1990, p.164; Chris Gray, op. cit., 1989,
pp.53~78.

이런 차이는 영국 식민지에 비해 프랑스 식민지에서 정치적, 경제적 억압이 더 혹독하였기 때문일 것이라는 해석도 있다.

　디옵은 세계를 세 문화권으로 나누었다. 인도유럽과 아리아 권역으로 대변되는 북부 요람, 인도·아랍·서아시아·비잔틴·메소포타미아로 구성된 통합문화권, 그리고 이집트와 아프리카로 대변되는 남부 요람이다. 흥미 있게도 디옵은 자신의 연구의 부제를 '고전고대 시대의 가부장제 권역과 모권제 권역'으로 붙이는 것을 통해서 자신의 핵심명제를 제시하였다. 디옵은 북부와 남부 권역은 특히 모권제에 대한 입장에서 차이를 드러내었다고 판단하였다. 그는 사회구조, 특히 가족구조에서 하나의 보편적인 발전과정을 상정하고, 모권제를 하나의 중간단계로 파악하고, 종국에는 가부장제로 정리될 것으로 바라본 바호펜, 모간, 엥겔스를 비판하였다. 이들과는 달리 디옵은 처음부터 두 개의 문명 발전의 요람, 하나는 모권제가 우세한 남부와 가부장제가 지배하는 북부가 있었다는 것이다. 종국적으로 디옵은 북부와 남부 요람 사이의 차이가 가족제도만이 아니라, 나아가 국가철학, 종교 그리고 문학에서도 명확히 드러난다고 보고 있다.[47)]

　그러나 디옵이 주장한 북부와 남부 사이의 명료한 차이라는 것이 역사 발전 과정에서 하나의 정체된 모습으로 남아 있는 것은 아니라는 비판이 있다. 문화의 발전과정에서는 내적인 변화도 있을 수 있거나 혹은 모권제에서 부권제로 이행하는 여러 역사적 단계들도 나타날 수 있는데, 디옵의 주장은 이런 다양한 역사적 진행과정을 구명하지 못하고 있기 때문에 비판을 받기도 한다. 혹은 디옵의 세계문화권에 대한 분류에서는 사실상 동아시아의 존재는 사라지고 말았다는 비판도 제

<hr>

47) Ibid., 1989, pp.167~168; Cheikh Anta Diop, 1996, pp.129~130.

기되고 있다.


## 5. 정치구상

'흑아프리카' 모든 민족의 공동 유산의 재구성, 다시 말해 문화공동
성의 확보는 역사가로서의 디옵이 지닌 핵심적인 문제의식이었다. 정
치가로서의 디옵은 이러한 공동의 과거에 대한 학술적인 입증을 통해
서 정치적 그리고 경제적으로 하나가 된, 독립아프리카를 위한 기초를
만들려 하였다.[48] 아프리카국가연합을 연방국가의 형태로 만드는 것
은 디옵에게 있어서, 아프리카 발전을 위한 필수적인 전제조건이자 실
질적인 독립을 위한 유일한 가능성이었다. 이런 전제를 현실로 전환하
기 위해서, 그는 1940, 1950년대의 역사적인 맥락을 염두에 두었다. 이
차대전 이후 아프리카에서 일어나는 반식민지운동의 확산 속에서 디
옵은 어떤 결정적인 계기를 포착하려 하였다. 즉 디옵은 민족국가적인
자치의 요구를 전 아프리카를 망라하는 정치적 틀로 묶어야 한다고 생
각하였다. 그의 범아프리카주의(Pan-africanism) 사상은 당시 유엔을 중

---

[48] 이런 맥락에서 디옵은 단일정부의 필요성을 주장하였다. 유럽이 (사실상) 하나의
기독교 국가로 단일성을 가진 것처럼, 사우디아라비아나 터키, 그리고 이란도 함
께 단일정부로 갈 수도 있다는 것이다. 디옵에게는 종교적 차이도 하나의 왜곡
된 핑계에 불과하였다. 이런 맥락에서 디옵의 논리는 이집트를 겨냥하여, 이집트
를 위시한 북아프리카 국가들이 '흑아프리카'와의 차이를 넘어 민주적인 중앙정
부를 갖춘 연방체제의 일원이 될 것을 요청하였다. 이런 논리 속에는 오늘날에
도 극복되지 않고 있는 북아프리카와 사하라이남 아프리카, 혹은 범아프리카주
의와 범아랍주의의 분할을 둘러싼 딜레마에 대한 디옵의 희망과 제안이 들어 있
다. Cheikh Anta Diop, 1996, pp.62~63. 그 외에도 윤상욱, 『아프리카에는 아프리
카가 없다. 우리가 알고 있던 만들어진 아프리카를 넘어서』, 시공사, 2014, 22~25
쪽 참조.

심으로 진행된 '흑인 의식화 운동(Black Conciousness Movement)'과 교호하였는데, 이런 사상적 흐름은 당시 아프리카의 정치적 전위세력의 강령에도 등장하고 있었다. 이 과정에서 탄자니아 니에레레(Julius Nyerere)의 아프리카 사회주의나 1960년에 가나 대통령이 되는 은쿠르마(Kwame Nkrumah)의 범아프리카주의가 탄생하였다.[49]

디옵은 아프리카 연방국가의 창건을 위해 아래와 같은 경제적, 기술적 기초를 구축할 필요성을 제시하였다. 잠재적 에너지원의 확보, '흑아프리카'의 산업화 전략, 앞의 계획을 위한 재정확보 그리고 기술 지도력의 양성이다. 그는 공용어정책이나 세네갈처럼 이미 안착된 국민국가 정치의 재구조화도 강조하였다. 특히 디옵은 이차대전 이후 제국주의 국가들의 전략에 대응하는 과정에서 나타날 수 있는 아프리카의 남미화(South-Americanization)를 염려하였다. 그는 시몬 볼리바르가 남미대륙을 하나의 블록으로 통합하는 것에 실패한 역사적 경험을 환기하면서, 정치적으로 불안정한 아프리카 대륙에서 이런 불행한 현실이 재생산될 것을 염려하였다. 특히 국가적 지도력이 부족한 상황에서 군부독재의 가능성이 높고, 이 과정에서 정치적 이기주의가 아프리카를 파멸시킬 수 있음을 염려하였다.[50] 그의 생각으로는 연방국가로 가기 위해서는 기존의 구미 선진국과의 동맹관계를 종식하고, 아프리카 국가 간의 경제 협력을 실행해야 하였다.[51]

여기에서 셍고르와 디옵의 정치적 지향성에서 현저한 차이가 드러

[49] Leohard Harding & Brigitte Reinwald, op. cit., 1990, pp.252~253.

[50] Carlos Moore, "Interviews with Cheikh Anta Diop", Ivan Van Sertiman & L arry Obadele Williams, eds., *Great African Thinkers: Cheikh Anta Diop*, New Brunswick, Rutgers University, 2000, pp.249~250.

[51] Cheikh Anta Diop, *Les fondament économique et culturels d'un Etat fédéral d'Afrique Noire*, Paris, Présence Africaine, 1974, pp.30~33.

난다. 1940년대와 1950년대 사이 초기 유럽공동체 구상에서 잠시 떠오른 '유라프리카 연방 결성'이 쟁점으로 대두되었을 때, 셍고르는 유럽과 아프리카연방체의 동등한 통합을 구상하는 유라프리카 연방결성을 적극적으로 제안하였다. 셍고르는 영국, 프랑스, 벨기에가 그들의 해외영토와 각각 연방을 구성한 후에, 이 개개의 연방을 다시 통합하는 단계적인 유라프리카 연방을 구상하였다. 이는 유럽이 경제적인 난관에서 벗어나기 위해서는 아프리카의 거대한 잠재력을 적극 활용해야 하고, 특히 풍부한 자연자원의 제공을 통해서 아프리카는 호혜적인 역할로 유럽의 구원자가 될 수 있다는 것이다. 이는 인종 평등의 기반위에서 아프리카의 존엄성이 인정받는 그런 과정이 되어야 하였다. 이러한 셍고르의 인식 속에는 사회주의, 즉 마르크스와 테아르드 샤르댕(Teilhard de Chardin)으로부터 받은 사상적 영향이 들어 있다. 셍고르는 마르크스의 주장으로부터 아프리카 사회주의의 경로를 착안하기도 하였지만, 보다 결정적으로는 샤르댕의 보편문명 사상에서 더 큰 자극을 받았던 것 같다. 그 결과 셍고르 사상에서는 네그리튀드, 문화의 혼혈, 세계보편문명이 중요한 개념어로 등장하였다.[52]

이에 비해 디옵은 처음부터 제국주의와의 투쟁을 명료하게 표방하였다. 그는 자본주의적 착취가 아프리카에서 일어나는 모든 불행의 원인인데 , 이는 식민주의의 총체적인 절멸 없이는 해소될 수 없다고 보

[52] 셍고르는 마르크스 사회주의가 주장하는 부르주아 지배와 이에 대항하는 프롤레타리아트 투쟁이론에서 식민지배자에 맞선 흑인의 소외와 투쟁의 가능성을 발견하였다. 그러나 그는 마르크스에서 벗어나 흑인의 영성이 풍만한 대지에서 공동체의 전통을 발전시킬 수 있는 아프리카 사회주의의 길을 모색하면서, 이 과정에서 하느님, 상이한 문화들 간의 평등성과 대화, 주고받는 만남으로 이어지는 드 샤르댕의 우주론으로 기울게 된다. 이복남, 앞의 논문, 2012, 189, 191, 194~198쪽.

았다.53) 아프리카가 산업화하고, 이를 통해 노동계급이 안정적으로 형
성되고 저항 운동의 토대가 구축될 수 있지만, 디옵이 보기에 노동력의
집중은 제국주의 지배 아래에서는 불가능하였다.54) 그에게 있어서 궁
극적인 목표는 전체 아프리카 대륙에서 민족독립이 이루어지는 것인
데, 그래야만 비로소 법적, 정치적 권리의 보장이나 지역정부에의 민주
적인 참여가 실현될 수 있기 때문이었다.55)

그러나 디옵이 희구하는 아프리카 민족의 해방에 도달하기 위한 첫
번째 과제는 모든 아프리카인에게 '흑아프리카'에 대한 의식화작업을
하는 것이다. 따라서 이를 방해하는 사회적, 심리적 요소를 우선적으로
극복하는 것이 중요하였다. 그간 식민지교육은 흑인들에게 자신감을
결여하게 하고, 스스로의 능력을 신뢰하지 못하게 만들었다. 이런 과정
에서 제국주의자들은 '이집트가 전 세계를 문명화하였고, 이집트인들
은 흑인이었다는 사실을 은폐하거나 왜곡하였다'는 것이다.56)

또한 아프리카의 모든 사람들은 종족적인 경계에 의해 분할되어 있
고, 디옵이 생각하기에, 이에 따른 분할의식은 너무 공고하였다. 마찬
가지로 아프리카 사회에는 캐스트에 따른 사회적 분할도 존재하는데,
이는 시급히 요구되는 공동체 정서의 형성을 방해하고 있다는 것이다.
이에 아프리카인의 근대적 의식 획득을 위해, 적절한 대중 교육이 필요
하고, 이는 당연히 아프리카 언어로 진행되어야 한다고 디옵은 생각하

---

53) Cheikh Anta Diop, 1996, p.48.
54) Ibid., 1996, p.58. 디옵은 '흑아프리카'를 파괴할 수 있는 네 가지의 적으로 신음하
고 있는 자본가 유럽, 아프리카의 민족주의 토양에서 성장하는 파시즘(이는 주로
남아연방을 지칭하는 듯하다), 1,4억 흑인의 질곡을 상징하는 미국 사형장의 전
기의자 그리고 아랍 봉건주의를 지적하였다. Ibid., 1996, p.65.
55) Ibid., 1996, p.49.
56) Ibid., 1996, pp.49~53.

였다. 학교 이외의 공간에서 이루어지는 적절한 교육수단은 대중의 즉
각적인 물질적 욕구와 연계되어야 하고, 이 과정에서 그간 자행된 착취
메커니즘을 보다 적극적으로 알려야 하였다.[57]

그렇다면 진보적인 국가들로부터도 지리적으로 고립된 아프리카인
은 어떻게 스스로의 생존을 보장받을 수 있을 것인가? 이를 위해서 디
옵은 먼저 아프리카인은 자신들의 구원은 스스로에게 달려 있다는 것
을 각성해야 한다고 보았다. 그 다음에는 투쟁의식을 기르고, 자신들을
조직하거나 훈련해야 한다. 여러 형태의 민족해방을 위한 투쟁에서 아
프리카민주연합(Rassemblement Démocratique Africain)이나 그 학생들이
중요한 역할을 해야 하였다. 아프리카인의 의식화는 결코 투쟁과 분리
될 수 없는 과제였다. 흥미 있는 사실은 이런 투쟁과정에서 아프리카
인은 과거의 식민지 '모국'에서도 민주적 통치가 승리하도록 만드는 투
쟁에도 동참할 것을 디옵이 강조한 것이다. 이렇게 제국주의 국가 내
민주세력과의 연대를 그가 강조한 점도 높이 살만하다.[58]

정치형태와 관련하여서, 디옵은 먼저 종족중심주의(tribalism)의 극복
을 주장하였다. 식민지 이전시대에는 전통적인 종족사회도 있었지만,
거대 영토국가가 등장하면서 일부 지역에서는 정치형태가 군주제적
단계로 넘어가고 있었다. 그러나 식민화와 노예무역은 아프리카를 다
시 분절화하거나 종족 단위로 환원되도록 하였다.[59] 동시에 식민지지
배는 제국주의 국가의 이해관계에 따라 영토를 자의적으로 나누거나
혹은 이를 국민국가 단위로 묶었다. 그 결과로 포스트식민사회에서도

---

[57] Ibid., 1996, pp.54~59.
[58] Ibid., 1996, pp.65~66.
[59] 물론 이 분절화 과정에서 등장한 지배자들에 의해 기원신화 뿐 아니라 전통이
날조되고 창조되었다.

국민국가를 향한 열망이 계속 강렬하였고, 이를 통해 영토갈등이 지속적으로 재생산되고 있다는 것이다.[60) 거기에다가 여러 아프리카 국가에서 특정 종족의 엘리트가 국가권력을 독점하는데, 이는 디옵에게 대단히 위험한 진행경로로 비쳤다. 이에 대한 해결방식으로 디옵은 종족학 연구의 역동적인 활용과 지속적으로 과학적이면서도 솔직한 설명을 통해서 아프리카의 공동성을 찾아 갈 것을 강조하였다. 엄중한 과학적 조사의 결론은 새로운 유형의 민족의식 형성을 도와야 하는데, 달리 말하면 종족학 연구는 아프리카인의 모든 종족공동체에게 자신이 공유하는 친족관계의 본질과 비전을 보여 주어야 하는 것이다.[61)

그러나 디옵은 아프리카가 당면한 문제들은 매우 복합적이기 때문에, 이기적인 집단이익의 추구는 매우 위험하다고 보았다. 연방제라는 복안을 통한 아프리카 공동체의 전망 없이는, 현재 국경선의 조정이 필연적으로 심각한 갈등으로 치달을 것임을 경고하였다. 연방제 형태만이 이전의 식민지 국경선을 쓸모없는 것으로 만들 것이라 보았다. 디옵은 행정적 경계 짓기는 연방제 내에서라면 용이하게 해결될 수 있고, 그 안에서 각각의 종족 집단에게 그들 고유의 문화적 토대에 기초한 내적인 자율성(autonomy)이 허용될 수 있다고 보았다. 오늘날과 같은 다국적 정치구조 속에서는 아프리카공동체는 엄격한 중앙집권제에 기초한 일괴암적인(monolithic) 공동체로 가서는 아니 되지만, 그렇다고

---

60) Carlos Moore, op. cit., 2000, pp.271, 275.

61) Ibid., 2000, pp.272~273. 여기에서 디옵은 포스트식민사회에서 등장하는 민족주의적 정체성을 매우 우려하였다. 특히 아프리카의 성취를 강조하기 위해, 새로운 아프리카 국가의 지배층이나 기생적인 부르주아 관료층이 만들어내는 협의의 민족주의에 맞서, 디옵과 오벵가는 범아프리카주의를 주장한 것이다. 그리고 지배층에 의한 새로운 역사지식의 생산에 대해서도 경계심을 표명하였다. Chris Gray, op. cit., 1989, p.55.

자결권의 원칙이 무정부상태를 초래하는 것도 경계해야 한다는 것이다.[62] 이런 맥락에서 연방 내에서 각 국가의 정치적인 지도력은 순번제로 발휘되어야 하고, 국가주권의 상당 부분은 연방국가의 집행단위에 일임되어야 한다고 보았다. 또한 국방과 군사력도 아프리카 대륙 전체의 차원에서 행사되어야 한다고 보았다.[63]

디옵이 연방제를 주장하는 또 다른 이유는 아프리카는 경제 통합을 통해서만 열악한 경제현실을 극복할 수 있고, 이를 위해서는 정치적 조직화가 선행되어야 한다고 본 것이다. 이런 연방제 안에서 경제는 아프리카 대륙을 기반으로 합리화과정을 추진할 수 있다는 것이다.[64] 특히 디옵은 합리적인 경제발전을 위한 에너지정책의 중요성을 강조하였는데, 광물자원 개발을 위한 에너지원과 전기에너지 시장의 통합 그리고 효과적인 에너지 배분을 위해서는 연방국가의 필요성이 절실하다는 점을 강조 하였다.[65]

아프리카가 당면하고 있는 신식민주의 체제의 위협과 관련하여 디옵은 아프리카연방은 어느 진영에도 속하지 않는 비동맹 체제로 남을 것을 주장하였다. 이러한 위치 짓기를 통해서야 비로소 아프리카는 자기중심적 발전을 할 수 있다고 보았다.[66] 그에게 EU는 아프리카가 지향해야 할 중요한 전범이었다.[67]

---

[62] Ibid., 1989, pp.273~275.

[63] Ibid., 1989, pp.252~253.

[64] Ibid., 1989, pp.250~252.

[65] Cheikh Anta Diop, op.cit., 1996, pp.XI~XV.

[66] Ibid., 1996, p.XV. 이런 맥락에서 디옵은 아프리카와 아랍의 협력을 위한 기초로 양자 사이의 생물학적, 문화적 관련성을 강조하였다. 이런 혈연적 관련성은 기원전 5만 년 전으로 거슬러 올라갈 뿐 아니라, 4세기 셈족의 출현과도 관련된다는 것이다. Ibid., 1996, p.XVII.

[67] Ibid., 1996, pp.262~263.

그러나 이런 디옵의 사상을 현실로 옮기는 데에는 많은 장애물이 놓여 있었다. 과거의 식민지 모국을 다시 복원하고 과거의 영향권을 유지하려는 시도나 이전의 식민지들이 제국주의 지배자들이 그어놓은 경계선을 따라 자신들의 국민국가를 건립하려는 노력 속에서 하나의 아프리카 공동체를 구성하는 것은 실현할 수 없는 꿈으로 남아 있었다.


## 6. 맺음말

체이크 안타 디옵의 역사연구가 지닌 첫 번째 목표는 이집트와 흑인 사이의 역사적, 문화적 관련성을 구명하는 것을 통해서 아프리카인의 의식 속에 역사의식과 자긍심을 심어 주는 것이었다. 두 번째 목표는 아프리카 대륙과 흑인종을 보편적인 세계사 속에 '역사를 가진 존재'로 자리 잡게 하는 것이었다. 이는 아프리카 역사학을 정당한 학문분야로 인정받으려는 투쟁이기도 하였다. 그간 아프리카 역사는 식민지인들에 의해 만들어진 역사였고, 주로 영국이나 프랑스 역사가들이 만들어낸 생산물이었다. 그래서 디옵의 노력은 더 이상 아프리카인이 타자가 해석하고 가르치는 아프리카 역사를 배울 수 없다는 거부의 몸짓이기도 하였다.[68]

디옵은 잃어버린 공동체를 재생하는 아프리카 역사, 근대의 주류 학자들에 의해서도 수용되는 담론으로서의 아프리카 역사를 쓰고자 하였다. 디옵은 자신의 학술작업에서 연구 진전의 여러 가능성들을 발견하였고, 그의 이론이 전문가에 의해 평가받기를 원하였다. 이에 디옵은 연구의 질적 고양에 대한 압박도 강하게 느꼈다.[69] 그러나 서구학자들

---

68) Chris Gray, op.cit., 1989, pp.52~53, 60.

에 대한 그의 실망감은 컸다. 디옵의 전문성 결여에 대한 서구학자들의 지적 외에도, 그의 글이 결론에 도달하는 과정에서 보이는 급격한 비약 지점에 대한 강도 높은 비판도 있었다. 그러나 달리는 '지금 강단역사가에 의해 사용되는 지적 개념이나 전문성의 기준 자체도 역사학의 발전과정을 통해 인위적으로 만들어진 것이고, 그 자체가 기존 권력이나 계급관계를 반영하는 것이 아니냐'는 주장과 함께, 디옵을 변호하는 목소리도 나왔다. 그럴지라도 그는 오랫동안 학문적 국외자로 남았다. 그의 고향인 세네갈에서 조차도 디옵의 주된 청중은 프랑스어를 사용하는 흑인들이었다.[70] 다행스럽게도 1960년대 말 미국에서 활발해진 민권운동을 통해서, 디옵의 이론이 미국의 흑인 학자들 사이에서도 알려지기 시작하면서, 그에 대한 연구 관심도 높아졌다. 이때 이후로 디옵의 이론은 아프리카 대륙보다는 미국에서 더 알려지게 되었다.[71] 그러나 여전히 디옵의 역사연구나 문제제기는 서구 역사학 주류에 의해서는 무시되었다.

　이런 서구학자들의 편견은 디옵이나 오벵가가 내세웠던 전제, 즉 '좋은 역사는 아프리카 역사공동체의 이상을 알리는 것을 통해 아프리카 정치가들을 보다 높은 소명으로 견인하는 역할을 해야 한다'는 주장 때문 일 것이다. 이런 언급은 그의 역사연구가 현실정치의 필요성에 따라 구성된 비전문적인 접근으로 간주되게 하거나 그 학문적 중립성을 의심받도록 하였을 것이다. 디옵은 서구 역사가들에게 자신의 정치적인

---

69) Ibid., 1989, p.57.

70) Ibid., 1989, pp.57, 66~67. 혹은 '디옵의 범아프리카주의적 민족주의도 결국 유럽적인 지식의 도구나 수단을 사용하면서 유럽적인 구조의 틀 속에 있는 것이 아니냐'는 비판도 있었다. Ibid., 1989, p.57.

71) Ibid., 1989, pp.53, 55, 71, 73.

목표를 배제하고 자신의 사상을 그 자체의 덕목만으로 보아줄 것을 요청
하였으나, 서구 학자들에게 여전히 디옵의 연구 성과는 거대 명제로 기
울어진, 그래서 입증할 수 없는 역사주장으로 비쳤던 것 같다. 혹은 역사
학에서 디옵이 과학의 외양을 띤 상부구조나 나쁜 신앙을 몰아내어야 한
다는 열정적인 주장도 서구 역사가들을 불편하게 하였을 것이다.[72]

　아프리카 역사연구에서 발생하는 자료적 한계나 이론적 논쟁의 결핍
에도 불구하고, 그 안에서 디옵의 역사학 연구와 정치 참여가 지니는 의
미를 우리는 결코 과소평가할 수 없다. 그는 아프리카 역사에 대한 이해
를 크게 넓혔고, 아프리카인의 관점에서 아프리카 역사를 서술할 것을
제기하면서, 포스트식민주의를 연구하는 서구 학자들 사이에서 많은 공
감대를 이끌어내었다. 포스트식민주의 역사이론에 디옵이 끼친 영향이
적지 않을 것이다. 이집트문명이 흑인에 의해 주도되었고, 그것이 그리
스문명의 기원을 형성하였다는 주장은 『블랙아테나』에 의해 그 정당성
을 높이게 되었다. 근래에 독일 연방정치교육원이 발행한 아프리카사개
설서에 디옵의 주장이 소개되고 있는 것도 그의 가설이 역사학계 내에
서 시민권을 획득해가는 증좌이다.[73] 또한 유네스코에서 출간한 아프
리카 개설서도 아프리카인의 역사 주도성을 지적하고 있어서, 디옵의
시도는 여기저기에서 큰 반향을 일으키고 있다고 평가할 수 있다.[74]

　앞으로의 과제는 디옵이 던져준 문제제기를 실증적인 연구를 통해
발전시키고, 이를 통해 디옵이 목표하였던 '아프리카역사 새로 쓰기'를

---

72) Ibid., 1989, pp.54, 59, 62.

73) 디직은 그의 개설서에서 "심지어 디옵은 모든 이집트인이 원래 남쪽에서 왔고, 초
　기에 이들은 모두 흑인이었다는 테제를 내세우고 있다"고 소개하면서, 최후의 흑
　인 파라오의 안면 조각상을 보여주고 있다. Lutz van Dijk, *Die Geschichte Afrikas*,
　Bonn, Bundeszentrale für Politische Bildung, 2005, pp.48~49.

74) B. Jewsiewicki & V.Y. Mudimbe, op. cit., 1993, pp.9~10.

진척시키는 일이다. 그간 전문역사가들에 의해 서술된 아프리카사 연구가 주로 노예무역이나 대서양지역의 역사적 발전에 치중한 한계를 넘어서, 보다 다층적인 연구로 나아가야 할 것이다. 이를 위해서는 아프리카 역사를 대외관계나 대외무역에만 한정할 것이 아니라 아프리카 전체대륙의 내적 발전과 연관지어 다루어야 할 것이다. 글로벌 역사가 대양과 대륙을 횡단하는 역사뿐 아니라, 그것이 대륙 내부의 역사적 발전과 역동적으로 결합하였던 과정을 분석해야 할 것이다. 이런 맥락에서 노예무역이 아프리카 내부사회에 끼친 영향력 그리고 국제적인 무역관계가 지역경제와 상호작용하는 역동적인 과정도 함께 연구해야 할 것이다.[75]

또한 최근에 크게 활성화되고 있는 트랜스내셔널 히스토리 연구에서도 아프리카 역사가들의 역할을 기대하고 있는 점을 주목할 필요가 있다. 특히 '비판적인 입장에서 제국 역사(Imperial History) 쓰기'를 추구해온 일련의 역사가들이 트랜스내셔널 히스토리로의 전환을 모색하면서, 이들은 제국주의 지배와 이주의 경험을 지닌 아프리카역사야 말로 가장 트랜스내셔널하다는 점을 지적한다. 나아가 이 분야에서 아프리카역사가들이 앞서서 성과를 보였다는 점도 강조되고 있다.[76]

---

[75] Maxine Berg, *Writing the History of the Global, Challenges for the 21st Century*, Oxford, Oxford University Press, 2013, pp.200~201.

[76] 그러나 이런 주장을 해온 세바스찬 콘라드(Sebastian Conrad)와 같은 독일 역사가는 트랜스내셔널 히스토리가 과거의 식민주의적 이분법 담론을 사실상 재생산할 위험이 있음을 지적한다. 그래서 트랜스내셔널 히스토리는 반드시 다면적인 역사서술과 결합하여야함을 지적한다. 마찬가지로 트랜스내셔널 히스토리는 상호적이어야 하는데, 예를 들면 식민지 지식과 경험이 유럽문화 형성에 끼친 영향도 함께 구명되어야 한다는 것이다. Andrew Zimmer, "JAH Forum: Africa in Imperial and Transnational History: Multi-sited Historiography and the Necessity of Theory", *Journal of African History* 54, 2013, pp.331, 333, 340.

위에서 언급한 과제들을 수행하기 위해서는 글로벌 역사 연구 내에서 아프리카 역사 연구를 도외시하는 역사가의 태도가 초래하는 연구의 제약성에 대한 반성이 필요하다. 또한 아프리카 대학들이 여전히 재정적 난관 속에 있고 아프리카 학자들은 그들의 연구 성과를 국제 학술지에 출간하는 것에 난관을 겪고 있다는 사실에 국제 학계는 주목하면서, 그들을 지원하려는 노력을 경주해야 한다. 이런 학문적 현실이 시정되지 않는 한, 아프리카 역사학의 주변화는 앞으로도 계속될 것이다.

# 전간기 유럽의 동아시아 인식과 서술
## 지정학적 구상을 중심으로

—

이진일

## 1. 문제의 제기

21세기가 시작되는 벽두, 미국의 역사학자 찰스 마이어(Charles S. Maier)는 지금까지의 전통적 시대구분을 통해 20세기의 특징을 추출해내는 방식에서 벗어나, '영토성 원칙'(Principle of Territoriality)이라는 국가 간의 이해관계를 중심으로 세계를 다시 볼 것을 제안한 바 있다.[1] 그에 따르면 1870년대에서 1970년대까지 100년간의 세계는 문화, 경제, 정치, 기술 등 모든 면에서 '공간'(Raum/space)에 대한 국가의 컨트롤을 사고나 행위의 중심점에 두고 진행된 시기였다는 것이다. 그러면서 그 가장 중요한 근거로 19세기 말부터 시작된 지정학적 모델과 이론들의

---

[1] Charles S. Maier, "Consigning the 20th Century to History: Alternate Narratives for the Modern Era", *The American Historical Review*, Vol. 105, No. 3, 2000, pp.807~831. 이진일, 「주권-영토-경계: 역사의 공간적 차원」, 『사림』 35, 2010, 400~422쪽.

발전, 그리고 전지구적 공간을 하나의 구체적 이해관계의 대상으로 인식하고자 하는 경향들을 언급한다.

실제로 19세기가 거의 끝날 무렵 서구 제국주의 세계의 아시아에 대한 시각은 상당한 변화를 겪는다. 중국을 중심으로 진행되던 동아시아에 대한 관심자체가 일본과 태평양 연안 주변국가들에 대한 관심으로 이동하며, 해양과 대륙, 그 주변의 연안지역(rimland), 이들 간의 연결성 등 다양한 지정학적 담론들이 형성되어 기존의 정치적 혹은 지리적 연구들을 대치하게 된다. 이제 새롭게 세상에서 발견될 땅은 존재하지 않으며, 문제는 누가 누구와 협력하여 '지구라는 바다'에 떠 있는 섬들인 대륙을 지배하는가에 대한 각축이 시작된 것이다. 영국의 제국주의, 독일의 '생존공간'(Lebensraum)정책, 러시아의 세계혁명 이데올로기, 미국의 문호개방정책, 일본의 군국주의 등 다양한 세계정책(Weltpolitik)들이 충돌하는 세상이 온 것이다.

일반적 선입견과는 달리 지정학(Geopolitik/Geopolitics)은 나치 독일이나 일본 군국주의가 고안해 낸 것도, 그들에 국한된 현상도 아니었다.[2] 영국이나 미국 등 서구 열강이 발전시킨 정치지리학에서도 동일하게 힘, 예외주의, 세력권 의식, 영토의 절대성 등, 공간의 확장을 절대적 추구의 대상으로 삼았다는 점에서 이들 세력들 간에는 사실상 별 차이가 없었다. 독일 지정학[3]은 1차 세계대전이 끝난 이후 그 이론적 전성기를 누리

---

[2] 그럼에도 지정학이 일반적으로 나치 학문 정도로 인식이 굳어진 경과에는 2차대전 중 지정학을 나치 학문으로 선전하고, 이후 냉전기에는 소련과의 관련성 속에 냉전전략의 하나로 취급해 온 미국의 영향이 크다. Edmund A. Walsh, *Total Power: A Footnote to History*, New York, Doubleday, 1948; Hans W. Weigert et al. eds., *New Compass of the World, A Symposium on Political Geography*, New York, Macmillan Company, 1944.

[3] 일반적으로 지정학을 영미권에서도 별 설명 없이 'Geopolitik'으로 표기함으로써 학문의 독일적 기원과 특성을 강조하는 경향이 있다.

면서 영토적 팽창을 정당화하기 위한 논리로 동원되었으며, 1933년 히틀러 집권 이후에도 내용이나 인적 구성에서 아무 단절 없이 지속되면서 동유럽으로의 팽창과 '세계정책'의 구체적 실천도구로 사용되었다. 동아시아에서의 이 기간은 중국과 일본, 러시아가 서구 제국주의 세력과 맞서 싸우면서 정치적, 군사적 각축을 벌이던 시기이기도 하다.

　맥킨더(Halford Mackinder, 1861~1947)와 마한(Alfred Thayer Mahan, 1840~1914)으로 대표되는 대륙세력과 해양세력간의 힘의 충돌이론은 전후 한동안 식민－제국주의라는 낡은 표제 하에 이미 철지난 담론들로 치부되던 시기도 있었지만, 냉전이 종식되고 대륙과 대륙이 그 어느 때보다도 밀착하게 된 오늘날 역설적이게도 새로운 르네상스를 맞고 있다.[4] '대륙세력에 대항하는 해양세력'이라는 맥킨더의 세계모델, 그리고 소위 '심장국가'들의 대서양 연안으로 팽창에 대한 '해양국가'들의 불안은 냉전을 통한 이데올로기적 변형을 거치면서 표현만 바뀐 채 서구 지정학자들에 의해 지속적으로 전파되었다. 한편에는 낯설고 폐쇄적이며 위협적인 대륙세력이 존재하고, 그 반대편에는 개방적이고 억압적이지 않으며, 리버럴한 '해양세력'이 존재한다는 이데올로기적 이분법이 그것이다. 문제는 20세기 전반기 지정학자들이 살았던 세상은 지금 우리가 살고 있는 세상과 근본적으로 다름에도 불구하고, 그들의 지리 결정론이 21세기에도 여전히 그 힘을 유지하며 일정한 역할을 하

---

[4] Mannfred Görtemaker, "Politischer Zeitgeist und Geopolitik - Über die zeitbedingten Voraussetzungen anwendungsorientierter Wissenschaft", Irene Diekmann u.a. ed., *Geopolitik: Grenzgänge im Zeitgeist*, Potsdam, Verlag für Berlin-Brandenburg, 2000, pp.15~36; Gerhard Sandner, "Renaissance des geopolitischen Denkens in der Geographie? Versuchungen, Herausforderungen, Perspektiven", *Geopolitische Zeitschrift*, 81, 1993, pp.248~252; 콜린 플린트, 『지정학이란 무엇인가』, 길, 2007; 브레진스키, 『거대한 체스판: 21세기 미국의 세계전략과 유라시아』, 삼인, 2000.

고 있다는 점이다. 그것은 오늘날의 서구중심적 세계체제가 진행되고 발전하는 방식이 여전히 100년 전의 지정학적 가치관과 사고 안에서 적용되고 작동하기 때문일 것이다.

지정학도 정치지리학도 지리학적 이해와 시대사적 이해가 함께 기반해야 하는 연구이다. 또 두 학문 모두 개별국가의 국경을 넘는 범주적 특성을 갖고 있는 글로벌 학문이면서, 동시에 자국의 현실 정치에 직접적으로 응용하고 정당화의 논리로 작동할 수 있다는 점에서 여전히 그 발전이 현재 진행형인 학문이기도 하다.

제국주의 세력의 동아시아 정책과 관련해 국제관계적, 혹은 문화적 시각에서의 접근은 이미 기존에 여럿 있어왔다.[5] 본 글은 20세기 전반기 서구 제국주의 세력이 구성했던 동아시아에 대한 지정학적 인식의 분석과 서술을 목표로 한다. 19세기 이후 진행된 유럽인의 동아시아에 대한 제국주의적 시각을 지정학적 인식이라는 거울을 통해 살펴보고자 하는 것이다. 유럽의 지정학자들이 동아시아에 대해 보였던 관심의 배경과 그들이 구상한 세계질서 속에서 동아시아가 차지했던 위상을 확인해 보면서, 역사서술에서 지정학적 시각이라는 공간적 접근방식의 가능성을 확인해보고자 하는 것이 본 고의 주된 문제의식이다.

## 2. '정치지리학'에서 '지정학'으로

'지정학'만큼 많은 오해와 불명확함이 오래 지속된 학문분과도 드물

---

5) 이근욱 외, 『제국주의 유산과 동아시아』, 동북아역사재단, 2014. 이영석, 『영국 제국의 초상』, 푸른역사, 2009, 302~339쪽. 박지향, 『일그러진 근대』, 푸른역사, 2003. 전진성, 『상상의 아테네. 베를린·도쿄·서울』, 천년의 상상, 2015.

다. 19세기의 마지막 몇 년의 시간 속에서 '지정학'이라는 용어는 태어 났지만, 정치지리학(political geography/politische Geographie)과 개념상 의 차이를 분명하게 구분하기는 여전히 어렵다. 학자마다 학문적 정의 를 달리 내리는 데에 원인이 있기도 하지만, 무엇보다 지리학과 정치학 이라는 사뭇 다른 두 학문을 이론적으로 조합하면서 다루는 사람에 따 라 자의적으로 현실정치에 적용 혹은 남용해 왔음에 원인이 있을 것이 다. '한반도의 지정학적 특수성'이라는 표현은 구체적 내용 없이 얼마 나 다양한 맥락에서 관용적으로 사용되어 왔던가!

지리학이 지표변화를 통해 인간을 해명하는 것을 학문적 목적으로 한다면, 정치지리학이란 "인간의 국가형성의 형식이나 변화, 혹은 인간 의 역사적 운명 등의 안에 있는 지리적인 것들에 대한 학문"[6]이다. 이 에 반해 지정학적 접근이란 공간을 기반으로 진행되는 역사적 발전과 그것의 정치적 의미에 대해 알아보는 것이지만, 동시에 지역을 기반으 로 하는 각 세력 간의 경쟁의 측면이 학문적 구성에서 결정적 계기를 구성한다. 지정학에 있어 예견은 매우 중요하다. 이는 지정학이 '지표 공간'에 있어서의 권력의 유지, 변호, 획득을 나타내는 나침반이기 때 문이다.

물론 정치사상에서 공간을 하나의 불가결한 단위로 삼은 것은 이미 고대부터의 긴 전통을 갖고 있다. 그럼에도 이를 지정학적 사고의 범 주에 집어넣지 않는 이유는, 과거의 지리적 사고는 풍경, 기후, 지표, 식생, 풍토 등의 지리적 요소들이 특정한 정부형태를 구성하는데 영향 을 미친다는 정도로만 평가했기 때문이다. 랏젤(Friedrich Ratzel)과 첼

---

6) 이강원, 「근현대 지리학의 아시아 연구 경향과 새로운 의제들」, 『아시아리뷰』, 2011. 1, 111쪽. Georg Wegener, *Die geographischen Ursachen des Weltkrieges - Ein Beitrag zur Schuldfrage*, Berlin, Siegismund, 1920, p.17.

렌(Rudolf Kjellen) 이후의 사고에서는 환경이 정치적 형태에 미치는 영
향력과 정도가 문제가 아니라, 지리와 지리적 위상이 어떻게 전지구적
권력형태를 구성하며, 지리를 통해 어떻게 자신에게 유리하도록 권력
을 변화시킬 수 있는가에 중점을 두게 되었다.[7]

그렇다면 이런 지정학적 의식의 변화는 어디에서 왔는가? 물론 지
정학이 나치즘의 등장이나 일본 군국주의의 확장과정에서 결정적 기
여를 했지만, 이들이 지정학적 사고로의 변화를 만드는 직접적 계기
를 만들어 낸 것은 아니었다. 이미 19세기 후반 전지구화의 첫 파도를
경험하면서 지리와 공간에 대한 관심은 지정학적 사고를 통해 근본
적 변화를 겪게 되는데, 맥킨더, 터너(Frederick Jackson Turner), 폴 비
달 드 라 블랑셰(Paul Vidal de La Blanche) 등 영국, 미국, 프랑스의
정치지리학자들은 "지리학, 통계학, 인류학, 사회학, 역사학, 심리학,
생물학, 사회다윈주의 등등에서 나온 요소들로부터 소위 자국의 '건
강한' 민족적 제국주의를 뒷받침할 이론들을 개발해 내었다. 즉 정치
지리학은 그 시작에서부터 "제국주의의 동반학문이며 동시에 선도학
문"[8]이 된다.

지정학은 그 이념에서 독일의 지리학자 랏젤과 밀접한 관련을 맺으
며 출발한다. 그는 '지정학의 아버지'로 불리울만큼 지리정치적 이론에
근간을 세운 학자로서, 우선 정치의 대지와의 결부성(Erdgebundenheit)
에 대한 보편적 강조에서 시작하였다. 지구를 대륙과 해양으로 구분하
면서, 이들이 갖는 지리적 요소들의 중요성을 강조하였고, 지질학적 측
면이 갖는 의미를 민족의 운명을 결정하는 명확한 자연법칙으로 받아

---

7) Robert Meyer, *Europa zwischen Land und Meer*, Göttingen, V&R, 2014, p.89.

8) Dirk van Laak, *Über alles in der Welt*, München, C.H. Beck, 2005, pp.75~76.

들여 강조한 것이었다.[9] 그는 공간이 행위에 미치는 직접적 영향력을 측정할 수 있다고 가정하며, 그것이 어느 정도의 자율적 법칙성을 갖고 작용한다고 보았다. 이런 자연적 팽창주의에 적응하는 정치만이 기존의 국경을 넘어설 수 있고 시대의 요구에 부응할 수 있다고 생각한 것이다.[10] 그는 철저히 진화론을 신봉하는 다윈주의자였다.

랏젤은 기본적으로 국제정치를 국가 간의 공간/영토을 두고 벌이는 상호투쟁으로 보았으며, 사회다윈주의적 사고를 세계관의 기반으로 하고 있었는데, 이는 다시금 그가 고안해 낸 '생존공간'(Lebensraum) 개념과 연결된다.[11] 모든 지구상의 종들이 생존공간의 획득을 위해 싸우고 있으며, 그런 국가를 생물학적 개체로 보는 시각이 그것이었다.[12] 즉 자연적, 생물학적 법칙들을 그대로 세계사의 형성에서도 넘겨받을 수 있어서, 유럽의 지리정치학 또한 이런 생물학적 이론에 바탕한 국가형성과 발전의 틀 안에 있다는 것이다. 그런 의미에서 그에게 국가란 "영토에 기반을 둔 유기체"(bodenständiger Organismus)였다.[13] 그는 인류학적 문명발전론에 기대어, 성숙한 문화는 미숙한 문화에 비해 더 큰 공간을 필요로 한다고 보았다.[14] 이런 랏젤의 국가에 대한 자연법칙의

---

9) Gerhard Sandner, "Deterministische Wurzeln und funktionaler Einsatz des 'Geo' in Geopolitik", *WeltTrends*, 2, 1994. 4, pp.8~20. Robert Meyer, op. cit., p.50 이하. Franz Neumann, *Behemoth. Struktur und Praxis des Nationalsozialismus 1933-44*, Frankfurt/M., Fischer, 1942/1993, p.176 이하.

10) 데이비드 딜레니, 『영역』, 시그마프레스, 2013, 68쪽 이하 참조.

11) 'Lebensraum'에는 배타적 의미에서의 민족적 생존공간이라는 제국주의 시대 지정학적 의미 이외에 '일상적 생활공간'이라는 일반적 의미도 있으며, 이런 의미로는 지금도 일상적으로 사용되는 용어이다.

12) Friedrich Ratzel, *Politische Geographie*, München, Oldenbourg, 1897, p.42.

13) Friedrich Ratzel, *Politische Geographie*, p.3. 이런 랏젤의 사고는 독일의 전통적 문화개념의 창시자인 헤르더(Johann Gottfried Herder)와 18세기 지리학자 리터(Karl Ritter)로부터 가져온 것이며 이에 자연법칙으로서의 민족의 운명을 강조한 것이다.

적용을 조직적으로 발전시키고 정치적 의미를 더함으로써 전간기 지정학 발전의 기반을 마련한 사람은 스웨덴의 지리학자 첼렌이었다. 'Geopolitk'이라는 용어의 창시자이기도 한 그는 1899년 지정학을 "지리적 유기체로서 또는 공간에서 일어나는 현상으로서 국가―즉 지역, 영토, 영역이면서 또한 제국으로서의 국가―에 관한 이론"15) 으로 정의했다. 그에게서도 국가란 삶의 거대한 법칙들 아래 종속되는 유기적 생명체였다. "공간, 민족, 경제, 사회생활의 모든 영역에서 우리는 자연법칙이라는 폭력이 거대한 필연성을 갖고 똑같이 작동하고 있으며, 정치인의 활동의 자유 또한 얼마나 동일하게 제한하는지를 확인한다."16)

독일이 지정학이라는 새로운 과학을 만들어 낸 배경에는 19세기 후반 독일의 급속한 경제적 발전과 적극적 정책으로 전환된 해외팽창 욕구, 이를 억제하기 위한 기존 열강들의 첨예한 대립이 자리한다. 1870년의 독일 통일로 유럽 내 국가들 안에서 지리정치적 위기와 지각변화가 예상되는 가운데, 독일은 전 유럽을 하나의 광역경제권(Grossraumwirtschaft)이라는 개념으로 상정하였고, 그 속에서 동부 유럽과 남부 유럽에게 농산물과 원자재를 제공하는 역할을 부여한다. 그 이론적 배경에는 '독일 국민경제학의 아버지'로 불리는 리스트(Friedrich List)가 있었다.17) 지금까지 세계를 지배해 왔던 영국의 장악력은 19세기 말 이후 분명하게

---

14) Friedrich Ratzel, Erdenmacht *und Völkerschicksal. Eine Auswahl aus seinem Werk*, Stuttgart, Verlag Kroner, 1940, p.196(Karl Haushofer ed.)

15) Rudolf Kjellen, *Der Staat als Lebensform*, Leipzig, 1916. Mathias Schmoeckel, *Die Grossraumtheorie, Ein Beitrag zur Geschichte der Völkerrechtswissenschaft im Dritten Reich, insbesondere der Kriegszeit*, Berlin, Duncker & Humblot, 1994, p.82에서 재인용.

16) Rudolf Kjellen, Ibid. Robert Meyer, *Europa zwischen Land und Meer*, pp.51~52 재인용.

17) Friedrich List, *Das nationale System der politischen Ökonomie*, Stuttgart, Cotta, 1841/1971.

쇄약해지고 있었다. 이런 지각변동 속에서 만일 유라시아 대륙이 독일이나 러시아에 의해 지배된다면, 혹은 아시아가 일본이나 중국에 의해 지배된다면, 이는 기존 제국주의 세력에게 큰 위협이 될 것이고, 더욱이 독일과 소련이, 나아가 이들과 일본까지 결합하게 된다면 이들이야말로 양 반구에서 각각 가장 큰 세력으로 등장할 것이라는 우려가 유럽 내 기존 제국주의 국가들 안에서 대두한다. 더욱이 통신수단과 교통수단의 발달이 공간적 간격을 극복할 수 있다는 의식을 가져다주었고, 역설적이게도 "공간의식의 위기"가 새로운 공간관의 확대를 가져오게 된 것이다.[18] 당대의 지식인들은 지정학을 새로운 세기를 맞아 점점 노골화되는 제국주의적 각축을 과학적으로 이해하고 예측할 수 있는 학문으로 받아들였다.

맥킨더가 두려워하던 독일의 동진은 이미 19세기 후반부터 '중부유럽'(Mitteleuropa)이라는 개념 속에 구체화되면서 지식인들과 군 전략가들에 의해 논의되고 있었고, 1차 세계대전에 이르면 이에 대한 전략적 실천에 들어가게 된다.[19] '중부유럽' 개념은 19세기 독일 보수세력이 만든 '광역경제권' 개념이 진화한 것으로서 '중부유럽'의 범위도 북해에서 페르시아만까지로 확대된다. 영국과 프랑스로 대표되는 '문명'(Civilization)이나 러시아의 '아시아적 전제정'에 맞서 독일적 '문화'(Kultur)를 보존하기 위해서는 오직 '중부유럽'을 통합해야 한다는 이론으로서, 1차 세계대전의 패망 이후 이는 다시금 '생존공간' 담론으로

---

[18] 스티븐 컨, 『시간과 공간의 문화사, 1880~1918』, 휴머니스트, 2004. 특히 541~576쪽 ("당시 새로 부상한 사회과학의 다른 갈래인 지정학은 거리감각에 대한 담론에 언어를 제공해주었다 …… 지정학은 거리만 연구하는 학문은 아니었다. 지정학은 19세기 후반 제국의 엄청난 팽창과 함께 발전했고, 특히 국가의 크기, 위치, 국가 간의 거리가 그들의 정치와 역사를 형성한 방식에 관심을 기울였다.")

[19] Friedrich Naumann, Mitteleuropa, Berlin, Reimer, 1915.

발전하는데, 궁극적으로 이들 이론들은 다윈 이후의 생물학적 이론과 19세기 말 랏젤의 논리를 응용해 발전시킨 것이었다.

랏젤과 첼렌의 국가유기체 세계관에 바탕해 맥킨더를 중심으로 해양－심장(대륙)지역 간의 충돌이론을 종합하고, 이를 묶어 '지정학'이라는 이름으로 현실정치에서 공간 확대의 이론적 기반을 제시하고자 시도한 지리학자가 하우스호퍼(Karl Haushofer, 1869~1946)였다. 그는 첼렌의 지정학 이론을 사사하고 수용하면서, 이를 1차 세계대전 이후 패전독일의 상황에 적용시킬 수 있는 하나의 독립된 분과학문으로 발전시키고자 계획한다. 그는 지정학을 "국가학을 기반으로 지리와 역사 간의 상호관련성을 하나의 통일적 구성체로 통합시키는 학문"으로 정의내린다.

> 지정학은 정치적 진행의 토지와의 결부성에 대한 학문이다. 지리학을 폭넓은 기반으로 삼고 있지만, 그 중에서도 정치적 공간유기체와 그 구조에 대한 학문으로서의 정치 지리학을 기반으로 한다. …… 이런 인식을 바탕으로 지정학은 정치행위에 무기를 제공하고자 하며, 정치적 삶의 안내자가 되고자 한다. …… 지정학은 국가의 지리학적 양심(Gewissen)이 되고자 하며, 또 되어야 한다.[20]

아울러 맥킨더의 심장부 개념을 바탕으로 독일－러시아－일본까지 (가능하면 중국까지 포함시키는) 포괄하는 대륙블록(Kontinentalblock) 시스템을 구성할 것을 제시한다. 1908년부터 2년간의 일본 체류경험이 있었고, 이후 평생 동안 일본사회를 이상적 국가모델로 삼았던 그는 유라시아 대륙에서 심장부를 구성하는 러시아를 받침대로 하여 독일과 일본이 균형을 이루는 그런 유라시아 축을 상상했던 것이다.[21]

---

20) Karl Haushofer, *Bausteine zur Geopolitik*, Berlin, Kurt Vowinckel Verlag, 1928, p.27.

이런 그의 독일에 대한 정치적, 지정학적 미래 구상은 1차 세계대전에서 독일 정치 엘리트들의 지정학적 실패에 대한 문제제기와 맞닿아 있었다. 인종적, 종족적 자기 결정권과 전후 새로운 국경 설정에서 역사적 요소를 존중하겠다던 윌슨의 평화원칙이 실제 협상과정에서는 단지 이상에 불과한 것이었음이 드러났고, 베르사유 협상 결과 상당한 영토의 상실을 겪게 된 독일은 이후 온건한 자유주의자조차도 나치의 과격한 영토회복론에 동조하게 된다.[22] 즉 독일의 지정학자들은 지정학적 법칙성에 대한 무지가 독일 패배의 직접적 원인이며, 그래서 정치 엘리트뿐 아니라 대중에 대한 지정학 교육이 필요하다고 판단했다. 또한 현재의 자연과학에 집중한 지리학도 정치적 측면의 강조로 바뀌어야 한다고 보았다.[23]

이런 배경에서 하우스호퍼는 옵스트(E. Obst), 마울(O. Maull), 라우텐자흐(H. Lautensach) 등 당대 독일의 대표적 지리학자들을 편집인으로 끌어들여 1923년부터 '지정학지(誌)'(Zeitschrift für Geopolitik)를 발간하였고, 이를 통해 "정치행위에 무기를 제공하고자 하며, 정치적 삶의 안내자" 역할을 위한 플랫폼을 구축하고자 시도하였다. 이 시기 대부분의 대학에 소속된 지식인들과 마찬가지로, 이들도 예외없이 바이마르 공화국을 비판하면서 군주국으로의 복귀를 희망하는 보수 내지 극우주의 학자들이었다. 잡지는 나치의 패망까지 21년간 발행되면서 지정학

---

21) 이진일, 「생존공간(Lebensraum)과 대동아공영권 담론의 상호전이 칼 하우스호퍼의 지정학적 일본관을 중심으로」, 『독일연구』 29, 2015, 199~240쪽.

22) Lloyd E. Ambrosius, "Nationale Selbstbestimmung im 1. und 2. Weltkrieg: Eine Vergleichsstudie von Wilson bis Roosevelt", Manfred Berg ed., *Deutschland und die USA in der Internationale Geschichte des 20. Jhs.*, Stuttgart, Steiner, 2004, pp.237~262.

23) Karl Haushofer, *Weltpolitik von Heute*, Berlin, 1934, pp.25~26.

연구뿐 아니라 정치학, 공법학, 국가학, 인구학 등으로 범위를 넓혀나
갔고, 정권과 별 갈등없이 조응하며 지속되었다. 이들의 역할이란 나치
즘에 선도적으로 지정학 이론을 제시하는 것이었기 보다는 나치의 지
정학적 확장에 대한 사후의 이론적 정당화 작업에 가까웠다.

　정치지리학이 지리학의 부분학문으로 학술세계에서 오래 인정받아
왔음에 비해, 독일 지정학은 학문적 근거보다는 자의적 정의와 정치적,
군사적 상황에 이끌려왔으며, 정권의 약탈적 팽창정책에 학술적 기반
을 제공함으로써 독일 패망 이후에도 오랫동안 나치 학문으로 폄하되
어 왔다. 정치지리학이나 지정학 모두 지리결정론에 그 역사적 뿌리를
두고 있으며, 보수주의적 세계관에 기반한 학문이라는 공통점을 갖고
있다. 양 쪽 모두는 랏젤을 끌어와 자신들 논의의 근거를 댄다는 점에
서 그들의 학문적 진술도 유사한 점이 있다.

　독일의 역사학자 페터 쇨러(Peter Schöller)는 "정치지리학과 지정학
의 결정적 차이는 '경향과 예견'(Tendenz und Prognose)의 학문적 연구
인가, 혹은 실재적－프로파간다적 응용이냐를 통해 구분된다"[24]고 둘
사이를 구분하였지만, 정작 하우스호퍼 자신은 지정학을 분명하게 학
술적으로 정의내리고자 하지 않았다. 그 대신 그는 구체적인 지역분석
을 통해 지정학의 연구과제가 어떠한 것인가를 표현하고자 하였다. 이
는 특히 그의 동아시아에 대한 광범위한 연구에 잘 나타나 있다. 그에
게 있어 '지정학의 전형적인 사례'는 일본이었다. 일본의 지세(地勢)가
나타내는 조화와 단일성은, 일본민족의 성격과 능력을 결정지었으며,
일본의 세계사적 과제는 그 지리적 위치 및 세계정치상의 위치에 의해
명확히 운명지어져 있다는 것이다.[25]

---

[24] Peter Schöller, "Wege und Irrwege der Politischen Geographie und Geopolitik", *Erdkunde*, 11, 1957, pp.1~20.

## 3. 동아시아적 계기들

### 1) 맥킨더와 마한

서구 지정학의 전개에서 동아시아에 대한 관심이 증폭되는 몇 가지 결정적 계기들이 있었다. 1894~95년의 청일전쟁도 그 단초의 하나를 제공한다. 프랑스, 러시아, 독일, 3국의 개입으로 일본은 자신의 전리품 일부를 포기해야만 했고, 이제 영국이 단독으로 지배 하는 자유무역 중심의 제국주의 시대는 종말을 고하게 된 것이다. 이어 1904~05년 러일전쟁을 통해 또 다른 계기가 형성되는데, 전쟁이 발발하자 영국과 미국, 프랑스, 독일은 중립을 선언했지만, 실제로는 다양한 방식으로 러시아를 견제하며 일본을 지원한다. 이 같은 상황은 서구인의 '지구적 차원의 의식'이라고 불릴 수 있는 것 속에서 어떤 변화가 일어났음을 알려준다. 제국주의 세력들이 동아시아의 위상을 유라시아와 태평양 지역의 주권관계 속에서 보는 것이 아니라, 비슷한 힘과 비슷한 가치관을 갖는 식민제국주의적 경쟁, 즉 지구 전체를 포괄하는 분석과 전략의 대상으로 바꿔 생각하게 되었음을 의미한다. 19세기 말부터 본격적으로 시작된 이런 대륙세력과 해양세력간의 지구적 각축에 대한 분석의 중심에는 맥킨더와 마한으로 상징되는 영미 지정학 이론가들이 있었다.

유럽의 미래를 예측함에서 가장 비관적인 사람 중 하나가 맥킨더였다. 대학에서 지리학을 가르치는 교수로서, 의회 보수파 의원으로서, 그는 영국의 글로벌한 권력을 유지하고 강화시키고자 제국주의적 개

---

25) Karl Haushofer, *Dai Nihon. Betrachtungen über Gross-Japans Wehrkraft, Weltstellung und Zukunft*, Berlin, E.S. Mittler und Sohn, 1913.

혁을 지지했다. 어떻게 지구상의 각기 다른 국가와 지역들이 전체 지
정학적 구조 속 개별 요소로써 작동하는가에 대해 이해하고자 하는 것
이 그의 지정학 연구의 목표였다. 특히 그에게서 아시아 대륙은 '역사
의 지리적 축'(the geographical pivot of history)으로 명명할 만큼 결정적
요소였다.26) 그는 당시 팽배했던 영국의 제국주의적 이상과 반대로 '세
계정치의 중심'은 중앙아시아 또는 유라시아 대륙이라고 주장했다. 19
세기까지는 대양을 거점으로 하는 해양국가들이 팽창에 유리했다면,
이제 철로 시스템을 통해 내륙 깊숙한 곳까지 확장이 가능해지면서 과
거와는 완전히 다른 상황을 가져올 것이며, 새로운 세력에 의해 지구의
지정학적 요충지가 점령된다면 지금까지 지켜오던 유럽문명은 직접적
인 위협에 놓이게 된다는 것이 그의 기본테제였다.

그의 심장지역 이론은 세계를 해양세력과 대륙세력 및 이를 둘러싼
초승달지역(Crescent) 국가로 나누었다. 역사를 통틀어 볼 때 그가 유로
-아시아라 부른 평원, 즉 육지로 둘러싸인 거대한 평원에 정착한 농경
공동체와 해상사회를 끊임없이 위협한 호전적인 유목민 공동체를 양
산한 것은 바로 지역적 특성이었다. 이 지역을 장악할 가장 유력한 세
력은 제국 러시아지만 개혁 없는 짜르 체제 하에서는 러시아가 이들
지역을 포괄하기는 어렵다고 보았다. "아시아 대륙을 구성하는 기존 국
가들 중 누가 아시아의 중심부를 지배하는가?" 문제는 아시아를 둘러
싸고 있는 초승달 지역의 국가들이었으며, 이들 국가들이 러시아와 힘
을 합치면 언제고 위협의 주체가 될 수 있었다. 일본의 부상과 독일의

26) Halford Mackinder, "The geographical Pivot of History", *Geographical Journal*, 23,
1904, pp.421~437. 제리 브로턴, 「지정학: 핼퍼드 매킨더의 역사의 지리적 중추,
1904년」, 『욕망하는 지도. 12개의 지도로 읽는 세계사』, 알에이치 코리아, 2014,
477~523쪽. 김원수, 「핼포드 맥킨더와 영국 제국주의」, 이근욱 외, 『제국주의 유
산과 동아시아』, 동북아역사재단, 2014, 139~174쪽.

유럽 동부로의 팽창, 이를 통한 독일과 러시아의 연합, 이것이 맥킨더에게는 가장 커다란 위협의 시나리오였다.

그에게 1차 세계대전의 발발은 자신의 예측을 어느 정도 증명한 것이었다. 1차 세계대전에서 동유럽의 지배권을 누가 갖는가의 싸움은 곧 아시아로 들어가는 입구, 즉 지구의 심장대륙의 컨트롤 권한을 누가 쥐는가의 문제였다. 만일 볼셰비즘이 독일에서 뿌리를 내린다면 독일과 러시아 사이의 동맹은 가장 큰 미래의 위협으로 보았다. (그의 이런 예견은 1939년 독소불가침조약으로 현실이 된다) 1차 세계대전이 끝난 후, 그는 자신의 "역사의 축"(1904) 논문을 한권의 책으로 확장해 출간하면서, 유라시아 대륙을 '심장국가'(heartland) 개념으로 바꾸어 묘사한다.

> 동유럽을 지배하는 자는 심장국가를 지휘하고
> 심장국가를 지배하는 자는 세계-섬(World-Island)을 지휘하며,
> 세계-섬을 지배하는 자는 세계를 지휘한다[27]

여기서 '심장국가'는 러시아의 모스크바 동쪽에서 태평양 연안까지를, 남쪽으로는 오늘날 이란의 북쪽 아프가니스탄과 파키스탄, 인디아, 중국까지를 포함하며, '세계-섬'이란 유럽, 아시아, 아프리카 등 각 대륙을 의미한다.

전후 세계구도에 직접적 영향을 미치기 위해 쓰인 이 책에서는 베르사유 승전국에게 독일과 러시아간의 화해와 가까워짐을 경고하면서 이들 사이에 반독일, 반러시아적 독립국으로 된 일종의 완충지대(Cordon

---

[27] Halford Mackinder, *Democratic Ideals and Reality*, London, Constable Publishers, 1919, p.106.

Sanitaire)를 만들어 이들이 가까워짐을 막아야 한다는 것이었다. 즉 독일의 공업과 러시아의 광활한 대지와 농민들이 한데 합쳐진다면 지금까지 지탱되어 오던 전지구적 세력균형은 깨지고, 19세기와는 완전히 다른 지정학적 체제로 바뀔 것으로 보았다. 맥킨더에게 전통적으로 유럽 정치와 거리를 두어왔던 영국의 '영광의 고립' 정책은 이제 폐기되어야 할 것이었다.

랏젤은 일본에 대한 특별한 관심이나 동아시아 공간 전체에 특별한 의미를 부여하지 않았었다. 그는 러시아의 태평양으로의 팽창욕구를 일본이나 중국보다 더 큰 비중과 관심을 두고 서술하였음에 비해, 맥킨더는 일본을 미국의 태평양 진출의도에 대한 라이벌로 상정했고, 일본을 세계의 심장대륙을 둘러싼 주변 초승달국가로 두었다. 하지만 러시아와 일본간의 동맹 가능성에 대해서는 그는 염두에 두지 않고 있었다.

유럽대륙의 대서양 맞은편에는 마한이 있었다. 미국의 제독이며 해양세력 이론가인 그는 '해양세력'(Sea Power)이라는 용어를 처음으로 사용한 해양 사학자이며 전략가로서, 비슷한 시기 양 대륙의 지정학을 대표하던 맥킨더와 마한은 유사하면서도 다르고, 다른 듯 유사한 주장을 펼친다. 맥킨더의 기본 입장이 대륙세력의 중요성을 강조했다면, 마한은 해양세력의 중요성을 주장했으나 두 학자 모두 유라시아 대륙의 핵심적 중요성과 장래에 다가올 위험의 핵으로 러시아를 지목함으로써, 러시아를 고립시키는 가운데 유라시아 대륙에 대한 지배권을 획득하고자 하는, 유사한 정책을 제시한다.[28] 유럽이 독일이나 소련에 의해 지배되거나, 아시아가 일본에 의해 지배된다면, 유럽 제국주의의 몰락

---

[28] 마한에 대한 국내 문헌으로는 필립 코로웰, 알프레드 샤이어 마한: 해양사학자, 피터 파레트,『현대전략사상가』, 국방대학원, 1989, 607~651쪽. 전용 편,『지정학과 해양세력이론』, 한국해양전략연구소, 1999 참조.

을 의미할 것이며, 그렇게 된다면 미국도 또한 독일이나 소련, 혹은 일본의 헤게모니 하에서 샌드위치와 같은 신세가 될 것으로 보았다.

마한은 해양력을 한 국가를 열강의 위치에 올려놓을 수 있는 가장 결정적 요소로 보았으며, 자신의 이론을 통해 19세기에서 20세기로 전환되는 시기 미국의 함선건조를 주도하였고, 미국이 고립주의에서 개입주의로 정책을 전환하는 데 결정적 영향을 미쳤다. 마한은 미국에서 "가장 취약한 국경지대인 태평양 연안"이 직면한 위협에는 바다를 이용하고 통제"하는 방식으로 대응해야 한다고 주장했다.29) 유럽의 세력균형을 옹호하기 위해서라도 영국과 동일한 만큼의 해양세력으로 미국이 등장해야 했다. 그의 세력균형의 지정학은 미 해군의 팽창을 정당화했으며 그의 연구의 가장 영향력 있는 실천가는 시어도어 루스벨트와 프랭클린 루스벨트였다.

대서양 내 미국 해군력의 주요 건설자와 지지자들에게 있어 '아시아 문제'(The Problem of Asia)란 아시아 대륙중심의 아직은 움직이지 않지만 바글거리는 수많은 사람들에 대한 영향력을 누가 행사할 것인가의 문제였다. 마한은 '아시아라는 문제'는 "상호 왕래가 빨라지면서 대규모적으로 생겨날 것이고 과거 어느 때보다도 예민해지게 되면서 세계의 문제가 될 것"이라며, 아시아는 "급격히 표명되는 세계에 대한 야심의 확산과 아시아가 갖는 기회들 때문에 그 미래가 불안하게 다가오고 있다"30)고 진단하였다.

미국의 문호개방정책(Opendoor Policy)이란 중국과 협상해 중국의 문호를 개방하고자 하는 것이 아니라, 중국에 대해 다른 서방국가들과

29) 알프레드 마한, 『해상세력이 역사에 미친 영향 1/2』, 책세상, 1999(1890).
30) Alfred Thayer Mahan, *The Problem of Asia and its effect upon international policies*, Boston, Transaction, 1900, p.19, 86.

협상을 통해 어느 국가도 전적인 독점권을 갖지 않고 동일한 권리를 확보케 함으로써 중국 내에서 힘의 균형을 유지하고자 하는 것이었다. 이런 영토점령적 방식이 아닌 경제적 접근정책에 따라 미국은 유럽 열강처럼 중국의 분할에 직접 나서지 않았고, 중국의 보호자나 친구로 스스로를 내세우고자 하였다.[31]

　미국과 영국의 동아시아에 대한 지정학적 관심은 큰 범위에서 상호 협력적이며 동맹적이었다. 맥킨더나 마한에게서 공통적으로 아시아라는 거대한 땅덩어리의 중심은 서유럽으로부터 가장 멀리 떨어진 대륙 내부에 존재하고 있었다. 마한과 맥킨더는 영국과 러시아의 경쟁을 해양세력 대 대륙세력의 충돌로 상징화하였고, 아시아를 두고 벌인 서구 제국주의자들의 싸움은 그래서 그 자체가 동과 서의 싸움으로 묘사되었다. 마한이 보기에 영국과 러시아는 원칙적으로 서로 상반되는 세력을 대표하지만, 역사적으로 해양세력이 대륙세력에 비해 지속적으로 우월했던 반면, 아시아 중앙에 위치한 거대한 땅 덩어리와 러시아 주변에서 함께 나누고 있는 주변부 땅들은 이 결정적인 지역에서 해양세력의 영향력을 제한한다.

　둘은 공통적으로 일본이 아시아에서 지배를 확대해 갈 것으로 전망하면서 경고의 문자를 보낸다. 그들의 지리적 상상력 안에서 일본은 영국제국을 아시아에 투영한 상 그대로였다. 그럼에도 일본의 영토적 침탈은 짜르 체제보다 상대적으로 더 근대화되었음을 근거로 어느 정도 이해된 채 받아들여졌다. 즉 문명이 발달하면 영토 또한 확대가 필요하다는 논리로 정당화된 것이다.

---

31) Colleen Lye, *America's Asia: Racial Form and American Literature 1893~1945*, Princeton, Princeton University Press, 2005, p.21.

## 2) 하우스호퍼와 독일 지정학자들

독일의 남태평양 군도 점령은 1914년 개전과 함께 조용히 막을 내린다. 전쟁에서 독일 해군은 기대와 달리 어떤 결정적 역할도 하지 못한다. 1차 세계대전의 패배 이후 독일은 교주만 조차지와 남태평양의 섬들을 일본에 넘겨주었고, 독일의 극동정책은 베르사유 평화조약 이후 사실상 새롭게 시작해야 했다. 독일인들은 일본이 전후 독일의 식민지를 몰수해 간 것을 1895년 시모노세키조약 체결 후 일본 편을 들지 않았던 것에 대한 복수로 이해했다. 중국에서의 각종 특권의 상실은 독일을 동아시아에서의 열강의 위치에서 완전히 물러나게 했는데, 이는 동시에 중국과 일본에 대한 관계도 근본적으로 바꿔놓게 된다.

독일은 세계 전쟁(1차 세계대전 의미, 필자)의 종료 이후 아시아에 그 어떤 권력정책적 이해관계를 갖고 있지 않다. 그래서 독일의 중국과의 관계는 다른 열강들과 달리 순수 경제적 특성만을 갖는다는 점에서 다르다. 독일인이 오늘날 그저 무역과 학문적 연구목적으로 자기 나라를 방문한다는 것을 아시아인들이 알고 있으므로, 독일인들의 대부분은 우호적으로 받아들여진다. …… 독일 민족의 전쟁 용맹성, 그리고 베르사유 조약 이후에는 상실되었던 무역관계를 다시 회복하려는 끈질김 등으로 아시아인들에게 독일인들은 높은 존경을 받고 있다.[32]

1919년 오스발트(Paul Oswald)는 독일의 전쟁 전 동아시아에서의 정책적 소극과 무관심은 근본적 오류였다고 진단한다.[33] 하우스호퍼도

---

[32] Ernst Roedenberg, "Die politischen Mächte Chinas, Ausländische Mächte IV", *ZfG* (*Zeitschrift f. Geopolitik*), 9, 1932, p.29, Rudolf Gottschlich, *Der Stellenwert Japans und Chinas in Politischer Geographie und Geopolitik vor dem Hintergrund der Ostasienpolitik des Deutschen Reiches*, Frankfurt a.M, Neue Wissenschaft, 1998, p.232 재인용.

독일이 "오늘날 세계정치에서 동아시아 정책을 직접적으로 다루지 않은 채, 관심을 유럽에서의 독일의 국경을 분할하고 축소시킨 국가로만 제한하게 되면 대 파국에서 다시 일어설 수 없다."[34]고 지적한다. 그럼에도 바이마르 공화국의 외교부뿐만 아니라 대표적 지정학자들은 바이마르의 중립적 특성을 받아들였고 동아시아문제에 대한 소극적 대응을 외교정책상의 목표로 받아들인다. 즉 독일은 동아시아에서 경제정책과 문화정책에만 집중함으로써 자신들의 이해관계를 스스로 제한하고자 했던 것이다.

이런 정책은 나치의 집권 이후에도 한동안 변하지 않는다. 1935년 이전 동아시아는 독일 외교부에서 특별한 의미를 부여받지 못했다. 전통적으로 독일 외교부는 중국을 파트너로 생각했고 1936년 리벤트로프가 외교부 내에서 주도권을 잡으면서 일본에 대한 강조로 중심이 이동하게 된다.[35] 이제 더 이상 경제정책이 문제가 아니라 정치가 문제인 것이며, 나치의 외교문제를 장악한 리벤트로프로서는 당연한 수순이었다. 이런 동아시아 정책 변화의 첫 결과가 일본과의 반코민테른 조약 체결(1936)이었다.

하우스호퍼가 지정학 연구에서 첼렌의 영향을 받았음은 앞에서 지적한 바와 같지만, 동시에 그는 첼렌의 일본의 부상에 대한 찬탄까지도 함께 받아들인다. 첼렌은 일본을 이미 1차 대전 이전에 비 백인국가 중

---

33) P. Oswald, "Fehler und Forderung der deutschen Ostasienpolitik", *Asien,* 16, 1919, p.55~56. Rolf-Harald Wippich, "Das Auswärtige Amt und Ostasien 1871~1945", Jost Dölfer, Bernd Martin, Günter Wollstein, ed., *Deutschland in Europa*, Berlin 1990, pp. 117~127.
Berlin, Propyläen, 1990, p.124 재인용.
34) Karl Haushofer, "Die Eigenart der japanischen Staatskultur von Dr. Hans Überschaar. Eine Einführung", *ZfG,* 2, 1925, p.173.
35) Rudolf Gottschlich, *Der Stellenwert*, p.74.

유일하게 열강의 지위를 갖춘 국가로 보았다. 그는 일본의 상승을 '전
례없는 연기'로 치켜세우면서, "세계는 일본처럼 결단력 있고 급격한
변화를 본적이 없으며, 인류사에서 유럽적 문화생활의 공유자로 성장
하였다"고 높이 평가한다.[36]

이를 본받아 하우스호퍼도 상대적으로 늦은 산업화와 유사한 권력
구조 등등 여러 점에서 독일과 일본의 관계를 역사적 공통성, 나아가
운명공동체(Schicksalsgemeinschaft)로까지 강조하며, 일본의 여러 사회,
문화적 특징들을 독일이 지향해야 할 모델로까지 상정한다.

그는 중국과 일본을 비교하면서, 대륙을 배경으로 태풍에 지배되는
중국과 해양에 지배되는 도서적 특성을 가진 일본은 인종구성뿐 아니
라 국가나 사회적 경험에서도 근본적으로 상이하다고 진단한다. 국가
형태에 있어 중국은 수천 년을 내려오며 고유의 왕조와 외부로부터 들
어온 왕조가 서로 교체하며 지배해왔음에 비해, 일본은 왕국이 구성된
이후 지금까지 하나의 동일한 왕조에 의해 지배되어오고 있다는 것이
다. 중국이 근본적으로 혁명적임에 비해 일본은 개혁적이며, 중국이 해
양을 가로지르는 진격을 극복하지 못했다면, 일본은 대륙을 가로지르
는 진격을 극복하지 못했다고 판단한다.[37]

하우스호퍼가 보기에 일본의 조선합병은 독일에게도 적절한 본보기
였다. 부족한 농지의 확보를 위해 자국의 농민을 주변 국가로 이주시

---

[36] Rudolf Kjellen, *Die Grossmächte vor und nach dem Weltkriege*, K. Haushofer ed.,
Leipzig, Teubner, 1930, p.150, R. Gottschlich, *Der Stellenwert*, p.97에서 재인용.

[37] Karl Haushofer, "Ostasiatisches Kräftespiel", K. Haushofer ed., *Probleme der Weltpolitik
in Wort und Bild*, Leipzig, 1939, p.93 이하. 그는 〈Zeitschrift f. Geopolitik〉에 매달
'인도-태평양 세계 소식'(Berichterstattung aus der Indo-pazifischen Welt) 이라는
고정코너를 만들어 일본과 중국을 중심으로 동아시아의 정치, 경제적 상황들을
전하였다.

키는 작업은 독일에도 필요한 작업이었다. 이미 독일은 19세기 말에 우크라이나를 중심으로 독일인 이민자가 2백만 이상으로 불어나 있었다. 즉 히틀러가 인종적 비전에 함몰된 채 유럽 동부로의 확산을 꿈꾸었다면, 하우스호퍼는 러시아를 유라시아에서 독일과 일본을 연결시킬 동등한 파트너로 보면서, 앵글로 아메리카 국가들의 해양 정복에 대항하는 트랜스컨티넨탈 블록을 구상한 것이다.


## 4. 광역체제의 구상과 동아시아

### 1) 대륙블록 체제(Kontinentalblock System)

하우스호퍼는 1941년, 즉 스탈린그라드를 향한 히틀러의 진격명령을 목전에 둔 상황에서 민족사회주의독일노동자당(NSDAP) 출판사를 통해 〈대륙블록. 중부유럽 – 유라시아 – 일본(Kontinentalblock. Mitteleuropa-Eurasien-Japan)〉[38]이라는 책을 출간한다. 55페이지에 불과한 비교적 짧은 글에서 그는 독일 – 유라시아 대륙 – 일본을 연결하는 동서 유라시아 네트워크의 구성을 제안했다. 해양세력과 대륙세력 간의 충돌을 "인간 역사에서 가장 강력한 지속적 동인의 하나로" 생각해 왔던 하우스호퍼는[39] '중부유럽의 신질서'를 구축하기 위해서는 대륙전체를 하나로 블록화 하는 작업이 반듯이 전제되야 한다고 보았다. 그것은 세계를 육상세력과 해양세력으로 분할하는 맥킨더식 사고에 대한 하우스호퍼

---

38) Karl Haushofer, *Kontinentalblock. Mitteleuropa-Eurasien-Japan*, München, Breitkopf & Härtel, F. Eher Nachf., 1941.

39) Karl Haushofer, *Geopolitik der Pan-Ideen*, Berlin Zentral-Verlag, 1931, p.56.

식 대응이었다. "제국이라는 공간적 사고를 지배하는 세력과의 지구상
에서의 존립을 두고 벌이는 투쟁은 내가 생각하기로는 맥킨더의 '역사
의 지리적 축' 논문에서 그 가장 큰 지리적 사고의 형식을 찾았다고 생
각된다."[40]

그가 제시한 '대륙블록' 이론은 히틀러가 제시하는 동유럽 중심의 '광
역경제' 개념을 훨씬 뛰어넘는 규모였으나, 하우스호퍼는 이런 지정학
적 확대과정에서 본인이 직접적 중재를 통해서건 혹은 출판이나 간접
적 조언을 통해서건 일정 역할을 수행할 수 있을 것으로 생각했다. 지
정학자로서 이런 유럽과 아시아를 잇는 대륙정책의 형성에 관한 진술
서를 제출하는 것을 자신의 임무로 보았다. "의심할 바 없이 우리 시대
가장 크고 중요한 세계정치상의 전환은 유럽과 북아시아, 동아시아를
규합하는 강력한 대륙블록의 형성이다."[41] 그의 의도는 독일제국을
유라시아 대륙의 도움을 받아 전략적 위치로 올려놓음으로써 앵글로
색슨이라는 세계패권을 흔들고자 하는 것이었지만, 이는 독일의 힘만
으로는 안되는 작업이었다. 즉 러시아, 일본과의 협력이 필요할뿐 아
니라 기존 제국주의 세력과의 패권투쟁을 부르는 작업이기도 했다.
그는 유라시아 대륙 공간결합의 지정학적 토대에 관해 설명하는데, 이
런 토대가 적, 즉 맥킨더의 이론으로부터 가져와 응용한 것임을 숨기
지 않는다.[42]

책 II 부에서는 〈지정학적 식민지 가능성〉에 대해 탐사하고 있다. 여

---

[40] Karl Haushofer, "Staat, Raum und Selbstbestimmung". *Raumüberwindende Mächte*,
Berin/Leipzig, Teubner, 1934, p.76.

[41] Karl Haushofer, *Kontinentalblock*, p.3.

[42] 하우스호퍼는 "Fas est ab hoste doceri"(적으로부터 습득하는 것은 성스러운 의무
이다)라는 라틴어 경구를 인용하고 있다. Karl Haushofer, *Kontinentalblock*, p.3.

기서 그는 전형적인 유럽 식민주의자로서의 우월의식을 보여주고 있
다. "우리가 큰 가치를 부여했던 태평양에서의 우리의 과거 문화적 업
적들을 바탕으로 우리는 정신적 공동작업의 권리를 우리 것으로 획득
해야 한다. 이탈리아 인들도 추구하듯이, 우리는 태평양 공간에서의 거
대한 문화학적, 정치-경제학적 감시의 한 부분에 다시 참가해야 하며,
우리의 과거의 이 지역에서의 큰 성과를 바탕으로 다시금 거대한 세계
정치적 연관성 속으로 들어가야 한다."

  이런 그의 대륙블록 이론은 이미 과거부터 준비되어 온 것이었다.
그의 생각으로는 독일-러시아-일본 3국은 공통으로 반자본주의적,
반 서구적 입장을 공유하고 있었으며, 이 세력이 앵글로색슨의 세계의
후견을 방어할 수 있는 유일한 세력집단이라고 생각하고 있었다.[43] 이
미 하우스호퍼는 1차 세계 대전 발발 직전 저술한 〈대일본〉(Dai Nihon)
에서 앵글로색슨 세력에 대한 혐오와 독일-일본-러시아 간의 밀접
한 연결을 통해 자신이 앞으로 구축할 대륙블록 이론의 단초들을 보여
주고 있었다.[44]

  일본-러시아-독일과 오스트리아가 앵글로색슨의 후견에 대항할 수
  있는 유일한 세력집단이 될 수 있다 …… 이 세력권은 뿌리 깊은 왕조들에
  대한 견고한 충성을 보여줄—민주주의로 넘어가는 것도 아니고, 이미 자신
  의 이성을 상실한 영국이나 혹은 프랑스, 이탈리아 미국 등이 모두 제시할

---

[43] Karl Hausfhofer, *Dai Nihon*, p. 262~263.

[44] 1910년 하우스호퍼가 일본 체류를 마치고 서울을 거쳐 트랜스시베리아 철도를
  통해 블라디보스토크에서 모스크바 경유 베를린까지의 여행은 그로 하여금 독
  일-러시아-일본 간의 대륙을 가로지르는 관계를 몸으로 체험하는 계기를 마
  련해 준다. 이후 그는 독일로 돌아가 지리학을 공부하면서 맥킨더의 심장대륙이
  론과 첼렌의 지정학을 토대로 영국을 중심으로 하는 해양세력에 맞설 자신의 대
  륙블록 개념을 구성해간다.

수도 없는— 하나의 보증이 될 수 있다. 만일 이 세 국가가 함께하지 않으면 독일은 서구의 연합세력의 후견으로부터, 일본은 앵글로색슨의 자본으로부터, 러시아는 '분할을 통한 지배 – 정책'(devide et impeara-Politik)을 통해 여전히 가로막힌 방해들로부터 결코 벗어나지 못할 것이다.[45]

이어 1925년에도 그는 중부유럽과 러시아, 일본의 결합을 통해 앵글로색슨 연합의 침략을 물리칠 수 있으리라는 의지를 분명히 드러낸다.

중국, 일본, 러시아 간의 평화로운 평형을 유지하고, 일본의 군국주의와 죄 없는 희생양을 향한 미국의 공격의지에 대해 중부유럽이 더 이상 호응하지 않으며, 대서양의 백인 강도세력들의 모든 인종적 선동을 격리시키며, 미국의 경제적 제국주의와 해군 – 제국주의 앞에 우리 공적 여론이 더 이상 움츠러들지 않게 될 것이다.[46]

이는 사실 전통적으로 독일이 생각해 온 러시아관과는 완전히 다른 것이었다. 독일은 지금껏 러시아를 '동부로의 진격'(Drang nach Osten)을 통해 문화적 사명을 실천할 장소, 아시아적 야만인들(Asiatic Barbarians)의 나라로 생각해왔다.[47] 즉 히틀러가 동부를 인종적 비전에 따른 독일의 생존공간으로 꿈꿨다면, 하우스호퍼는 러시아를 유라시아에서 독일과 일본을 연결시킬 동등한 파트너로 보았다. 그 점에서 하우스호퍼는 당대의 다른 지리학자, 지정학자들과 달랐고 히틀러와도 달랐다. 그의 시선은 지속적으로 일본과 인도–태평양 공간에 가 있었다.[48]

---

[45] Karl Haushofer, *Dai Nihon*, p.262.

[46] Karl Haushofer, "Der Ost-Eurasiatische Zukunftsblock", *ZfG*, 2, 1925, pp.81~87, p.84.

[47] Milan Hauner, *What is Asia to us? Russia's Asian Heartland yesterday and today*, London, Routledge, 1992, p.166.

  그럼에도 하우스호퍼가 세계를 보는 시각은 자기모순에 빠져있었다. 그는 세계를 특권적 가진국가(Have)와 탄압받는 못 가진 국가(Have-not)로 양분하면서, 독일을 못가진 국가에 위치시키는 반면, 유럽과 식민지 국가의 폭력성, 그들의 약탈과 욕심에 대해 철저히 비판하지만, 동시에 독일의 확장과 정복, 영향력 확대의 필요성을 강조한다. 그는 기존 제국주의 국가들을 원료착취, 금권독재(Plutocracy), 서구의 강탈권력, 난폭한 제국주의 등으로 비난하면서,[49] 승전국들이 독일을 고립시켰기 때문에 독일은 동남아시아 민족들과 협력하여 식민국가 세력과 맞서도록 단결해야 한다고 자신의 주장을 정당화한다. 그는 이런 협력를 위한 공동의 이해기반이 충분히 있다고 판단한다. 베르사유 체제 하에 희생된 국가들, 즉 독일, 오스트리아, 이탈리아, 소련, 일본 등으로 구성된 국가들이 중심이 되어 결합한다면, 점차 중국, 인도 등 다른 '못가진' 국가들도 결합하게 될 것으로 보았다.

  영국이나 미국의 지정학적 정책과는 다른, 즉 "착취나 억압과는 관련 없이 오직 지도적 사고에서 우리의 정당성을 찾아야 한다. 이와 동일하게 또한 평화적 확산이 이웃 국가들에게도 적용되어야만 한다"는 것이었다.[50] 그는 비록 자신의 책에서 대륙블록이 자유롭고 독립적인 국

---

48) 이러한 하우스호퍼를 가리켜 역사가 단 디너(Dan Diner)는 "반앵글로색슨, 반해양적이며, 대륙–자급자족 경제적이며 반유대적이다"고 표현한다. Dan Diner, "Grundbuch des Planete. Zur Geopolitik Karl Haushofers", *Vierteljahrshefte für Zeitgeschichte*, 32, 1984. 1, p.3.

49) Karl Haushofer, *Kontinentalblock*, p.50. 그는 유라시아와 태평양 연안 아시아 국가들은 앵글로색슨의 후견으로부터 해방되어야 하며, 진정한 자기결정권을 획득해야 한다고 주장하면서도, 1939년 독일이 폴란드를 갑자기 침공한 것에 대해서는 독일과 러시아 사이에서 폴란드는 역사적으로 영국과 프랑스의 사주에 의해 언제나 대륙을 불안정하게 만드는 시소역할을 해왔기 때문에, 대륙의 안정을 위한 불가피한 조치였고, 서구세력에 대한 정당한 방어라고 표현한다. p.32 이하.

50) Karl Haushofer, *Weltpolitik von heute*, p.150.

민들의 연방을 계획한다고는 했지만, 사실상 그는 세계를 이미 지도국
가(Führungsnation)와 보호가 필요한 국가로 나누었고, 그 가장 대표적
경우로 그는 일본의 조선합병을 제시하였다. 반면에 그를 포함해 독일
지정학계는 일본의 만주점령에 대해서는 전체적으로 부정적이었으며,
독일의 동유럽으로의 확장을 위한 하나의 모델로도 생각하지 않고 있
었다.

〈대륙블록〉이 출판된 것은 외교적으로 절묘한 시기였다. 1936년 독
일은 일본과 반코민테른 조약을 맺으며 소비에트 러시아로부터의 공
격에 공조하기로 하였고, 1939년에는 독-소 불가침조약 체결, 1940년
베를린-로마-도쿄의 3각 동맹, 그리고 1941년 4월 일본은 러시아와
불가침조약을 맺음으로써 마치 하우스호퍼가 그렇게 오랫동안 기대하
고 준비해오던 세 대륙을 연결하는 협정이 코앞에 다가오는 듯 보이던
시기였기 때문이다. 그는 이를 마침내 자신의 지정학이 세계정치적 필
연에 의해 이데올로기적 저항을 극복했다고 보았으며,[51] 오히려 1941
년에야 이런 일이 이루어 진 것에 대해 아쉬워하고 있었다.[52] 몇 달 후
독일이 소련을 침공함으로써 이것이 단지 히틀러의 일시적 전략이었
을 뿐이라는 것을 그는 전혀 상상도 못하고 있었던 것이다. 히틀러의
러시아 침공은 그의 이런 전제를 모두 무너트린다. 그의 정권을 향해
제시했던 지정학적 대안이 소통없는 일방향의 제시였음을 보여주는
순간이었다.[53]

---

[51] Karl Haushofer, *Kontinentalblock*, p.15.

[52] Ibid., p.40.

[53] 나치 정권과 하우스호퍼간의 상관성에 대해서는 이진일, 「생존공간(Lebensraum)
과 대동아공영권 담론의 상호전이 칼 하우스호퍼의 지정학적 일본관을 중심으
로」, 226쪽 이하 참조.

하우스호퍼는 자신의 과도한 일본선호로 인해 유라시아 대륙에서 중국이 갖는 위상에 대해 분명한 설정을 제시하지 못하였다. 중국을 배제한 대륙블록이론이 성립하겠는가? 그렇다고 그가 독일─러시아─일본의 블록 시스템에서 맡을 구체적인 일본의 역할을 제시한 것도 아니었다. 그에게는 구체성이 부족했다.

궁극적으로 20세기 초 서구의 지정학은 유럽과 아시아에 걸쳐있는 소비에트 러시아를 어떻게 제어하는가에 집중되어 있었다. 하우스호퍼의 대륙블록 이론의 단초가 하필이면 맥킨더에 의해 제공되긴 했지만, 결국 두 사람의 관심사가 그만큼 동일했음을 증거하는 것이다. 이는 하지만 러시아를 작동시키지 않으면 이루어 질 수 없는 비전이었다. 그래서 하우스호퍼의 지정학은 소련을 동아시아의 권력구도의 일원으로 위치시킴으로써 서구세력이 만들어놓은 동아시아 권력구도를 막고자 하는 모순에 직면할 수밖에 없었다. 그리고 그는 이런 모순을 독일이 유럽을 지배하고, 다른 한편으로 일본이 동아시아와 태평양지역을 지배함으로써 러시아의 남진을 막는 방식으로 풀고자 했던 것이다. 그런 면에서 그의 이론은 어느 정도 내적 논리를 유지했다고 판단된다. 그럼에도 소련 공산주의 블록에 대한 반감은 서구사회에서 여전했고, 그래서 처음부터 하우스호퍼의 대륙블록 이론은 러시아를 끌어들이면서 소비에트 공산주의체제와는 맞서 싸워야 하는 근본적 딜레마에 놓일 수밖에 없었다.

2) 광역정책(Grossraumpolitik)

유럽 동부지역까지 확장된 인종적으로 균질한 '생존공간'을 구축하기 위한 노력들은 히틀러의 집권 이후 단절없이 지속되지만 1939년의

전쟁 개시, 보다 구체적으로는 1941년 소련 침공을 계기로 이런 사고는
완전히 제국주의적 팽창 프로그램으로 바뀌게 된다. 그것은 독일이 보
기에 1차 세계대전 이후 일방적이고 불균등하게 분할된 공간을, 독일
민족의 문화를 되살리고 인종적 질서에 부합하는 광역으로 재구성하
고자 하는 공간재편 프로그램이었다. 인종적으로 균질적인 인구재편
을 위해서는 일단 점령과 원주민의 추방이 병행되어야 하며, 인구와 물
자의 엄청난 이동이 요구되는 작업이었다.

이를 위한 이념적 정지작업을 준비한 사람 중 하나가 칼 슈미트(Carl
Schmitt, 1888~1985)였다. 국제법과 공법 전문가로서 그는 1939년 "외부
세력의 개입금지를 동반하는 국제법상의 광역 질서"라는 제목의 글을
발표하였고, 연이어 국가의 주권을 뛰어넘는 공간의 침탈을 정당화시
키는, 국제법상의 공간이론을 재해석한 이론들을 발표한다.[54]

그는 19세기 후반부터 시작되는 전지구화의 확산이라는 역사적 진
행을 통해 광역 경제를 분석하면서 유럽공법으로부터 국제법 시대로
의 이행 사이의 구조적 연관성을 연구했고, 정치적 공간질서의 변화,
즉 개별 독립적 주권국가의 몰락과 초국가적 대공간의 성립을 예상했
다. 유럽을 중심에 둔 지구적 공간질서가 19세기 말 상실됨으로써 유럽
국제법은 그 발판을 잃었으며, 전쟁의 제한 역시 더 이상 보장할 수 없
게 되었다는 것이다. 이를 통해 공간 질서의 새로운 계기가 마련되기
는 했으나, 그 최종적 형태는 아직 드러나지 않고 있는 것으로 보았다.

---

[54] Carl Schmitt, *Land und Meer*, Stuttgart, Klett-Cotta, 1942. Carl Schmitt, *Staat, Grossraum, Nomos. Arbeiten aus den Jahren 1916~1969*, Berlin, Duncker & Humblot, 1995. 슈미트의 공간이론에 대한 연구는 비교적 풍성하다. 대표적으로 Rudiger Voigt ed., *Grossraum-Denken. Carl Schmitts Kategorie der Grossraumordnung*, Stuttgart, Steiner, 2008. Mathias Schmoeckel, *Die Grossraumtheorie*. 아울러 『뉴레프트 리뷰』, 2013, No. 4에 실린 일련의 칼 슈미트 특집 글들도 참고할 만하다.

슈미트는 1823년 발표된 먼로독트린(Monroe Doctrine)을 국제법상 가장 성공적인 광역 원칙으로 보았다. 물론 미국은 먼로독트린 이후 자신의 원칙을 깨고 세계분할에 함께 뛰어들었으며, 특히 윌슨에 의한 제 국민들의 자기결정권을 통해 민주주의와 휴머니티를 앞세운 제국주의적 개입을 지속해왔지만, 그와 상관없이 슈미트는 이를 현재 독일의 권력 상황에 적용시킬 수 있는 가장 유용한 핵심사상으로 받아들였다.[55] 그는 대륙과 해양이라는, 상호 충돌하는 공간원칙을 설명하면서, 전자가 서로 연관을 갖고 있는 대륙공간에 바탕한 원칙이라면, 후자는 무역과 교통로의 확보에 기반한 해양세력의 공간이해가 있음을 밝힌다.

슈미트의 개념적 해결방식은 광역(Grossraum)이었다. 광역이라는 용어 자체는 슈미트 자신이 고안해 낸 것이 아닌 일반적 정치경제 용어였지만, 그는 자신의 국제법 연구 속에서 그 의미와 방법을 개념화하였다. 바이마르 시대에 '광역경제'(Grossraumwirtschaft)라는 용어는 독일이 유럽 내에서 헤게모니를 쥐기 위한 기반을 풍요롭게 하는 이념으로 일반적으로 통용되던 용어였다. 슈미트는 비록 하우스호퍼의 지정학을 읽었고 영향도 분명히 받았지만, 의도적으로 하우스호퍼나 그의 용어를 인용하지 않았다. 슈미트는 현실에서 독일 광역체제에 대한 자세한 정치적 계획을 제시하지도 않았고, 필요한 국제법의 새로운 타입에 대한 어떤 구체적인 제안도 드러내지 않았다.

슈미트의 '광역질서' 이론이 나치의 정복정책을 정당화시키기 위한 이론이었음에는 의문의 여지가 없지만, 그렇다고 그의 이론이 나치의 국제법 이론이나 생존공간 획득을 위한 정복이론과 동일한 것은 아니었다. '광역질서' 이론이 이론적이고 개념적 구성물이었다면, '생존공간'

---

55) Carl Schmitt, *Völkerrechtliche Grossraumordnung*, Berlin, Duncker & Humblot, 1941, p.271.

이론은 2차 세계대전 기간 동안 나치의 정복과 학살정책을 통해 실천된 이론이었다.[56] 슈미트는 나치의 유럽 정복을 나서서 옹호하지도 않았고, 광역이론을 유럽정복을 목표로 구축한 것도 아니었다. 하지만 1939년 일단 전쟁이 시작되자 슈미트는 이를 기정사실로서 받아들였고, 독일의 입장을 정당화할 수 있는 길을 찾는다. 그럼에도 1941년 이후 슈미트의 논리는 더 이상 독일 외교정책과 일치하지 않게 되며, 그 자신도 사실상 모든 권력으로부터 멀어지게 된다.

결론적으로 비록 하우스호퍼가 히틀러를 통해 자신의 대륙블록시스템의 실현가능성을 기대하기는 했지만, 그렇다고 히틀러와 하우스호퍼 지정학 그리고 나치의 광역정책 간에 직접적인 연관성을 증명할 언급이나 자료는 없다. 히틀러는 '대륙블록'이란 용어 자체를 쓰지 않았으며, 그는 아프리카나 동아시아에의 식민지 확대 등도 대안으로 생각하지 않았고 오직 유럽 내에서 동유럽으로의 '생존공간' 확대에만 집중했다. 하우스호퍼의 이론과 히틀러의 생존공간 이론은 목표에서도, 실행방법에서도 서로 달랐고, 슈미트의 광역 이론과도 상이한 이론들이었다.[57]

## 5. 맺음말: 공간을 역사 서술에 어떻게 집어넣을 것인가?

지정학은 19세기 말 글로벌화된 자본의 공간압축적 경향에 맞서 인

---

[56] 이러한 슈미트의 광역 이론과 나치 생존공간 간의 이론적 불일치는 나치 이론가들과의 불화를 불렀고, 그로 인해 1936년 이후부터 슈미트는 점차 공개적 활동이 어렵게 된다.

[57] '대륙블록'이나 '광역'이라는 용어와 달리 '생존공간'이라는 용어는 이미 나치 집권 이전부터 독일 보수주의자들이 동유럽을 겨냥하여 쓴 용어이며, 히틀러는 이를 전쟁을 통해 실현시키고자 시도한 것이다.

간의 삶이 갖고 있는 영토 결합성을 옹호하고 복원시키고자 했던 운동
이다. 지정학을 공간이 정치에 미치는 영향력을 강조하는 학문이라 할
때, 역사적으로 그것은 두 가지 차원을 지닌다. 하나는 현실정치적 관
계를 설명할 학문적 분석도구로서의 사용이고, 다른 한편 이를 넘어 정
치적 행위를 이끌어가는 공격적 도구로 이해되었다. 서구 식민제국주
의자들은 지구상의 힘의 관계를 새로운 공간질서로 변화시키는 분과
학문으로 지정학을 발전시키고자 했으며, 동시에 그 속에서 유리한 위
치를 차지하기 위한 정책으로 사용하고자 했던 것이다. 그 단초적 계
기들은 맥킨더나 마한으로 대표되는 앵글로색슨 지리학자들에 의해
촉발되고 이론화되고 확산되었으며, 독일 지정학자들에 의해 학문적으
로 체계화 된 후에는 다시금 미국, 러시아와 일본 등 전 세계로 전략과
개념이 확산된다. 학문의 트랜스내셔널 전파의 전형적 예라 할 수 있
다. 그럼에도 이 새로운 학문이 공간을 구성하는 다른 요소들, 즉 한
국가 내의 경제, 인구, 문화 등을 충분히 고려하지 않음으로써 분석도
구로서의 미흡함은 분명해 보인다. 지정학은 산업시대 경제적 관련성
에 대한 분석을 생략했고, 이것이 야기할 사회적 문제로까지 생각을 확
산시키지 못했다.

　우리의 존재는 시간적 질서와 공간적 자리매김으로 구성된다. 그런
의미에서 시간과 공간은 우리들 삶의 기본조건이다. 역사적 공간, 공간
구조, 공간질서, 공간적인 것에 대한 인식이 늘어나는 현상은 사실 새
로운 것이 아니다. 근본적으로 모든 시대, 모든 사건을 공간과 관련지
어 생각하지 않을 이유가 없었다. 역사 연구에서 문제는 '이 양자를 어
떻게 상호 연관시키는가'이다. 어느 면에서는 역사학에서 공간을 구체
적인 단위(도시, 경관, 지역, 바다 등)를 의미하는 구성요소로 사용하는
방식은 한 번도 중단된 적이 없다고도 할 수 있다. 그럼에도 근대적 의

식 속에서 공간은 지속적으로 시간에 종속되어 왔다. 근대의 단선적 시간 관, 산업혁명을 통한 거대한 시-공간 압축현상(time-space compression), 제국주의적 팽창, 근대화 이론, 현대의 신자유주의적 변형까지, 지속적 으로 공간은 생략되거나 사건이 일어나게 된 배경으로만 이해되어 왔 다. 사회적 변화와 사건을 주로 시간적 인과관계라는 틀 속에서 이해 해 온 것이다. 큰 틀에서 우리는 이를 역사주의가 갖는 장점이요, 특성 으로 생각할 수 있을 것이다. 물론 이런 역사주의적 관점은 역사학만 의 진행이 아니었고, 경제학, 정치학, 사회학, 신학, 철학, 법학 등 근대 의 다양한 학문들 안에서 진행되었다. 즉, 중요한 근대의 산물이다.

그렇다면 오늘날 역사학의 서술에서 공간을 끌어들임은 무엇을 의 미하는가? 공간개념은 모호하다. "역사기술에서 '공간'은 행간에 숨어 있고, 시선이 형성되는 과정에 숨어있으며, 지각한 것과 역사 기술이 기록되는 곳 속에 은닉된 채로 존재한다."[58] 역사학에서 공간이론을 사용한다 함은 사회적 구성물의 재구성 가능성에 대한 문제이다. 그러 므로 '공간적 전환'(spatial turn)이란 무엇보다 먼저 역사를 그 공간적 조건들 안에서 사고하고, 공간인지의 변화들 자체에 대해 추적하는 것 을 의미한다.

오늘날 진행되고 있는 '공간적 전환' 논의는 단지 몇몇 선도적 지식 인들의 유행적 사고의 산물이 아니다. 글로벌화, 국경을 넘나드는 이 민, 전자통신, GIS(Geographical Information System), 다국적 기업, NGO, 소수민족, 이주민, 여성, 공정무역을 위한 요구, 환경보호 등 국내적 영 역과 국외적 영역이 구분 될 수 없다는 점을 오늘날의 현실은 보여주 고 있다. 사이버 공간 역시 우리가 공간을 다루는 개념 자체를 바꿔 놓

---

58) 칼 슐뢰겔, 「공간 그리고 역사」, 슈테판 귄첼 편, 『토폴로지』, 에코리브르, 2010, 36쪽.

았다. 이 모든 것들이 인간의 정체성과 주체성에 심각한 변화를 주고
있고, 오늘날의 경제, 정치, 문화, 사회사상 등에 있어 훨씬 넓은 변환
을 예고하고 있다. 이 점은 돌이킬 수 없이 명확하다.

 '공간적 전환'(spatial turn)이라는 용어를 처음 만들어 낸 미국의 지리
학자 소자(Edward Soja)는 지리가 중요하다든지, 공간이 차이를 만든다
고 열심히 주장하면서, 공간에 대한 은유, 지리적 서술, 몇 가지 훌륭한
지도를 덧붙이는 것만으로는 공간으로의 새로운 접근이 충분하지 않
다고 말한다. 또한 공간에 대한 역사학자들의 서술이 역사의 지리적
성격을 설명하는 방식도 넘어서야 한다고 주장한다. 즉, 공간은 건물이
나 가구, 지형 같은 것들이 인간을 통해 인지되고, 인간의 삶 속에 연결
될 때 비로소 탄생한다는 것이다.[59] 인간의 삶에서 공간이 만들어내는
강력한 힘! 공간도 지리도 그 중심에는 인간이 자리한다.

 앙리 르페브르에 이르러 비로소 지리나 공간이 중립적인 것이 아닌,
이데올로기적이며 살아있는 주체적 대상임이 드러난다. 공간은 '생산'
된 것이며, 그런 의미에서 '사회적'이다.[60] 지리와 공간에 특별히 관심
이 많았던 푸코에 이르면 자신의 규율담론과 권력담론의 역사적 탐구
를 통해 공간과 장소가 역사적으로 어떻게 사건, 사람, 제도 등과 관계
를 맺어왔는가를 보여준다.[61] 그렇다면 공간성(Räumlichkeit/spatiality)
의 시각에서 제국주의 시대 동아시아를 다시 봄은 무엇을 의미하는가?

---

[59] 에드워드 소자, 『공간과 비판사회이론』, 시각과 언어, 1997(1993).

[60] 앙리 르페브르, 『공간의 생산』, 에코리브르, 2011(1985).

[61] Michel Foucault, "Of Other Spaces, Heterotopias." *Architecture, Mouvement, Continuite*, 5,1984, pp.46~49("Von Anderen Räumen", *Schriften 4*, Frankfurt/M., Suhrkamp, pp.931~942). 독일 역사가로서 공간개념을 역사서술 안에 넣는 작업으로 가장 인정받는 이는 칼 슐뢰겔이다. Karl Schlögel, *Im Räume lesen wir die Zeit, Über Zivilisationsgeschichte und Geopolitik*, Frankfurt/M., Fischer, 2006. 이진일, 「주권-영토-경계: 역사의 공간적 차원」, 『사림』 35, 2010. 2., 400~422쪽 참조.

공간질서에 대한 제국주의의 입장과 피식민국가의 시각은 다를 수밖
에 없다. 지리와 지정학은 제국주의적 침탈과 각축을 가장 노골적으로
보여주는 학문이다. 지정학은 구조의 학문이다. 무엇보다 자연에 대한
지리결정론적 사고, 즉 공간이 인간의 삶에 어떻게 조건지어지는가의
문제를 벗어나 공간성의 문제, 즉 공간의 구조적 측면과 인간이 만들어
낸 공간질서의 위계에 집중할 필요가 있다.

역사학 내에서 지리와 공간의 문제에 대한 요구는 역사학 내부에서
누적된 문제에 대한 반작용일 수 있을 것이다. 그리고 그러한 반작용
의 본질적인 원인은 아마도 세계화라는 역사학 외부의 작용과 이에 대
한 학문적 대처의 일환일 것이다. 역사학에서 20세기의 공간개념이 다
른 무엇보다 정치적 이해관계의 배후로서 파악되었고, '공간 없는 민
족'(Hans Grimm) 팽창지향적 사고, 국경의 팽창, 식민지배, 제국주의적
사고, 자연공간의 장악에 대한 정당화 등을 위한 분석의 도구로서 진행
되었다면, 21세기의 변화된 세계에서 공간개념은 사회적 맥락에서 구
성되는 공간성 논의와 역사적 공간 사이(팽창적/제국주의적 사고) 사
이에 존재하는 그 어떤 연결고리를 밝혀내는 것을 연구과제로 삼아야
하지 않을까?

세계를 하나의 전체로 파악하면서, 공간성을 통해 시간성이 갖는 약
점을 보완하는 일, 지리적 결정론이 남긴 흔적을 제거하는 일, 근대적
시간구조가 만들어낸 공간편제의 불공정성을 폭로하는 작업은 여전히
역사학에서 중요한 과제로 남아있다.

# 중국학계 항일전쟁시기 한간문제의 연구현황과 전망

—

염송심*

## 1. 머리말

중국의 항일전쟁시기 한간(漢奸)문제에 관한 연구는 한중양국의 항일전쟁사 나아가 동아시아근현대사 연구에 있어서 모두 중요한 가치가 있다. 세계사적으로 볼 때 대외전쟁에서 사적인 이익을 위해 적국과 결탁하여 민족과 조국의 이익을 팔아넘긴 반민족 매국행위자는 각국에서 흔히 나타나는 현상이다. 중국도 예외가 아니다. "한간"은 중국인들이 이러한 반민족 매국행위자에 대한 비칭(鄙稱)이다.

일본은 메이지유신 후 제국주의 침략과 확장의 길로 나아가 중국대만과 한반도, 중국동북지역을 연이어 침략하여 식민지화시켰으며 이를 바탕으로 중국 전역에 대한 침략전쟁과 "대동아전쟁"을 일으켰다. 이

---

* 중국 베이화대학(北華大學) 교수.

시기 한반도와 중국에서는 다양한 계층의 반일운동과 항일투쟁이 끊임없이 진행되었고 그 과정에서 수많은 애국지사들이 소중한 생명을 바쳤다. 반면에 사적인 이익을 위해 일제와 결탁하여 민족을 배반하고 국가를 팔아넘긴 반역자 즉 친일파와 한간집단이 대량으로 출현하였다. 20세기 전반기에 한반도에서 일제의 식민통치가 30여 년 동안 유지되고, 중국이 14년 동안이나 항일투쟁을 지속적으로 진행해야만 했던 배경에는 여러 가지 복잡한 원인이 있겠지만, 무엇보다 친일파와 한간집단의 기여가 컸다고 생각한다.

맹자는 "부인필자모(夫人必自侮), 연후인모지(然后人侮之); 가필자훼(家必自毁), 이후인훼지(而后人毁之); 국필자벌(國必自伐), 이후인벌지(而后人伐之)"라고 말했다. 즉 인간은 자신이 먼저 모욕당할 일을 했기에 타인이 감히 모욕할 수 있고, 가정은 먼저 무너질 요소가 존재했기에 타인이 무너뜨릴 수 있으며, 국가는 먼저 공격 받을 원인을 제공했기에 타인이 공격할 수 있다는 뜻이다.

친일파가 한국의 역사적 용어이고 사회적 관용어인 것처럼 한간도 중국의 역사적 용어이고 사회적 관용어이다. 이 두 관용어는 시기적으로 좀 차이가 있지만 모두 일제의 침략전쟁과 식민통치 시기에 한국과 중국에서 출현한 반민족적 매국행위자를 의미한다. 친일파는 1905년 "을사보호조약" 체결부터 1945년 8월 15일 일제의 패전까지 50년 동안에 한반도에서 출현한 반민족적 매국행위자를 지칭하고, 한간은 1932년 "만주국"이라는 한간집단의 출현으로부터 1945년 8월 15일 일제의 패전까지의 기간에 중국에서 나타난 반민족적 매국행위자를 지칭한다.

20세기 전반기 친일파와 한간집단의 출현은 한국의 반일독립운동과 중국의 항일전쟁에 막대한 장애와 인명 재산의 손실을 초래하였다. 중국의 국공양당은 항일전쟁시기부터 각자의 관할지역에서 한간에 대한 숙청운동을 진행하였으며, 항일전쟁 후에도 민족정기의 수립을 위한 한간청산을 엄격하게 진행하였다. 반면 한국에서는 전후 국내외 복잡한 정세 속에서 친일잔재에 대한 정부차원의 실질적인 청산이 거의 이루어지지 못한 결과 오늘까지 한국의 정치 경제 문화 언론 사법 교육 등 사회 전반에 부정적인 영향을 미치고 있다.

역사연구의 목적은 불행한 과거를 반성하고 교훈으로 받아들여 재발을 방지하기 위한 것이다. 근대 이래 중국과 한국이 일제를 포함한 외래 침략과 식민통치를 받게 된 역사교훈을 얻기 위해서 친일파와 한간집단에 대한 연구는 필수적인 과제라고 생각한다.

한국학계에서 친일파에 관한 연구는 어느 정도 이루어졌지만 한간에 관한 연구가 아직 미흡한 점을 감안하여 본문에서는 중국학계 한간역사에 관한 연구현황을 시론적으로 검토함으로써 한편으로는 한국학계에 관련연구를 위한 정보를 제공하고 다른 한편으로는 향후 친일파와 한간에 대한 비교연구를 위한 토대를 마련해 보려 한다.


## 2. "한간"의 기원과 그 개념의 변화

중국 학계에서 항일전쟁시기 한간문제에 관한 연구는 대체로 1990년대 이후에 시작되었다. 한간 명칭의 기원에 대한 대표적인 연구로 우미의 「한간에 대한 비판적 고찰」[1]은 "한간이라는 용어는 명나라 말기에 출현된 후 그 의미상 몇 차례의 변화과정을 겪었고 부동한 역사시기의 한간문제는 서로 다른 시대의 특징이 반영되었다. 현대적 의미에

---

[1] 吳密, 「漢奸考辨」, 北京, 『淸史硏究』 2010年4期.

서의 한간의 개념은 청나라 말기에 형성되기 시작하여 항일전쟁시기
에 최종적으로 완성되었고 한족의 범위를 초월하였을 뿐만 아니라 개
념상 매국과 함께 엮어 '한간매국적'으로 변화되었고 중화민족 중 외래
침략자와 결탁하여 나라와 민족의 이익을 팔아넘긴 반역행위자를 가
르켰다."라는 주장을 펼치고 있다.

차오구챠앙의 「항일전쟁시기 한간현상의 사고」[2]는 지금까지의 선
행연구에 대해 비판적으로 검토한 기초 위에서 "한간"이란 용어를 역사
적, 도의적, 법률적 세 가지 측면으로 분석했다. 그의 견해를 요약하면
아래와 같다.

역사적 시각에서, 한간 명칭의 기원에 대한 견해는 '한나라 설', '송나
라 설', '명나라 설', '청나라 설' 등 여러 가지 설이 존재한다. 한간의 개
념은 고대로부터 현대로의 발전과정에서 그 의미와 외연이 부단히 변
화하였으며, 모든 역사 시기에 적용되는 통일적인 개념은 존재하지 않
는다. 고대 '한간'의 개념은 중원지역에 거주하는 한족정권과 변강민족
정권의 충돌시기에 한족권력층에서 나타난 이민족정권과 결탁하여 한
족의 이익을 팔아넘긴 반역자를 의미하였다. 19세기말 20세기 초에 한
간이라는 개념은 한족의 범위를 초월하여 만주족, 몽고족의 이익을 팔
아넘긴 자도 한간에 포함시켰다. 신해혁명 후 민족국가가 건립되면서
현대적 의미의 한간 개념이 형성되기 시작하였는데 민족반역자에 매
국이라는 의미가 첨부되어 '한간매국적'으로 변화되었다. 항일전쟁시
기 한간이란 개념은 일제침략자와 결탁하여 나라를 팔아먹고 민족에
해를 끼친 반역자에 대한 지칭이었고 점차적으로 사회적인 관용어로
되었다.

---

2) 曹固强, 「抗日戰爭時期漢奸現象的思考」, 廣州, 『紅広角』 2015年10期.

도의적인 시각에서, 고대 중국사회의 윤리도덕에서 가장 크게 강조된 것은 '충군' 사상이었다. 봉건통치자들은 한족신민(臣民)은 한족왕조의 은혜를 입었기에 당연히 한족왕조에 충성해야 한다고 인식하였다. 사적인 이익을 위해 한족왕조을 배반하고 이민족정권에 충성하는 것은 의롭지 못한 한간행위로 간주되었다. 근현대 이후 중국에서 다민족의 융합이 강화됨에 따라 한족이라는 개념은 '중화민족'이라는 개념으로 바뀌었으며 '충군' 사상도 국가의 주권과 영토의 완정을 보호하며 외래침략을 반대하고 중화민족의 부흥을 도모하는 애국주의 사상으로 바뀌었다. 따라서 중국에서14년의 항일전쟁기간에 일제침략자와 결탁하여 중화민족의 이익을 팔아 넘긴 반민족적 매국집단을 습관적으로 한간이라고 불렀다.

법률적인 시각에서, 한간은 범죄적 처벌 대상으로서의 법률적인 개념이다. 한간이란 용어가 유구한 역사를 갖고 있지만 중국의 역대 봉건통치자들은 '한간'죄에 관한 법률을 제정하지 않았고 보통 내통죄 또는 반역죄로 '한간'을 처벌하였다. '한간'죄를 법률적으로 제정한 시기는 중국에서 전국적 범위의 항일전쟁이 발발한 이후였다.

그 외 리링의 「한간의 발생학」,[3] 리쟈아리의 「한간의 유래」,[4] 왕커어의 「한간: 상상 중의 단일민족국가 담론」[5] 등 연구가 있다. 이들의 연구는 모두 한간이란 명칭의 유래에 대해 검토하였는데 그 기본적인 견해가 앞의 두 연구에 포함되었기에 본문에서는 생략하기로 한다.

---

[3] 李零, 「漢奸的發生學」, 北京, 『讀書』 1995年 10期.

[4] 李家莉, 「漢奸的由來」, 太原, 『文史月刊』 2009年1期.

[5] 王柯, 「漢奸: 想像中的單一民族國家話語」, 香港, 『二十一世紀』 2009年3月號(總84期).

## 3. 항일전쟁시기 한간의 형성 원인

한간의 형성원인에 관한 대표적인 연구로 황메이전과 장윈의 「항전시기 왕징웨이집단의 투항」[6]은 "항일전쟁시기 왕징웨이집단의 한간행위는 일제의 회유정책의 산물인 동시에 왕징웨이집단의 친일반공주의와 민족비관주의 사상의 필연적인 결과"라고 주장하였다. 그리고 차이더어진의 「역사의 기형」[7]은 왕징웨이 괴뢰정권의 형성, 발전, 멸망의 역사과정을 서술하면서 왕징웨이가 한간의 길을 걷게 된 주관적인 요소를 강조하였다. 이 두 연구는 왕징웨이 한간집단의 형성원인과 멸망과정에 대한 전문연구라고 할 수 있다.

왕차오광의 「항전시기 고급관료 정황의 통계와 분석」[8]은 괴뢰정권의 부장, 성장급 이상 관료의 연령, 학력, 출신배경 및 그들의 최후에 대한 통계와 분석을 통해 정치학, 사회학, 심리학의 시각으로 항일전쟁시기 괴뢰정권의 출현과 한간 형성의 심층적 원인을 검토하였다.

우샤오타오의 「난세암류: 항전시기 일부 지식분자가 한간의 길을 걷게 된 원인 탐구」[9]는 "항일전쟁시기 일부 지식인들이 한간의 길을 걷게 된 원인이 권세에 대한 의존감, 믿음의 결여, 본인 스스로의 "주변화" 의식 때문이었다"라고 분석하였다.

푸치위안의 「항전시기 한간 형성 원인 분석」[10]은 항일전쟁시기 한

---

6) 黃美真, 張云, 「抗戰時期汪精衛集團的投敵」, 上海, 『復旦學報』 1982年6期.

7) 蔡德金, 『歷史的怪胎: 汪精衛國民政府』, 北京, 團結出版社, 1993年.

8) 汪朝光, 「抗戰時期僞政權高級官員情況的統計與分析」, 北京, 『抗日戰爭硏究』, 1999年 1期.

9) 伍小濤, 「亂世暗流: 抗戰時期部分知識分子走上漢奸之路探因」, 西安, 『人文雜誌』, 2007年 4期.

10) 付啟元, 「抗戰時期漢奸形成原因探析」, 北京, 『民國檔案』, 2002年 4期.

간이 대량으로 출현한 원인으로 근대 중국의 장기간의 분열된 정치국
면, 민국정부의 부정부패로 인한 사회적 모순, 교육정책의 실패, 일본
침략자들의 회유와 협박 등 요인을 분석하였다.

처지홍의 「동북함락초기 위만주국 한간집단의 형성원인 및 괴뢰역
할」[11]은 위만주국 괴뢰황제 푸이(溥儀)를 비롯한 "만주국" 괴뢰정부는
근대 이후 가장 먼저 "국가"의 신분으로 출현한 한간집단으로, 주로 구
동북군의 실력파들, 괴뢰황제의 추종자들, 그리고 일부 일본유학파들
로 구성되었으며 이들은 일본침략자들의 회유와 협박으로 일제의 중
국동북침략의 앞잡이 노릇을 하면서 민족을 배반하고 국가를 팔아 넘
겼다고 주장하였다.

상술한 연구에 근거하여 항일전쟁시기 한간의 형성원인을 정리하면
아래와 같다.

19세기 중엽부터 중국은 끊임없이 제국주의 침략을 받았고 그 과정
에 수많은 매국역적이 나타났다. 보통 "작은 한간의 출현은 우로 인한
것이고, 큰 한간의 출현은 지로 인한 것(小奸出於愚 大奸出於智)"이라
고 인식한다. 하지만 항일전쟁시기 한간의 출현은 여러 가지 복잡한
원인이 있다.

첫째 원인은 중앙정부의 응집력의 결핍이다. 민국정부시기에 중국
에는 강력하고 통일된 중앙정부가 형성되지 못했다. 국가와 민족의 정
치적 핵심의 결여는 항일전쟁시기 중국에서 대량의 한간이 출현하게
된 중요한 원인이다. 신해혁명 후 중국에는 먼저 북양군벌의 혼전이
있었고 , 이어서 국민당 신군벌과 북양군벌간의 혼전과 국민당 신군벌
간의 혼전이 발생하였으며, 1930년 중원대전 이후에도 여전히 군벌들

---

11) 車霽虹, 「東北淪陷初期僞滿漢奸集團成因及傀儡角色」, 哈爾濱, 『北方文物』, 2011
年3期.

이 할거하는 정치국면이 지속되었다. 동시에 국민당 내부에 친영미파, 친일파, 개혁파, CC계, 정학계 등 계파간의 정권다툼이 매우 치열하였다. 이러한 분열국면과 정권다툼은 전면적인 항일전쟁이 시작된 후에도 계속되었다. 각계파의 군벌들은 중앙정권을 탈취하기 위한 실력을 보존하기 위해 일제의 침략에 부저항주의 또는 투항주의적인 태도를 취하였다. 이러한 국면은 일제의 민족분화정책에 유리한 환경을 제공하였다. 내부의 정권다툼에서 실패한 군벌과 정객들은 앞다투어 한간으로 변신하였다. 특히 왕징웨이는 오랫동안 장제스(蔣介石)와 중앙정부 주석의 지위를 다투고 있었고 그의 "평화건국"이론은 민중들을 유혹시켰다. 이 때문에 왕징웨이가 일본에 투항한 이후 한간의 수가 신속하게 증가하였다. 통계에 의하면 팔로군과 신사군, 화남유격대와 싸운 괴뢰군의 수는 1938년 78,000명이었는데 그 후 해마다 증가하여 1945년에는 955,782명에 달하였다.[12]

아편전쟁 후 청정부는 외국침략자들과 결탁하여 제국주의가 중국을 통치하는 도구로 전환되었다. 신해혁명 이후에도 민국정부의 대외관계는 조금도 개선되지 않았다. 특히 1931년 9·18사변 이후 부저항정책을 실시한 결과 동북지역이 일본에 점령당하여 식민지로 변하고, 그 후 국민당은 공개적으로 '양외필선안내(攘外必先安內) 정책을 실시하였으며, 서안사변 후 공산당과 항일연합전선을 형성하였지만 '환남사변(皖南事变)'과 같은 국공간의 마찰이 계속되면서 항일역량을 소모시켰다. 이러한 항일국면은 민중들의 항일의지를 약화시켰고 중앙정부에 대한 신심을 상실시켰다.

둘째 원인은 일제의 협박과 회유이다. 일제는 중국에 대한 침략전쟁

12) 彭明, 『中國現代史資料選集』(5)下, 北京, 中国人民大学出版社 1990年, 597쪽.

을 통해 넓은 지역을 점령한 후, 장기간의 통치에 필요한 인력과 물력, 재력을 보충하기 위해 "중국인을 이용하여 중국인을 통치한다"는 "이화제화(以華制華)"책략을 실시하였다. 그 주요 방법은 특무기관을 동원하여 금전을 통한 회유와 무력을 통한 협박으로 한간을 육성하는 것이었다. 이 가운데 괴뢰정권을 통해 정치·경제·문화·군사 등 각 영역의 엘리트들을 흡수하여 한간집단을 구성하는 것이 가장 전형적이고 효과적인 수단이었다. 1931년 9·18사변 이후, 일본제국주의는 중국에서 괴뢰만주국, 기동방공자치정부, 중화민국임시정부, 중화민국유신정부, 몽골연맹자치정부, 중화민국국민정부 등 크고 작은 한간정권을 출현시켰다. 동시에 한간 우두머리를 이용해 기아에 허덕이는 하층 민중들을 협박하여 한간조직에 참가시켰다.[13] 또한 대도회(大刀會), 청홍방(青紅幫), 동선사(東善社) 등 미신적인 봉건조직을 통하여 민중들을 유혹하여 한간활동에 참여시켰다. 일부 지방의 유지들은 강제로 납치되어 한간이 되기도 했다. 그 외 일본침략자들은 "대동아공영권을 건립하기 위하여", "백인통치를 반대하고 황색인종을 해방하기 위하여", "아시아를 유럽인들의 노역에서 해방하기 위하여", "중일친선을 도모하기 위하여" 등 문화말살주의와 인종주의 선전을 통하여 '중일합작(협력)'의 필요성과 합리성을 강조하였다. 그 영향으로 반일운동에서 좌절한 일부 사람들은 점차적으로 국가의식이 희박해지고 끝내 한간의 길을 걷게 되었다.

셋째 원인은 민족비관주의 인식이다. 항일전쟁시기 중국의 한간들은 보편적으로 "중국은 낙후한 농업국으로 경제가 발전하고 국력이 강한 일본을 이길 수 없다."라는 비관주의 의식을 갖고 있었다. 아편전쟁

---

13) 王曉华, 『国共抗战大肃奸』(上), 84쪽.

이후 중국은 대외전쟁에서 연이어 실패하면서 많은 중국인들 사이에 외세에 대한 숭배사상과 공포의식 그리고 민족자괴감이 생기게 되었으며 일제의 침략에 저항할 용기와 신념을 잃게 되었다. 심지어 당시 국민당중앙선전부의 저우포하이(周佛海)까지도 항일전쟁에 대해 "전필대패, 화미필대란(戰必大敗, 和未必大亂)"[14] 즉 일본군에 맞서 싸우면 반드시 크게 패할 것이고, 그들과 합작을 한다면 큰 혼란은 발생하지 않을 것이다 라는 비관주의 사상을 토로하였다. 왕징웨이도 "이제 강성국가 건설을 시작한 중국이 어찌 이미 강성한 일본을 적대하여 싸울 수 있단 말인가 이것은 국가와 민족을 어린애들의 장난으로 생각하는 것이 아닌가"[15]라고 하면서 항일전쟁에 대해 비관적으로 인식하였다. 다른 한간 관료들도 "중국은 경제가 발전하고 세력이 강한 일본의 상대가 아니므로 싸워서 이길 수 없다." "중국은 민족성이 약하고 모래알처럼 흩어져 결집력이 약하기에 아무 일도 성사시킬 수 없다."[16]라는 민족비관주의 인식을 가지고 있었다.

넷째 원인은 민중생활의 궁핍이다. 민국정부의 독재통치와 관료계층의 부정부패 그리고 군벌 간의 혼전과 외래의 침략 등 원인으로 국민들의 생활은 극도로 악화되었으며 항일무장을 조직하기에는 역부족이었다. 특히 국민당정부는 농촌에서 농민들의 토지 등 민생문제를 해결해 주지 않았고, 도시에서 내우외환의 환경 속에서 공상업이 황폐하여 실업인구가 날따라 증가되었다. 일본군 간첩 야마다(山田武一)의 말처럼 "우리가 주인집이나 현지의 주민들을 관찰한 바에 의하면 그들

---

14) 周佛海, 「回忆與前瞻」(1939年7月22~24日), 黃美真, 张云編, 『汪精衛集團投敵』, 上海, 上海人民出版社, 1984年 5~10쪽.

15) 黃美真 张云編, 『汪精衛集團投敵』, 5쪽.

16) 紀敏, 『偽滿皇帝群臣改造紀實』, 瀋陽, 遼寧人民出版社 1992年 227~229쪽.

은 현정권에 대해 별로 특별한 감정이 없었다. 그들은 흔히 루융샹(盧
永祥)시대에 우리는 먹을 것이 필요했고, 쑨추안팡(孫傳芳)시대에도
우리는 먹을 것이 필요했으며, 장제스(蔣介石)시대에도 우리는 먹을
것이 필요하며 일본인이 와도 우리는 여전히 먹을 것이 필요하다."[17]
라고 말한다. 쑹후(淞滬) 전쟁시기 17살 한간의 말에 의하면 "적들은
대한간으로 소한간을 매수하였는데 그 대가로 어떤 한간들은 100원,
200원을 받았고, 어떤 한간들은 10원, 50원을 받았다. 자신은 3원을 받
으며, 열두세 살의 어린 여자애들도 있었는데 그들은 50전, 1원을 받
는다"고 했다.[18] 즉 중국의 백성들은 궁핍으로 인해 부득이하게 괴뢰
군에 가입하여 생계를 유지하였던 것이다. 왕징웨이 정권의 일본고문
가게사 사다키(影佐禎昭)는 괴뢰군을 매수하기 위한 의견서에 다음과
같은 조건을 기록하였다. "진무부대 또는 경찰이 도읍에 주둔하면 한
사람에게 매달 25원의 급여를 지급하고, 음력 정월에는 주석께서 한
사람에게 평균 5원씩 상을 준다면 인심의 매수에 아주 큰 효과를 거두
게 될 것입니다."[19] 이 급여는 당시 괴뢰군 병사들의 가족을 먹여 살
리는데 충분하였으므로 많은 하층민중들을 흡수하여 한간활동에 참
여시켰다고 한다. 그러므로 많은 하층한간은 생계를 유지하기 위해
괴뢰군에 참가하였고 진심으로 일본군을 위해 일한 것은 아니었다는
것을 알 수 있다.

---

17) 王晓華 외, 『国共抗战大肅奸』(上), 269쪽.
18) 王晓華 외, 『国共抗战大肅奸』(上), 263쪽.
19) 『汪偽軍委會軍事顧問影佐意見書文件』, 中國第二歷史檔案館藏件.

## 4. 항일전쟁시기 한간의 구성과 규모

친일한간의 구성에 관한 대표적인 연구로 앞에서 소개한 차오구창의 「항일전쟁시기 한간현상에 대한 사고」, 왕차오광의 「항전시기 위정권 고급관료 정황의 통계와 분석」, 차이더진의 『역사의 기형』 그리고 왕슈신 외 『중화민족항일전쟁사』[20) 등이 있다. 이들 연구의 견해를 요약하면 아래와 같다.

한간은 법적 처벌 대상으로서의 한간과 도덕적 의미에서의 한간으로 분류할 수 있다.

항일전쟁 후 국공양당은 모두 한간에 대한 법적 처벌을 진행하였는데 그 중 국민당에 의해 처벌당한 한간의 수는 다음과 같다. 1945년 9월부터 12월까지 군통(軍統)에 체포된 한간 혐의자는 4,291명이었고 그 중 334명이 군사법원에 이송되어 심판을 받았으며, 24명은 항공위원회에 이송되어 조사를 받았다. 이 가운데 43명은 구속기간에 병사하였다. 1946년 4월부터 1947년 2월까지 새로 조직된 고등법원에서 심리한 한간 관련 안건은 530여 건이고 그 중 381건을 판결하였다. 결과적으로 14명이 사형, 24명이 무기징역, 265명이 유기징역 판결을 받았다. 1947년 말, 한간 혐의자 30,828명을 기소하여 조사하고, 20,718명을 불기소로 조사하였으며, 그 중 6,152명이 무죄판결을 받았고, 15,391명이 형벌을 받았다. 그 외 수천 명의 한간에게 수배령을 내렸다.[21) 사실 법적 의미에서의 한간의 수는 이 통계수를 훨씬 초과한다. 하지만 항일전쟁 후 국공내전이 폭발하면서 많은 한간범죄자 특히 괴뢰군의 고급장교

---

20) 王秀鑫 郭德宏, 『中華民族抗日戰爭史』, 北京, 中共黨史出版社, 1995年.
21) 蔡德金, 『历史的怪胎』, 152쪽.

들이 국민당군에 중용되어 법적 처벌을 면하게 되었다.

도덕적인 의미에서, 한간에 대한 정확한 통계자료는 없지만 아래와 같은 특수집단은 모두 한간에 속한다.

첫째는 괴뢰군이다. 괴뢰군이란 일본침략자들이 점령지에서 모집하여 조직한 군대이다. 항일전쟁시기 괴뢰군은 크게 세 가지 계열이 있었다. 하나는 위만주국군(僞滿洲國軍隊)이다. 이는 항일전쟁시기 가장 먼저 조직된 군대로서 구동북군과 현지의 토비로 구성되었다. 다른 하나는 괴뢰화북정무위원회치안군(僞華北政務委員會治安軍)이고, 또 하나는 왕징웨이괴뢰정부평화건국군(汪僞國民政府和平建國軍)인데 황협군(皇協軍)이라고도 불렸다. 괴뢰군은 지방에 주둔하면서 괴뢰정권을 보호하는 역할을 하였다. 그들의 주요 임무는 세금을 거두고, 정보를 수집하며, 항일세력을 진압하고 치안을 강화하는 작전에 참가하는 것인데 심지어 평민들을 살해하기도 하였다. 그러므로 괴뢰군은 도의적인 의미에서 한간과 형사법률적 의미에서의 한간으로 나눌 수 있다.

괴뢰군은 보통 국민당군대와 특수한 관계에 있었기 때문에 일본군은 괴뢰군을 국민당군과의 전쟁에 파견하지 않았다. 항일전쟁 전반기에 괴뢰군은 주로 공산당 산하의 팔로군이나 신사군부대와의 전투에 동원되었다. 통계에 의하면 항일전쟁에서 중국공산당의 무장에 의해 소멸된 괴뢰군의 수는 118만 여 명이었고, 일제의 투항시기 관내지역에 146만 명의 괴뢰군과 40만 명의 괴뢰경찰이 있었으며, 동북지역에는 14만 명의 괴뢰군과 10여만 명의 괴뢰경찰이 있었고, 그 외 군복을 입지 않은 많은 한간 관리가 있었다. 합계하면 300만에서 400만으로 추산된다.22) 〈중국전구중국육군총사령부수항보고)(中國戰區中國陸軍總司令部受降報告)〉에 의하면, 1945년 일제 투항 후 국민당군에 개편된 괴뢰군의 수는 238,996명이고, 보안단의 수는 779,116명으로, 합계하면 1,018,112명이었다. 그 외에 공산당군에 투항한 하오펑쥐(郝鵬擧) 제6집단군과 쑨량청(孫良誠)의 제3집단군 그리고 위만주국군을 합하면 200만 명에 달하였다.[23] 그러므로 괴뢰군의 총 수치는 300만에서 400만으로 추정할 수 있다.

둘째는 괴뢰정부의 공무원이다. 일제는 중국에 대한 침략전쟁 과정에서 차례로 만주국, 기동방공자치정부, 화북임시정부, 덕왕몽강정권(德王蒙疆政權), 왕징웨이정권 등 많은 괴뢰정권을 건립하였다. 이들 괴뢰정부에는 백여 만 명의 상하급 한간관료들이 임용되었다. 도의적으로 볼 때, 이들은 모두 국가와 민족을 배반한 한간에 속한다. 그러나 1945년11월 23일 국민정부가 반포한 〈한간 처리 조례〉의 규정에 의하면 한간의 범위는 괴뢰정부에서 간임직 이상의 공무원 또는 천임직의 수장, 괴뢰정부의 특무, 적군의 군사·정치·특무 및 기타 기관의 임직원, 괴뢰정부소속 전문학교 이상의 학교교장과 요직원, 괴뢰정부소속 금융실업기관의 수장과 요직원, 괴뢰정부소속 신민회·협화회·참정회의 및 유사기관의 참여자와 간부 직원, 괴뢰정부소속 신문사·통신사·잡지사·출판사의 사장·편집·주필·경리와 영화제작사·방송국·문화단체 및 적위(敵僞) 선전자 등을 형사 법률적인 한간으로 규정하고 있다. 즉 괴뢰정부의 하급공무원은 한간의 범주에 속하지 않는다.

셋째는 주화(主和)파이다. 외래 침략에 대한 대응책으로 민족내부에 주전파와 주화파가 있을 수 있는데 그 목적은 모두 국가와 민족을 위

---

22) 출처: 軍事科學院軍史部編, 『中國人民解放軍戰史』(抗日戰爭時期), 北京, 中國軍事科學出版社 2004;軍事科學院軍史部編, 『中國抗日戰爭史』下卷, 北京, 中國軍事科學出版社 1994年; 解學詩, 『歷史的毒瘤: 僞滿政權興亡』, 桂林, 廣西師範大學出版社 1993年.

23) 王秀鑫 郭德宏, 『中華民族抗日戰爭史』, 295쪽.

한 것이므로 정상적인 현상이라고 할 수 있다. 하지만 항일전쟁시기의 주화파는 거의 한간의 위장 수단이었다. 1938년 10월 28일 천쟈껑(陳嘉庚)은 중경에서 열린 국민참정회의에 전문을 보내어 "적이 국토에서 퇴출하기 전에 적과 강화하는 것은 한간행위(敵未出國土前,言和卽漢奸)"라고 규정하였다. 역사적으로 볼 때 항일전쟁시기 왕징웨이를 비롯하여 주화파의 대부분이 한간에 속한다.

넷째는 투항파이다. 전쟁에서 탄약과 식량 공급이 단절되어 적에게 포로되고 투항하는 경우가 발생할 수 있는데, 이러한 행위자는 한간이라고 할 수 없다. 그러나 일제침략군과의 전쟁에서 아무런 저항도 없이 투항하거나 또는 투항 후 침략자를 도와 동포를 살해한 자는 한간에 속한다.

다섯째 친일파이다. 1895년 이후 중국에서는 부국강병의 방법을 배우기 위한 일본유학의 붐이 일어났다. 이로 인하여 일본유학생 집단이 형성되었다. 그들은 일본의 유학경력으로 일본문화를 접수하였고, 일본에 대한 친근감과 숭배의식이 형성되면서 '친일파'로 되었다. 근대 중국에서 유학을 경험한 군벌, 관료, 정객들이 제국주의 국가에서 후원자를 찾을 때 보통 유학경력의 영향을 받았다. 친일은 일종 정서적 표현이기에 도덕적으로나 법적으로 한간이라고 할 수 없으나 중국역사상 친일파는 대부분 한간이 되었다. 통계에 의하면 각 괴뢰정권의 고위관료 중 일본유학파의 수는 위만주국에 22명, 화북임시정부에 12명, 화중유신정부에 6명, 왕징웨이남경정부에 14명이 있었다. 144명의 만주국 괴뢰정권의 고급관리 중 54명이 일본유학파로서 괴뢰정권 전체 고급관료의 38%를 차지했다.[24]

---

[24] 汪朝光,「抗戰時期僞政権高級官員情況的統計與分析」.

마지막으로 일본인과 협력한 일반인들은 한간이라고 볼 수 없다. 항일전쟁시기 일제 점령지역 주민들의 대응 방식은 두 가지가 있었다. 일정한 능력을 갖춘 사람들은 미리 상대적으로 안전한 지역으로 피난을 갔다. 항일전쟁시기 몇 천만의 난민들이 동북지역이나 화북지역에서 동남지역이나 서남지역으로 피난하였다. 그러나 어떤 사람들은 여러가지 원인으로 여전히 일제의 점령지에 남아 있었다. 그들은 가족의 생존과 안전을 위해 부득이하게 일제침략에 순응하고 협력하는 길을 선택하였다. 이런 부류의 사람들은 법적으로나 도의적으로 한간이라고 볼 수 없다.

상술한 바와 같이 한간 중에는 민국정부의 요인, 정당의 지도자, 군부의 요인, 상업계의 거두도 있었고 지식계의 엘리트도 있었다. 노동자 농민과 사회 하층의 실업자 중에도 일본인과 협력한 사람들이 있었지만 대부분 생존을 위한 부득이한 선택이었기에 한간이라고 볼 수 없다.

## 5. 국공양당의 한간 숙청운동

항일전쟁 후 1945년9월부터 1947년 사이에 『신화일보(新華日報)』, 『해방일보(解放日報)』, 『문회보(文匯報)』, 『신민만보(新民晚報)』, 『신보(申報)』, 『인민일보(人民日報)』 등 신문들은 일련의 사론을 통해 한간을 체포하여 공개적으로 심판할 것을 요구하고 동시에 국민당정부의 한간처벌 폐단과 한계점을 지적하였다. 당시 신문의 사론과 보도의 내용은 오늘날 한간숙청의 관련연구에 중요한 자료를 제공하여 주고 있다. 1950년대부터 70년대까지 중화인민공화국 중앙인민정부는 국민정부에서 한간을 처벌한 기초 위에서 각종 정치운동과 결합시켜 한간에 대한 숙청을 진행하였다. 이시기 학계에서는 별로 가치 있는 연구성과는 나타나지 않았지만 전국정치협상회의에서 출판한 문사(文史) 자료에 일부 한간의 회고록을 수록함으로써 한간 및 일제점령지역에 대한 연구에 귀중한 사료를 제공하여 주었다.

중국에서 한간 숙청에 관한 본격적인 연구는1980년대 이후에 시작되었으며 항일전쟁사 연구의 중요한 구성부분으로 간주되어 비교적 많은 학술성과를 거두었다. 아래에 국공양당의 한간숙청 관련연구에 대해 항일전쟁시기와 항일전쟁 후로 나누어 검토해 보고자 한다.

## 1) 항일전쟁시기의 한간 숙청

항일전쟁시기 국공양당의 한간 숙청에 관한 대표적 연구로 앞에서 소개한 왕샤오화의 『항전국공대숙간』은 항일전쟁시기 국공양당의 한간 숙청 과정과 전후 한간에 대한 조사와 심판 상황에 대해 전면적이고 체계적인 서술을 진행하였다. 그는 한간의 발생원인과 범죄행위, 일제의 한간육성정책, 및 국공양당의 한간 숙청 관련법령과 조취에 대해 심도 깊게 검토하였다.

왕차오광의 「항전시기 위정권 고급관료 정황의 통계와 분석」은 괴뢰정권 주요 관료들의 이름, 연령, 출생지, 직위, 학력, 출신, 최후결과 등에 대한 통계를 통하여 친일한간의 다섯 가지 특징을 분석하였다. 즉 지역성과 계파성, 일본유학출신의 높은 비중, 근대군사교육을 받은 자의 높은 비중, 전후 위만주국 출신의 관료들을(소련에 압송됨) 제외한 다른 괴뢰정권의 고급관료의 대부분이 사형심판을 받았다는 점(다만 군사영역의 고급관료들은 심판에서 제외되거나 국민정부의 각급 관직에 임명되었다), 괴뢰정권의 고급관료 중에 황포군관학교 출신이나 장개석의 친신은 없었다는 점이다. 특히 전후 한간의 대다수가 사법기관의 심판과 중국인민의 정치적 도의적 심판을 피하지 못했다는 점을 강조했다.

허더팅의 「항전시기 국공 숙간 비교 분석」[25]은 항일전쟁시기 국공 양당의 한간 숙청에 관한 인식, 방법 및 효과에 대해 비교분석하였다. 그는 항일전쟁 기간 중국공산당은 일찍부터 『항일 구국10대 강령』 등 규정을 통하여 일제와 결탁한 모든 한간에 대한 숙청을 항일전쟁시기의 중요한 임무이고 항일전쟁 승리의 전제조건이라고 인식하였으며, 국민당정부도 일련의 한간 처벌 법령과 조례를 반포하였다는 주장을 하였다.

판민의 「1980년대 이래 한간 처벌 연구 종술」[26]은 근 10년간 학계의 한간처벌 관련연구에 대해 정리한 기초 위에서 사회학의 기능주의, 정치학의 민족주의, 윤리학의 도덕론 등 세가지 연구시각을 제시하였다. 기능주의 시각에서, 민족전쟁에서 한간의 존재는 전쟁좌절의 책임을 전가시킬 수 있는 희생양으로 기능했으며, 그들에 대한 처벌은 민족내부 결집력을 강화하는 역할을 했다. 민족주의 시각에서, 한간은 민족공동체의 원칙을 위반했기에 민족구성원들은 누구나 모두 한간을 처벌할 수 있는 권리를 가진다. 도덕적인 시각에서, 한간에 대한 분별력 없는 처벌에 대해 의문을 제기했다. 즉 전쟁기간에 모든 사람들에게 소위 "상상의 민족 공동체"에 대한 충성을 요구할 권리가 있는지? 애국주의와 생존욕구 사이의 갈등에서 어떤 선택이 마땅한건지? 한간의 여러 가지 표현에 대한 분석을 거쳐 상응한 처벌을 내려야 한다는 결론을

---

25) 何德廷, 「抗戰時期國共肅奸對比分析」, 宜昌, 『三峽大學學報』 2004年2期.
26) 潘民, 「20世紀80年代以來 懲治漢奸研究綜述」, 北京, 『抗日戰爭研究』 2010年 3期.

내렸다.

쑹샤오웨이의 「항일전쟁시기 국공양당의 숙간투쟁 연구」[27]는 국공양당의 한간에 대한 처벌정책과 상응한 조치 및 그 의의에 대해 긍정적으로 평가하였다.

쉬즈민의 「새로운 시기 이래 항전승리 전후의 한간에 대한 징치 연구」[28]는 항일전쟁시기 국공양당은 일제의 민족분열주의 정책에 대응하기 위하여 모두 한간을 처벌하기 위한 법률과 정책을 제정하여 숙청운동을 전개하였고, 항일전쟁 후에도 국민당통치구역과 공산당해방구역 내의 한간의 범죄행위를 조사하고 심판함으로써 국가의 기강을 수호하고 민족의 정의를 신장시켰다고 주장하였다. 동시에 지금까지 중국학계의 항일전쟁시기의 관련연구는 주로 공산당의 항일근거지에서의 한간 숙청 관련사항을 다루었고, 항일전쟁 후의 관련연구는 주요로 국민당측의 한간 숙청 관련사항을 다루었다는 한계성을 지적하였으며, 앞으로 연구에서 국공양당의 한간청산 문제에 대해 더욱 균형 있고 복합적인 연구 특히 사례연구가 필요하다는 점을 강조했다.

쩡잰펑의 「국민당정부 숙간공작 분석」[29]은 장개석국민당정부의 한간 처벌정책을 긍정적으로 평가하는 동시에 한계점을 지적하였다. 특히 국공양당 대립의 복잡한 환경 속에서 민중에 대한 동원이 부족하고, 부정부패 현상이 엄중하며, 왕징웨이정부와 공동으로 실행한 반공정책 등 실책으로 인해 항일전쟁 후 한간의 숙청효과에 부정적인 영향을 미쳤다고 주장하였다.

---

27) 熊小偉, 「抗日戰爭時期國共兩黨肅奸鬪爭研究」, 瀋陽, 『藍台世界』 2013年 7期.

28) 徐志民, 「新時期以來的抗戰勝利前後懲處漢奸研究」, 鄭州, 『史學月刊』 2015年 11期.

29) 鄭建鋒, 「國民黨政府肅奸工作論析」, 瀋陽, 『藍台世界』 2018年 2期.

그 외 중국공산당 항일근거지의 한간 숙청에 대해 전문적으로 다룬
몇 편의 논문이 있는데 그 내용과 견해를 요약하면 아래와 같다.

허더팅의 학위논문 「항일근거지 숙간 연구」[30]는 정치 경제 군사 문
화 교육 등 여러가지 측면에서 항일근거지의 한간 숙청상황에 대해 분
석하였다. 즉 정치적으로 한간 숙청을 항일 구국의 중요한 강령으로
제정하고, 군사적으로 정치공세와 군사타격을 결합하여 괴뢰군을 분화
와해시켰으며, 경제적으로 식량의 수출을 엄금하고 가짜화폐를 타격하
고 한간재산을 몰수하여 한간에 대한 경제제재를 실시하였다. 동시에
민족절개와 민족의식 애국주의 선전과 교육을 진행하였다는 것이다.

짜오화의 「화북항일근거지 한간 처벌 문제 연구」[31]는 항일전쟁시기
산서성을 비롯한 화북항일근거지 한간의 특징과 구성, 중국공산당과
근거지 민중의 한간에 대한 인식에 대해 분석하고 항일민족통일전선
의 확대에 유효한 진압과 포용을 결합한 한간숙청정책의 제정과정을
검토하였다.

쑹쌍펑의 「산동항일근거지 한간 숙청 연구」[32]는 산동 항일근거지
한간 숙청활동에 관한 역사사실에 대한 재조명을 통하여 항일근거지
의 한간숙청 정책과 조치들이 국가 이익과 민족 존엄의 보호를 위한
중요한 역할을 강조하였다.

아래에 상술한 연구에 근거하여 국공양당의 한간 숙청정책과 관련
조치에 대해 나누어 검토해 보고자 한다.

---

30) 何德廷, 「抗日根據地肅奸硏究」, 武漢, 華中師範大學博士學位論文, 2009年.
31) 趙華, 「華北抗日根據地漢奸及其懲治問題硏究」, 太原, 山西大學碩士學位論文, 2005年.
32) 宋尙峰, 「山東抗日根據地鋤奸硏究」, 濟南, 山東大學碩士學位論文, 2007年.

(1) 중국공산당의 한간 숙청정책과 관련조치

중국공산당은 일찍 1935년 〈항일 구국10대 강령〉에서 일제와 결탁한 모든 한간에 대한 숙청을 항일전쟁 승리의 전제조건이라고 지적하였다. 중국공산당 산하 각 항일근거지에서도 한간 처벌에 관한 조례를 제정하여, 한간 심판의 법적 근거로 삼았다. 1937년 7·7사변 후 중국공산당은 한간매국역적을 숙청하고 후방의 독립을 보호하기 위한 규정을 여러 차례 반복하여 강조하였다. 예를 들면, 1939년 11월 1일에 반포한 〈진찰기변구행정위원회 한간재산 처리방법 수정(晋察冀邊區行政委員會漢奸財産處理方法修正)〉, 1940년 3월 13일에 반포한 〈산서북부 한간 재산 몰수 단행조례(晋西北漢奸財産沒收單行條例)〉, 1945년 8월에 반포한 〈산동성 전쟁범죄 및 한간 처벌 잠행조례(山東省戰爭罪犯及漢奸懲治暫行條例)〉, 1946년 3월에 반포한 〈강소 안휘 변구 제1행정구 한간처벌 시행조례(蘇皖邊區第一行政區漢奸懲治施行條例)〉 등이다. 그리고 중화인민공화국이 건립된 후인 1951년에 〈전범 한간 관료자본가 반혁명분자 재산몰수에 관한 지시(關於沒收戰犯·漢奸·官僚·資本家·反革命分子財産的指示)〉를 반포함으로써 한간 숙청을 위한 근거를 규정하였다.

중국공산당은 한간에 대한 구체적인 처벌조치를 하면서 분별정책을 실시하였다. 1938년 모택동주석은 중공중앙6차6중전회에서 "한간에 대한 숙청운동은 수뇌자와 추종자, 주동자와 피동자, 완고분자와 동요분자를 분별하여, 전자에 대해 중벌을 주고 후자에 대해 경벌을 주되 교육을 통해 바른 길을 걷게 해야 할 것이며, 모든 한간에 대해 동일한 정책을 실시해서는 안된다"[33]고 특별히 강조하였다. 1940년 12월 중공중앙은 "한간 숙청정책은 민중들이 악질분자라고 생각하는 소수의 반

동분자를 진압하는 것을 원칙으로 하되 과분한 사형을 극력 피면해야
한다"[34]는 중요한 지시를 내렸다. 중국공산당의 주요 처벌대상으로서
의 한간은 민족패배주의를 고취하고, 민족항일전선에 반대하는 연약한
정객, 주동적으로 일제의 앞잡이 노릇을 하면서 항일무장에 대항한 괴
뢰군의 완고분자, 주동적으로 일제를 위해 복무하고 민중을 진압하고
박해한 유지회 두목, 주동적으로 일제에 군사정보를 제공하여 아군에
해를 입힌 간첩, 일제와 결탁하여 항일통일전선을 파괴한 토비의 두목
및 봉건잔재세력이었다.

중국공산당의 한간 숙청운동의 특징은 정부의 지도하에 군대를 방
패로 민중을 동원하고 민중에 의지하는 것이었다. 적후의 항일근거지
내에 군대, 공안국, 사회부 그리고 민중단체에 한간 숙청조직을 설치하
여 종합적이고 전면적인 한간 숙청 네트워크를 형성하였다.

(2) 국민당의 한간 숙청정책과 조치

국민당의 한간숙청 정책은 1937년 7·7사변을 분기점으로 그 전과
후에 큰 변화과정을 거쳤다. 사변 전에 국민당은 일제의 침략에 대해
부저항주의를 취하였고 한간에 대한 숙청도 거의 없었다. 1932년 3월9
일 중국동북지역에 '만주국'이라는 괴뢰정권이 출현하고, 1935년 11월
25일 화북지역에서 '기동방공자치위원회'라는 한간정권이 출현하였지
만 장개석정부는 일본과의 정면충돌을 피하기 위해 묵인하는 태도로
일관하였다. 그러나 사변 후 국공양당의 민족통일전선이 형성되면서

---

33) 中央檔案館, 『中共中央文件選集』(11冊), 北京, 中共中央黨校出版社, 1985年 752쪽.
34) 中共中央文獻研究室, 『毛澤東年譜』(1893~1949) 中卷, 北京, 中央文獻出版社, 2002
    年, 239쪽.

국민당의 한간 숙청정책은 변화를 보이기 시작했다. 1937년 8월 23일 국민정부군사위원회에서 〈한간처벌조례(漢奸懲治條例)〉 5조를 공포했고 1938년 4월 〈항전건국강령(抗戰建國綱領)〉에서 "한간을 엄하게 처벌하고 법에 의해 그 재산을 몰수한다"는 규정을 제출하였다. 1938년 8월 15일 국민정부는 다시 수정한 〈항간처벌조례(漢奸懲治條例)〉 19조를 반포하여 한간에 대한 정의를 내리고 한간의 범위와 숙청방법을 규정하였다. 즉 적국과 결탁하여 본국정부에 반항하는 자, 치안을 교란시키는 자, 적을 위해 군대 또는 기타 군용인력을 모집하는 자, 적에게 군용품을 운반하거나 탄약 또는 무기제조용 원료를 공급하거나 판매한 자, 적에게 금전이나 자산을 지원한 자, 군사 경제 및 정치 정보를 정탐 유출한 자, 정부의 공무를 방해한 자, 금융을 교란한 자, 아군의 교통통신과 군사시설을 파괴한 자, 군사공무원이나 민중을 선동하여 적과 결탁하게 한 반역자 등 10가지 조항[35]에 속한 자를 한간이라고 규정하고 사형 또는 무기도형에 처한다는 결정을 내렸다. 1938년 11월 남악(南岳)군사회의에서 전지(戰地)당정위원회를 설치하여 군사위원회에 귀속시키고, 모든 일본점령지역에 분회를 설치하여 당지의 민중을 동원하여 전면항전을 진행하고 괴뢰조직을 섬멸하며 적의 정치 경제 문화의 침략을 저지시키는 것을 중심임무로 규정했다. 회의에서 장개석은 또한 적의 후방에서 주요하게 유격전을 통해 괴뢰조직을 집중적으로 분쇄하고, 한간을 숙청하므로써 괴뢰군을 와해 또는 동요시킬 것을 강조했다.[36] 그 후 적후의 국민당유격부대에 보편적으로 한간 숙청 전문기관을 성립하고 일부 군통특공(軍統特工)을 참여시켰다.

---

35) 王晓華외, 『抗戰國共大肅奸』(上), 305쪽.

36) 彭明, 『民國史二十講』, 天津, 天津人民出版社 1991年, 480쪽.

항일전쟁시기 국민당의 한간 숙청에 동원된 방법으로 주요하게 총살  암살  인질의 억류 및 괴뢰조직내부로의 잠입 등이 있었으며, 정치 한간을 제재하고 괴뢰정권의 수뇌분자 특히 악질분자를 처단하는 것을 중심임무로 삼았다. 예를 들면, 1939년 2월 위유신정부외교부부장 천쭈안(陳篆), 리궈제이(李國傑)가 상해에서 국민당의 군통특공에 의해 총살되었다. 그 외 왕징웨이(汪精衛), 왕커민(王克敏), 장샤오린(張孝琳), 푸샤오안(傅筱庵), 딩머(丁默), 린버썽(林柏生), 마샤오탠(馬嘯天) 등 한간도 군통특공대 사살의 대상으로 간주되었다. 그리고 저우포하이(周佛海)가 한간이 된 후 그의 가족과 처가의 식구들을 인질로 감금시켰다.

1942년 10월 4일 국민당은 '방첩숙간선전위원회'를 설립하여 국민당 중선부, 삼청단, 사회부, 내정부, 군령부, 전지당정위원회, 정치부 등 기관의 대표를 위원으로 임명하고 장개석이 전국에 라이오방송을 통한 훈령을 발표함으로써 전국범위 내의 한간 숙청활동을 광범위하게 전개하였다.

총체적으로 볼 때, 항일전쟁시기 국공양당의 한간에 대한 정의와 처벌조례는 대동소이하였으며, 본질적인 차이는 없었다. 즉 일본침략자와 결탁하여 괴뢰정권의 고위직에 올라, 나라와 민족의 이익에 해를 끼친 반민족적 매국행위자에 대해 한간죄로 처벌하였다.

2) 항일전쟁 후 국공양당의 한간 숙청운동

중국학계의 항일전쟁 후 국공양당의 한간 숙청 관련연구의 주요 내용과 견해를 요약하면 아래와 같다.

(1) 공산당의 한간 숙청

전후 공산당의 한간 숙청에 관한 연구는 매우 미흡하다. 지금까지 두 편의 논문 밖에 발표되지 않았다. 그 중 한 편은 대만 학자 루워쥬 룽의 「항일전쟁 후 중국공산당의 한간에 대한 징벌과 심판에 관한 초 보적인 탐구」[37]인데 그는 항전 승리 후 국공양당의 모순과 충돌의 시 대 배경속에서 공산당의 한간 숙청정책의 한계점을 지적하였다. 즉 정 치투쟁의 필요성에 의해 "한간"과 "전범" "적위 완고분자" "계급의 적"의 구별히 모호했고, 관대와 엄벌, 수뇌와 추종자의 개념이 상대적이었기 에 결과적으로 한간에 대한 심판과 처벌의 공정성과 공평성에 영향을 주었다는 주장을 하였다. 다른 한 편은 저우아이민의 「인민이 정권을 장앙하여 한간과 전범을 징벌하다」[38]인데 신중국이 성립된 후 여순과 대련에서 1953년 6월 15일 쏭다즈(宋大智) 등 14명의 한간전범에 대한 심판과 한간특무의 범죄행위에 대한 처벌 상황을 소개하였다.

(2) 국민당의 한간 숙청

전후 국민당정부의 한간 청산에 관한 연구는 종합적인 연구와 지역 별 연구 그리고 사례 연구로 나눌 수 있다.
종합적인 연구의 대표작으로 펑빙의 「항전 승리 후 국민정부의 한간 징벌 입법 연구」[39]는 국민정부가 전후에 제정한 한간 숙청에 관한 법

---

37) 羅久蓉, 「抗戰勝利後中共懲審漢奸初探」, 台北, 『中硏院近代史硏究所集刊』 1994 年 23期.
38) 周愛民, 「人民掌握政權懲處漢奸戰犯」, 『大連近代史硏究』, 瀋陽, 遼寧人民出版社 2012年 9期.

률과 정책은 한간 숙청의 법적 기초를 닦아 놓았지만 혼란스러운 정국에서 졸속적인 한간 숙청은 그 효과에 영향을 주었다고 주장하였다.

왕칭린의 「전후 국민정부의 한간 심판」[40]은 국민정부가 사법절차에 따라 한간에 대해 공개 심판을 진행한 것은 국가의 기강을 바로 세우고 민족의 정의를 신장하는데 긍정적인 의의가 있고 동시에 한간에 대한 심판과정에서 나타난 부정부패 현상은 당시 혼란스러운 정국과 관계된다고 인식하였다.

펑웨이청의 「전후 국민정부의 한간 징벌조치 연구」[41]는 전후 중국의 사회여론은 보편적으로 국민정부의 한간 숙청정책과 조치에 불만을 표시하였는데 주요하게는 국민정부의 부정부패에 대한 불만이었다고 보았다. 동시에 이러한 불만은 민족주의 정서와 국공양당의 정치투쟁의 배경과 관련이 있다는 점을 지적하였다.

전후 국민당의 한간 숙청에 관한 지역별 연구로 쩡젠펑의 「전후 국민정부의 절강성 한간 검거공작 약론」[42]은 민중의 한간에 대한 검거과정에 계급의식, 사적인 원한 등 요소의 작용으로 부패, 무고, 반공 등 문제가 나타났으며 1947년 후부터 점차적으로 사법과 군사법정의 단계에 들어가게 되었다고 주장하였다.

씨에닝의 「항전 승리 후 국민당의 한간 처벌 문제 논술: 국민당 하북고등법원의 한간 처벌 당안을 중심으로」[43]는 하북고등법원의 중소한

39) 馮兵, 「抗戰勝利後國民政府懲奸立法硏究」, 蘭州, 『甘肅社會科學』 2014年2期.
40) 王慶林, 「戰後國民政府對漢奸的審判(1945~1949)」, 廣州, 暨南大學碩士學位論文, 2006年.
41) 彭偉成, 「戰後國民政府懲治漢奸硏究: 以媒體報導為中心」, 上海, 上海大學碩士學位論文, 2009年.
42) 鄭建鋒, 「戰後國民政府中浙江檢擧漢奸工作略論」, 鎭江, 『江蘇科技大學學報』 2009年3期.

간에 대한 처벌을 사례로 국민당정부 한간숙청운동의 성과와 한계에
대해 분석했다.

짱쩡의「항전 승리 후 국민당의 한간에 대한 처벌: 천진지역을 중심
으로」[44]는 천진국민정부의 한간 숙청운동은 활발히 전개되었지만 처
벌정책의 불투명성과 숙청과정에서의 부패문제로 민심을 잃게 되었고
아울러 국공내전에서 우세를 상실하게 되었다고 주장하였다.

텅샤오양의「남경 한간 징치 시말」[45]은 1945년 9월26일 군통은 남
경에서 왕위정권의 교육부장 리썽우(李聖五), 실업부장 메이쓰핑(梅思
平) 등 23명의 대한간을 동시에 체포하였으며 기타 지역의 한간 심지어
는 국외로 도망한 한간들도 연이어 국내에 인도하여 남경에서 심판한
사실을 통해 항일전쟁 후 국민당의 한간 숙청운동에 대해 긍정적으로
평가하였다.

전후 국민정부의 한간숙청에 관한 사례연구로 장쓰잉의「전후 몇 건
의 한간 심판 사례로 본 한간신분의 확인문제[46]」뤄쥬룽의「군통특공
조직과 전후 한간 심판」[47]이 있는데 주요하게 전후 한간에 대한 심판
사례를 통하여 한간의 신분확인 과정과 군통특공이 심판에 참여한 상
황을 검토하였다.

왕춘잉의「전후 "경제한간"심판」[48]은 노동자와 자본가 간의 분쟁 또

43) 謝寧,「抗戰勝利後國民黨懲治漢奸論述: 以國民黨河北高等法院懲治漢奸檔案爲主的考察」, 石家莊,河北師範大學碩士學位論文, 2006年.
44) 張崢,「抗戰勝利後國民政府對懲奸的懲治: 以天津地區爲中心的硏究」, 天津, 天津師範大學碩士學位論文, 2014年.
45) 滕小陽,「南京懲治漢奸始末」, 北京,『法律與生活』1997年1期.
46) 張世瑛,「從幾個戰後審奸的案例來看漢奸的身分認定問題(1945~1949)」, 台北,『國史館學術集刊』2001年 1期.
47) 羅久蓉,「軍統特工組織與戰後漢奸審判」, 台北國史館,『一九四九:中國的關鍵年代學術討論會論文集』2000年.

는 사적인 원한으로 발생한 안건이 군통과 경찰국장의 개입으로 국민
당고위계층의 파벌투쟁에 말려들었다는 문제를 지적함으로써 전후 국
민당의 대한간에 대한 숙청이 정치세력에 의해 좌지우지 되었다는 사
실을 반영하였다.

상술한 연구에 근거하여 중국 학계의 항일전쟁 후 국공양당의 한간
청산에 관한 주요 견해를 정리하면 아래와 같다.

항일전쟁 승리 후 장기간 한간들의 침해를 심하게 받아오던 중국인
민들은 한간에 대한 엄격한 처벌을 강하게 요구하였다. 중국공산당은
정의를 신장하기 위해 인민들의 요구에 적극 호응하여 해방구에 한간
죄 조사위원회, 인민법정 등을 성립하고 한간 숙청대회를 열어 한간에
대한 공개 심판을 진행하였다.

반면 국민당은 공산당과 일제점령지역에 대한 통제권 쟁탈을 위해
한편으로는 한간실력파 인물들을 요직에 위임시켜 당지의 "질서 유지"
를 맡김으로써 일부 한간들에게 "항전공신"으로 탈바꿈할 수 있는 기회
를 제공하였다. 다른 한편으로 국민당 요원을 각 지방에 파견하여 일
본괴뢰군의 투항을 접수하게 하고 전략물자를 강점하게 하였는데 이
는 군중들의 불만과 사회적 비난을 불러 일으켰다. 사회여론의 압력
하에 국민당정부는 1945년 9월27일 〈한간안건 처벌조례 초안(漢奸案件
處置條例草案)〉을 공포하고 12월 6일에는 〈한간처벌조례(漢奸懲治條
例)〉를 반포하여 한간에 대한 체포와 심판을 시작하였다. 1945년 11월
23일 국민정부는 〈한간 처리 조례〉 11조를 반포하고 12월 6일에 〈징치
한간조례(懲治漢奸條例)〉 16조를 반포하여 한간에 대한 양형을 구체적
으로 규정하였다. 통계에 의하면 1945년 11월부터 1947년 10월까지 각

---

48) 王春英, 「戰後"經濟漢奸"審判: 以上海新新公司李澤案為例」, 北京, 『歷史研究』 2008
年 2期.

성 시의 법원에서 진행한 한간 심판은 25,155건에 달하며 그 중 369명이 사형, 979명이 무기징역, 13,570명이 유기징역, 14명이 벌금형 판결을 받았다.[49]

## 6. 맺음말: 향후 연구 전망

상술한바와 같이 필자는 "한간"의 기원과 그 개념의 변화, 한간의 형성원인, 한간의 구성과 규모, 국공양당의 한간에 대한 처벌문제 등 네 가지 측면으로 중국학계 한간문제 관련연구의 현황을 고찰하였다. 아래에 지금까지 중국학계 항일전쟁시기 한간문제 관련연구의 특징을 개괄하고 향후 연구 전망을 제시하는 것으로 결론을 대체하려고 한다.

### 1) 한간문제 관련연구의 특징

총체적으로 볼 때, 지금까지 중국학계의 한간문제 관련 연구의 특징은 첫째로 거시적인 연구가 대부분이고 미시적인 연구가 적으며, 한간 집단에 대한 연구가 많고 사례연구가 적으며, 대한간에 대한 연구가 많고 중소한간, 하층한간, 향촌한간에 대한 연구가 적다. 특히 국공양당의 한간 숙청에 관한 연구에 있어서 균형적이지 못하다. 항일전쟁시기의 한간 숙청 관련연구는 공산당항일근거지의 숙청운동에 치중되었고, 항일전쟁 후의 관련연구는 국민당정부의 한간에 대한 심판과 처벌에 대한 연구에 치중되었다.

---

[49] 孟國祥, 程堂發, 「懲治漢奸工作槪述」, 北京, 『民國檔案』 1994年 2期.

둘째로, 연구방법에 있어서 주로 역사학의 연구방법으로 대한간의 인생궤적, 매국범죄행위 및 최후의 결과에 대해 소개하였고, 국공양당의 한간숙청을 위한 법적 근거와 정책 조치 및 그의 사회적 영향에 대해 검토하였다. 하지만 국제관계학, 사회학, 법학, 윤리학 등 기타 관련 학문 분야의 이론과 방법을 결합시킨 연구는 거의 없다.

## 2) 향후 연구 전망

지금까지의 한간문제 관련연구의 한계점을 감안하여, 앞으로의 연구 방향에 대해 몇 가지 희망사항을 제안하고자 한다.

첫째, 한간의 형성원인, 구성 및 그들의 반민족적 매국행위에 대한 연구에 있어서 더 전면적이고 구체적인 연구가 진행되어야 할 것이다. 특히 한간집단이나 대한간에 대한 연구뿐만 아니라 중소한간 하층한간에 대한 사례연구와 그리고 자본가 지주 상인 지식분자 농민 등 다양한 계층의 한간에 대한 사례연구를 강화하여야 할 것이며 동시에 동북지역과 관내지역, 국민당관할지역과 공산당관할지역 등 서로 다른 지역의 한간문제에 대한 비교연구를 병행하여야 할 것이다.

둘째, 국공양당의 한간 숙청에 관한 연구가 더욱 폭 넓고 균형적이고 심도 깊게 진행되어야 한다. 항일전쟁시기 국민당의 한간 숙청에 관한 연구와 항일전쟁 후 공산당의 한간 숙청에 관한 연구가 보다 전면적이고 구체적으로 이루어져야 한다. 특히 새로운 자료에 대한 발굴을 강화하여 중국대륙뿐만 아니라 대만 일본 구소련 미국의 관련 자료에 대한 조사와 관련정보 수집을 광범위하게 진행하여, 기존 연구의 부족점을 보완해야 할 것이다.

셋째, 연구방법에 있어서 역사학 사회학 민족학 윤리학 심리학 법학

경제학 문학 예술 등 다양한 학문분야의 종합연구와 학제간의 교류가 필요하다.

넷째, 제2차 세계대전 후 프랑스의 친독세력 청산, 한국의 친일파 청산 등 다른 나라의 유사한 역사현상에 대한 비교연구를 진행하여, 상호 참고하면서 역사적 교훈을 공유하는 것이 필요하다고 생각한다.

# 출처

이 책에 실린 글들은 저자들의 선행 연구를 일부 수정·보완하여 작성된 것이다. 출처는 다음과 같다.

## 제1부 식민주의와 반식민주의 역사인식

- 도면회 ┃ 일제강점기 일본인과 한국인의 '한국 근대사' 서술
  출처: 『사림』 60, 2017

- 임경석 ┃ 반식민주의 역사인식과 마르크스주의: 박진순의 『개벽』 기고
  문을 중심으로
  출처: 『사림』 56, 2016

■ 염송심 ㅣ 중국학계 항일전쟁시기 한간문제의 연구현황과 전망
출처:『중국근현대사연구』82, 2019

# 찾아보기

## 【기타】

# 필자소개(논문게재순)

■ 도면회 | 대전대학교 H-LAC 역사문화학전공 교수

저서로 『한국근대사』 ①(공저, 푸른역사, 2016) 『한국 근대 형사재판 제도사』(푸른역사, 2014), 『역사학의 세기』(공저, 휴머니스트, 2009) 등이 있으며, 논문으로는 「근대 역사학의 방법론적 기원」(『한국문화연구』 36, 2019). 「3·1운동 원인론에 관한 성찰과 제언」(『역사와 현실』 109, 2018), 「내재적 발전론의 '건재'와 새로운 역사연구 방법론의 정착」(『역사학보』 231, 2016) 등이 있다.

■ 임경석 | 성균관대학교 사학과 교수

한국근대사를 전공했으며 주요 저서로는 『모스크바 밀사』 푸른역사, 2012; 『잊을 수 없는 혁명가들에 대한 기록』, 역사비평사, 2008; 『한국 사회주의의 기원』 역사비평사, 2003 등이 있고 논문으로는 「1927년 영남친목회 반대운동 연구〉(『인문과학 68, 2018), 「韓國における朝鮮近現代史研究の現狀と課題-社會主義運動研究を中心に〉(『プライム(PRIME)』 40, 2017) 등이 있다.

■ 최규진 | 청암대학교 재일코리안연구소 연구교수

저서로는 『조선공산당 재건운동』(독립기념관, 2009), 『근대를 보는 창20』(서해문집, 2007), 『근현대 속의 한국』(공저, 방송통신대학출판부, 2012), 『일제의 식민교육과 학생의 나날들』(서해문집, 2018) 등이 있다. 논문으로는 「식민지시대 조선 사회주의자들의 소비에트론」(『한국사학보』 9, 2000), 「우승열패의 역사인식과 '문명화'의 길」(『사총』 79, 2013), 「근대의 빛, 일상의 함정」(『역사연구』 25, 2013) 등이 있다.

■ 송병권 | 상지대학교 아시아국제관계학과 부교수

저서로 『東アジア地域主義と韓日米関係』(東京：クレイン, 2015), 『근대 한국의 소수와 외부, 정치성의 역사』(역락, 2017). 『동아시아 혁명의 밤에 한국학의 현재를 묻다』(논형, 2020) 등이 있으며, 논문으로는 「일본의 전시기 동아국제질서 인식의 전후적 변용- '대동아국제법질서'론과 식민지 문제」(『사림』 61, 2017), 「최호진의 한국경제사 연구와 동양사회론」(『사총』 92, 2017), 「연합국 최고사령관 총사령부의 한일 점령과 통치구조의 중층성」(『아세아연구』 63-1, 2020) 등이 있다.

■ 이신철 | (사)아시아평화와역사연구소 소장

(사)아시아평화와역사연구소 소장으로 재직 중이며, 남북관계, 역사인식, 공공역사에 관심이 많다. 주요 논저로는 『북한 민족주의운동 연구 1948~1961』(2008), 『한일 근현대 역사논쟁』(2007), 『처음 만나는 동해 포구사』(공저, 2021), 「해방이후 용산의 냉전식민주의 기억 넘어서기」(2018), 「남북 역사대화 30년의 성과와 방향 모색」(2021), 「2017년 고등학교 국정 『한국사』교과서의 냉전식민주의 역사인식: 북한·한미일공조체제·전쟁 인식을 중심으로」(2021) 등이 있다.

■ 김지훈 | 아시아평화와역사연구소 연구위원, 성균관대학교 겸임교수

저서로 『현대중국 : 역사와 사회변동』(공저, 그린, 2014), 『중국고등학교 역사교과서의 현황과 특징』(공저, 동북아역사재단, 2010), 『근현대 전환기 중화의식의 지속과 변용』(단국대학교출판부, 2008) 등이 있으며, 논문으로는 「난징대학살 기념관의 전시와 기억」(『사림』 71, 2020), 「국가의지(國家意志)와 역사교과서의 정치화」(『역사교육연구』 33, 2019), 「중화민국시기 근대 역사학과 공문서 정리」(『역사와 세계』 49, 2016) 등이 있다.

■ **이규수** | 일본 히토쓰바시대학 대학원 언어사회연구과 교수

저서로『近代朝鮮における植民地地主制と農民運動』(信山社, 1996),『제국 일본의 한국 인식 그 왜곡의 역사』(논형, 2007),『布施辰治と朝鮮』(NPO法人 高麗博物館, 2008),『한국과 일본, 상호 인식의 변용과 기억』(어문학사, 2014) 등이 있다.


■ **정현백** | 성균관대학교 사학과 명예교수

전공은 독일 현대사와 여성사이고, 저서로『노동운동과 노동자문화』(한길사, 1991),『민족과 페미니즘』(당대, 2003),『여성사 다시 쓰기』(당대, 2007),『주거유토피아를 꿈꾸는 사람들: 독일과 오스트리아의 주거개혁과 주거정치』(당대, 2015) 등이 있으며, 논문으로는 「트랜스내셔널 히스토리의 방법론 고찰: 가능성과 한계」(『역사교육』108, 2008), 「글로벌 시각에서 본 과거청산의 의미」(『역사비평』93, 2010), "Transnational Solidarity in Feminism: The Transfer and Appropriation of German Feminism in South Korea"(Korea Journal 55, 2015), 「식민지의 독일여성들: 젠더정치와 문화제국주의의 결합」(『페미니즘연구』20권 2호, 2020) 등이 있다.


■ **이진일** | 성균관대학교 동아시아역사연구소 연구교수

논문으로는 「전간기 유럽의 동아시아 인식과 서술: 지정학적 구상을 중심으로」(2016), 「해방공간을 살다간 한 독일 지식인의 민주주의 인식: 에른스트 프랭켈」(2017) 등이 있으며, 저서로는 이진일(공저),『분단의 역사인식과 사유를 넘어서』(한울 2019), 역서로는『독일노동운동사』(길 2020)와 코젤렉의 개념사 사전 14.『보수, 보수주의』(푸른역사, 2019) 등이 있다.


■ **염송심** | 중국 북화대학교 동아역사와문헌연구센터 교수, 한국연구소 소장

조선족역사와 문화, 한국역사와 문화, 동북아지역문화교류사 등을 연구하고 있으며, 대표 저서로는『十八世紀中朝文化交流研究』,『舒兰朝鲜族现状与发展对策研究』,『东北亚共同的未来』(译著)가 있으며 주요 논문으로 「明末清初中朝两国天主教初始传播比较」, 「韩国巫俗的由来及其对外来宗教的影响」, 「清代对鸭绿江北岸朝鲜移民的政策」 등이 있다.